给变革一个空间
《经济社会体制比较》创刊30周年纪念丛书

丛书主编：周红云
丛书副主编：刘 英

Rural Issues and
Governance

三农问题与乡村治理

王燕燕 ◎ 主编

中央编译出版社
Central Compilation & Translation Press

目 录
Contents

序一：《经济社会体制比较》创刊回顾　荣敬本 / 1
序二：比较经济学的过去与未来　［匈牙利］雅诺什·科尔奈 / 7

前　言　王燕燕 / 1

第一辑　农业发展

推动农业社会化服务体系的建立与发展　凌启鸿 / 3
我国农业技术变迁的一般经验和政策含义　林毅夫　沈明高 / 15
中国农业生产的发展前景　王小鲁 / 30
新形势下我国农业发展战略的转变
　　——重新审视我国传统的"粮食安全观"　仇焕广　李登旺　宋洪远 / 55

第二辑　农村改革

我国农业和农村经济的改革和发展　陈锡文 / 71
我国农村财产关系的变革
　　——事实和初步判断　周其仁 / 77

农村税费改革的相关改革　　邹农俭／88

中国农村老年保障：从土改中的土地到全球化的养老基金

　　［德］鲁思来　贡　森　　［英］亚瑟·候赛因／97

走向以农村为本的农村发展战略　　王振耀／118

第三辑　土地问题

市场畸形发育、社会冲突与现行的土地制度　　文贯中／135

土地权利制度创新：从《土地管理法》修改的视角　　高圣平　刘守英／147

公平与效率的冲突：承包制的困境与出路

　　——《农村土地承包法》的法经济学解释　　黄少安　刘明宇／165

新形势下完善农村土地承包政策若干问题的认识　　赵　阳／177

土地承包经营权市场化流转的思考与对策　　杨继瑞／182

第四辑　乡村治理

中国农村治理的历史与现状

　　——以定县、邹平和江宁为例的比较分析　　俞可平　徐秀丽／201

农村治理转型与制度创新

　　——河北省武安市"一制三化"经验的调查与思考　　何增科／259

中国村民自治制度"内卷化"现象的思考　　贺东航／276

乡镇政府"空壳化"问题研究：一种内部运作的视角

　　［澳大利亚］格雷姆·史密斯　著　苏丽文　展　枫　译／286

第五辑　城乡统筹

调整城乡关系：国际经验及其启示　　宋洪远／303

我国治理城乡收入差距的对策研究评析与补充　王少国 / 310

城乡收入差距、城乡教育不平等与政府教育投入
　　吕　炜　杨　沫　王　岩 / 325

统筹城乡发展中的省管县体制改革　吴金群 / 345

我国治理城乡收入差距的对策研究评析与补充　王少国 / 310
城乡收入差距、城乡教育不平等与政府教育投入
　　吕　炜　杨　沫　王　岩 / 325
统筹城乡发展中的省管县体制改革　吴金群 / 345

序 一
《经济社会体制比较》创刊回顾[*]

荣敬本[**]

一、《经济社会体制比较》杂志创办的缘由

《经济社会体制比较》杂志创办于 1985 年,到现在正好 30 年。在杂志创办的前一年,正好中共中央通过决议,肯定了以公有制为基础的有计划的商品经济,这个决议在当时意义非常重大。是否发展商品经济,新中国成立以来在理论界一直存有争议。因此,1984 年党的十二届三中全会通过了被邓小平同志称为马克思主义基本原理和中国社会主义实践相结合的《中共中央关于经济体制改革的决定》,对当时的经济体制比较研究起到了关键作用。

新中国成立后,我们大都怀着革命的理想,从事马克思主义政治经济学的研究。但现实中,却出现了实践和理论相背离的现象。作为以翻译《马克思恩格斯全集》为己任的中央编译局,最早是从事马克思恩格斯著作翻译的。

---

[*] 为纪念《经济社会体制比较》创刊 30 周年,杂志社对荣敬本教授进行了访谈,本序是根据访谈录音整理而成,原载于《经济社会体制比较》,2015 年第 5 期。

[**] 荣敬本,中央编译局世界发展战略研究部研究员,《经济社会体制比较》创刊主编之一。

但从建局伊始，中央编译局的领导就强调理论和实践相结合，翻译和研究相结合，并于1985年成立了专门研究马克思主义的研究所，即当代马克思主义研究所。时任中央编译局局长的王惠德同志多次指出，马克思主义的生命力在于不断创新，对传统的社会主义理论需要重新认识，局领导们也认为中央编译局的发展在于"走出36号院"。因此，中央编译局的领导派我到中国社会科学院经济研究所做访问学者，从事经济体制改革的研究工作。当时经济研究所的刘国光所长和董辅礽等同志给了很大的支持，吴敬琏、赵人伟老师提出研究比较经济学，首先要搜集一些比较经济学方面的研究资料。我记得我最早搜集的资料是一本关于比较经济学的书，书里面有一个明确的提法："主义"的比较已经过时，应该用比较的方法来研究体制。因此，在经济体制的比较研究中，应该摒弃"主义"的简单对立方法，对发达国家和发展中国家的经济体制采取比较借鉴的方法，去探索适合我国经济发展的经济体制。在开展经济体制比较研究时，我们把一些比较经济学的重要文献翻译过来，汇编成册，供大家研究。与此同时，经济研究所也邀请了一些东欧国家最早主张对苏联计划经济体制进行改革的经济学家到中国访问讲学。这些讲学材料和有关著作，依靠中央编译局的翻译力量很快译成中文，并向中央有关部门作了报告。

在比较研究中，我们发现，经济体制的差异归根到底是资源配置方式的差异，也就是说，是按市场配置资源还是按行政命令配置资源。在经济所访学期间，我们曾到深圳去调研，那时刚刚改革开放，火车站内全是从香港运来的产品。根本问题在哪？在于我们的企业没有自主权，只是按照行政命令而不是市场需求来确定生产的产品和数量，企业缺乏激励和动力，提供的产品不是消费者所需要的。

因此，在中央经济体制改革决定的大背景下，当时分管中央编译局研究工作的副局长林基洲同志和常务副局长顾锦屏同志建议我们主办一个刊物，以便开展更广泛系统的比较研究，探索中国的经济体制改革，丰富和发展马克思主义。林基洲同志多次主持召开座谈会研究办刊的问题，刊物的名称也是经过多次反复的讨论。大家都赞成要突出"比较"，但在刊物名称上，当时提出了两种方案：一个是"比较社会主义"，另一个是"经济社会体制比较"。前一个名称容易陷入"主义"的比较，后一个名称虽然太长，不容易为人们所理解，但考虑到经济社会体制是经济社会形态的具体组织形式，通常包括经济体制、政治体制和文化体制。我们相信，随着时间的推移，我国经济社会体制改革必将成为时代的主流，成为推动我国经济、社会、政治和文化发展的动力。因此，经过讨论，大家同意采用"经济社会体制比较"这个刊名，现在回想，这个刊物的名称不仅具有前瞻性，而且经受住了考验。

在确定刊物名称后，就进入了紧张的筹备工作。在当时，办刊物本身就存在很多困难，主要有三大困难，或者说是三大风险：一是政治上的风险，万一犯错误怎么办？二是经济上的风险，如果办刊物亏损怎么办，谁来承担这个风险呢？三是工作风险，谁来做，谁来编，如果自己做，那么意味着编者要额外承担很多工作，翻译、编辑、出版、发行等，纷繁复杂。但是，回头一想，我们为发展商品经济已经冒了很大的风险，现在中央给了很好的有利条件，我们要相信党。经济困难虽然有，但是如果能得到社会资助，困难可以克服。至于工作风险，一些青年人表示他们会大力支持。吴敬琏老师当时也很支持，说任何报酬都不要，要把杂志办好。因此，在中央编译局领导和社会各方的大力支持下，《经济社会体制比较》于1985年面世了。

二、比较杂志的办刊宗旨——理论联系实际

杂志在创刊之初目标就很明确，不搞"主义"的比较，不去评论社会主义好还是资本主义好，而是要作体制的比较研究，通过各个体制的比较来吸取经验，探索中国如何从计划经济走向商品经济、市场经济，也就是说怎样从原来的计划经济过渡到市场经济。

《经济社会体制比较》杂志创刊时以经济体制改革的总体思想为基础开展研究，系统介绍了东亚新兴工业化国家和地区、拉丁美洲国家从管制经济向市场经济转轨过程中的经验和教训，同时还翻译和刊载了以这些经验教训为蓝本的经济学重要文献。在比较研究的基础上，杂志当时围绕我国的经济体制改革组织刊发了一系列文章，提出我国的经济体制改革是一项复杂的系统

工程，包括价格、金融、财税、外贸、劳动、企业等方方面面的改革。同时，改革也会涉及各方面的利益调整，必然会引起社会各方面的波动，因此维持社会稳定对改革顺利进行意义重大。要保持社会稳定，需要注意三个方面的问题：控制总需求，防止通货膨胀；加强法制建设，惩治腐败；调整收入分配政策，防止收入不合理扩大，等等。

这些论文在当时影响很大，也引起了体改委领导的重视，时任体改委副主任的安志文同志曾召开座谈会，并把《经济社会体制比较》杂志推荐给其他相关部门。我们在座谈会上主张财税、价格联动改革。但是改革并不是一帆风顺的，后来大家主张价格改革，在讨论价格改革怎么改的时候，有的学者主张实行价格双轨制，但这样又产生了寻租现象。因此，从1988年起，我们就组织了关于寻租问题的讨论，把"寻租"这个概念引入到国内来，并指出"寻租"是我国改革进程中某些官员腐败的根源。当年关于寻租问题的讨论引起了社会的关注，有关寻租问题的文章和资料于1989年汇编成《腐败：权力和金钱的交换》一书出版，成为研究腐败问题的重要参考文献。

企业改革是《经济社会体制比较》杂志在20世纪80年代关注的又一个焦点问题。杂志当年曾刊登过一篇文章，问："中国有企业吗？"答案是否定的。不久，杂志又在国内首先发表了科斯的著名论文《论企业的性质》，由此引入对企业性质的探讨。构成企业最重要的因素是产权明晰，而我们的国企名义上产权属于国家，但实际上产权是模糊不清的。关于企业改革，当时各方意见不一。有人提倡承包制，因为农村实行承包制取得了成功，那么是不是承包制进城，就能取得成效？但企业的承包远非那么简单。因为企业的承包关系到企业包给谁，如何监督，在缺乏监督的情况下会造成更严重的腐败。所以我们一开始就反对搞承包，因为"承包制"解决不了产权明晰问题，不是国企改革的方向。那时的青年学者周小川发表了很多文章讲法人资本主义，提出对资本主义的企业管理，不要关注它姓资姓社，西方国家的企业管理形式是可以研究的。我们当年对企业管理形式的讨论是很有意义的，还多次专门召开了企业家座谈会。参会的不仅有学者，还有各类企业如国企、乡镇企业和民营企业的代表。

1988年的企业座谈会在江门召开，与会学者指出，不改变原来的所有制形态，很难推行面向市场竞争的企业改革。那时有人提出搞企业承包制，但搞企业承包，负面作用很大，也许暂时会收到效果，但长远不行。周小川提倡法人资本主义，研究现代化的企业管理。当时国内很多有名的企业领导都来参加江门会议。我们讨论了一个问题，中国有企业家吗？当时得出的结论是中国没有企业家。没有企业创新，何来企业家呢？没有企业家，又如何能办好企业呢？企业都是依指令定生产，缺乏创新精神。所以杂志主张，真正地实行现代化的、科学的、产权明晰的、有科学管理的企业制度。这个议题我们当时讨论了很多很多，认为不能说姓资姓社，对计划经济和市场经济不能评判姓资姓社，股份制企业不能说它姓资还是姓社，更不能否定西方的企业管理制度，要好好学习借鉴。

1988年在庐山召开的企业家座谈会更明确地指出，企业改革的方向应该是产权明晰，建立有利于资产保值增值的现代股份公司，只有把企业改造成为现代股份公司，才能使企业真正成为在市场经济中展翅的雄鹰。杂志后来还曾在苏州召开座谈会，陈清泰和楼继伟都参加了会议。会后我们到了上海，时任市长的朱镕基接见了我们，他明确地告诉我们，有些人不懂经济，你们可以大胆地搞。碰巧的是，我们这次上海之行还见到了上海前市长汪道涵同志，他看了我为杂志出版的《腐败：权力和金钱的交换》一书所做的序言，说写得很好。在诸位领导的肯定和鼓励下，我们《经济社会体制比较》杂志此后放心地在市场经济的道路上继续前行。

三、开展政治体制改革研究

随着经济体制改革的深入，我们预感到政治体制改革也必将提上日程，因此有必要对中国的政治行政体制的改革展开深入研究。1996年初，在福特基金会的支持下，我们以杂志为中心，组织了中央编译局当代马克思主义研究所的一些研究精英，成立了"县乡人大运行机制研究"课题组。考虑到研究的问题在当时比较敏感，因此，在反复讨论后，我们决定从县乡两级政府入手。课题组的调研选择在河南省的新密市进行,除了在新密市走访市级党政部门外,课题组还分别去当地的一些乡镇作实地调查。在新密的调查中,当地官员经常提到三句话:"加压驱动","热锅理论"(形容官员是热锅里的蚂蚁,必须不断运动来避免被灼伤),"一手乌纱帽、一手高指标"。显然,这三句话形象地描绘出基层政府运行的基本模式。上级给下级施压,制定各种指标,完成指标就可以提拔,但如果没有完成指标就要被降级、处罚,实行一票否决制。我们在《经济社会体制比较》1997 年第 4 期上发表了课题的研究报告之一:《县乡两级的政治体制改革:如何建立民主的合作新体制》,提出了"压力型体制"这一概念,并将其定义为"一级政治组织(县、乡)为了实现经济赶超,完成上级下达的各项指标而采取的数量化任务分解的管理方式和物质化的评价体系"。课题组的总报告又对"压力型体制"的运行过程展开了分析,认为"压力型体制"是中国计划经济中的动员体制在现代化和市场化压力下的延续,是经济转轨过程的产物。1998 年,课题组将其研究报告汇编成书,以"从压力型体制向民主合作体制的转变"为书名,由中央编译出版社出版。"压力型体制"这一概念出来以后,在当时获得了学术界,尤其是刚刚兴起的农村问题研究领域学者的认可。

四、寄语未来

与以往相比,杂志现在所处的境况要好得多,领导也非常重视。尽管也存在一些困难,但机会和机遇也很多。因此,在杂志未来的发展中,比较研究的视野可以更开阔些,不仅要研究分析发达国家的经验,也要研究分析发展中国家的经验和教训,比如阿拉伯世界和伊斯兰文化,很多问题都非常值得研究。此外,我们国家农业人口占比很大,农村地域广阔,三农问题的解决与否关系到我国未来的发展,因此,要理论联系实际,从经济、政治、社会和文化等角度加强对农业和农村问题的比较研究。

总之,希望杂志在回顾发展历史、总结以往经验的同时,在未来能把《经济社会体制比较》杂志办得更精彩、更有影响。

序 二
比较经济学的过去与未来*

[匈牙利] 雅诺什·科尔奈**

在《经济社会体制比较》杂志创刊30周年之际，我对杂志的编辑和读者表达真挚的祝贺。《经济社会体制比较》杂志在中国过去几十年发生的伟大变革中发挥了巨大作用，对精神生活的复兴，以及源自全球社会科学新思想的传播都作出了贡献。关于此，我还想说：鄙人与《经济社会体制比较》杂志有直接联系，杂志曾发表过我的多项研究成果。这使我感到荣幸，因为《经济社会体制比较》杂志使中国同仁了解了我的思想。

在以下内容中，我力图回答两个问题，它们看起来与此次庆典相吻合，

---

* 本序为科尔奈教授为纪念《经济社会体制比较》杂志创刊30周年提供的稿件。科尔奈教授是《经济社会体制比较》杂志的老朋友。早在《经济社会体制比较》杂志1985年的创刊号上，杂志就介绍了科尔奈教授的著作《短缺经济学》和他关于社会主义经济体制改革的思想。此后，杂志还介绍过科尔奈教授的《匈牙利经济改革的若干经验教训》（1986年第4期）、《经济改革设想和现实的对照》（1986年第6期）、《匈牙利经济学家眼中的中国经济改革——访问随笔》（1987年第5期）等文章。本文原载于《经济社会体制比较》，2015年第5期。

** [匈牙利] 雅诺什·科尔奈（János Kornai），哈佛大学经济学教授，匈牙利布达佩斯高级研究所终身研究员。科尔奈教授在20世纪80年代初对中国等传统社会主义国家如何由计划经济向市场经济转轨提出改革理论，曾多次获得诺贝尔经济学奖提名。译者张定淮，深圳大学当代中国政治研究所教授。

即两者都是展望未来的。一是大家熟悉的"比较经济研究"的前景如何？二是由比较经济研究衍生出的分支学科有什么样的前景？我想借此机会对这两个问题的讨论发表一点拙见。

一、"比较研究"的过去与未来

詹科夫等人在2013年曾撰写过一篇关于新比较经济学的文章（Djankov et al.，2013）。他们提出了一个有趣的新方法，引起很大关注并激发了一场生动的辩论。在导论中，该文为将比较经济学研究的历史划分为新旧两个阶段提供了依据。在"旧阶段"中，只要社会主义经济仍在发挥作用，对资本主义与社会主义的比较始终是比较经济学研究的主题。但随着一些社会主义经济崩溃，世界面临贫穷、低效和大规模杀戮，对"主义"进行比较的研究就不再是"比较研究"关注的议题。在"新阶段"中，唯一的论题是对如今胜利凯旋的不同类型的资本主义进行比较。① 在那些不相信这种划分法的人中，我是持中立立场的。

首先，在20世纪80年代末的制度巨变之前，学者们已经对各种社会主义和资本主义制度进行了比较。几十年来，围绕社会主义制度改革的争论从主题上看可以概括为如下内容：是否只有双手沾满血腥的极端集权的、让大众饥肠辘辘的斯大林主义是社会主义唯一可能的形式？我们是否可以描绘出另外一些社会主义？在经济领域，能否实行某种形式的市场社会主义？在政治意识形态领域，能否实行某种形式的"更像样的"的民主社会主义？

从时期来看，对不同类型的资本主义进行白热化的比较，与对社会主义改革的争论是同步进行的。事实上，早在20世纪70—80年代，日本的经济处在巅峰之时，美国和西欧的许多人士就以极大的兴趣关注过日本经济奇迹。

---

① 我在此处和本文其他地方所使用的"资本主义不同类型"和"社会主义不同类型"的术语与霍尔（P. S. Hall）和索斯凯斯（D. Soskice）所著的那本具有影响力的著作《资本主义的多样性：比较优势的制度基础》以及其具有开创性的工作之后出现的文本中对该术语的运用，是同样的意思。

他们试图理解：政府的产业政策在其中发挥什么作用；经济部门对经济过程进行积极干预的程度如何，以及最重要的问题：投资是如何分配的。① 多年来，无数的学者倾向于将日本奉为典范，这种倾向直到日本经济下滑并开始出现长期的停滞，才戛然而止。

尽管存在成王败寇的事实，但仍然有人雄辩地支持继续聚焦于对社会主义和资本主义"大制度"进行比较：

1. 如果我们将资本主义与社会主义进行对照，那么资本主义的属性就更好理解。严格的二分法（sharp dichotomy）能提供海量信息，并非唯独我们的研究领域如此。例如，自然科学对这种"大"的分类进行界定和比较：有机物质与非有机物质，活生物与死生物的比较，尤其是在有生命的世界中，对新近进化有机物族群与其他族群，如脊椎动物与非脊椎动物的比较，哺乳动物与其他脊椎动物之间的比较，等等。我的研究工作就是对"大体制"（great systems）进行比较。拙著《动力、竞争与过剩经济》（*Dynamism, Rivalry and the Surplus Economy*）对具有社会主义特点的短缺经济和具有资本主义特点的过剩经济作过比较。这种比较有助于我们理解特定制度因素的作用。两种制度在体制框架、动机和行为规律性上都彼此迥异，其中，一种制度存在普遍、长期和严重的短缺现象，而另一种制度则具有普遍、长期和严重的过剩现象。

2. 在资本主义经济中，不时存在着与某些社会主义特性相像的"岛屿"。公有制而非私有制在其中居于支配地位；是官僚机构而不是市场在协调着人们的活动。比如许多国家的公费医疗。在这些"岛屿"上，由于实行免费和行政开支大幅削减的缘故，大量事例可以证明短缺经济现象，也就是众所周知的社会主义症状存在，比如排队、漫长等待、买方（在这种情况下即患者）任由卖方（卫生当局）摆布。如果我们知道，类似的安排不只是被插入"岛上"，而是把社会主义作为主导的社会经济形式时的真实情况，我们就能更好地理解"岛屿"的运作。

---

① 日本经验比较研究的开创者是青木昌彦（Masahiko Aoki）。在其后期的著作中，他将日本和中国的体制分析用于制度比较的综合研究之中（参见 Aoki, 1988, 1994, 1996, 2007）。

3. 苏联、东欧的社会主义虽然在历史现实中失败了，但它继续存活于许多人的脑海中。有关调查令人信服地表明，一部分人念念不忘变制之前的那段时间，他们相信那时的生活更加美好。国家与国家之间的怀旧程度不一，俄罗斯是怀旧情绪最浓的国家之一。经济问题愈多，怀旧情绪也就愈浓。用马克思主义的话来说，这些人用一种"虚假意识"来评价社会主义，是毫无意义可言的；我们不得不承认，这种对变制之前阶段的珍视，是一种心理事实（psychological fact）。不同的"新左派"政治思潮可以建立在这种扭曲了的集体记忆之上。与其说这些思潮建立在对过去的理想化记忆之上，还不如说它们试图窥见想象的、新的、更好的社会主义愿景。他们的推理基于这样的想法："不错，在列宁、斯大林、勃列日涅夫和其他形式的专治社会主义时代，的确存在着严重的问题。让我们重新开始，从错误中吸取教训，采用新的、更好的领导。"如果我们恰如其分地理解社会主义特性，如果我们能够解释这些严重的溃败及可怕的后果不是由个人属性或是由这个或那个领导人的错误决定所造成的，而是制度本身的基本属性所造成的，那么，我们就可以有力地对这种观点进行回击。

因此，在我看来，我会强调"比较经济研究"的连续性，而非强调与1989—1990年间的体制发生巨变有关的断裂性。不同层次的学者之间有着连续性，而且新生代学者不断加入其中。研究项目的组织机构的参与者和出版机构之间也有着连续性，新的机构从开始就一直在形成，其名称都与"转型"相关。由此，让我们转向第二个论题。

二、"转型经济学"的未来

1987年，有28个国家归共产党统治。[①] 1991年苏联解体后，这28个国

[①] 这个数字是从我的专著《社会主义体制》中提出的。其他很多学者也引用了其中公开发表的列表，值得注意的是，这个数字可能是一种共识。

家演变为48个继承国。① 在28个国家当中，唯独朝鲜可以十分肯定地说保留了社会主义制度的主要属性，古巴也可能是这样，但是古巴已经隐隐约约发出转型的信号。在其他国家，经济体制已经发生了巨大改变，它们现在带有资本主义经济的主要属性。这在曾经的社会主义的中东欧国家是一个不争的事实，苏联的继承国家更是如此。

我了解国企在中国和越南有巨大力量和影响，不过我敢断言，整个后社会主义国家的经济领域"转型"期已经完成。但是，政治领域的转变与此大相径庭。保罗·亨廷顿（Paul Huntington）在其经典研究，即1991年的文章和当年的著作中，用"第三波浪潮"来命名1974年至1991年间众多国家从专制独裁政权向民主政权的转变，以及政府政治形式的巨变。第三波浪潮的最后阶段席卷了后期的苏联以及共产党统治下的中东欧，但是从未波及越南。亨廷顿警告说，新的民主政权很脆弱，我们无法排除这些民主政权最终不能长治久安的可能。

这就是发生在俄罗斯的情况。当历史学家划分历史阶段时，他们喜欢将该阶段的起止与日历上的日期加以联系。记住了这一点，我们就可以说，俄罗斯历史上短暂的民主阶段始于叶利钦1991年就任总统，终于2000年叶利钦卸任总统。不论那时的经济政策多么动荡、多么暧昧，那几年俄罗斯的政治形式具有民主的所有基本标志。在普京2000年掌权后，俄罗斯的形势发生了变化。独断专行的政治体制从那时起就形成了。

亨廷顿的危险意识在匈牙利也得到了证实。自2010年以来，匈牙利的政治领域发生了大逆转，在1989年至2010年的20多年间——在众多严重的失败、失误、磨难和经济问题中，仍然自行确立了民主制度。但是自维克托·欧尔班（Viktor Orban）和他领导的政党掌权以来，几种民主体制被陆续废止，新的独裁制度涌现出来并已相当稳定。②

---

① 这个总数只包括国际法所承认的国家。它不包括前任国家塞尔维亚所不承认的科索沃，以及从苏联领土涌现出来的阿布哈兹、南奥塞梯、纳卡地区。摩尔多瓦是包括在内的。

② 参见：Kornai, 2012, 2014b；Magyar, 2013, 2014；Scheppele, 2014。这五部著作提供了许多进一步参考的资料。可惜的是大部分的研究只有在匈牙利进行。

这种倒退与亨廷顿所用的视觉比喻"浪潮"意象是极为吻合的。坐在海滩上，我们可以看到一浪又一浪冲上岸，而第三波浪可能甩脱许多泡沫，抽身而退。

从政治领域来看，我们将这些处于后社会主义国家区域的所有国家划分为三类：

A类：民主国家

这里，我会列出以下国家：阿尔巴尼亚、波斯尼亚和黑塞哥维那、保加利亚、捷克共和国、爱沙尼亚、克罗地亚、拉脱维亚、立陶宛、马其顿、波兰、罗马尼亚、塞尔维亚、斯洛伐克、斯洛文尼亚。

C类：专制国家（the dictatorships）

越南属于此类。① 这个国家已经发生很多变化，不仅在经济领域，而且在政治领域发生了很多变化。在胡志明当政的时代，共产党掌权，其政治纲领是消灭资本主义。这不仅可以从共产党的辞令中窥见一斑，也体现在其行动上：消灭私有制，根据中央的命令引入协调机制。后来，共产党开始了与经济改革并行的改变。它保留了名称，并且仍然提到共产主义和社会主义等词。党的最高层与企业部门有着千丝万缕的联系。如果我们将这些变化与早期的恐惧作比较，压制已经放松。

B类：独裁国家（the autocracies）

这类国家居于A类和C类国家之间。独裁国家的重要特征是它具有居中

---

① 我已经在属于A类的国家名单中作出了说明。爱沙尼亚、拉脱维亚和立陶宛这三个波罗的海国家曾经是苏联的共和国，已被列入民主国家。属于苏联的其他继承国家没有在此列出。其中哪个国家应当被列为专制国家，哪个应当被列为独裁国家，我心中没底。那些熟悉这些国家政府体制和政治领域状况的人在作出这种判断上是唯一具有发言权的。不过，现在已经明了，我将苏联最大的继承国俄罗斯置于独裁国家而不是专制国家之列，这在以后还要进行讨论。可惜我对许多的非欧洲国家的政治发展情况不太了解，而这些国家在1987年的28个国家的列表中是处于突出位置的。

性。它不是民主国家,也不是专制国家。这里强调两个"不是",就是要充分理解其性质。①

普京的俄罗斯和欧尔班的匈牙利,由于清除了许多基本的民主制度,所以不是民主国家。让我列举几个事实:权力部门之间持续分离,议会对于政府进行有效控制,法院的各个方面完全独立,包括独立的宪法法院,有一套针对权力争夺的有效制衡制度,从法律角度来看,相互竞争的政党在选举中机会均等。当权的政治力量"强化"自己,在自由的议会选举中不能被解散。

同时,有一点必须指出,独裁(autocracy)并不是专制(dictatorship)。有些绝对重要的属性可以将"独裁"与"专制"加以区分。多党制保持下来,反对派势力可以自由组织,反对派政党在议会中有代表。让我们思考一下俄罗斯的例子。在俄罗斯,抗议被压制,但抗议不是不可能的;抗议者会被大批送进监狱或在人群中被枪杀。基于虚假的指控作出判决,几个重要的反对派政治家被长时间囚禁。这具有一种威慑效果。然而,摆样子的公开审判、古拉格集中营、将数百万人推向死亡的运动的那个时代所特有的死亡恐惧,并未征服现在的俄罗斯社会。

总而言之,独裁不是专制,但我没有在"不是"(not)之前加上一个"还"(still)字。我们不能说,独裁变成专制只是一个时间问题。独裁统治的政治条件可能是稳定的,且持续很长一段时间,也可能由于某种历史性"地震"而寿终正寝。

一个类似的公开问题是,后社会主义专制政体的政治领域有着什么样的未来?专制的较弱形式会被更为强硬、更为残忍的镇压手段所取代吗?抑或一种反方向的进程得以开启,政体(不论快慢)将转变成独裁或民主?

---

① 在政治学和政治的日常语言中,其他具有中间性质的名称也广为流传,如,"吝啬的民主制"(Fareed Rafiq Zakaria, 1997)。在匈牙利的版本中,受到卡尔·施米特著作[Schmitt, 1923(1985);1928(2008)]的启示,"Führer-democracy"这个词出现在了Körösényi(2003)的研究成果中。不仅在名字上没有形成一致,在标准的区分上也没有形成共识,而区分一个民主国家和一个非民主国家是需要一种标准的。这段短篇幅的引言不足以使作者加入到涉及介于民主与非民主之间的政府形式的概念性和重大性讨论之中。

我从自身的经历，尤其是通过学习世界历史认识到，对重大转变不可能作出牢靠的预测。相似情形的数量太少了，不足以使负责任的学者做出在统计学上"生效"的结论。历史上的每一次重大变化，尤其是质变，都是由一系列不可复制的不同政治、经济、地方和国际性的一次性因素造成的。我们可以解释法国革命的不同系列因素，但不能把它们用来解释1917年俄国革命或者1956年匈牙利革命；"利比亚之春"既不同于"突尼斯之春"，也不同于2013—2014年的乌克兰事件。

作为一名经济学家，我将后社会主义故事的政治并发症前置，是出于多种动机。我不敢苟同许多从事"比较研究"的学者普遍的做法——他们试图固守专业界限。比较经济学家们只关注中国、俄罗斯和波兰的GDP和预算，结果他们无力对与经济变革并行的其他生活领域正在发生的改变作出判断。比较政治学者只关注政治事件，而不愿操心经济变化。实际上，跨学科方法是不可或缺的。

现在，且让我回到引言中所提到的问题："转型经济"的未来。在一个基于经验研究和现实变化观察的研究项目中，这个问题既与观察和分析对象不可分，也与曾经的社会主义国家的未来相连。这种"转型"在经济领域已经完成。这同样适用于以上三类国家，而这三类国家的政治结构有所不同。不论它们之间的差异何等明显，它们的经济是不可逆转的市场经济。

相比较而言，这些政治上多样化的三类国家未来的政治发展却不可预见。在一类国家中，从共产党专制向西方式民主的转变已经完成，它们已经从C类跨越到A类。但俄罗斯和匈牙利的例子显示，这种变化并非不可逆转，这些国家中的任何一个都存在着从A类转向B类的危险。

那些现在处于B类或C类的国家可能在相当长的一段时间内无法动弹，但它们也的确存在着脱身的机会。存在着这样一种紧迫的危险，即一个或另一个B类独裁国家的政府形式退变为C类专制政体，或在C类国家里，目前尚弱的专制形式会被一种更为残酷的形式所取代。作为一个民主政体的支持者，我希望处于B类（独裁）成员国甚或C类（专制）的这个或那个成员国会朝着 A 类（民主）国家方向发展。如果发生这种情况，特别是在大国，如俄罗斯，那就不可能构成亨廷顿言之凿凿的第三波民主浪潮，而是一种新的第四波。

上述讨论并不隐含着任何的历史预测。它只是展现可能出现的图景的全貌。即使我们无法预言，但仍然有许多令人振奋的研究课题可做，仅列举如下几个。

第一，就整个后社会主义区域而言，上述国家中是否存在着某种特定的共性，明显有别于区域以外的国家，如，没有共产主义过去的国家？民主体制的脆弱、腐败，经济政策上的无能——这些不是后社会主义国家所特有的属性，这在那些没有社会主义历史经验的国家同样明显。我认为，很多人的思维方式有着不少明显的特殊性，如对国家父爱式角色的顺从。这些曾经的社会主义社会的残留物，有没有可能显见于社会不同领域的实际运作中？

第二，朝向资本主义的经济发展如何受到政治领域的政府形式的影响？压制性的非民主国家（上述 B 类国家和 C 类国家）发展更快，是一种众所周知的断言。① 另一种观点则与此相反：从长远来看，那些努力走向包容性民主的国家会减少歧视，实行人权，从长远的历史角度来看，会确保自身更快的发展（Acemoglu and Robinson, 2012）。对后社会主义区域的 48 个国家所作的研究，运用比较社会科学的工具，为不愿意改变观点的学者提供了一流的实验室。

第三，在从事"比较经济学"研究的学者当中，许多人出道时是马克思主义者，如今却没有一个人自称马克思主义者。对后社会主义变化的经验所作出的一些分析，在重新思考马克思主义的主要观点方面提供了基本事实。现在，我只想强调其中一点。马克思主义理论区分了经济基础和上层建筑，并表示历史上经济基础的变化最终决定上层建筑的运动。后社会主义经验却与这一理论命题相悖。用马克思主义者的表述来说，各种情形下的巨变均始

---

① 这种观点反映在匈牙利总理维克托·欧尔班的一次演讲中。

于上层建筑。后来，具有很大相似度的（经济）基础，以资本主义生产关系、私有制和市场调节为特征，却能与三种全然不同的上层建筑——民主政府形式、专制政体和独裁政体长久共存。

第四，在本文中，我并未提到这样一个不言自明的事实，即每一个后社会主义国家都处于国际环境之中，这对所有国家都具有重要影响，不论它们是一体化的超国家成员（欧盟、北约）或是由普京发起成立的欧亚联盟成员。这个国家和其睦邻国家的关系如何？这个国家与其他国家之间形成了何种形式的政治、经济相互依赖关系（如在能源部门之间）？在相关国家的执政和反对派政治势力中，民族主义、反欧、反美情绪的浓烈程度如何，在政治辞令以及实际的外交和国内事务中的表达强度如何？这可能对政府形式的活力及经济改革产生影响。

第五，在引言部分，特别是在脚注中，我告诉读者，我对许多国家（主要是亚洲和非洲）的国情孤陋寡闻，而鉴于1987年对这些国家情况的评估，我又将这些国家归为社会主义国家。当然，其他一些同事对这些国家更加了解，有些甚至是研究这些国家的专家。我深信，本文的分类（完成转型而产生的资本主义经济以及三种类型的政府形式）具有适应性生命力，可以被用来描述现实，不论一个国家属于哪个类别。当我把曾经忽略的国家考虑在内，检验一下这种信念是否入情入理，以及这些分类是否具有充分的适用性，是不错的。如果答案是正面的，我们该如何归类每一个国家，我们又期待它朝哪个方向进一步发展呢？

且让我用两句话总结我给《经济社会体制比较》杂志的作者和读者发出的信息：后社会主义经济的"转型"（从该词的原义来看）已经完结；从事"比较社会研究"的必要性比以往任何时候都来得更加迫切。

参考文献

Aoki, M., 1988. *Information, Incentives and Bargaining in the Japanese Economy*. Cambridge, UK and New York: Cambridge University Press.

Aoki, M. and Dore, R. eds., 1994. *The Japanese Firm*. Oxford: Clarendon Press.

Aoki, M., Kim, H-K. and Okuno-Fujiwara, M. eds., 1996. *The Role of Government in East Asian Economic Development*. Oxford: Clarendon Press.

Aoki, M., Jackson, G. and Miyajima, H. eds., 2007. *Corporate Governance in Japan: Institutional Change and Organizational Diversity*. Oxford: Oxford University Press.

Djankov, S., Glaeser, E. L., La Porta, R., Lopez-de-Silanes, F. and Shleifer, A., 2003. "The New Comparative Economics." *National Bureau of Economic Research Working Paper 9608*, Cambridge MA.

Hall, P. S. and Soskice, D. eds., 2001. *Varieties of Capitalism: The Institutional Foundations of Comparative Advantage*. Oxford: Oxford University Press.

Huntington, S. P., 1991a. "Democracy's Third Wave." *Journal of Democracy*. Vol. 2 No. 2: 12 – 34.

——1991b. *The Third Wave: Democratization in the Late Twentieth Century*. Norman and London: University of Oklahoma Press.

Kornai, J., 1992. *The Socialist System: The Political Economy of Communism*. Princeton: Princeton University Press and Oxford: Oxford University Press.

——2012. "Taking Stock." *CES-IFO Forum*. Vol. 12 No. 2: 63 – 72.

——2014a. *Dynamism, Rivalry, and the Surplus Economy*. New York: Oxford University Press.

——2014b. "Threatening Dangers." http://www.kornai-janos.hu/Kornai2014%20Threatening%20dangers.pdf.

Körösényi, A., 2003. "Politikai Képviselet a Vezérdemokráciában (Political Representation in the Führer-democracy)." *Politikatudományi Szemle*. 12 (4): 5 – 22.

Levitsky, S. and Way, L. A., 2002. "Elections without Democracy: The Rise of Competitive Authoritarianism." *Journal of Democracy*. Vol. 13, No. 2: 51 – 65.

——2014. "Autocracy by Democratic Rules: The Dynamics of Autocratic Coercive Capacity after the Cold War." *Communist and Post-Communist Studies*.

Magyar, B. eds., 2013, 2014. *Magyar Polip: A Posztkommunista Maffiaállam (The Hungarian Polyp: The Post-Communist Maffia State)*. Budapest: Noran Libro.

Scheppele, K. L., 2014. "Hungary and the End of Politics." *The Nation*. May 6, 2014.

Schmitt, C., 1923 [1985]. *The Crisis of Parliamentary Democracy* (trans. by E. Kennedy). Cambridge/MA: MIT Press.

——1928 [2008]. *Constitutional Theory* (trans. by Seitzer, J.). Durham: Duke University Press.

Zakaria, F. R., 1997. "The Rise of Liberal Democracy at Home and Abroad." *Foreign Affairs*. Vol. 76, No. 5: 22 - 43.

前　言

王燕燕

　　三农问题多年来一直是我国经济改革和社会发展中的重大现实问题和挑战，也是理论界和政策界研究和关注的重要议题。自 2004 年至今，连续 12 年的中央一号文件均聚焦三农问题，提出当前和未来农业与农村发展的战略举措。作为长期关注中国改革与发展现实问题的《经济社会体制比较》杂志，三农问题始终是其关注的一个重点领域。自上世纪 80 年代以来，比较杂志围绕着农业、农村、公共服务、乡村治理以及土地问题等组织、刊发了大量高质量稿件。值此《经济社会体制比较》杂志创刊 30 周年之际，我们特地梳理和精选了相关论文，汇编成书，以飨读者。

　　本书从跨学科、跨时空、跨地域的视角选编了《经济社会体制比较》杂志近 30 年来发表的三农问题方面的一些经典之作。以跨学科的视角来分析转型中国的一些现实问题，是《经济社会体制比较》杂志多年来坚持的办刊导向。在一些栏目的组织和编排上，我们也一直力求对问题展开多学科、多视角的探讨和分析。在本书的选编过程中，我们精选了政治学、经济学和社会学领域专家对三农问题的研究成果，从而使读者得以领略不同学科的专家从不同领域、视角和层面对三农问题展开的分析和探讨。本书收录的文章时间跨度长达 20 多年，既收录了上世纪八九十年代名家的经典之作，也收录了新世纪以来一些中青年学者的最新力作。尽管有些文章是在当时的经济和社会背景下完成的，但一些经典之作经受住了时间和实践的考验，当年对一些问题的前瞻性的探讨和政策建议对当前和未来三农问题的解决依然有着较强的借鉴意义。《经济社会体制比较》杂志自办刊之初就坚持以比较视角和国际视野来把握理论前沿、关注现实问题，创刊以来发表了大量经典的、深有影响的译文。在农业和农村问题方面，本刊不仅多次刊发过海外学者关于国外农业和农村发展的最新研究成果，也刊发了一些海外研究中国问题的学者对我国农业、农村的研究论文，本书在选编时特地收录了两篇国外学者关于我国农村发展和乡村治理研究方面的文章。

全书共分为五辑：农业发展、农村改革、土地问题、乡村治理和城乡统筹。第一辑为农业发展，围绕农业现代化和粮食安全收录了四篇文章。著名农学家、原江苏省副省长凌启鸿根据自己多年的实践调研经验，提出我国农业的根本出路在于实现农业的现代化，必须从生产手段、生物科技和经营管理方式三个方面来对传统农业进行改造。著名经济学家林毅夫教授和沈明高教授从农业技术的需求、供给和采用，对新中国成立以来农业技术的变迁进行了梳理并作了理论上的归纳总结，提出了推动和推广农业技术进步的政策建议。尽管这两篇文章均发表于上世纪90年代初，但其中的政策建议仍可以为当前发展农业现代化所借鉴。作为一个人口大国，粮食安全关乎我国的国计民生和社会稳定。王小鲁在研究我国农业生产的发展前景时，重点讨论了资源约束对我国农业生产的影响，分析了影响我国粮食生产和供求稳定的相关政策因素。进入新世纪以来，我国的农业发展进入了一个新阶段，农业生产也面临着一些新的挑战。仇焕广等人重新审视了新形势下我国传统的"粮食安全"观，分析了新时期我国粮食安全面临的挑战，并提出了促进农业发展战略转变的六大"政策调整"。

第二辑围绕着农村的改革和未来发展趋势收录了五篇文章。著名三农问题专家陈锡文教授在世纪之交回顾了我国农村的经济改革和发展，指出家庭联产承包责任制的确立使农村形成了新的财产关系，推动了农村生产要素的流动和重新组合，但农村的突出问题仍然是农民增收难，而农村市场的发育和建设也是农村改革中需要攻克的难题。本辑收录的周其仁教授关于我国农村财产关系变革的文章，发表于《经济社会体制比较》杂志1987年第1期。该文分析了改革前农村的财产关系格局以及改革后农村财产关系发生的变革，并提出应把组织创新和制度建设作为深化农村改革的中心内容来突出，应建立起完备的土地承包制度、创业制度、市场交易制度和金融制度，等等。尽管时间已过去近30年，但文中所提的政策建议仍对我国农村当前和未来的经济改革具有一定的理论和政策参考价值。进入新世纪后，为了减轻农民负担，中央逐步取消了农业税。邹农俭在对农村税费改革的分析中指出，农村的税费改革必然会减少乡村的收入，改革的同时必须推进财政体制、乡镇政府机构精简、政府职能转变、基础教育和公共设施等一系列相关改革。针对农村的社会保障问题，德国学者鲁思来（Lutz Leisering）等人重点研究了中国农村的养老保障，在分析我国当前农村养老保障存在的问题的同时，也介绍了其他国家如英国、丹麦等国推行的覆盖农民的养老金制度。文章结合他们在山东、湖北和云南实地调研的基础上，提出了建立跨越城乡分离的全国性养老保障制度的政策设计。对农村的改革最终要实现农村的发展，我国的农村究竟要向何处发展？王振耀教授在检视了传统农村发展战略后指出，传统战略存在的根本缺点是按照城市的模式来改造农村，忽视了农村的基本特点和内在优势，因此我国的农村发展应该走上以农村为本的发展道路，并提出了有针对性的十大对策建议。

第三辑围绕土地问题，从法律、制度和实践层面收录了五篇文章。文贯中教授认为现行的土地制度与市场经济规律相悖，且已暴露出种种弊端，不利于农业的长期发展和三农问题的早日解决。文教授因此呼唤第二次土地制度改革，主张让市场机制发挥调节土地供求的主要功能。高圣平和刘守英从《土地管理法》修订的视角对土地权利制度的一些创新进行了详细的剖析和点评，指出土地权利本属一种私权，现行土地权利制度改革的出发点应是淡化土地权利的行政色彩，还原其作为物权的本性。黄少安和刘明宇从法经济学角度分析了《农村土地承包法》中农地产权安排上公平与效率的冲突及其经济后果，认为在维持农地产权不清晰的状态下要实现公平与效率是不可能的，其出路在于还农民以土地所有权，建立起农村社会保障体系，让农地恢复作为生产资料的发展职能。赵阳研究员在对土地"所有权、承包权、经营权"三权分置进行详细解读的基础上，指出土地制度改革要考虑制度变迁成本，不能轻易否定农村土地集体所有制，同时指出未来农村土地改革的重点应集中在落实土地承包权"长久不变"、确权颁证以及规范承包经营权的抵押和入股。如何实现农村土地承包经营权的市场化流转，是我国深化农村改革中面临的新问题。杨继瑞教授以成都为例，分析了土地承包经营权市场化流转存在的问题和风险，并提出要有效推进土地承包经营权的市场化流转，必须建立相应的制度安排，如"传统农民身份"的退出制度和"职业化农民"的进入制度。

第四辑为乡村治理，共收录了四篇文章。著名政治学家俞可平教授等人运用比较历史分析方法，以定县、邹平和江宁为例，对我国农村治理的历史和现状做了系统的个案研究，进而指出中国的乡村治理是一种政府主导的治理模式，治理结构的多元化和治理主体的精英化，是近代至今中国乡村治理的重要特征。上世纪90年代以来，在农村逐渐兴起的村民直选，促使农村治理由官治向民治转变。何增科教授以河北武安市为例，分析了村委会直选对农村管理体制的冲击，并着重剖析了武安"一制三化"的制度创新，从而总结性地指出从官治向民治的农村治理转型是一个渐进的增量改革过程，治理转型不仅需要过渡性的制度安排更需要综合配套的制度建设。用内卷化来描述政治过程和问题始于美国学者杜赞奇，意指没有实际发展的变革。贺东航教授运用此概念，分析了中国农村的村民自治制度，认为中国几千年的官治传统和官本位文化会使村民自治走向内卷化和行政化的可能。因此，需要更大范围的政治体制调整和配套改革，以改善村民自治。近年来，农村税费改革对乡村治理的影响也引起了学者越来越多的关注。澳大利亚学者史密斯以安徽省某县所辖的乡镇为调查对象，探讨了乡镇政府是如何变为"行政空壳"及其对中国农村基层治理的影响，其分析认为"空壳化"的乡镇政府很难在农村中发挥积极作用，而且会破坏其转变为"服务型"机构的努力。

本书的最后一辑是统筹城乡发展。农业、农村和农民问题是相互关联、相互交织的，要解决三农问题最终需要由点到面、实现城乡的统筹发展。围绕城乡关系、城乡收入差距和城乡发展中的治理等问题，本辑收录了四篇文章。宋洪远教授根据法国、美国和西德等国城乡收入差距的发展态势，指出我国的城乡收入差距扩大的趋势还会持续一段时间，因此应转变政府职能，以调整城乡关系，促进城乡协调发展。王少国教授梳理了近年来国内有关城乡收入差距的对策研究，并针对当前治理城乡收入差距对策研究的不足，提出了应确定治理对策的优先级、构建统筹城乡的大小经济循环体系等补充性对策。吕炜等人实证分析了城乡收入差距、城乡教育不平等与政府教育投入之间的关系，其研究结果的政策含义在于，政府应在加大教育投入的基础上，更注重教育资源的结构配置问题，加大对农村地区初中教育的投入，以打破城乡教育不平等和城乡收入差距"恶性循环"的怪圈。吴金群通过分析市管县体制下的城乡关系，指出市管县体制非但没有实现城乡融合，反而造成了城乡二元分割，省管县体制则对城乡关系调整有着积极意义，并勾勒出了省管县体制改革的总体思路。

希望本书能对关心和研究三农问题的学者和读者提供有益的参考。

JECSS 三农问题与乡村治理

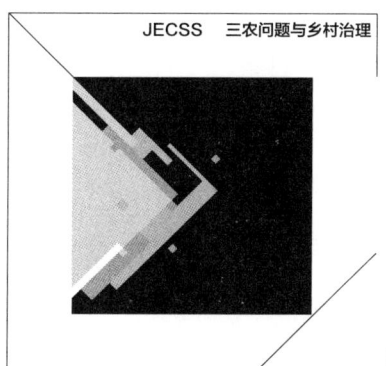

第一辑

农业发展

推动农业社会化服务体系的建立与发展[*]

凌启鸿[**]

我国的农村经济体制改革,经过了 30 多年的曲折,终于在党的十一届三中全会以后,找到了以家庭联产承包责任制为基础,统一和分散结合的双层经营合理体制形式。这个经济体制,坚持了农村改革的社会主义方向,引导农民走共同富裕之路,促进了当前农业和农村经济的稳定发展,开辟了一条逐步实现农业现代化的宽广大道。而农业社会化服务体系,是连接"统、分"两个层次,既进一步激发家庭经营的活力,又充分发挥集体经济的优越性,推动农业现代化建设的中心环节。

一、家庭联产承包责任制后,农业面临新的选择

在我国现阶段生产力水平下,农村适合于以家庭作为基本的经营单位。家庭联产承包责任制应顺了这一客观规律,极大地调动了农民生产经营的积极性,推动了农村经济的迅速发展。但一切劳动生产无不具有二重性,家庭经营的个体性,必然受它的社会性的影响和制约,暴露出个体性所固有的弱点和弊

---

[*] 本文原载于《经济社会体制比较》,1991 年第 4 期。
[**] 凌启鸿,原江苏省副省长。

端。首先是单薄的经济力，无力进行治水改土，大规模开发自然资源，抗灾能力很薄弱。其次是生产手段不完备，多数农民缺乏配套的农机具，产生了一系列"种田难"的问题，在经济贫困地区尤为突出。再次是分散的小生产方式，信息闭塞，盲目种植经营，常会发生各种产品销售的"大战"，使实施社会主义有计划的商品经济遇到很大困难。第四是随着农村经济的发展，大批劳力转向二、三产业，农业在家庭经济逐渐处于从属的地位，在经济发达地区，大批兼业农户不能精心种田，耕作水平下降，甚至出现各种形式的抛荒现象，农业后继乏人。这种现象目前虽然发生在经济发达地区，却预示着农村商品经济发展以后，农业将出现的一种发展趋势，农业面临着严重的挑战。

从长远的观点看，我国农业的根本出路在于实现农业的现代化，必须对传统农业进行三方面的改造。即用现代化的生产手段代替手工操作的生产方式，推进农业机械化；用现代生物科学技术代替传统的经验式的生产技艺，实行科技兴农；用现代的经营管理方法代替小生产经营方式，实行集约化的规模经营。通过三方面改造，不断提高农业的劳动生产率，单位生产率，投入产出率和商品率，使农业成为具有较高经济效益的产业。但在家庭联产承包责任制条件下，过小的经营规模、过于分散的小生产状况，给实施三个方面的改造带来极大的困难，阻碍了生产力的进一步发展，严重影响了农业现代化的进程。

面对上述问题，农业的出路何在？是退吗？显然不能，家庭联产承包责任制是现阶段发展农业生产力的合理形式，这是历史做出的正确结论，应当长期稳定下去。那么，怎样前进？我们面临着新的选择。

二、规模经营是发展农业最终的必然选择，不是目前普遍的合理选择

使农业持续稳定发展的根本动力，是使农业生产经营者取得社会的平均的经济效益。在二、三产业不发达的地区，农民只能以农为生，生产较为稳定；但在经济发达地区，务农劳动者一年的平均收入，应不低于务工劳动者一年的平均收入，农业才能稳定发展。工业劳动的一个显著特点是劳动生产率高，农

业要和工业一样成为高效益的产业，必须通过扩大生产者的经营规模、提高劳动生产率，才能获得社会的平均效益。

1985年，作者调查了江苏苏、锡、常地区的农业生产情况，那里农村一般人均只有一亩地，三口之家，由一人种植三亩粮食，平均净收入只有三百多元，只及务工农民年收入的五分之一左右，种田农民就没有积极性。如果借用价格放开的办法，使种植三亩地的农民获得和务工农民同样的收入，来调动种田农民的积极性，则粮价将上涨五倍左右，大大超过国际价格，社会显然不能承受，这是不可行的。而在这些地区出现的一些种粮专业户，一个劳力种粮田20—30亩，粮食绝大部分以合同定购任务作价，平均的纯收入可达两三千元以上，高于当地务工农民三至五成。同年，作者对苏北海安等地农村出现的养殖专业户进行的调查，家庭饲养蛋鸡两三百只，一个妇女劳力照料，年收入可达两三千元；家庭饲养上千只的，两个劳力的年收入可达万元以上。可见，农业经济产益的提高，要靠扩大经营规模提高劳动生产率来实现，适度规模经营是稳定发展农业的最终必然选择。这一论点，作者于1985年10月已公开表述过（见《经济日报》）。

扩大经营规模，实行农业生产的专业化，使农民由自然经济的小生产者变为商品生产者，观念上发生了深刻的变化，农业生产经营的格局随之也发生深刻的变化，主要表现在两个方面。

第一，农业成为家庭的主业，经营者靠务农致富。为了不断提高经济效益，一方面尽量利用一切可以利用的空间，使宝贵的农业资源得以充分开发利用。另一方面，采用集约经营，致力于提高单产，提高品质，降低成本；并根据市场的需要改变传统的栽培制度和饲养方式，解决以往存在的供应的均衡性和生产季节性的矛盾，逐步实现均衡生产和均衡上市。专业户们较少保守思想，有采用一切先进农业技术的自觉要求，愿意投资购置先进的农机具和各种基础设施，成为当地科技兴农的示范户，农业先进生产力的代表。不少专业户送子培训学农，使之成为他们事业的接班人。

第二，较大的经营规模和较大批量的产品，同时也承担着较大的生产和市场风险。作为一个家庭的独立经营者的专业户，他们虽懂技术、会管理、善经营，但他们毕竟是刚从事较大规模商品生产的个体农民，不可能对宏观的市场信息了解掌握，也不可能把生产过程中的一切环节小而全地全包下来。因此，他们必然产生为他们提供产前、产中、产后的社会化服务的迫切要求。产前、产中的承包服务为他们分担生产的风险，产后的加工、销售服务为他们分担市场的风险。他们愿意和销售、加工等部门建立稳定的联系，按期提供价格比较公道的产品。由于他们的产品数量较多，规模效益大，不在单价上过多计较，但求能如期把产品销出，实现利润。这种情况和众多的小生产恰恰相反，在农产品取消统派购以后，小生产者总想在有限的产品上取得较多的利润，在价值规律的驱使下，盲目生产，必然导致产品的忽多忽少，商业和加工部门也苦于缺乏稳定的基地和资源，也有寻找建立供货基地的要求。专业户的出现，就为产销的有机结合创造了条件，重新形成生产、流通、加工互为依靠的有计划商品经济的新格局。近几年，各个城市菜篮子基地的工业原料基地和外贸出口基地的逐步形成，均以适度规模经营的专业户（包括集体办的）为基础，农、工商、产供销一条鞭的体制为保证的。

由此可见，农业的适度规模经营，是提高农业的经济效益、推动农业科技进步、实现农业现代化和有计划商品经济的必由之路，但实施农业的适度规模经营，必须具备必要的社会经济综合条件；条件不具备，盲目推行，我们又将犯历史性的错误。

从土地的适度规模经营来看，作者于1985年曾提出必须具备四个条件，即：（1）农业劳动力必须有70%以上转向非农产业；（2）非农产业人员有稳定的经济收入和保障机制，以后不再回到耕地经营上来；（3）集体有成套的农机设备；（4）有健全的社会化服务体系。具备了上述条件，才有可能使一部分农民自愿把承包经营的土地转让出去，并使一部分农民愿意接包更多的耕地而成为专业户。上述综合条件，在江苏也只有苏州、无锡和常州的部分农村才初步具备，在全国则为数更少。但即使在苏、锡、常地区，由于农民长期以来形成对土地的特殊依存性，广大兼业农户把耕地作为家庭的一个保险机制，因而不愿轻易放弃自己承包的耕地，至少不愿放弃口粮田。因此，土地规模经营的发展进程受到制约。在苏州、无锡等农村经济发达地区，自1986年提倡推行以来，五年间实施土地适度规模经营的耕地，也仅占1.5%。由此可见，土地经营的"兼专并存，以兼为主"的格局，将长期存在。众多的小生产仍是今后农村中的主体，而且要延续相当长的时间。

就林、牧、副、渔各种经营而言，推行适度规模经营的条件要好得多。由于其经济效益较高，很少涉及耕地承包经营权的转移，不少项目可利用家庭的有限空间形成适度规模。因而几年来各地农村发展较快，不少作为扶贫项目而在贫困地区发展起来。但其发展规模受市场容量的限制，技术条件要求也比较高。因此必须注意具备如下条件：（1）开辟建立稳定的市场和销售渠道，形成产销衔接的生产流通计划体系；（2）适当集中，形成一村（乡）一品或品的商品生产基地，把家庭规模和组合规模结合起来，形成区域规模优势；（3）必须有产前、产中、产后系列化的服务体系和风险保障机制。没有上述综合条件，孤立的专业户是难于发展的。鉴于形成上述条件有一个相当长的过程，目前，在多种经营方面，出现在我们面前的家庭小生产仍占绝对的比重。

因此，农业的适度规模经营，作为正确的方向，应坚持不懈地加以引导，逐步发展，但它不是解决当前农业稳定发展的普遍的合理选择。农业工作的立足点，主要还是面向千家万户的小生产者。

三、加快农业社会化服务体系建设，既是当前促进农村经济稳定发展的重要措施，又是逐步实现农业两个转化的一次战略性基础建设

为了解决家庭联产承包责任制带来的家庭分散经营中出现的各种问题，江苏农村深化改革的实践，出现了建立集体的农业社会化服务组织，为千家万户（包括专业户）农业生产服务的经验，受到广大农民的普遍欢迎。这是推行联产承包责任制以后，农村进一步发展商品生产的必然产物，是对家庭联产承包责任制的补充和完善；对稳定发展农村经济，是一种普遍合理的形式。因此，自1986年江苏省政府提倡推广后，发展迅速，遍及全省各地。其基本做法分为两类。

一类是为稳定发展粮棉油等大田作物生产的农业服务体系。粮棉油等作物涉及国计民生，比较效益又低，稳定发展的难度大，所以应把农业服务体系作为建设的重点。这类作物家家都有种植，要解决指导到户、服务到田的问题，必须以行政区域为单位，建立乡村两级的社区性服务体系。"建好村一级、强化乡一级"是建立农业服务体系的成功经验。乡级服务包括农技、农机、水利等服务站，主要任务是负责对村服务组织提供"示范、指导、培训、后勤"等服务。后勤服务包括提供全乡统一供种、农机零配件供应和维修、统一供水调度，以及和供销社联合统一提供生产资料供应服务等。村级服务队直接服务于千家万户，是服务工作的基础。服务项目以最关键、群众最需要的为重点，因地制宜确定。就江苏多数地区而言，群众迫切需要提供服务的是供种供秧、钱作、灌排（包括开挖田间排水渠）、植保（包括化除、化控）、脱粒等五项，被称为五项基本服务。经济发达地区还增加插秧、播种、收割、施肥乃至农产品加工等服务项目，称系列服务；而在经济不发达地区，根据群众需要，只提供几个单项作业服务。目前，江苏农村已有20%的村建立了系列服务专业队，30%的村建立了五项基本服务专业队，25%的村在几个项目上提供作业服务。

另一类是为发展多种经营的服务组织，一般只需建到乡一级，以当地的产品为中心，建立产前、产中、产后的系列化服务体系；一级以销售加工单位牵头，多部门配合，组织发展商品生产"大合唱"。服务内容包括产前的优良种苗、配合饲料、生产资料等供应，产中的防疫、植保和技术指导，产后的加工、销售等农户本身很难解决的问题。

五年来的实践，显示了农业社会化服务体系对发展农村经济和农业现代化的巨大推动作用。

（一）保证了各项增产措施的落实，加快了先进科技成果的推广，提高了农业生产水平

在大田作物生产方面，村级农业服务组织，首先是作业服务队，它以机械

作业为主要手段,按增产技术的要求,向农户提供农事作业服务和技术质量承包,有效地解决了经济发达地区兼业农户种田粗放的问题,使各项关键增产措施得以落实。据吴江县调查,农活的三分之二已由服务组织承担。农户每亩稻麦两熟田的年用工量由过去的50—60个,降低为10—20个。单产较服务前提高了一至二成,种田对当地农民已不再是一种负担。在经济不发达地区,农业服务体系有效地解决了农民"种田难"的问题,凡一家一户办不了、办不好、办了不经济的农活,由服务组织承担后,可以比农户自己干要更好,更经济,更高产。

农业服务组织还是科技兴农的载体,寓科技成果推广于作业服务中,通过统一供种供秧和各项作业服务,加速了各项先进增产技术的推广。比起向一家一户传授技术来,推广要方便得多。如这几年全省推广的水稻良种和杂交玉米面积,普及率均达到95%以上;技术上较难掌握的化学除草、化学调控的推广面积均达千万亩以上。凡农业服务体系健全的地方,各项科技成果的推广速度快,各种作物的单产水平均显著提高。服务体系深受农民的信赖,已成为领导农业生产的得力助手,在各个农事季节,只要领导一发动,服务组织成员一起出动,配合千家万户,很快就将各项增产技术落实到田间,从而保证了大面积农业生产水平的稳定提高。1989年,全省粮食单产比1978年提高了三成,在农业增产部分中,科技进步因素占45%,高于全国的水平(30%)。

多种经营服务体系为农民提供了后勤、技术和销售服务,推动了多种经营的迅猛发展,凡服务体系健全的乡村,多种经营的数量增长(除猪以外)均增加了数倍。服务体系在科技兴农方面的作用,比大田作物更为显著。例如,畜禽、鱼、果、蔬等,群众本来就不留种,靠买种苗生产,乡供种基地的建立,往往使覆盖区范围内的良种普及率达到10%。配合饲料,笼式集约化养鸡,大棚栽培,鸡、猪、鱼、鸭食物链复式饲养方法,都是传统未有的新技术,是服务体系建立以后才大量发展起来的。

乡村两级服务体系在科技兴农上和以往的推广方法不同之处,在于它的技物结合、服务与承包相结合的特点。因此,它在把科技成果尽快转化为生产力方面,发挥了无与伦比的作用;它使在分散的小生产方式条件下,推进农业的科技进步成为可能。

（二）加快了农业机械化的进程，推动了农村经济的全面发展

农业机械化是农业现代化的重要特征。家庭联产承包制以后，由于过小的家庭土地经营规模，曾使人们对如何推进农业机械化问题产生过困惑。农业服务体系的建立必须以机械化为手段，以乡村服务体系集体举办农业机械化，为分散的小生产经营下加快发展农业机械化找到了有效的途径。人们对农业机械化推动农村经济的发展所起作用的认识进一步加深。

1988—1990年，对苏州农村若干村的调查表明，在一个村的范围内（1000—2000亩耕地）购置从种到收的全套机械（包括道路），总投资30万—50万元，但全村的企业每年可少停工15天，可增加利润收入20万—30万元，一次投资，一二年内可全部收回，农民可摆脱全部的农业体力劳动。稻麦产量提高5%—10%。当地干部说，这项措施是"功在国家，利在集体，造福农民"。在经济不发达地区，凡有了机械化作业服务的村，农民有更多的时间从事家庭工副业生产，发展庭院经济，较多地增加农民收入。例如，宿迁县蔡集乡自从建立机械化的农业服务队以后，大部分农活由服务体系承包，农业稳定增产，家家户户都有一项专门的家庭工副业，该乡也由一个穷乡开始向富裕方面转变。可见，农村经济的发展、产业结构的调整，必须有农业机械化与之相适应；而由乡村两级农业社会化服务体系发展农机化事业，是推进我国农村农机化的最好形式和可靠途径。

由于农业服务体系的不断建立和发展，机械作业的面积迅速增长。在原来已经普及的机耕、机灌、机排的基础上，这几年新增了机播面积近100万亩，麦田机开沟120万亩，机动喷雾统一植保面积普及率已达30%。对机动喷雾机、播种机、开沟机、插秧机、割晒机、联合收割机、饲料加工机械、种子加工机械、育秧（种）设施、笼式养鸡设施，以及冷藏保鲜设施等的需求量急剧增长。

（三）稳定和发展了农业适度规模经营，推动了商品生产基地的形成

1983—1984 年间，江苏曾出现种粮大户一百多个和上万个多种经营专业户。由于当时没有建立社会化服务体系，种田大户靠雇短工手工种田；以后由于农村二、三产业的发展，雇不到短工，绝大部分种田大户在 1985 年垮掉了。多种经营专业户绝大部分是养殖专业户，由于没有稳定的饲料来源和市场销售渠道，以及缺乏防疫和饲养技术，也曾垮掉了近 50%。自 1986 年开始推行建立农业社会化服务体系后，各类专业户得以巩固并迅速发展。目前种田专业户已发展到近万户，苏、锡、常地区正在进一步发展；各类多种经营专业户已发展到 50 万户，而且都相对集中，通过多种经营服务体系和城市固定联系，成为城市副食品、工业原料和出口创汇的商品生产基地。此外，众多的家庭副业生产者，也开始懂得通过服务体系销售产品的合理性，愿意就近由服务体系销售他们的产品。这样，就有可能通过各个服务系统联结千家万户，把分散的小生产，间接地、逐步地纳入有计划商品经济的轨道。

（四）为中国农业的现代化建设，找到了一条可行有效的途径

以上事实已充分说明，乡、村两级农业服务组织是一个多种功能的载体。它以机械化和其他现代化设施为手段，以推广先进农业科技为主要内容，为千家万户服务，就可在现有的条件下，逐步推进农业机械化和农业科技进步，使传统农业逐步向现代化农业转化；并逐步克服小生产的生产盲目性，使有计划的商品经济变为现实。

实践还进一步说明，社会化服务体系是发展适度规模经营的必要条件，虽然，在发展家庭的土地适度规模经营上受到了很大限制，但作者看到了，集体的农业社会化服务体系是发展土地适度规模经营的另一种合理的形式。因为服务组织也有效地克服了一家一户生产空间狭小的限制，以统一的作业服务扩大生产空间，提高劳动生产率，取得社会性的规模效益，因此这是另一种形式

的"规模"生产。它和家庭土地规模经营不同的，仅仅在于家庭土地规模经营的成果为家庭经营者所得，而社会化服务产生的规模效益为被服务者所分享。事实上，依靠社会化服务体系发展起来的家庭土地规模经营者，他们的规模效益，在很大程度上也来自于服务体系的"规模"生产。近年来，江苏经济发达地区的不少农户开始愿意放弃承包的责任田，交由村服务组织承包经营，这样村服务组织就成为集体式的土地适度规模经营者。在这种形式下，服务组织在继续为千家万户和专业户服务的同时，不断接包农户转让出的土地，不断地扩大经营规模，有效地提高经济收入，增强自身的实力，从而不断扩大服务内容，提高服务水平，不断提高农业的现代化程度和农业的商品率。

从长远的观点看，随着农村经济的不断发展，农村劳动力将不断地转向二、三产业，这是历史的必然。因此，未来现代化农业的接班人，只能由各种专业户和农业社会化服务成员这两部分人组成，而在种植业方面，服务体系成员将是主力军。加快农业社会化服务体系的建设，培养造就一批有文化、懂科学、会技术、善经营、能适应农村商品经济发展和现代化建设需要的新型农民，既是当前农业稳定发展的重要措施，又是逐步实现农业的两个转化的两项战略性的基础建设。

四、加强基层组织建设，壮大集体经济实力，是建设农业社会化服务体系的重要保证

鉴于农业社会化服务的极端重要性，江苏省委省政府已把加快农业社会化服务体系的建设作为下阶段深化农村改革的中心环节，以此来推动其他方面的改革。农业社会化服务体系的建设需要大量投资，需要政策的引导和支持。它不会自发地加快发展，要靠加强领导、积极扶助、各方支持，才能实现。而最重要的是要靠乡村两级基层组织的积极努力，要靠壮大集体经济的实力、自力更生，才能实现。

（一）建立社会化服务体系是强化农村基层组织建设的一个重要组成部分

因此，把集体的社会化服务体系建设起来以后，可在内外两个方面发挥重要的作用。对外，服务体系可以农民集体的身份和各方面发生联系，便于争取各方面的支持，并按等价交换原则与外界发生经济上的联系，使农民的利益不受损害。对内，则完善了统分结合的双层经营体制，通过发挥集体的统一服务功能，增强了集体的凝聚力，显示了社会主义制度的优越性，起发展经济和稳定巩固农村基层政权的作用。

各地的实践证明，集体的社会化服务体系为农民发展经济排忧解难，使农民这个最基本的经营细胞充满活力，稳定了家庭经营这个基础，同时也使农民亲身感受到，发展经济，战胜灾害和各种困难，走共同富裕之路，都离不开集体的服务和支持，从而进一步增强了农民对集体的向心力和接受集体"统"的自觉性，提高了农民的组织化程度，巩固了集体经济的主体地位。凡是集体的社会化服务体系健全、服务功能发挥得好的地方，双层经营体制才能真正建立并日臻完善，一、二、三产业得以协调发展，农民能正确处理国家、集体和个人的三者关系，能按国家的指导计划落实主要作物的种植面积，并按有利于作业服务的要求合理安排作物布局，实行连片种植；党群干群关系比较融洽，村党支部的战斗堡垒作用得以发挥，国家和集体下达的任务能很好完成，社会主义两个文明建设齐头并进；农村中的一些难题和计划生育等等，也能较好地解决。

只有充分认识上述社会化服务体系在强化基层组织建设中的重要作用，把它作为基层组织建设中的一项重要内容一并抓起来，社会化服务体系才能在克服重重困难中加快建设起来。江苏各地的做法是把社会化服务体系建设作为强化基层组织建设的一个重要内容。实行村党支部、村民委员会、合作经济组织及服务体系组织负责人交叉兼职的办法，一套班子，多种功能，既加强了领导，又简兵简政，收到了良好的效果。

（二）建设农业社会化服务体系需要大量资金，只能主要依靠自力更生兴办，壮大集体经济的实力就显得极为重要

在乡镇工业发达的苏南农村，集体经济的实力比较雄厚，社会化服务体系已普遍建立起来，并通过"农业车间"和服务体系办经济实体等办法，建立了服务体系自我积累机制。在乡镇工业尚未发展起来的苏北农村，在创造条件兴办二、三产业，增强集体积累的同时，目前最有效的办法是由集体组织开发资源、发展多种经营，有的村从集体直接经营项目中壮大集体积累，有的通过项目发包收取承包费增加积累，也有的通过集体统一负责家庭工副业的供销服务，从服务经营中提取积累，通过积累逐步购置农机具和有关服务设施。宿迁县蔡集乡通过多种经营积累，各村首先购置了集体的农机具，以农机户的拖拉机为动力，称为"私头公尾"，先把服务体系建立起来，对农机户实行"忙统闲分"，先把作业服务搞起来，然后通过有偿服务和多种经营积累再逐步购置集体的动力机械。也有的乡村，根据群众的要求，采取按项集资购置农机具的办法，一年购置一两件，由集体统一管理使用，解决农民种田的各种困难，服务收费比个体农机户要公道得多，群众也乐意接受。

在群众自力更生的基础上，各级政府对经济特别困难的乡村在服务体系建设上作适当的补助支持亦是十分必要的。省政府作出明确规定，各级财政的农业资金除保证农田水利外，农业服务体系的建设，应作为投资的重点。各有关部门重点解决各自的乡级服务站的建设。

我国农业技术变迁的一般经验和政策含义*

林毅夫　沈明高**

我国是一个农业古国。建国以前,维系我国农业生产的是几千年逐渐形成的传统农业技术。传统农业技术的一个基本特点是,这种技术是广大农民长期经验积累的结果。由于经验积累通常是缓慢的,因而农民基本上是年复一年地耕种同样类型的土地,播种同样的谷物,使用同样的生产技术。由传统农业技术决定的农业是低生产率与贫穷的一个稳定的均衡。直到建国初期,我国还处于这样的传统农业状态之中。要打破传统农业的这种低水平状况,只有依靠现代农业技术。现代农业技术包含有将科学的方法应用于农业问题的含意,是现代科学技术和现代理论的结晶,它是农业以外的要素在农业中的运用,一般并非由农民本人,而是由经过训练的专家作出的,其中大量的理论与实践是超出农民的经验的。就新设备和其他要素而言,它们也常常是在农业部门以外的现代工业企业中

---

* 本文原载于《经济社会体制比较》,1990 年第 2 期。

** 林毅夫,中华全国工商业联合会副主席,北京大学国家发展研究院名誉院长、教授;沈明高,花旗银行(中国)有限公司首席经济学家。

生产出来的。① 与其他现代科学技术一样，现代农业技术是一种处于不断变迁中的技术，把握好现代农业技术的变迁及其方向，是农业快速增长的关键。在我国建国以来的40年里，在政府的大力提倡和推广下，引进和发展了大量农业新要素。从整体上来说，我国现在已处于传统农业技术与非传统农业技术相结合并转化的非传统农业技术阶段，相应地，我国的农业也已经是非传统农业（林毅夫等：《中国的农业技术变迁与现代化》，1989年）。本文将讨论这一时期并且在市场受到限制的条件下，农民对技术的选择、有限的农业科研资源的分配和现代农业技术创新与推广的问题，最后作一些政策性分析。

一、农业技术与农业发展

20世纪50年代以来，我国经济的发展和人口的不断增长要求农业生产特别是粮食生产相应增长的压力越来越大，尤其是50年代末、60年代初严重的农业危机，刺激了政府加速引进、开发现代农业新技术，其中化肥、农药、灌溉、电力、机械和大型水利工程发展迅速。从表1可以看出，20世纪50年代以后是我国农业技术变化非常迅速的时期，从无到有，从低到高，给农业生产注入了活力，使之由原来低水平的状态转变为一个动态的发展过程。

在我国，良种繁育的成功和大面积推广是改造传统农业最基本的一环，先于其他农业技术的发展，是我国非传统农业技术的起点。1949年我国的水稻、小麦、棉花等主要农作物的良种覆盖面积为1000万亩，仅占当时农作物播种面积的万分之六左右，到1957年全国良种播种面积就增加到了12.2亿

---

① 帕金斯在《中国农业的发展：1368—1968》提到"当然也并非没有例外"，我们认为是这样一种情形，即在由传统农业向现代农业转变的初级增长阶段，一些经验丰富的农民根据当地一些传统技术（如良种、耕作制度等）进行甄别、筛选后加以推广。在日本，早期从国外引进技术的所谓"技术借用"失败以后，现代农业技术的发展首先由当地农民创造，政府则聘请经验丰富的农民做农学院的老师以指导技术推广工作（速水佑次郎等：《日本农业发展经验的政策含义》，1988年）。这里有一个条件是外部环境处于不断变化之中。"传统技术"的推广所形成的一小部分经济增长，提高了农民对现代技术的使用能力，诱发了现代农业的增长，这种由农民创造的技术也叫现代技术。在现代社会中，也会出现由较发达地区的农民创造技术向落后地区扩散的情形，这种技术也叫现代技术。

亩，这个数字占当年农作物播种面积的比率提高到了52%。1959年全国主要农作物的良种基本普及，良种覆盖率达80%以上。在五六十年代间，我国从30多个国家引进大田作物品种材料3776份；70年代又从85个国家和国际组织引进农作物资源材料数万份。这样，到1979年，全国共选育出农作物新品种3000多个，其中大多数在大田生产上得到了推广和应用。从我国主要的粮食作物水稻良种的选育和推广来看，1950年到现在大致经历了三个阶段：第一个阶段是20世纪50年代初到60年代初，主要是对地方品种进行鉴定、筛选和利用；第二个阶段是20世纪60年代初到70年代中期，主要是推广普及矮秆良种，矮秆良种的推广使得每亩稻谷的产量提高了10斤左右；第三个阶段是20世纪70年代中期到现在，主要是杂交水稻的推广与应用，杂交水稻的单产较常规水稻单产的增幅在20%左右（参见《经济参考》1989年9月15日）。

表1 全国有关农业技术指标的变化（倍）

	1965 比 1952	1978 比 1965	1978 比 1952
灌溉面积	1.66	1.36	2.25
化肥用量	24.90	4.55	113.33
机耕面积	114.55	2.61	299.04
农村用电量	74.2	6.82	506.20

资料来源：国家统计局：《中国统计年鉴（1988）》。

尽管本文不具体讨论我国的农业技术进步对农业增长的影响，但在这里我们可以引用一下美国和日本的有关数字，以便使我们对技术进步的作用有一个大致的了解。在1929—1972年间，美国农业产值增长的81%、劳动生产率提高的71%归功于技术进步；同期日本农业增长的70%是技术进步的结果（卢良恕等：《靠科学技术进步发展农业经济》）。直观地，在我国，以农业技术的不断更新发展为动力的农业生产发展的一个最重大的成就是基本解决了全国十多亿人的温饱问题。1949年全国人均粮食占有量只有418斤，到1984年，尽管人口比1949年增长了91%，由于粮食产量在这一段期间增加了2.6倍，人均占有粮食提高到了792斤，基本满足了生活需要。其他农作物产量也有了迅速提高，人民生活得到了较大的改善。

与众多的农业技术成就相比，杂交水稻技术的创新与推广对缓解我国粮食供给的紧张状况作出了重要贡献。我国从1976年开始大面积种植杂交水稻，到1987年，全国累计推广杂交水稻10亿多亩，比种植常规水稻增产1000亿斤以上。"七·五"前两年累计增产稻谷90亿斤，占同期增产粮食370亿斤的24.3%（农牧渔业部：《全国杂交水稻生产会议资料汇编》，1987年）。

积40年我国农业发展的经验，全国已普遍认识到农业技术的重要性。然而，在一个资源有限的经济中，技术变迁并不是随意而成的。这就要求我们在反思我国农业发展的同时，探索我国农业技术变化的40年中农业技术变迁的一般规律，以指导今后农业技术政策的制定，挖掘农业生产的潜力。我们在本文要做的是，从经济学的角度出发将我国农业技术变迁的经验提高到理论的高度进行归纳，并从中推导出一些政策含义。

二、农业技术选择

技术创新是经济发展的主要源泉。按对要素的替代类型不同，可将技术的创新分为两种不同的类型：土地替代型技术创新和劳动替代型技术创新。在一个完全自由竞争的市场经济中，对这两种技术创新的需求并不是随机的。最新的研究成果表明[①]：一个完全自由竞争的经济中，土地和劳动力这两种主要的生产要素赋予的相对充裕程度，会由这两种要素的相对价格表现出来，当土地相对稀缺时，土地这种要素的相对价格就会较高，因此，生产者在利润最大化动机的驱使下，会去寻找那些可以替代土地的技术；反之，如果劳动力相对稀缺，劳动力的相对价格就会较高，同样，利润最大化的动机将会

---

① 这方面的有关文献参见：（1）Hiehs, John R., *Theory of Wages* (London: Maemillan, 1932) (2) Hayami, Yujiro, and Vernon W. Ruttan, *Agricultural Development: An International Perspective*, Revised and expanded, Baltimore: Johns Hopkins University Press, 1985. (3) Binswanger, Hans, P. and Vernon W. Ruttan, *Induced Innovation: Technology, Institutions, and Development*, Baltimore: Johns Hopkins University Press, 1978.

驱使生产者去寻求可替代劳动的技术。

我国幅员辽阔，地区间资源禀赋差异较大，但从总体上来说，我国农业生产的资源状况是人多地少，即劳动力相对充裕，土地相对稀缺，如果在完全的市场经济中，我国劳动力的价格相对于土地的价格应该较为便宜，根据上述理论，我国的农业技术创新应该具有"替代土地"的偏向。然而，无论是在改革前的集体经济制度中，还是在改革以后的家庭经营制度中，不同的个人、生产单位之间的土地和劳动力的市场交换受到极大的限制，这样，要素的稀缺性就无法通过相对价格来反映。那么，我国农民的技术选择是否仍然符合前面的理论呢？在土地和劳动力市场完全不存在的情况下，土地和劳动力赋予固然无法通过市场价格的高低来反映，但是比较两个不同时间和地区的资源赋予情况，劳动力相对稀缺时，劳动力的边际生产率将会相对较高；反之，如果土地相对稀缺，则土地的边际生产率将会相对较高。这样，在收入最大化或产出最大化的动机下，劳动力相对稀缺地区的生产者将会偏向于需求可以替代劳动的技术，而在土地相对稀缺的地区，生产者将会偏向于需求可以替代土地的技术。因此，不管是在完全的市场经济中，还是在土地和劳动力的要素市场完全不存在的经济中，要素赋予状况对技术的需求的影响完全是一样的。这种相同性的根本原因是：在完全自由竞争的市场中，一个要素的相对价格将等于其相对边际生产率，而在完全缺乏市场的情况下，尽管不存在市场价格，但边际生产率则依然存在。

上述讨论假定，在社会主义经济中，虽然不存在土地和劳动力市场，但技术市场则是完全和充分的。如果技术市场的价格受到扭曲或技术的供求受到限制，那么技术选择就会偏离由资源禀赋所决定的方向。当然，在过去的集体经济时期与现在的家庭经营时期中，农民对技术的选择不是完全相同的，前者受非经济因素的扭曲较为严重。在集体经济时期，采用新技术的决策由生产队负责人作出，生产队负责人的第一位目标可能不是总收益最大化，而是升迁机会最大化或其他政治目标最大化。在"以粮为纲"的年代里，产出最大化可使生产队向国家缴售更多的粮食以显示其政绩，因此生产队的领导一方面可能不顾农产品价格的变化，而一味使作物结构偏向粮食，另一方面可能不理会边际生产率的诱导,而去采用那些虽然能增产但成本很高的技术。又如,"在农业的根本出路在于机械化"的政策的影响下,我国的农机实际拥有量已超出了与我国同等经济发展水平和资源禀赋状况的国家的水平。但是这些因政治原因而作出的代价高昂的技术选择,终究会因经济原因而淘汰或在具体执行中被修正。因此,同样在这种扭曲的政策之下,我国国内各省的技术选择方向基本上反映了各省资源的禀赋状况。为了检验这一假说,我们分别选择了两个土地替代型技术指标(灌溉率和复种指数)和一个劳动替代型技术指标(机耕面积)作因变量,用反映资源赋予状况的人均耕地指标作自变量进行回归分析,所用的资料是取自《中国农业年鉴(1984)》中,全国 29 个省、市、自治区(台湾除外)1983 年有关上述四个指标的数字,其中农业劳动力中不包括村办工业劳动者;广东省资料均含海南省。我们把自变量和因变量都取自然对数形式,所得到的回归函数式分别如下:

(1) $Y_1 = 4.77 - .61X, \overline{R}^2 = .47$
    (-5.10)
(2) $Y_2 = .99 - .39X, \overline{R}^2 = .69$
    (-8.00)
(3) $Y_3 = 1.63 + .74X, \overline{R}^2 = .18$
    (-2.70)

其中 X 是人均耕地面积,Y_1 是灌概率,Y_2 是复种指数,Y_3 是机耕面积。括号内是 t 检验数字(下同)。上述检验结果表明,每个方程中因变量的系数都有预期的符号,并且从 t 检验数字中知道具有很高的显著水平,这与我们的理论推断是一致的。具体地,从上面三个方程的系数中我们可以发现,在全国各省之间,人均耕地每增加 10%,灌溉率就会减少 6.1%,复种指数将会下降 3.9%,同时机耕面积会增加 7.4%。这些资料证实了我们的观点,即在土地相对充裕的地区,"替代劳动型技术"的采用较多,而在劳动力较多的地区,农民更愿意采用"替代土地型技术"。

三、农业技术供给

一个经济中的技术变迁取决于技术需求和技术供给两个方面。前面我们讨论了农业技术的需求决定,这一部分我们将讨论我国农业技术的供给决定。

农业技术的供给者是农业科研机构。社会对科研机构的技术创新的评价决定于生产者的接受程度。同一发明,如果社会的接受程度越高,范围越广,科研机构所得到的评价就越高。因此,生产者对技术需求的偏向也会反映在科研技术创新的方向上。其结果是,一个社会的技术创新方向也会受到土地和劳动力的要素赋予的相对充裕程度的影响。如果一个地区的生产者因劳动力相对稀缺而较多地需求能够替代劳动的技术,那么,这个地区的科研机构就会将较多的科研资源用于研究替代劳动的技术,从而替代劳动型的技术创新就会较多,如果一个地区土地相对稀缺,那么科研机构也会作出相应的反映。上述这种观点现在被称为"诱发性技术变迁假说",在市场经济中已得到普遍的证实。

在同一要素替代的技术类型中,可选择的技术创新是多种多样的,如水稻、玉米和小麦良种都属替代土地的技术创新,科研机构在资源有限的条件下,其科研方向将受某一技术的市场规模大小的影响。如果某一新技术的市场规模越大,这种新技术的采用就越多,那么社会对科研机构的评价和科研机构本身的收益就越大。因此,一个理性的科研资源分配者,在考虑了要素替代的方向以后,会将较多的资源分配于研究具有较大市场规模的技术。

在我国市场作用受到限制的条件下,是否也是同此情形呢?我国绝大多数的农业科研由国家和各级政府主持的官方科研机构承担,政府的支持几乎是我国农业科研的唯一推动力量,正是由于这一原因,我国的农业技术创新带有官方偏好的色彩。如果政府能将科研资源按照要素赋予和市场规模两个原则来配置,那么农业科研对农业生产的促进作用将会是最大的。我国的国情是,从1952年到1987年间,我国的人口增长了8%,其中农业劳动力增加了213.8%,而同期全国的耕地减少了9%(国家统计局:《中国统计年鉴

(1988)》)。循着这一变化，我国农业科研资源的有效配置应该是，将较多的科研资源用于研究"替代土地型技术"。

由于我国地区间资源禀赋差异较大，这样，省、市、自治区间的横截面资料正好给我们验证这一观点提供了方便。我们采用了问卷调查的形式，对全国27个省、市、自治区（因技术原因，没有包括黑龙江、西藏和台湾）农科院用于农作物技术研究的科研资金和科研人员进行了调查。由于农业技术一般都具有地区特殊性，适合于本地使用的农业技术大多由当地的科研部门根据当地的自然状况研究、培育。然而，一个地区能够用于农业科研的资源是有限的，所以各种适合当地需要的技术创新也不是随机的。如果地方科研机构是理性的，其在考虑科研资源分配的时候，就要同时考虑当地资源赋予的状况和各种新技术的市场规模。从我们搜集的问卷调查的资料来看，这两点是成立的，即：（1）一个省在"五·五"至"七·五"计划中对品种改良技术（土地替代型技术）的科研投资与这一个省在1952年到1987年间人均耕地减少的情况成高度负相关，即人均耕地下降得越多，用于良种科研的投资就越多。（2）与一个地区某一作物科研资金的分配量相关的该种作物可用新技术的多少，与这种作物的种植面积成正比。以水稻科研为例，一个省的水稻播种面积越大，那么用于水稻科研的资源就会越多，因而这一地区可用的水稻新品种的数量就会比较多。

杂交水稻的培育和推广又是一个很好的实证例子。我国自1976年种植杂交水稻以来，尽管杂交水稻的增产很显著，但到目前为止，全国地区间杂交水稻采用的差异仍然非常悬殊（见表2）。杂交水稻与其他一些农业新技术一样，具有地区特殊性，并不是杂交水稻一经发明就马上可以在各地推广应用，每一个地区必须根据当地的自然气候和其他条件因地制宜地培育在当地具有杂交优势的杂交水稻新品种。在我国，尽管邻近地区会有一些技术渗透，但全国20多个省市自治区仍然可以看作是20多个稻作区，分别由当地的农业科研部门提供新技术为当地农民所用，其他地区的新技术尤其是杂交水稻至少必须由当地科研单位试种选育后才能推广。因此，一个地区杂交水稻的采用取决于那个地区用于杂交水稻研究的资源的数量，而这一资源分配的数量又取决于该地区杂交水稻品种潜在的市场规模,即当地水稻播种面积的大小。

表2 全国各地区杂交水稻采用率

地区	水稻播种面积占粮食播种面积的比重（%）	杂交水稻占水稻播种面积的比重（%）	地区	水稻播种面积占粮食播种面积的比重（%）	杂交水稻占水稻播种面积的比重（%）
青海	.0	.0	云南	30.3	10.3
甘肃	.1	.0	贵州	31.3	14.6
山西	.2	.0	四川	32.2	57.8
内蒙古	.8	.0	安徽	35.9	24.4
山东	1.2	.0	江苏	37.0	30.6
河北	1.9	.0	湖北	49.7	26.2
陕西	3.8	55.5	上海	62.5	.0
新疆	4.3	.0	广西	70.7	19.8
河南	4.4	32.0	浙江	73.4	24.1
宁夏	7.7	19.5	福建	76.1	38.6
北京	7.8	.0	广东	80.4	19.4
天津	8.9	.0	湖南	82.6	36.6
吉林	10.6	.0	江西	89.6	26.7
辽宁	17.0	6.6			

资料来源：农业部。

说明：水稻播种面积占粮食播种面积的比重是1987年的资料；杂交水稻占水稻播种面积的比重是1986年的数字。

根据我们的检验说明,在我国,尽管在某一时期内的技术变迁可能会表现出一种强烈的官方偏好,也可能会受一些非经济因素的干扰,发生科研资源配置的紊乱,但从长期来看,经济决策者的行为是符合理性原则的,科研资源的分配体现了资源有效配置的要求。

四、农业技术采用和推广

面对一项可供选择的新技术，农民是否会采用要受两方面的影响：一是学习新技术的成本；二是采用新技术的预期收益。农民采用新技术的均衡点是学习新技术的边际成本等于采用新技术的边际收益。学习成本与农民过去的经验和新技术推广的组织与服务有关；预期收益与采用新技术的预期增产优势和预期风险直接相关。从对我国十余年农业技术中的一项重要创新——杂交水稻技术在湖南省的推广来看，无论是在改革前的集体经济制度中还是在改革以后的家庭经营制度中，学习成本和预期收益即预期产量优势都对杂交水稻的采用有显著的影响。

我国农业技术的推广经历了一个由政府推广到农民自愿采用的过程。在改革以前"以粮为纲"的20年里，上至中央，下到基层的生产队，对于推广农业技术有一种政治责任感，为此有时甚至是不惜代价的。由此自上而下建立的较为完善的推广系统对新技术采用起到了扶持作用，同时政府对推广农业技术给予了大量金融支持和一系列的优惠政策，这些措施一方面降低了学习成本，一方面巩固和提高了新技术采用的产量优势，从而降低了新技术采用的初始要求，对新技术的迅速采用起了推动作用。早在1952年，农业部就提出了设置农业技术指导站的要求，要求各地平均每15万亩设一个综合技术指导站。1974年开始在全国建立"四级农业科学实验网"，到1975年底，全国有一半以上的县建立了农业科学研究所；51.1%的公社建立了农业科学实验站，49.1%的大队建立了农业科学实验队，46.6%的生产队建立了农业科学实验小组，四级科技队伍共有1100多万人。为了支持"四级农业科学实验网"的发展，财政部自1976年起每年为之提供了2000万元的补贴。从1977年起又对县农业科学研究所补助1120万元（这两项补贴到1980年财政体制改革时基本结束）。这个规模庞大的系统为指导农民学习、采用新技术提供了大量的服务，实际上是由国家部分承担了农民学习新技术的成本。在巩固新技术的产量优势，减轻采用新技术的风险上，各级政府所提供的一系列优惠政策也是卓有成效的。以湖南省推广杂交水稻的优惠政策为例，这些优惠政策包括：（1）为弥补杂交水稻种子生产过程中较多的劳动费用，政府对杂交水稻三系亲本和杂交水稻种子采取加成收购的办法，如不育系的原种每斤价格为12元，粮比为1：10（即1斤种子兑换10斤稻谷的征购指标），每斤杂交水稻种子的价格为1.5元，粮比也为1：10等。（2）优先安排推广杂交水稻所需的资金。在1976—1980年间，省地各级财政用于杂交水稻推广的经费近3000万元，相当于为每推广1万亩杂交水稻补贴4600元，同时政府对因气候原因造成的杂交水稻的减产进行赔偿。这些补助等于在杂交水稻原有的产量优势外又加上了一个额外份额，使得农民采用新技术的风险大大降低。

从湖南省内地区间杂交水稻采用的有关资料来看，尽管在同样的推广系统和同样的技术供给条件下，但湖南省内杂交水稻采用率的差异仍然是很明显的。如果我们假定在湖南省内推广系统的工作效率相同，农民的过去经验相同，则农民对新技术的学习成本相同，那么省内杂交水稻的采用率主要取决于预期产量优势。我们用当年杂交水稻总产量占水稻总产量的比率与当年杂交水稻播种面积占水稻总播种面积的比率之差来表示该年杂交水稻相对于常规水稻的产量优势。通过一个简单的加总平均发现，山区的平均产量优势分别比丘陵地区和湖区高0.94个百分点和2.12个百分点，而相应的，具有较高产量优势的山区的采用率分别比丘陵地区和湖区高出了0.5个百分点和24.69个百分点。这种结果说明，湖南省内地区间杂交水稻采用率的差异是由杂交水稻在这些不同地区的产量优势的差异引起的，是农民出于经济考虑的必然结果。因为，在同样的技术供给和生产条件下，尽管地区间杂交水稻单产差异并不很明显，甚至湖区的产量会比丘陵地区和山区高一些，但在山区、丘陵和湖区之间常规稻的单产差异却十分明显，因此在不同地区杂交水稻的产量优势是不同的，常规水稻单产较高的湖区，农民种植杂交水稻所得的产量优势大大低于其他地区，因而湖区农民种植杂交水稻的积极性远低于山区和丘陵地区。而且，1977年和1978年因杂交水稻推广过速而造成的产量持续下降，在湖区的降幅要比另外两个地区大得多，其中1978年湖区的杂交水稻单产甚至低于当年常规水稻的单产，使得湖区农民对种植杂交水稻的预期风险加大，实际上，湖区杂交水稻受寒流的影响要大些。

当然，在集体经营制度中和在家庭经营制度中，农民对新技术的采用都有经济上的考虑，并且在开始采用杂交水稻的十多年里保持了较好的一贯性。但由于经济激励不同，农民采用新技术的兴趣及新技术的推广速度都是不同的。下面我们对这个问题进行一些讨论。

1978年开始的农村改革，将我国原来集体经营的生产队制度改变为以家庭为基础的农业制度，这一制度变革对农业技术的创新和推广产生了较大的影响。在技术供给方面，由于原来承担农业科研工作的国家和地方各级研究机构的组织没有变动，因而技术供给的变化不大，可能由于科研活动安排的相对灵活，使得技术创新和供给更加能够符合实际的需要。农业制度变革的影响主要表现在农业技术的需求和采用方面。改革以前，在集体组织严密的推广体系下，有组织地培训人才并对新技术进行实用试验，发挥了要素组织的规模效益，再加上我们前面提到的政府透过集体组织对技术推广的支持，降低了新技术的学习成本。同时，在集体的生产队组织中风险共担，集体对风险的分解和承受能力较强，因此，一种新技术只要具有相当的优势即可为生产队所采用。这无疑降低了新技术采用的初始条件，对新技术的推广具有积极意义。然而，在生产队中，每个农民的劳动是以工分来衡量的，而由于农业生产的特殊性，对农业生产中农民劳动的监督很困难，工分并不能实际反映一个人劳动的努力程度即一个农民在生产中提供的有效劳动的多少，这样，农民追加一个单位的有效劳动并不能得到对应的报酬，结果农民的生产积极性普遍较低。反映到新技术的采用上，农民学习新技术的积极性不高，因为掌握高技能的农民并不能得到更多的报酬。农村改革后，集体组织的作用大为下降，推广系统的工作从主持转为辅助，其组织效率明显降低。但是，实行家庭经营制度以后，激励机制的改进是显著的。农民在完成国家的征购任务以后，产出剩余均归农民所有，因而农民追加有效劳动后产出的增加直接为农民所得，农民学习新技术的激励增强了，相应的新技术的采用就会增加。因此，集体经济制度中或家庭经营制度中，农民采用新技术的多少取决于学习成本和学习激励相对变化的重要程度。

在家庭经营制度中，由于激励机制的改进带来的积极影响超过了因学习成本增加而带来的消极影响，农民对收益的反映更加迅速，对新技术的学习也更为有效。因此，如果一项新技术真的有利可图，那么这项新技术的采用一定会比较快。

五、结论和政策含义

本文从农业技术的需求、供给和采用几个方面对我国农业技术的变迁作了初步分析。我们得出的基本结论是：（1）从长期来看，在社会主义经济条件下，虽然土地或劳动力市场不存在或受到人为的限制，但在收入最大化或产出最大化的诱导下，农民会去寻求那些能够替代相对稀缺的、边际生产率较高的要素的技术。就土地和劳动力而言，这两个基本要素的市场是否存在并不影响农民的技术选择方向。（2）从长期来看，我国农业技术的供给方向与技术选择的方向是一致的。由于科研资源供给的限制，合理的科研资源的配置除了要求反映一个地区的要素赋予的相对稀缺程度外，还必须考虑一种新技术的市场规模。一种新技术创新概率大小与可能采用这种技术的市场规模成正相关，即一个地区一种适宜的新技术可能采用的市场规模越大，则这个地区用于研究这种技术的资源就会越多，从而这种新技术创新的可能性也就越大，这个地区的农民对这种新技术的采用也就越多。（3）对农民来说，一种新技术的采用取决于两个方面：一是农民学习新技术的成本；二是采用这种新技术的预期收益，最基本的是预期产量优势。同样一种新技术，如果信息通畅，对新技术的推广系统效率高，则农民学习新技术的成本就会比较低；同样一种新技术，在适宜的地区能够发挥显著的优势，那么，这种技术在这个地区采用和推广的速度就会比较快。本文得出的是一般性的结论，我国长期的技术变迁方向是如此。当然，制度约束必然会对技术变迁产生影响。在社会主义计划经济条件下，由于没有生产要素市场和农产品市场的存在，价格的变化不能反映要素的稀缺性，因而资源配置没有一个合理的参照系，经济决策易受人为主观的影响，少数一些人的主观愿望或一个时期内认识的局限性乃至政治和意识形态都会对资源配置产生影响。在一个较短的时间里，技术变迁可能会偏离由资源结构决定的最佳方向。然而，由于农业生产的特殊性，迫于人民生存的最基本的需要，决策者的非理性往往会得到调整，天灾、人祸会使决策者抛弃一些不切实际的幻想，而回到增加农业产出这一根本问题上来。在我国的农业生产发展中，这样经常性的调整使得技术变迁方向与资源结构相协调，为农业的快速增长提供动力。1978年开始的农村改革是最近发生的一次最彻底的调整。

从前面的结论中，我们可以引出以下政策含义：

1. 我国地域跨度大，各地的资源禀赋有很大的差异，由资源结构决定的技术结构因地而异，不能搞全国一刀切。我国全国性的农业机械化运动就是一个反例。就我国的国情来看，我国大部分农村地区是人多地少，因而我们应该较多地供给和采用能够替代土地的技术，而较少地采用替代劳动的技术；就一个地区纵向来看，随着经济的发展，资源禀赋会发生变化，如随着农村劳动力向非农产业的转移，一个地区内的劳动力会变得相对稀缺，这时候农民就愿意采用替代劳动的技术，但是，我们应该清醒地认识到，这将是一个较长的发展过程，我们不能将以后的发展趋势当作现在就要实现的目标。当然，农村改革以后，一刀切的做法对以家庭经营为基础的农业制度来说可能不那么行得通了，但仅仅做到这一点显然是不够的。政府及其所属的具有一定规模和组织力量的农业推广系统，推广一种适宜的技术与推广一种不那么适宜的技术相比，所产生的经济效益和社会效益的差异是很大的。由于农业技术是农业增长的主要动力，改善我国目前农产品供给的紧张关系在很大程度上要依靠技术的进步，因此，中央和地方各级政府必须积极支持和扶助农业科研工作，使得农业科研机构能够尽可能多地提供当地适宜的新技术，从而增加农民对技术选择的机会，尤其是在一些贫困地区，一项新的农业技术的输入可以启动整个经济的发展。同时，由于我国农村交通条件差，信息闭塞，要求单个的农民花费大量的时间和金钱去寻求新技术几乎是不可能的，新技术的采用主要得依靠政府支持的科研机构提供，并利用政府和其他公共服务机构进行传播和推广。

2. 一项新技术的采用与学习这项新技术的成本和采用这种新技术的预期

产量优势即该新技术的有利性密切相关。新技术的采用直接关系到农民的经济利益。学习一种新技术要付出一定的代价，这种代价也包括农民采用一种新技术所要承担的风险。农民可以以其已经习惯的、通过不断试验和不断失败的方法来学习，但这种方法的代价是昂贵的，而且对新技术的学习和采用也很缓慢。为了较快地、代价相对小地学习和掌握一种新技术，新技术推广初期的经验以及有关知识和技能的准备是至关重要的。在超过农民过去经验的情况下推广一项全新的技术，需要有一种组织力量的推动。这样的推动包括以下几个方面：（1）做好新技术的实地试验、筛选和改进工作，选择最适宜本地的新技术予以推广；（2）培训农民，使农民从书本上获得有关过去经验的知识，从而能在较短的时间里较快地掌握新技术。

3. 农业技术科研一般由国家和地方各级政府组织的科研机构来承担，这是因为农业技术科研的外部效果很大，科研人员和科研机构不能占有研究成果的全部收益，因此，如果由营利企业来承担科研投资的责任，则科研投资的量将小于社会最优量。也由于同样的道理，必须由国家承担农业推广系统的组织和投资。显然，政府的这一行为也必须受技术选择原则的规范，符合经济理性的要求。此外，中央政府和地方政府在农业技术科研方面也应该有所分工。由于农业新技术一般都有地区适应性的问题，因此具体的实用技术应较多地由地方科研机构承担。农业基础技术是农业实用技术科研的理论和实践准备，基础科研是实用技术进步的一个前提条件，并且农业基础科研具有广泛的适用性和很大的外部效应，因此，必须由中央政府凭借其人才集中、科研条件优越等有利条件较多地承担起农业基础科研的投资和组织任务，而把在当地具有优势的实用科研交由地方政府组织和投资。农业的持续增长，除了有赖于新的更有效的技术的不断供给外，还有赖于农民的接受，因而还必须进行教育投资，提高农民的素质，增强其学习和掌握新技术的能力，一个受过教育的农民学习新技术的成本要比一个没有受过教育的农民的学习成本低。另外，教育还可以拓宽农民接受信息和选择新技术的范围。教育也直接关系到今后相当长时间内的技术进步。在经济基础还很薄弱的我国农村，这一部分投资在很大程度上也要由政府来承担。

中国农业生产的发展前景[*]

王小鲁[**]

本文着重研究以下问题：中国农业，特别是粮食生产前景如何？有哪些政策选择？

本文结构如下：第一节是对农业发展与成就的简要回顾；第二节讨论资源约束对农业发展的影响；第三节考察农村工业化和城乡间劳动力转移的状况和前景，从而考察农业劳动力的未来供给状况；第四节分析影响粮食生产和供求稳定的有关政策因素；第五节是对粮食生产的模型分析和预测；第六节是结论。

一、中国农业的发展与成就

在中国经济改革期间，农村经济经历了迅速的发展过程。农业增加值在1978—1997年间以年平均5%的速度增长。乡镇企业增加值的年增长率达到了21.5%。农村人均纯收入年增长率为8%。中国农业以不到世界水平1/2的

---

[*] 本文原载于《经济社会体制比较》，1999年第6期、2000年第1期。
[**] 王小鲁，中国改革基金会国民经济研究所副所长、研究员。

人均耕地面积满足了约占98%的国内粮食需求。这是一个巨大的成就。图1反映了粮食生产在20世纪后半期的增长情况。1952年全国粮食产量为1.64亿吨，到1978年增长到了3.05亿吨，年均增长率为2.5%。经过经济改革，到1996年又增至5.05亿吨，年均增长率2.8%。其他如油料作物、棉花、水果和肉类产品增长率在改革期间都有更大幅度的提高，增长了1—6倍不等。①

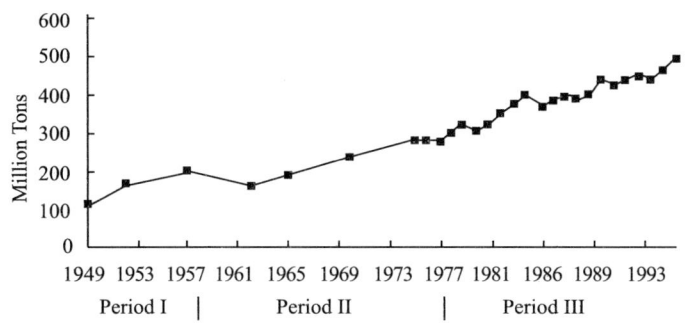

图1　20世纪后半期的粮食增长

注：Period Ⅰ—Ⅲ代表三个不同时期：Ⅰ，土改、战后恢复时期；Ⅱ，人民公社时期；Ⅲ，改革时期。单位：百万吨。

资料来源：国家统计局历年《中国统计年鉴》。

粮食产量的增长，在改革以前主要是由物质投入增长所带动。改革以后物质投入增长速度在一定程度上放慢了。如农业机械的年增长率（按功率计）从1958—1978年的24.3%降低到1979—1996年的6.8%，化肥年增长率从前一时期的16.3%降低到后一时期的8.5%，灌溉面积年增长率从2.4%降低到0.6%，劳动力增长率从1.0%降低到0.7%。但同两个时期的粮食产量增长率从2.1%提高到2.8%，比改革前加快了。这显然主要是由于制度变革的贡献所导致（见表1）。

---

① 以上数据根据国家统计局历年《中国统计年鉴》数据计算。乡镇企业增长率由现价增加值进行价格平减计算得出。

表1 改革前后粮食投入和产出增长速度

物质投入和产出	单位	数量				增长率		
		1952年	1957年	1978年	1996年	1952—1957年	1958—1978年	1979—1996年
农业机械	百万kW	0.2	1.2	118	386	46.4	24.3	6.8
化肥[a]	百万吨	0.1	0.4	8.8	38.3	36.7	16.3	8.5
耕地	百万公顷	104[b]	103[b]	99.4	95.0[b]			
耕地（调整）[c]	百万公顷	144.6	143.2	138.2	132.1	-0.2	-0.2	-0.25
灌溉面积	百万公顷	20.0	27.3	45.0	50.4			
灌溉面积（调整）[c]	百万公顷	27.7	38.0	62.5	70.0	6.5	2.4	0.6
复种指数[d]		1.50[b]	1.60[b]	1.51	1.60			
农业劳动力	百万人	219.6[b]	230.8[b]	284.5	322.6	1.0	1.0	0.7
农业劳动力（调整）[e]	百万人	219.6	230.8	284.5	257.6	1.0	1.0	-0.6
粮食产量[f]	百万吨	163.9	195.1	304.7	504.5	3.5	2.1	2.8

注：a. 折纯量；b. 估计数；c. 根据卫星资料数据调整；d. 播种面积同耕地面积之比；e. 调整后数据，减去进入城市的劳动力；f. 原粮。

资料来源：国家统计局历年《中国统计年鉴》，世界银行（1997a）。

中国的粮食单位面积产量已经远超过世界平均水平，但仍然明显地低于少数工业发达国家和个别亚洲国家。同时，这些国家的粮食单产也在不断增长（见表2）。这说明中国粮食单产还远未达到自然极限。

表2 若干主要谷物生产国的单位面积产量比较

	单产（1980年）公斤/公顷	单产（1995年）公斤/公顷	谷物总产量（1995年）百万吨	谷物播种面积（1995年）百万吨
英国	4944	6978	22.0	3.15
法国	4854	6458	53.6	8.30
德国	4228	6051	39.9	6.59
日本	4843	5737	13.4	2.34
中国（未调整）	2948	4664	416.8	89.36
美国	3771	4647	277.0	59.61
印度尼西亚	2866	3840	58.1	15.13

续表

	单产（1980年）公斤/公顷	单产（1995年）公斤/公顷	谷物总产量（1995年）百万吨	谷物播种面积（1995年）百万吨
越南	2016	3523	25.23	7.15
中国（调整）	2121	3355	416.8	124.21
波兰	2337	2940	25.1	8.54
加拿大	2141	2705	49.7	18.37
乌克兰		2522	32.4	12.86
巴西	1576	2504	49.6	19.83
墨西哥	2189	2463	25.3	10.29
孟加拉	2006	2424	25.9	10.70
泰国	1911	2386	25.4	10.63
印度	1350	2134	214.9	100.68
土耳其	1855	1977	28.2	14.24
澳大利亚	1052	1770	26.6	15.01
俄罗斯		1165	61.8	53.05
世界平均	2309	2730	1896.4	694.52

注：1. 表中包括所有谷物产量超过2500万吨的国家，加英国和日本。顺序按1995年单位面积产量排列。

2. 单产按播种面积计算。

3. 中国的单产数据有两个指标，其一为统计数据，其二为根据卫星图像关于耕地面积的资料调整后的数据。

资料来源：国家统计局（1996），世界银行（1997c），世界粮农组织（1997）。

与其他世界主要粮食生产国和世界平均水平相比，中国农业生产物质投入的密集度已经很高。表3提供了一个国际比较。从表中可以看到，中国的灌溉率仅次于日本，高于其他各主要粮食生产国。而且进一步提高灌溉率将受水资源的严重制约。但目前由于灌溉方式落后、灌溉设施效率低等原因，水的浪费很大。有资料表明，北方旱地使用渠灌每亩需用水120立方米，而喷灌只需水40立方米，可节水2/3。有研究指出，进一步提高灌溉率仍有潜力，将主要取决于节水技术和设施的推广及大规模输水工程的建设（世界银行，1997a）。化肥施用量也已相当高，仅次于德国、日本、英国和法国。靠增加施肥量增产，边际成本会越来越高，余地不大。但化肥的质量、施肥方法和化肥的营养结构（氮、磷、钾之比）仍有大幅度改进的余地（食品生产的物质投入与环境保护课题组，1991；世界银行，1997a）。

表3 农业投入密集度的国际比较

	灌溉率 （占可耕地%） 1994年	化肥施用量 公斤/公顷 1994/95年	人均可耕地 公顷/全国人口 1994年	劳动密集度 农业人口/公顷 1994/95年
德国	4.0	413	0.15	0.17
日本	62.9	403	0.04	1.33
英国	1.8	384	0.10	0.21
中国（未调整）	51.5	309	0.08	8.88
法国	7.6	297	0.34	0.11
中国（调整）	51.5	222	0.11	6.45
越南	26.6	175	0.10	6.93
孟加拉	33.9	108	0.08	7.70
美国	11.4	103	0.72	0.04
波兰	0.7	98	0.38	0.60
巴西	5.9	93	0.32	0.58
印度尼西亚	15.2	85	0.16	3.07
印度	28.3	80	0.19	3.04
泰国	23.1	62	0.36	1.54
墨西哥	24.7	62	0.27	0.90
土耳其	15.1	54	0.46	1.01
加拿大	1.6	49	1.56	0.02
乌克兰	7.5	35	0.66	0.00
澳大利亚	4.5	15	2.65	0.02
俄罗斯	4.1	12	0.89	0.14
世界平均	17.3	85	0.26	1.74

注：1. 表中包括所有谷物产量超过2500万吨的国家，加英国和日本，顺序按单位面积施肥量排列。
2. 化肥为折纯量。
3. 劳动密集度根据人均可耕地面积和农业人口在总人口中的比重计算。
资料来源：国家统计局（1996），世界银行（1997a），世界粮农组织（1997）。

从表 3 可以看到，中国农业土地资源短缺，劳动密集度是世界平均水平的 4 倍，是日本的 5 倍，是德、英、法等国的 30—50 倍，是美国的 150 倍，几乎是世界上农业生产劳动最密集的国家。这是人口密集和工业化、城市化程度低的结果。

在这样高度劳动密集的情况下，中国农业生产成本仍然可以维持，仅仅是由于劳动力廉价。不过，劳动成本正在上升。粮食价格已经远远高出了国际市场价格。除非大量农业劳动力进一步转移到非农业部门，从而有效地减少农业劳动力，否则农业生产成本将进一步上升，继续增加农业投入会变得越来越不经济。以上国际比较说明，中国农业产出还远远未达到其自然极限，提高产量仍有较大潜力。但通过提高投入来提高产出，会使边际成本继续攀升，结果得不偿失。有效的途径有：第一，改善投入的技术结构，例如推行节水技术、改善灌溉系统和水的分配，改善化肥质量和营养结构；第二，加速农业劳动力向非农业的转移，将会有效地降低农业的劳动成本，提高效率，为增加其他投入提供空间，加速农业的现代化过程；第三，根据比较优势调整生产结构，发展出口创汇率高的产品部分地替代粮食生产，适当增加粮食进口。

二、资源限制与农业发展

土地 中国耕地面积根据卫星资料调整后大约有 1.3 亿公顷，占世界耕地面积的 10%。但中国农业养活了占世界人口 22% 的中国人口。由于日益增长的工业化、基础设施建设、居民住宅建设等对耕地的占用，以及水土流失、沙漠化和盐碱化的影响，可耕地面积正在逐渐减少。从 1979 年到 1995 年，耕地总共减少了 1460 万公顷，与新开垦的耕地相抵消后，净减少了 450 万公顷（农业部，1995、1996）。由于对占用耕地进行了控制并加速了土地开垦，自 1987 年以后耕地下降速度有所减缓。

在未来的 20—30 年中，经济增长率显然将低于过去的 20 年。但是城市化以及基础设施建设（高速公路、铁路、机场）的速度可能会加快，同时由于剩余可供开垦的土地数量和质量都在减少,因此耕地净减少的速度还可能上升。

据我们粗略估计,从现在到2020年这段时间内,年均耕地减少的速度同1987—1995年期间相同,但新开垦土地从每年50万公顷下降到20万公顷。这样每年将净减少耕地44万公顷,使总耕地面积从1995年的9500万公顷下降到2020年的8300万—8400万公顷(均为未经调整的数字)。根据卫星资料对上述数据进行调整,耕地面积在1995年为1.32亿公顷,到2020年为1.15亿公顷(见表4)。

此外还应考虑到复种指数和粮食作物占耕地比重的变化。由于粮食生产边际成本上升,以及农民在粮食与其他作物之间的结构调整,这两个指数都在下降。将这两个指数合并,用粮食播种面积与总耕地面积之比表示(这里称为粮食播种指数),我们可以大致估计它将从1996年的1.18降至2020年的1.00(表4)。

表4 耕地和灌溉面积预测 (百万公顷)

	1978年	1995年	2010年	2020年
耕地面积				
调整前	99	95	88	83
调整后	138	132	123	115
灌溉面积				
调整前	45.0	49.3	53.1	53.1
调整后	62.5	68.5	73.8	73.8
非灌溉面积				
调整前	44.0	45.7	35.3	29.8
调整后	71.3	63.5	49.1	41.4
粮食播种指数	1.21	1.18	1.00	1.00

资料来源:根据国家统计局,1997;物质投入与环境保护课题组,1991;世界银行,1997a;农业部,1996;布朗,1995。

水源 中国的人均地表水径流量资源只有世界平均水平的1/4（物质投入与环境保护课题组，1991）。水资源分布非常不均匀，北方严重缺水，南方多雨易涝。水源短缺严重制约了北方农业生产。

土地的灌溉面积在1978年至1989年间基本没有增长，但在1990—1996年间由4500万公顷扩大到了5000万公顷（未调整数），占到了总耕地面积的53%。不过，由于水源短缺和水的利用效率低，实际灌溉面积少于统计面积。例如，1988年两者相差320万公顷（物质与环境组，1991；国家统计局，1997）。

在未来，由于工业用水和城市用水增加，水资源短缺的情况将进一步加剧。针对上述问题，世界银行（1997a）强调了南水北调工程，以及为节水而修整或重建现有水利工程的重要意义。除此之外，应当注意到水的低价或免费使用导致了水的大量浪费。因此调整水价政策和改善水的管理将具有巨大的节水潜力。

基于上述可能的政策调整和节水工程的启动，我们可以预计灌溉面积将进一步扩大，但由于水资源的制约，这将主要通过对水资源的更有效利用来实现。加上耕地减少的因素，增长速度将会慢于1990—1996年间的平均速度（但快于1978—1996年的平均速度），在2010年之前年均增长0.5%。可以假定2010年之后不再扩大。这一预测已经包含在表4中。

资本与劳动力 一般而言，农业资本投入并无物质上的限制。但是农业机械的一个基本作用是替代劳动力。如果劳动力不减少，农业机械继续增加在经济上将得不偿失。因此，农业机械化进程将取决于农业的规模经营，进而取决于农业劳动力向非农业转移的速度。

过去20年间，已经有约1亿农业劳动力转入乡镇企业部门（工业与服务业）。尽管如此，由于农村劳动力在这期间有较快的自然增长，农业劳动力仍然过剩，农业生产率仍然很低。中国工业和第三产业的平均劳动生产率一直是农业的3—4倍。这说明农业劳动力继续向非农产业转移仍将给全社会带来更高的收益。

技术与人力资本 一些研究证明，农业科技开发与推广自60年代以来对中国农业增长作出了巨大贡献（Huang & Rozelle, 1996; Fun & Pardey, 1997）。其中推广应用杂交水稻是一个典型的成功范例。从长期来看，农民文化教育水平的提高又是决定新技术能否有效推广的关键。不过，国家财政支出用于农业科技开发的费用在1990—1995期间每年只有3个亿，扣除价格因素后比改革初期是负增长，而同期用于农业生产和事业费开支，以及粮食价格补贴两者相加每年超过1000亿。与此相比，科技投入简直微不足道（国家统计局，1998；农业部，1996）。农村教育也面临严重问题。经费不足，师资短缺，有文化的劳动者又大量外流。这些可能对农业的长期增长构成严重影响。由于技术与人力资本在经济中具有外部性，因此推动新技术开发和培育人力资本不能单纯靠市场调节，同时还需要相应的政策扶植和鼓励。在这方面的投资将会给整个经济带来高回报。

三、农村工业化和城乡移民农村工业化

经济改革过程中，农村工业化过程突飞猛进。非农业乡镇企业的就业人数在1978—1997年期间由2200万人增至1.28亿人，到1997年为止吸收了28%的农村劳动力，占全国从业人数的18%（见表5）。

表5　中国的城乡就业结构　　　　　　　　　　　　（百万人）

部门	1978年	占总计%	1997年	占总计%
城市就业	95	24	202	29
非农乡镇企业	22	5	128	18
农业*	284	71	366	53
合计	401	100	696	100

* 未剔除流入城市的部分。
资料来源：国家统计局（1988、1998）。

乡镇企业年均增长率在这期间超过20%，成为带动中国经济增长的火车头。1998年非农业乡镇企业部门对国内生产总值的贡献达到27%，大幅度超过了农业部门的贡献。改革期间的乡镇企业成了国内制造业的一个重要部分，

并且在出口中起了重要作用。它们同时也是农村收入增长和基础设施条件改善的一个重要来源。（国家统计局，1988、1995、1998）

农村工业化的迅速进行显著减轻了增长的农村人口对土地的压力，有利于农业发展。尽管如此，在经济改革期间农村劳动力由 3 亿增长到 4.6 亿，增加了 1.6 亿，而乡镇企业仅吸收了 1 亿。如果没有劳动力向城市的转移，农业劳动力还将增加很多，剩余劳动力问题还会更加严重。

农村工业化进程在各地区差别很大。1997 年，东部沿海地区有 37% 的农村劳动力已经转移到乡镇企业就业，在中部地区有 26%，而在西部地区只有 17%，在东部与西部之间，农村工业化进程相差十四五年。

东部地区农村劳动力向非农业转移的未来潜力已大大降低，而中、西部地区迄今为止较低的转移率说明农业劳动力在未来还有相当的潜力继续向非农业转移。不过，受制于今后对劳动密集型产品的相对疲软的市场需求，以及上述地区较差的基础设施条件、技术和人力资源供给，农村工业化的速度可能会显著低于前一个时期。

城乡移民　城市化将提高经济效率，并会创造新的市场需求。在改革以前以及改革初期，城乡移民是受到严格限制的。80 年代中后期这些限制逐渐放松，形成了持续上升的城乡劳动力迁移。这不但缓解了农村人口对土地的压力，提高了劳动力资源的配置效率，还通过迁移者对家乡的汇款提高了农村地区的收入水平。对改革期间城乡间劳动力迁移的数量有不同的估计，根据调查资料，到 1994 年为止估计累计数量在 4600 万—5000 万之间，或者每年 800 万人（在 1990—1994 年期间）（国家统计局，1995、1996；农业部，1995；劳动部就业司项目组，1997；周其仁，1997）。基于以上资料，估计截止到 1996 年，累计有 6500 万农村劳动力临时或者永久地转移到城市地区（由于户口和其他限制，大部分为临时，且经常往来于城、乡之间）。这样，到 1996 年为止乡镇企业和城乡迁移总共可能已吸收了 1.95 亿农村劳动力，使常年留在农业部门的劳动力数量由 1978 年的 2.85 亿减少到 2.58 亿。

中国的城市化水平目前只有 30%，低于类似人均收入的其他国家平均水平约12—21个百分点（分别按现行汇率计算和按购买力平价计算的人均GDP计，原始数据来自世界银行，1997a）。这说明进一步城市化以吸收农村人口和劳动力还有巨大潜力。

在城乡移民方面，尽管政策已经放开，目前实际上仍有不少限制。除户口外，许多城市对农村劳动力就业有歧视性的政策，例如规定某些领域限制雇用外来劳动力。这些来自农村的劳动力在城市居住条件很差或难以找到住房，缺乏生活基础设施（如上下水），没有职业信息服务和职业培训，子女得不到入学受教育的机会，安全方面也常常缺乏保护，这些都限制了城乡劳动力迁移的规模。

城市太少和城市基础设施不足是制约劳动力迁移的另一瓶颈。中国虽然有六百多个城市，但20万人以下的小城市占了60%，大多是县级市，平均规模只有11万人，没有足够的产业聚集效应，缺乏人口吸纳能力。现有的较大规模城市数量不多，其中多数基础设施建设长期以来被忽略（近年来有所改善），因此缺乏容纳新增移民的能力。

迄今为止，政府政策仍然是鼓励发展小城镇，限制大城市的发展。这在相当程度上限制了充分利用大城市的聚集效应以推动城市化。

考虑到进一步推动城市化将会给经济带来良性外部效应，在城乡移民和城市基础设施建设方面可能需要对政策作出重大的调整，更积极地推进城市化进程。这包括：对城乡移民更加开放，改善对移民的职业培训、就业信息服务以及教育、医疗、生活基础设施服务，加大城市基础设施投资力度，改善城市投资环境。

对劳动力转移和农业劳动力的预测　　农村劳动力在1978—1990年的增长率大约为2.7%，90年代以来已降至1.3%。这里我们估计从1997年到2020年农村劳动力自然增长率为1.1%，乡镇企业劳动力增长率由于上面提到的原因降低到年均1.5%。今后农业劳动力的数量将主要取决于农村劳动力向城市转移的速度。表6提供了关于城乡劳动力迁移和农业劳动力数量变动的两种不同预测。

表6 对农村劳动力转移和农业劳动力的两种预测　　　　　　　　　（百万人）

	1978年	1990年	1996年	2010年	2020年
全部农村劳动力	306	420	453	528	589
非农业乡镇企业就业	22	87	130	160	186
第一种预测					
迁入城市的劳动力	—	14	65	121	161
农业劳动力	284	319	258	247	242
第二种预测					
迁入城市的劳动力	—	14	65	177	257
农业劳动力	284	319	258	191	146

注：1. 预计在1997—2020年间农村劳动力年均自然增长率为1.1%，乡镇企业劳动力年均增长率为1.5%。
2. 对迁入城市的劳动力的两种预测分别为年均400万和800万。
3. 农业劳动力＝农村劳动力－非农业乡镇企业就业－迁入城市的劳动力。
资料来源：根据国家统计局（1995、1996），农业部（1995），劳动部（1997）计算。

第一种预测假定城市化政策没有重大变化。由于城市容纳能力的限制和各种对移民的地方性政策和制度限制，劳动力迁移速度可能降低到前几年的一半，即每年400万。在此情况下，到2020年农业劳动力仍将有2.42亿，仅比目前的2.58亿（估计数）略有下降。

第二种预测假定今后的政策调整将明显减少城市化的阻力，使城乡劳动力迁移保持在每年约800万的水平，从而使农业劳动力到2020年下降到1.46亿，比第一种情况多减少近1亿人。虽然单就投入减少而言，这将多少影响到农业产出；但同时由于大量减少了农业剩余劳动力，将显著提高农业生产率，降低农业成本，提高农业竞争力，不仅利大于弊，而且将是农业走向现代化的关键一步。

四、关于稳定农业生产的政策考虑

粮食生产在过去起伏很大，经常导致市场价格的大幅度波动，也影响了农民种粮的积极性。由于粮食是关系国计民生的必需品，也是农民收入的一个主要来源，因此政府始终希望保持对粮食产量的价格的一定程度控制，以保护农民的种粮积极性，稳定粮食生产。在经济改革期间政府调节粮食供求的手段主要有以下几项：

（1）直接购买商品粮的大部或全部，并根据产量的变化调整收购价格以鼓励或适当抑制粮食生产。

（2）政府保持大量的粮食储备以应付欠收，并吸纳市场卖不出的剩余部分。

（3）政府通过控制粮食进出口以调剂国内粮食余缺。

以上这些调节手段的代价是相当大的。因为粮食经营部门处于垄断经营地位，加上价格与市场供求脱节，积压与短缺交替发生，导致了粮食经营低效率、巨额亏损，和农民的"卖粮难"。同时，尽管有以上这些稳定粮食生产的调节手段，粮食产量和价格却始终频繁波动。这在一定程度上是与粮食这一特定领域相伴而来的"蛛网效应"的结果。即，需求相对于供给缺乏弹性、生产周期长、供给对市场反应滞后。但在信息不完备和决策过程迟滞的情况下，国家对粮食价格的控制可能不仅未能减小波动，反而扩大了波动。

例如，如果某年秋季粮食欠收，市场供应短缺，政府会针对这种情况提高收购价格，以鼓励来年的粮食生产。但由于信息传递慢、决策过程长，价格调整的决定常常会在次年春播以后才公布。此时粮食播种面积已无法改变。农民至多只能靠增加追肥、精耕细作来提高粮食产量，作用已经有限。即使决定在春播前公布，农民也常常没有足够的时间准备种子、底肥等等（特别是良种一般需提前购买）。因此第二年针对第一年粮食歉收所作的提高收购价格的决定，有时要到第三年才真正对生产发生作用。有时由于第二年粮食未能增产，决策部门还可能产生"提价幅度不够"的错觉，在次年进一步更大幅度地提高收购价格，可能导致第三年或第四年粮食突然大幅度增产而超过市场需求。

另一方面，如果某年粮食增产幅度较大，超过了国内需求，市场价格会大幅跌落，政府收购价格也会相应下调（或至少不再提高，让通货膨胀自然地"吃掉"一部分实际价格）。同样由于时滞的因素，这可能在一、两年以后才对粮食生产发生抑制作用，那时可能又导致供给不足。除去决策的时滞因素以外，价格决策还常常对粮食供给波动反应不足或者过度。举例说，1988年粮食生产比上年下降了2.2%，决策部门对此作出的反应是在1989年提高粮食收购价格26.9%，除去通货膨胀的因素后实际价格上升7.8%。这导致1990年粮食产量上升9.5%。由于供给暂时过度，粮食部门于1990年下调收购价格6.8%，又于1991年进一步下调6.2%（实际价格在这两年分别下降了11.8%和8.8%）。这使粮食生产在1991年下降了2.5%，1992年大体上平产。1992年和1993年粮食价格上调了5.3%和16.7%，但大部分被通胀所抵消，实际价格仅回升了1.1%和2.8%，未起到刺激生产的作用。于是1994年和1995年又连续大幅度上调46.6%和29%（实际价格上升24.1%和6.5%）。这导致了1995年和1996年4.8%和8.1%的粮食连续增产，使1996年粮食供给再次过剩。对此，1997年实际收购价格下降11.8%。1997年和1998年粮食生产分别有不同程度的下降。

以上描述的过程可以从图3、4中看得很清楚。图3显示的是实际粮食收购价格变动曲线和滞后一年的粮食产量变动曲线。两者显然成负相关，说明政府部门的价格决策通常是根据上一年粮食产量变动作出的，是被动和滞后的反应。

图4显示的是实际粮食收购价格变动与超前一年的粮食产量变动之间的关系（例如1994年数据反映的是1994年的价格变动和1995年的粮食产量变动）。两者大致呈正相关。这说明农民通常只能按照上年收购价格的变动来调整次年的粮食生产，同样是一种被动的滞后反应。

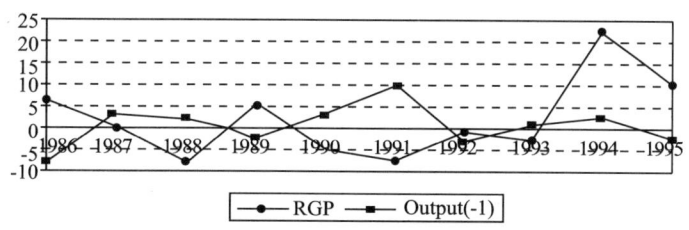

图3　实际粮食收购价格变动与滞后的产量变动

注："RGP"表示实际粮价指数，"Output－1"表示前一年的粮食产量变动率。

资料来源：根据国家统计局（1995，1996）和农业部（1996）计算。

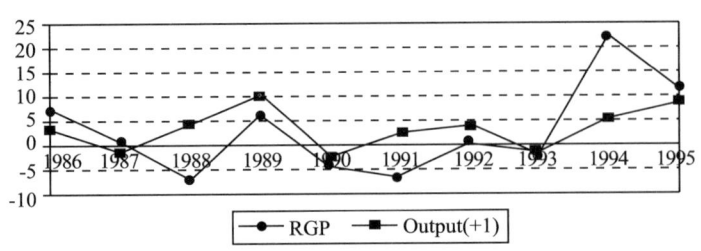

图 4　实际粮食收购价格变动与超前的产量变动

注："Output + 1"表示下一年的粮食产量。

资料来源：同图 3。

综合这两张图反映的情况，说明政府收购价格对粮食生产波动的反应滞后；同时由于生产的周期性特点，农民的生产决策对价格调整的反应也是滞后的。由于这两个滞后反应，粮食生产波动不但没被缩小，反而被周期性地放大了。

类似的情况也发生在粮食生产和粮食进出口之间。本来国家控制粮食进出口的目的，主要是为了稳定国内的粮食供应，但事实上却经常发生国内粮食丰收时进口大量增加，而粮食歉收时进口减少或出口增加的情况。我国自1984年粮食生产跨过了 4 亿吨，改变了过去粮食净进口的局面。但从 1984 年到 1997 年，14 年中有 9 年是在产量增加时发生净进口，或产量减少时发生净出口。有 7 年是在产量增加时净进口增加或净出口减少，或者产量下降时净进口减少或净出口增加。这主要是因为进出口贸易合同与到货之间存在滞后期，同时，对国内粮食生产又缺乏科学的预测。

上述这些情况说明，在缺乏准确的生产和市场预测的情况下，这种滞后的、力度掌握不准确的行政性价格调节，看来没有能够起到稳定粮食生产、减小"蛛网效应"的作用，反而在某些情况下加剧了生产的波动。

粮食生产不稳定会导致市场价格的大起大落，影响农民收入和种粮积极性，也会影响城镇居民的生活。为了保持粮食供求稳定，以下几点值得考虑：

（1）如果采取政府定价方式，就需要保持价格相对稳定，避免大起大落，避免滞后的调整，仅根据粮食供求预测和通货膨胀预测进行必需的、超前的、平滑的价格调整。

（2）但政府定价往往在出现供给全面过剩或短缺时才作出反应，事实上反应比较迟缓，容易导致市场的振荡。与此相比，市场价格对供求的反应更灵敏、滞后期较短，因此市场调节在粮食供求中的作用不应忽视。特别是在政府定价决策科学化不具备必要条件的情况下，用政府定价代替市场定价可能得不偿失。

（3）市场价格的大幅度波动常常与垄断性的投机活动有关。因此应当禁止的不是市场调节，而是市场上的垄断性投机行为，包括国家粮食经营机构的这类行为。

（4）由于"蛛网效应"的作用，无论是政府定价还是市场定价都不能完全避免供求的波动。政府可以补充和完善市场调节的不足，而不是代替市场的作用。例如政府可以超前地对生产进行预测，定期发布供求信息，对农民进行指导，以避免生产不足或过剩。但这需要建立比较科学的预测手段和预测、预报体系。

（5）当市场发生波动时，政府可以在边际上进行调节，主要是建立反应灵敏、运转有效的粮食储备系统以吞吐市场上过剩或不足的部分，减小价格波动。只要这一系统能够有效运行，储备量可以相对有限，不必过于庞大，重在调节市场价格，改变预期，没有必要把整个社会的粮食储备功能全包下来。但这种政府储备系统必须和市场谋利行为严格分开，特别要防止凭借垄断权力谋利的投机活动。

（6）粮食进出口贸易必须和国内粮食供求预测系统以及粮食储备系统更好地协调行动，使进出口平滑运行，避免冲击国内市场。

五、未来的粮食供求

对中国的农业增长，特别是粮食供求的增长，已经有了不少预测（见表8），其中布朗（Brown，1995）最为悲观，预测中国粮食生产在未来20—30年中会大幅度下降，导致世界粮食恐慌。布朗的预测已经被随后几年的粮食生产趋势证明是缺乏根据的。在他的书发表的第二年，即1996年，其预测与实际产量相比就差了 5000 万吨。此外日本海外协力基金会开发援助研究所（1995）预测中国粮食生产在未来只能有限增加，而需求会大幅度上升。郜若素、马国南（Garnaut & Ma，1992）预测粮食进口将有较大增加。其他多数研究者或研究组织都预测粮食生产将在这一期间继续增长，同时进口也会在一个可接受的范围内增加（世界银行，1997a，1996b；陈锡康，1995；梅，1995；Rosegrant et al.，1995；美国农业部，1994）。上述这些研究在需求方面的预测多数比较接近，而对国内生产的预测差别很大。为了对这些预测进行检验，本文基于本文前面对生产趋势和潜力、资源约束等分析，进行了一项新的生产预测。

首先我们需要通过生产函数分析就不同生产要素对粮食生产增长的贡献进行估计。常规的生产函数分析一般只考虑劳动力、土地和资本对生产的贡献。而且由于数据缺乏，对农业资本常常使用代用数据。在本项研究中计算了农业资本，区分了灌溉和非灌溉耕地面积对生产的不同影响（结果证明两者的区别不能忽视），考虑了农村包产到户的制度改革对粮食生产的影响，以及农村劳动力在部门之间的转移对农业劳动力增长的影响，并且估计了政府财政用于农业科技开发、农业基础设施投资、粮食补贴对粮食生产的影响。最后，自然灾害对农业的影响也在模型中进行了估计。

要素贡献：生产函数分析 农业生产函数模型如下：

$$Q = AI^{b_1} U^{b_2} L^{b_3} K^{b_4} F_1^{b_5} F_2^{b_6} F_3^{b_7} F_4^{b_8} e^{(b_9 G + b_{10} H + b_{11} D + b_{12} T)}$$

其中，G 是粮食产量，A 是常数项，I 是灌溉面积，U 是非灌溉面积，L 是农业劳动力，K 是农业资本1，F_1—F_4 分别是国家财政用于农业基本建设投资、农业科技开发、农业生产和事业费、农产品价格补贴的开支。e 是自然对数，G 是粮食播种面积对耕地面积之比 -1，H 是包产到户改革的推广率，D 是自然灾害成灾面积同耕地面积的比率，T 是时间趋势变量（T = 0，1，2……16，对应于 1980—1996），b_1—b_{12} 是上述各变量的系数。

计量模型取对数形式，使用了全国 30 个省、市、自治区 1980—1996 年的分省份年度数据（panel data，fixed effect），共有观察值 510 个（资料来源：历年《中国统计年鉴》）。表 7 是计量分析结果。以小写字母表示的变量代表原变量的对数形式。估计结果的 R 平方高达 0.919，说明模型有很高的解释力。除 f_3 以外所有变量的 t 值都至少达到 10% 的显著性。f_3 因为无统计显著性，故从模型中删除。请注意 f_4 的系数是负值，并且具有统计显著性。

表7 生产函数估计结果

R_2 (overall) = 0.9194
F (11453) = 130.86
Prob > F = 0.0000

自变量	系数	t-值	概率	(95%置信区间)	
i（灌溉面积）	0.376	7.987	0.000	0.283	0.468
n（非灌溉面积）	0.135	4.346	0.000	0.04	0.197
l（农业劳动力）	0.078	2.272	0.024	0.011	0.145
k（农业资本）	0.126	2.469	0.014	0.026	0.227
f_1（农业基建财政投资）	0.051	1.733	0.084	-0.007	0.110
f_2（农业科技财政开支）	0.076	2.373	0.018	0.013	0.138
f_4（农产品价格补贴）	-0.072	-1.950	0.052	-0.145	0.001
G（粮食播种指数）	0.498	5.676	0.000	0.325	0.670
H（包产到户普及率）	0.148	5.442	0.000	0.095	0.202
D（灾害率）	-0.441	-11.788	0.000	-0.515	-0.368
T（时间趋势）	0.010	2.302	0.022	0.001	0.018
常数项	3.046	4.197	0.000	1.620	4.473

模型分析有如下一些有意义的发现：

（1）土地与水利灌溉是粮食生产的两个关键要素。在其他投入不变的情况下，灌溉和非灌溉耕地面积每增长1%，可分别带来0.38%和0.14%的产量增长。而劳动力和资本的产出弹性相对较小（8%和13%），说明它们在粮食生产中的边际回报是很低的。这基本可认为是劳动力过剩的结果。由于劳动力和资本互相替代，劳动力过剩也影响了资本的边际产出。

（2）政府在农业基础设施方面的投资对产出有明显的作用。根据模型估计值，按1995年的产出和投资水平计，每千元投资的边际产出是1.24吨粮食。政府在农业科技开发方面的投入有极高的回报，每千元投入带来的边际增产幅度高达117吨。90年代国家用于农业科技开发的投入大约每年只有3亿元。靠科技投入（及新技术的推广普及）促进农业增长的潜力前景广阔，而且具有很高的经济效益。

（3）政府直接用于农业生产和事业费的开支在1996年高达500亿元，但该变量对产出的影响没有统计显著性。说明这方面的开支效率不高。用于粮棉油价格的补贴每年也有200亿元之巨，但结果显示该项支出对农业生产有显著的负面影响。这看来与其削弱了市场的作用有关。

（4）调整粮食播种面积和复种指数（这两个变量合并为G，即粮食播种面积占耕地面积之比）可以在短期内明显地改变产出水平。不改变其他投入，G每变化1%，产出可变化0.5%。这说明在紧急情况下（如战争和贸易封锁）粮食产量可以靠调整粮食播种面积和复种指数迅速增加。这也是农民应对农产品比价变化的调节手段。但在正常情况下持续靠这一手段来提高产量会导致边际成本迅速上升，是不经济的。

（5）包产到户在80年代初对粮食迅速增产起了关键作用（同时参见Lin，1992；McMillan，Whalley & Zhu，1989），扣除其他投入增加的作用，使产量净提高了约15%。但1984年以后包产到户普及率H已接近100%，它对粮食产量继续增长已不再起作用。

（6）自然灾害成灾面积占耕地面积之比每扩大1个百分点，粮食产量减少0.44%。从1980年到1996年，每年平均有22%的耕地成灾，造成年均减产接近10%。这从另一角度反映了改善抗旱防洪基础设施可以对粮食生产发生重要影响。

（7）最后，时间趋势变量的系数说明在1978—1996年期间在粮食生产中平均每年有1%的全要素生产率提高（财政对农业科技开发和基础设施投资的贡献不包括在内）。

预测未来的粮食生产 依据上述模型以及所得到的各弹性系数，可以对未来（1999—2020年）的粮食生产趋势进行一个粗略的预测。首先需要根据本文前面对历史趋势和现状的分析，对各生产要素以及其他有关的贡献因素的变动趋势作出估计和提出假设。

（1）目前国内粮食生产成本已经超过国际市场粮价，继续靠提高粮食收购价格鼓励增产已经变得越来越不经济，因此我们将不考虑继续大幅度提高粮价的可能性。

（2）在1980—1996年间农业资本未扣除折旧的年均增长率为8.6%。由于农业资本边际回报率已经很低，在粮食价格没有大幅度提高的情况下农民不可能不顾成本地继续大量增加农业资本投入。因此假设农业资本在今后二十多年（到2020年）中以平均4%的速度递增（按不扣除折旧计）。

（3）根据本文第三节对农村劳动力数量的第一种预测（可称之为常规情况预测），如果城市化不加速而且城市吸收劳动力的能力逐渐减弱，农业劳动力在未来可能只有非常轻微的减少，年均不到0.3%。因此可以近似假定农业劳动力增长率在今后常规情况下为零。但是根据第二种预测，即今后城市化过程能够加速进行，并大量吸收农村劳动力，则每年可减少农业劳动力2.4%（政策调整预测）。预测见表6。

（4）根据第二节的预测，灌溉面积在2010年以前将以每年0.5%的速度增加，2010年以后不再增加。非灌溉耕地面积将以每年1.7%的速度下降。

（5）假设按照常规方案，政府用于农业科技开发的投入以现价每年5%的速度增加，用于农业基础设施建设的投资每年增长3%，用于农产品价格补贴的开支不再增加。而按照替代方案，即采取积极的结构调整措施，这三者的增长率在2010年以前分别为9%、7%和-10%。在2010—2020年期间分别为4.2%、4.2%和0%。

（6）按照农业劳动力增长的常规预测，农业边际成本会有明显上升。加上改革效应的潜力已经逐渐释放，因此假定全要素生产率的增长率由1%下降到0.2%。但如果采取积极推动城市化、促进农业劳动力转移的政策（政策调整预测），农业劳动力数量将有明显下降，使农业生产可以扩大经营规模，降低成本，更多采用先进技术，从而会维持较高的全要素生产率增长。假定其年增长率可保持在0.5%。

（7）同样由于粮食生产边际成本提高的因素，农民将继续对粮食生产和经济作物生产进行结构调整，使粮食播种面积对耕地面积之比由目前的1.18

下降到 1.0 左右，并保持在这个水平上。

（8）自然灾害成灾面积的比率假定仍然保持在 1980—1996 年间的平均水平，相当于耕地面积的 22%。根据上述这些假设和模型分析所得到的各要素弹性，可以对未来的粮食生产增长状况进行计算。预测结果分为两组，第一组为"常规预测"，第二组为"政策调整预测"，分别根据上述对各生产要素变动的常规预测和政策调整预测得出。这些结果列在表 8 的最后两行，以同其他研究所提供的不同预测结果进行比较。政策调整的内容主要包括三项：加速农业科技开发和基础设施建设；减少对农产品价格控制和价格补贴，并扩大市场调节的范围；以及积极推进城市化建设，加速吸收农村剩余劳动力。

从表 8 的比较中可以看到，本项研究根据"常规预测"所得到的粮食生产预测结果，比世界银行（1997a）和其他一些预测结果低一些。这主要是由于更多地考虑到资源约束和农业生产边际成本的提高。但即使是在这种情况下，粮食生产在今后 20 年中还是会有一定的增长。如果我们接受世界银行（1997a）关于国内粮食需求增长的预测①，那么到 2020 年粮食生产与国内需求可能相差 15%，需要靠进口来满足。

考虑到一些土地资源丰富的主要粮食生产国还有大量可耕地未被开发利用或处于闲耕状态，也考虑到粮食生产在技术进步的推动下不断增长，不断突破所谓单产"极限"的事实，这一进口增加将仍然在国际市场可承受的范围内，不至于引起世界粮食短缺。而且进口的成本会低于靠增加投入提高产量所付出的成本。当然，如果考虑到可能的非经济风险因素，进口的比例可以适当降低，进口的来源可以尽量多元化，但仍然没有必要用过高的边际成本去换取最大限度的国内生产。需要指出，发挥比较优势、利用国际分工、将有限的资源投入到生产率更高的领域，这是当今世界经济发展的潮流，粮食生产也不例外。不顾成本地追求粮食自给是得不偿失的。

---

① 这一预测同陈锡康（1995）和梅（1995）的结果相近。

表8 对中国粮食供求的不同预测：其他研究和本项研究　　百万吨

年份	2000年			2010年			2020年			2030年		
项目	需求	生产	进口	需求	生产	进口	需求	生产	进口	需求	生产	进口
布朗，1995			81			156				641	272	369
邰若素、马，1992			60									
			-90									
海外协力，1995	507	483	24	647	511	136						
世界银行，1997a							695	636	60			
种植业生产结构		470						616				
课题组，1991		-500						-656				
梅，1995	600	580	20				693	660	33	734		
朱等，1995	510			580								
陈，1995	510	480	15				675	625	35	725	675	50
	-525	-510					-700	-675		-780	-725	
世界银行，1993				11								
Rosegrant et al.，1995									20			
本项研究（常规预测）				549			587		108			
本项研究（政策调整）				639			722		-27			

另一方面，政策调整因素对生产可能会有非常积极的影响。如果按照第二种假设，提高农业的科技开发和基础设施投入，采取更加市场化的粮食购销政策并辅之以稳定市场的政策，并且积极促进城市化建设以吸收更多的农业劳动力，那么农业生产率还会进一步提高，粮食产量到2020年甚至可能超过7亿吨，从而可能完全满足国内的需求甚至有余。

需要强调指出的是，今后促进农业生产的措施主要不应是通过继续提高粮食收购价格来实现。目前我国粮食价格已经大幅度地超过国际市场价格，继续提价虽然可以刺激农民以增加粮食生产投入、扩大粮食播种面积、提高复种指数等手段增加产量，但边际成本将继续大幅度攀升，加重国家财政和城乡消费者的负担，在经济上是不合算的。加入世贸组织后，价格保护将进一步失效。因此，以上"常规"和"政策调整"两种预测，都是基于粮食收购价格不可能再大幅度提高这一假设作出的。

此外，需要说明，上述分析和预测都仅仅是就粮食生产本身进行的，没有涉及农业生产的结构调整问题。在扩大市场调节范围的情况下，农民会自发进行结构调整，包括根据市场的比价关系在粮食和其他作物之间随时进行调整，这是符合经济合理化原则的。这也包括在优势互补的原则下，适当提高进口粮食的比重以补充国内生产，使农民可以把资源用于效益更高的生产活动。

六、结论

（1）中国在人均土地资源和水资源都远远低于世界平均水平的条件下，农业生产取得了巨大的进步，满足了平均约98%的国内粮食需求，这是一个了不起的成就。

（2）改革以前农业的进步主要是靠大量增加投入取得的。技术进步也起了重要作用。改革早期包产到户的制度变革在加速农业增长中起了主要作用。此后粮食收购价格的不断提高继续鼓励了农民的粮食生产积极性。但粮食生产的边际成本也在不断提高，粮食价格已大幅度超过国际市场价，说明单纯靠价格刺激，靠农民增加化肥、机械等投入和扩大粮食种植面积来提高产出的潜力已经非常有限。

（3）政府用于农业科技开发和基础设施建设的投入有很高的回报，这方面过去投入远远不足，今后扩大这方面的投入将会有相当大的潜力和很好的经济效益。

（4）政府直接用于农业生产和农业事业费的开支巨大，但模型分析未能发现它对生产有显著影响，说明这部分开支的使用效率较低。用于粮食价格补贴的开支对粮食生产有负面影响，看来是由于影响了市场的积极调节作用。政府部门对粮食收购价格的调节，由于信息不完备和反应滞后，不但没有减轻粮食生产的波动，反而在某些情况下扩大了这种波动。粮食进出口也有类似的影响。政府对粮食生产的调节今后看来应转向在市场导向基础上的边际调节，并需改进信息收集、预测和决策程序，使之科学化、准确化、灵敏化。

（5）改革期间乡镇企业发展和农村劳动力向城市的转移大大减轻了农村人口对土地的压力，并对中国经济增长起了巨大的推动作用。只有在农业劳动力大量转移到非农业部门的情况下，农业生产成本才可能降下来，效率才可能继续提高，因此这是影响未来农业发展的关键。乡镇企业今后高速发展的空间已经减小，但加速城市化进程有非常大的空间。

（6）今后农业政策的调整需要重点考虑：第一，扩大农业科技投入和基础设施投资；第二，更多引进市场调节机制，减少价格补贴和干预，提高农业管理部门和事业部门的效率，改善预测、信息和粮食储备系统以减小供求波动；第三，积极推动城市化建设，增加城市基础设施投资，改善城乡劳动力流动的条件，促使农业人口更快地向非农业转移。在充分实现上述政策调整的条件下，粮食生产有可能继续保持较快的增长，甚至可能在今后 20 年中继续充分满足国内市场的需要。

（7）只要国际环境允许，粮食自给不应当成为目的。应更加着眼于经济效益原则，促进农业生产结构的优化。

参考文献

劳动部就业司项目组，1997：《机会与能力：中国农村劳动力的就业与流动》，铅印报告。

庚德昌等编，1992：《农村居民经济行为和劳动时间利用调查资料汇编》，北京：中国统计出版社。

国家统计局：历年《中国统计年鉴》，北京：中国统计出版社。

国家统计局，1999：《中国统计摘要》，北京：中国统计出版社。

国家统计局农村统计司：《中国农村统计年鉴》（不同年份），北京：中国统计出版社。

种植业生产结构与发展前景课题组，1991：《种植业生产结构与发展前景：关于中国中长期食品发展战略研究丛书（第 4 卷）》，北京：农业出版社。

自然资源与价格政策专案组，1997：《关于中国自然资源定价的研究》，铅印稿。

王先进编，1997：《中国权威人士论：中国怎样养活养好中国人？》，北京：中国财政经济出版社。

Fan, S. and P. G. Pardey, 1997. "Research, Productivity, and Output Growth in Chinese Agriculture." *Journal of Development Economics.* 53: 115 – 37.

Huang, J. and S. Rozelle, 1996. "Technological Change: Rediscovering the Engine of Productivity Growth in China's Rural Economy." *Journal of Development Economics*. 49: 337 – 69.

McMillan, J., J. Whalley, and L. Zhu, 1989. "The Impact of China's Economic Reform on Agricultural Productivity Growth." *Journal of Political Economy.* 97: 781 – 807.

OECF/DSI (The Development Support Institute of Overseas Economic Cooperation Foundation), 1995. "A Perspective on China's Grain Demand and Supply and Suggestions on Its Agricultural Development Policies." OECF Discussion Paper No. 6, Japan (in Japanese).

World Bank, 1997a. "At China's Table: Food Security Potions." Washington, D. C.

——1997b. "China 2020: Development Challenges in the New Century." Washington, D. C.

——1997c. "World Development Indicators." Washington, D. C.

新形势下我国农业发展战略的转变*
——重新审视我国传统的"粮食安全观"

仇焕广　李登旺　宋洪远**

　　农业是国民经济的基础。我国政府一直高度重视"粮食安全",并把农业发展作为政府工作的重中之重。改革开放30多年来,我国农业发展取得了举世瞩目的成就,农业GDP年均增长4.6%,粮食产量实现了"十一连增"。除大豆、棉花及食糖等外的主要农产品都保持了较高自给率,重要农产品人均占有量显著提高。然而,新时期我国农业发展面临着一系列严峻挑战。农业生产成本快速上涨,水土资源和环境约束加剧,农产品供需结构性矛盾突出,部分现行农业政策已经难以为继,都要求对我国农业发展战略和政策进行新的调整。本文首先对当前我国农业发展面临的挑战进行梳理,然后分析我国近期农业发展战略调整的逻辑思路,最后提出促进我国农业发展战略转变的政策建议。

---

*　本文原载于《经济社会体制比较》,2015年第4期。基金项目:中国人民大学科学研究基金(中央高校基本科研业务费专项资金资助)项目"城镇化对我国农产品供需和粮食安全的影响与对策研究"(项目编号:14XNI1002)。

**　仇焕广,中国人民大学农业与农村发展学院教授;李登旺,中国人民大学农业与农村发展学院博士生;宋洪远,农业部农村经济研究中心研究员。

一、新时期我国农业发展面临的严峻挑战

（一）农产品供需结构性矛盾突出，全面保障"粮食安全"难以持续

随着居民收入水平提高和城镇化的快速推进，我国居民食物消费发生了显著变化。畜产品、水产品和蔬菜水果等高附加值农产品占食物消费的比例持续快速增长，而人均大米、小麦等谷物消费呈现稳定下降趋势（韩俊，2010）。同时，随着我国水土资源制约愈加明显，以及劳动力成本快速上涨等因素影响，国内农产品供给，特别是土地密集型农产品难以满足国内日趋多样化的消费需求，农产品供需结构性短缺问题日益凸显。

同时，近年来，我国农产品的进口压力不断增加，进口数量也持续增加。以稻谷、小麦和玉米等三大主粮为例，20世纪90年代初尤其是1996年我国承诺依靠国内生产保障粮食自给率后，我国谷物维持着高度自给、少量进口的局面，除小麦产品外，稻谷和玉米产品尚有一定的出口。然而新世纪以来，随着需求增长超过生产增长，我国逐渐由粮食净出口国转变为粮食净进口国，且净进口量不断上升，尤其是2010年以来，我国三大主粮均需进口，并不断成为常态；2014年，我国稻谷、小麦和玉米产品的净进口量分别达到341万吨、238万吨和303万吨，三大主粮净进口总量达到882万吨（见图1）。

自2000年以来，我国油料作物中除花生保持出口外，大豆和油菜籽都需进口。我国花生始终保持净出口，平均每年净出口约40万吨；大豆产量呈波动递减，进口量逐年增加，2013年大豆净进口高达6338万吨，占国内大豆消费总量的80%以上；从1994年开始成为油菜籽净进口国，从2006年开始进口量逐年增加，2009年我国油菜籽净进口量创下历史最高纪录328万吨，2013年我国油菜籽净进口量达到293万吨。食糖供需基本维持紧平衡状态，除2002/2003年和2007/2008年榨季外，其余年份食糖市场均呈现明显产不足

需态势，消费增长明显快于生产增长，产需缺口基本在 200 万—300 万吨之间。受 2011 年以来国际糖价持续下跌的影响，2013 年我国进口食糖 455 万吨，占全球食糖总贸易量的近 10% 以上，成为全球最大的食糖进口国。此外，受需求持续增长、国内外价格倒挂、外棉低价等多种因素影响，自 2001 年开始，我国棉花呈现净进口格局且贸易逆差逐步增大。2001—2013 年，我国棉花进口量从 5.6 万吨增长至 414.9 万吨，增长了 73 倍。

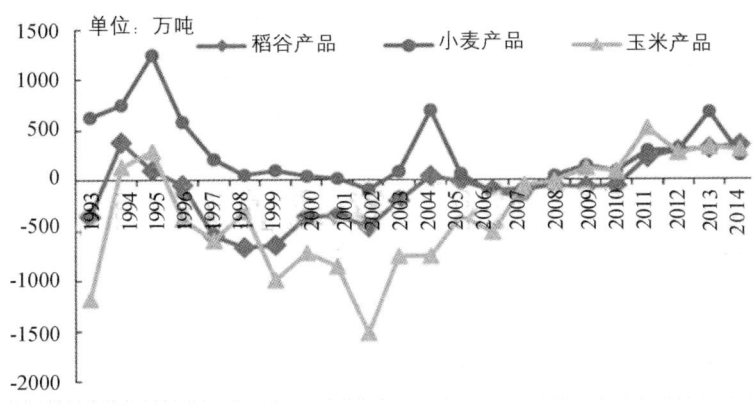

图 1　1993 年至 2014 年我国三大主粮净进口情况
数据来源：作者根据 Wind 咨询数据计算得到。

更为值得关注的是，国内农产品价格持续上涨，多数农产品价格已经远高于国际市场价格。一部分农产品如糖类、棉花的国内价格已经超出国外农产品进口到国内再加上 60%—70% 配额外关税后的价格（韩俊，2015；陈锡文，2014）。例如，近几年来尤其是 2012 年以来国内三大主粮的市场价格均高出国际市场的价格，且国内市场与国际市场的"价格差"呈现出继续上涨的态势（见图 2）。

2011 年以来，国际市场上棉花价格持续大幅下跌，为了保护棉农利益，我国实施了棉花临时收储政策，导致国内外价格倒挂、价差巨大。此外，2011 年之前的大多数年份，国际食糖到岸完税价都高于我国食糖产区批发价格。2011 年以来，国际糖价持续下跌，而国内食糖价格持续上涨稳定，导致国内外食糖价差较大。

图2 稻米国内外价格变化趋势比较（元/吨）

数据来源：国际粮食价格由作者计算得到，其中原始美元价格来自于 IMF Primary Commodity Prices 月度数据，汇率数据来自于中国货币网；国内粮食价格数据来自于中华粮网（下同）。

图3 小麦国内外价格变化趋势比较（元/吨）

（二）国内农业支持和补贴政策难以持续

为了保持国内较高水平的"粮食自给率"，我国政府持续增加农业补贴，并通过提高最低收购价和增加临时储备等政策刺激国内农业生产。然而，新时期这些支持政策却面临很大困境。一方面，国内支持和保护政策导致国内农产品价格高企，继续提高国内农产品价格已经面临国际价格"天花板"效应。以玉米为例，2014年12月美国玉米运抵我国南方港口的到岸税后平均价为1710元/吨，而国内南方港口玉米平均成交价格为2436元/吨，美国玉米比国内低726元/吨。如果剔除13%增值税，美国玉米到港成本比国产玉米价格低912元/吨，即美国玉米运抵我国后依然比我国的玉米便宜近40%。高企的国内价格不仅使得国内农产品价格上升空间有限，而且对农业产业的安全造成威胁（见图4）。

图4　玉米国内外价格变化趋势比较（元/吨）

另一方面，国内农业生产补贴面临WTO"黄箱政策"限制，进一步提高补贴的空间已经非常有限。从2002年设立良种补贴以来，"四补贴"总量不断增加，从2002年设立初期的1亿元上升至2012年的1653亿元（见表1）。从农业"四补贴"结构上来看，农资综合补贴从设立初期就占据重要份额，且补贴额度增长迅速，2012年达到了1078亿元，占"四补贴"总额的65%；2012年良种补贴和农机具补贴分别为224亿元和200亿元，分别占"四补贴"总额的14%和12%。种粮直接补贴从设立初期至今变化不大，近几年一直稳定在151亿元，2012年补贴额度占"四补贴"总额的9%。2013年我国粮食补贴总额超过1700亿元，超过粮食总产值的10%；对部分农产品的补贴已经接近WTO微量允许承诺上限，补贴的提高空间十分有限。未来国际农业贸易谈判还将要求各国进一步削减对农业"黄箱补贴"的支持总量，甚至对单个农产品补贴额度设定支持上限。

表1 近年来我国农业"四补贴"投入金额单位：亿元

年份	补贴总额	种粮直补	农资综合补贴	良种补贴	农机购置补贴
2002	1	—	—	1	—
2003	3	—	—	3	—
2004	145	116	—	28.53	1
2005	173	131	—	38.7	3
2006	310	142	120	41.53	6
2007	514	151	276	66.63	20
2008	1030	151	716	123.4	40
2009	1275	151	795	198.5	130
2010	1345	151	835	204	155
2011	1406	151	860	220	175
2012	1653	151	1078	224	200

数据来源：中国农业年鉴。

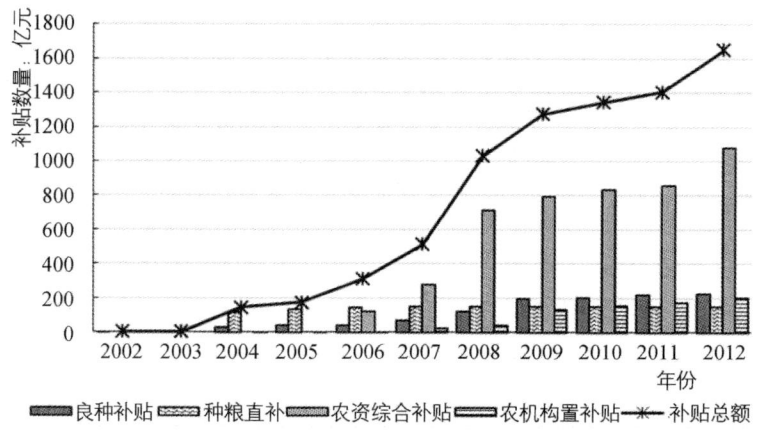

图5 我国农业"四补贴"投入发展趋势

数据来源：中国农业年鉴。

（三）农业水土资源高强度利用，农业可持续发展难以保障

为了保障国内较高水平的"粮食自给率"，我国农业已经转向"高补贴、

高投入"的发展阶段，而忽视了水土资源利用和环境的可持续性。过度刺激农业生产特别是粮食生产的环境负效应日益凸显，化肥、农药和农膜过量使用，畜禽粪便大量排放已经严重威胁我国农业的可持续发展。以化肥为例，已有研究表明，我国化肥施用量已经超过了经济意义上的最优边际施用量，并给农民带来了经济效益上的损失（Huang等，2008）。过量施用化肥尤其是氮肥，会通过多种途径对环境造成破坏，进入土壤后，会造成土壤酸化，降低耕地的生产能力（Guo等，2010）；溶淋渗入地下后会污染地下水，被地表径流带走后会造成水体富氧化问题；通过化学反应挥发入空气中，造成温室气体含量上升等。此外，过量氮肥携带的重金属污染土壤，进而引发食品质量安全问题（王金霞、仇焕广等，2013）。如何在促进农业生产的同时，保护生态环境、促进农业可持续发展已经成为迫切需要解决的问题。

二、新时期我国农业发展转变的逻辑思路

（一）对传统粮食安全观的重新审视

我国农业发展面临的上述严峻挑战有我国社会经济发展阶段的必然性，也与我国传统的"粮食安全"指导观念有关。传统的"粮食安全"观以保障粮食等重要食物基本自给为核心，强调将粮食自给率稳定在95%以上。为此，政府出台了一系列保障"粮食安全"的政策措施。我国强调高"粮食自给率"从国家战略层面上主要有两个方面的考量：一是在特殊的非和平时期，防止其他国家对我国发起贸易禁运，进而威胁国家安全；二是在和平时期，避免粮食价格出现大的波动，进而影响社会经济稳定。这一观念在国际政治和贸易环境较为恶劣的条件下对于保障国家社会经济稳定发挥了积极作用。然而，随着国际政治、经济环境的缓和以及全球贸易自由化的不断加深，固守传统粮食安全观念下的"粮食自给率"，不仅导致社会经济成本大幅上升，而且难以解决当前农业发展过程中出现的"难以持续"的深层次难题。

与我国传统粮食安全观念强调"粮食自给率"相比,国际上关于"食物安全"的定义和做法更加注重保障"食物安全"和粮食生产能力。联合国粮农组织对"食物安全"的定义为:"所有人在任何时候都能够在物质上和经济上获得足够、安全和富有营养的食物,来满足其积极和健康生活的膳食需要和食物偏好。"在具体的做法上,对于不同的国家而言,"粮食安全"概念因农业生产资源禀赋和经济发展水平的差异呈现出不同的侧重点。农业生产资源较为丰富的国家,一般是国际粮食市场上的出口国,往往不存在国家层面上粮食安全问题。农业生产资源相对稀缺的国家,除了通过发展本国农业生产来维持较高的食物自给率外,也通过国际贸易来调节国内农产品的供需平衡,但主要关注几种核心产品的国内生产能力和农民收入,如日韩的大米。随着国内食物需求的增长和贸易自由化的发展,对食物安全的保护重点也逐步缩小到对大米和小麦等关键粮食产品的自给率上(姜长云等,2014)。

(二) 新时期我国农业发展战略的转变

鉴于当前我国农业发展面临着严峻挑战,我国政府在综合考虑国内粮食生产和需求变化、国内支持政策空间以及资源环境承载力后,对传统"粮食安全观"作出了适当调整,要求实施"以我为主、立足国内、确保产能、适度进口、科技支撑"的国家粮食安全新战略,提出了确保"谷物基本自给、口粮绝对安全"的国家粮食安全新目标。

1. 从传统"粮食安全观"转向"食物安全观"

国家粮食安全新战略缩减了保障的范围,即集中力量保障口粮的绝对安全和谷物的基本自给,不再强调以前较为宽泛的既包含谷物,又包含豆类、薯类等在内的粮食统计口径;同时,强调食品生产的质量与数量并重,更加关注食品质量安全,以及强调兼顾当前与长远发展。随着我国城乡居民消费水平不断提高和食物需求多样化的发展,粮食在食物消费中的比例持续下降。如果从国家战略的角度上继续强调"粮食安全",而不从更大的范围保障居民的"食物安全"，不利于我国农业产业结构的优化调整，长期将导致食物生产和需求脱节。从国际经验来看，欧洲、日本等国主要是确保本国关键农产品的稳定供给，如日本只是确保本国稻米保持较高的自给率，而其他农产品基本放开。

2. 从强调"粮食自给率"转向保障"食物自给能力"

粮食安全新战略拓宽了保障国家粮食安全的途径，将"粮食基本自给"调整为"谷物基本自给、口粮绝对安全"，首次提出通过"适度进口"作为粮食安全战略的重要组成部分，能够有效地保障"食物自给能力"。部分学者担心国际环境动荡会影响我国的"食物安全"，然而在目前的国际环境下，发生大规模战争和贸易禁运的可能性较小，而且战争和贸易禁运发生之前会有至少几个月甚至几年的准备期间。因此，如果我国保持一定的耕地数量且确保这些耕地能够在较短的时间转变为口粮生产，则可以有效保障非和平时期国家"食物安全"。

3. 从强调农产品的"政府保护"转向"依靠市场、政府调控"

在传统"粮食安全观"的指导下，我国政府对农产品采取了"高保护"的政策措施：在国内，不断提升对农产品的价格支持；在国际贸易中，限制主要农产品的大规模进口。政府对农产品市场的过度干预不仅限制了市场发挥基础性的调节作用，也给财政带来了较大压力。粮食安全新战略强调市场在资源配置中的决定性作用，政府应当减少对农产品市场的过度干预，而增强政府对农产品市场的调控能力。

三、农业发展战略转变对国际市场价格和农民收入的可能影响

（一）对国际市场价格的可能影响

一些学者担心，放开玉米、大豆、棉花和糖类等部分农产品进口可能会

引起国际市场价格的大幅上涨。针对该问题，我们利用"中国农业可持续发展决策支持系统（CHINAGRO）"和"全球贸易分析模型（GTAP）"，对未来10年（2013—2023）我国农产品供给与需求进行了预测分析。预测结果表明，未来我国水稻、小麦等口粮作物将基本保持自给，饲料粮（大豆和玉米）短缺将更加明显，到2023年，大豆和玉米年进口量预计将分别达到7500万和1800万吨左右。棉花和糖等产品的结构短缺将进一步扩大，自给率不断降低。棉花进口量将从近几年平均300万吨左右增长到2023年510万吨，食糖进口量将从2012年的350万吨增长到2023年的520万吨。

模型分析也表明，从中长期看，我国适量增加玉米、大豆、棉花和糖类的进口是必要的，经济上也是合理的。总体来看，未来10年按照市场供需平衡状况适量进口上述产品不会对国际市场价格产生显著影响，例如玉米进口增加1800万吨会导致国际玉米价格上涨4.5%，食糖进口增加到520万吨只会拉动国际价格上涨2.2%。相反，如果我国限制上述产品的进口，不仅会导致国内玉米和其他农产品价格的明显提高，并阻碍我国农业向具有比较优势的产业结构调整。例如，如果控制玉米的进口数量不超过目前配额水平720万吨，将导致国内玉米价格上涨10.5%，同时导致小麦价格上涨5.8%。由于我国玉米、食糖等进口在国际市场上的份额很低，因此从国际市场上购买上述产品的风险不大。

（二）对国内农民收入的影响

一些学者担心，放开玉米、大豆、棉花和糖类等部分农产品进口会对国内农民收入产生较大的负面影响。本文认为，尽管适度放开农产品进口对农民收入产生一定的影响，但由于种植业收入在农民家庭总收入中的占比不大，因此对农民收入的总体的影响不会太大。当前我国农村居民的收入结构已经发生了很大的变化，工资性收入占家庭总收入的比重不断上升，且逐渐上升为农村居民家庭收入的最主要来源，而经营性收入尤其是种植业收入占比不断下降。2013年，我国农村居民人均纯收入约为8896元/人，其中来自农业收入占比约为 26.6%，因此，即使适度放开部分农产品进口导致国内农产品价格下降 10%，对农民收入的负面影响也仅为 2.6% 左右。此外，适度放开玉米、大豆、棉花和糖类等农产品进口，农户也会通过调整农业生产结构，发挥比较优势，提高农业生产的收入，从而减少开放进口带来的收入损失。当然这一影响可能存在地区差异，中央政府可以重点增加对粮食主产区的转移支付支持力度，以减少农产品进口对部分地区农民收入的冲击。

四、促进新时期我国农业发展战略转变的政策建议

在转变新时期我国农业发展战略的同时，建议从顶层设计我国的农业政策体系，以最小的市场、政策和环境成本实现保障我国食物安全的总体目标。

一是划定基本农田，增加对农业基础设施建设和科技的支持力度，提高农业综合生产能力。通过划定基本农田保护区并建立基本农田保护制度，进一步增加对农业基础设施建设和农业科技研发和推广的支持力度，保障和提升我国食物综合自给能力。根据国家中长期农业科技发展规划，在加大对农业科技投入的同时，切实推进农业科研和技术的创新与改革，使农业科技进步成为粮食等农产品生产增长的主要驱动力。加大对农田水利、农田改良等农业基础设施投入，提高农业生产和抵抗自然灾害能力，保障食物安全和农产品市场的稳定性。

二是全面减少对口粮之外的农产品的政策干预。完善国家对农业的支持保护体系，农业补贴的重点应逐步转向保护口粮生产。逐步扩大"绿箱"支持政策实施规模和范围，调整改进"黄箱"支持政策，提高农业补贴政策的效能。及时总结我国新疆棉花、东北和内蒙古目标价格改革试点经验，完善补贴方式，降低操作成本，适时推出对糖类、油料、玉米等产品的差价补贴政策。上述几种作物的国内价格已经高于国际市场价格的 30—50%，继续通过临时储备收购等政策实施价格保护的空间已经非常有限。对这些产品的价格保护不仅极大扭曲了市场对农业生产和资源的配置，也严重伤害了下游产业的发展和国际竞争力。

三是适度开放国内农产品市场，从全球范围配置产品和资源。在确保口粮安全的条件下，对其他农产品适度开放国内市场，充分利用全球资源和市场，降低国内生产压力。在国内，由市场价格调节农产品的供给和需求，政府的主要作用定位于监管农产品的质量和减少农业生产对环境的破坏；在国际贸易方面，由市场决定农产品的进出口数量和结构，政府在综合考虑产品进出口的环境成本和对农民收入影响的基础上，通过关税等贸易措施进行适度调节。同时，鼓励我国农业走出去，参与全球竞争。转变农业"走出去"的战略目标和思路，把农业走出去的战略定位从"保障国家粮食安全"转变为"提高企业国际竞争力"。引导农业企业"走出去"的重心由租地种粮转向参与从农业生产到加工到销售的全产业链的经营，增加我国企业控制全球农产品市场的能力。

四是优化和增加对农业和农民收入的政策支持。由于减少对非关键农产品的价格支持和适度放开农产品的市场可能导致部分农民收入水平出现下降，因此，应适度增加对农民收入的转移支付支持力度。将部分属于"黄箱政策"的农业补贴转变为"按历史面积补贴"的"绿箱"补贴；提高农业保险的补贴力度，增加农业保险覆盖的品种范围，逐步探索建立巨灾风险保障机制；提高对职业农民培训力度；通过税收减免和政策支持等措施提高整个农业产业链的竞争力。

五是增加对环境保护的支持力度，提高农业可持续发展能力。目前，我们农业支持政策主要用于保障粮食安全和提高农民收入，对农业生态和环境保护的关注力度不够。资源瓶颈和农业环境污染将成为制约我国未来农业可持续发展的重要因素。我国不仅应提高用于农业环境与生态的农业支持力度，而且应探索将农户获得农业生产补贴与其在生产中的环境保护措施直接挂钩的补贴机制；对生态较为脆弱的地区，减少耕地和农业用水资源的利用强度。

六是加大宣传力度、政策引导，减少国内食物浪费。我国食物浪费现象严重。据已有研究估计，我国仅省级以上城市的餐桌上每年倒掉的食物可达600万吨以上，全国餐饮消费中，每年至少倒掉了约2亿人一年的口粮。我国官方统计的农产品生产数据和消费数据之间的巨大缺口，也在一定程度上反映出我国食物浪费的现状。建议加强针对节约食物的社会宣传和教育;通过在一些食品连锁店、餐厅等强制要求标注食品的蛋白和能量含量,减少过度消费;此外,考虑征收和提高消费环节的消费税,减少食物浪费。

参考文献

陈锡文,2014:"新形势下我国粮食安全的现状、挑战及对策",第五届"中国经济安全论坛",北京,2014,11。

国家统计局,2014:《关于2014年粮食产量的公告》,[EB/OL].[2015-01-30]. http://www.stats.gov.cn/tjsj/zxfb/201412/t20141204_648275.html。

国务院,1996:《中国的粮食问题白皮书1996》。

韩俊,2010:《中国食物生产能力与供求平衡战略研究》,北京:首都经济贸易大学出版社。

——2015:"新常态下如何加快转变农业发展方式",《中国发展观察》,2015,1。

黄季焜、杨军、仇焕广,2012:"新时期国家粮食安全战略和政策的思考",《农业经济问题》,2012,3:4—8。

姜长云、李显戈、董欢,2014:"关于我国粮食安全与粮食政策问题的思考——基于谷物自给率与日、韩相关经验的借鉴",《宏观经济研究》,2014,3:3—10,23。

王金霞、仇焕广等,2013:《中国农村生活污染与农业生产污染:现状与治理对策研究》,北京:科学出版社。

新华网,2014:"我国粮食总产量实现'十一连增'",http://news.xinhuanet.com/forrune/2014-12-04/c_1113520750.htm。

叶兴庆,2014:"准确把握国家粮食安全战略的四个新变化",《中国发展观察》,2014,1。

JECSS 三农问题与乡村治理

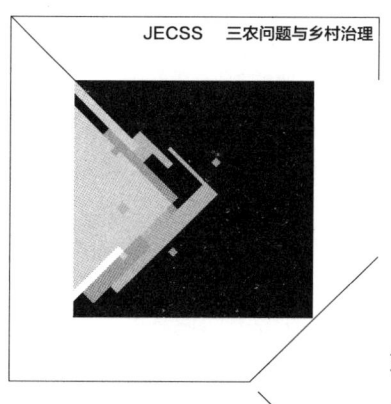

第二辑

农村改革

我国农业和农村经济的改革和发展[*]

陈锡文[**]

农业和农村经济，是我国整个经济改革和发展中的一个重大问题，也是吴敬琏老师长期关注着的一大研究领域。我国改革以来的农业和农村经济问题之所以备受人们重视，我想主要原因有三个：一是12亿多人口和9亿多农民的国情，决定了农业、农村和农民问题必然对我国经济、社会、政治和文化等各个方面都具有举足轻重的影响，在中国，农业不发展，农村不繁荣、农民不富裕，什么事情就都难以真正做好。二是中国的改革，是在农村率先突破并首战告捷的，21年来我国各个领域所进行的改革，有许多基本经验乃至具体做法都源自于农村的改革。三是无论从体制的创新还是从增长动因的转换来看，农村无疑是迄今为止改革相对彻底的一个领域。这样讲当然并不是认为农村的改革已经大功告成，而只是想说，对于农村改革，无论是它的成就还是它的教训，都非常值得人们去作进一步的理解和消化。

我想谈一下对三个问题的认识。

---

[*] 本文原载于《经济社会体制比较》，2001年第1期。本文为作者在2000年2月26日"中国经济改革回顾与展望——吴敬琏教授从事经济研究50周年研讨会"上的发言。经作者同意修改后在本刊发表。——编者注

[**] 陈锡文，中央财经领导小组副组长、办公室主任。

一、农村改革的最成功之处：家庭承包经营制度的确立，实现了由经营体制的变革到新的财产关系的形成

农村的改革，最初是以"包产到户"的形式去突破人民公社高度集中的统一经营体制而开始的。但很快，"包产到户"的形式就普遍地被"包干到户"的形式所替代。之所以会出现这种替代，主要的原因还不在于"包干到户"比"包产到户"更为简便易行，而在于它对原有的经营体制来说，是一种更为彻底的变革。"包产到户"，主要是对原经营体制中的劳动的集中管理进行了改革。有了承包地，农户就有了支配自己劳动的自主权，但产品的支配权仍属于生产队。生产队在收取各承包户上缴的产品后，进行统一核算、统一分配，显然，资产积累的功能仍在于生产队。因此，实行"包产到户"，农业的经营主体仍然是生产队而不是农户，以"包产到户"形式进行的改革，实际上也只是在农村原经营体制框架内所进行的改良。"包干到户"则大不相同。用农民的话来讲，所谓"包干到户"，就是"交够国家的，留足集体的，剩下都是自己的"。很明显，这里体现的实际是一种分配关系的变革。在"包干到户"下，农户获得了产品的支配权，从而也就获得了独立核算、自负盈亏和自我积累的功能，由此农户才能够成为一个独立的经营主体。毫无疑问，农户追求成为一个独立的经营主体，是"包干到户"之所以能够迅速而普遍地替代"包产到户"的根本原因。

农户成为经营主体之后，一个最重要的变化，就是农户获得了积累自有资产的可能性。实际上，改革 20 年来，农户以"剩下都是自己的"那部分产品为起点，也确实已经积累起了数量可观的自有资产。1978 年，全国农村中基本没有属于农户自有的生产性固定资产，而根据农业部有关部门的统计，到 1998 年底，全国农户自有的生产性固定资产已经有近 6800 亿元，占农村土地以外的全部生产性固定资产的 38%。

应当说，农户自有资产的形成和不断积累，对于活跃和繁荣农村经济起到了极其重要的作用。由于农户拥有了支配自己劳动和形成自有资产的自主

权,于是才出现了农村生产要素的流动和重新组合,出现了农村产业结构的深刻变革,出现了乡镇企业的异军突起;与此同时,也发育起了以承认农户自有资产权益为基础的合伙制、合作制、股份合作制、股份制等一系列充满活力的资产组合和经营形式。因此,农户自有资产的形成和积累,不仅对于农村总资产的增长具有重要意义,而且对于农村资产运行的体制和机制创新则具有更为重要的意义。

必须看到,20年来农户自有资产的增长,绝不是以牺牲集体的公有资产为代价的。1978年底,人民公社三级所有的生产性固定资产总额为849亿元,而据农业部有关部门的统计,到1998年底,全国乡镇和村、组所拥有的集体生产性固定资产已经达到了10297亿元,占农村土地以外的生产性固定资产总额的57.4%。农村土地集体所有的制度没有变,农村的集体资产仍在增长,但农户却增加了数量可观的自有资产。"包干到户"所创造的集体和农户在资产积累上"双赢"的格局,确实非常值得我们去作进一步的深入思考。

二、农村改革中久攻未克的难题:市场的发育和建设

农村的改革已经初步造就了具有自主经营、自负盈亏、自我积累、自我约束能力的经营主体,那就是农户。但是,即便塑造了经营主体,如果缺乏完善的市场体制和运行机制,主体的行为也往往会发生扭曲。相对于农村微观经营主体的发育而言,农村的市场建设则明显滞后。从大的方面看,这主要有两个原因:

一是从主体本身的情况来看,我国的农户作为经营主体,其规模毕竟太小,经营过于分散,因此不便于了解市场、进入市场和规避市场风险。农民进入市场的组织化程度低,主要是由于三方面的原因造成的:第一,我国农民缺乏合作的观念和传统。第二,我国至今尚未制定有关合作制的法律、法规,缺乏对农民组织规范的合作制的引导。第三,虽然农村的经营体制已进行了比较彻底的改革,但农村的社会管理体制却没有发生多大的变化,人民公社时期形成的农村三级行政管理体制仍沿袭至今,而且,经济管理和社会

管理不分的情况仍然很突出。这种地域性的、内向型的乡村组织，对于农村的社区管理来说显然是必要的，但在大多数地方，这样的乡村组织尚不具备组织农民打破社区封闭、走向广阔市场的能力。

二是从农产品的流通体制来看，存在的问题仍很突出。从表象看，绝大多数农产品，都早已形成了市场定价、自主流通的体制，如肉禽蛋菜、水果、水产品等，但市场化的程度都还很低，突出的表现是缺乏准确、高效的市场供求信息网络，缺乏适应市场需求的产品品质标准，缺乏与农民利益联系紧密的大规模的营销组织或企业，缺乏现代化的储存、保鲜和运输能力，致使农民的生产往往难以把握住市场需求变化的脉搏，农民的利益往往在流通环节受到较大的损害。而对于还不允许市场定价、自主流通的像粮食这样的农产品，由于市场供求和价格波动的风险过于集中，不是集中于政府，就是集中于农民，结果往往容易出现周而复始的市场震荡。因此，农产品流通体制的改革和完善，仍然是当前农村市场建设的一项繁重任务。

三、当前农村的突出问题是农民增收困难，但这不可能局限在农业和农村内部去解决

农业发展已经进入了一个新的阶段。农产品供求中数量不足的矛盾缓解了，但品种、质量的矛盾突出了。随之而来的，是农民收入的增长也遇到了更大的困难。在需求不旺、农价下跌的情形下，国家为保护农民的利益，采取了按保护价敞开收购农民余粮等措施，力度不可谓不大，但农民收入的增长却仍然不尽如人意。可见到了现在这个阶段，对农产品实行生产者价格支持的政策，其效果是十分有限的。因此，中央已经明确提出，新阶段的农业发展，必须以市场需求为导向、以科技进步为动力：一要全面提高农产品的品质；二要因地制宜，发挥各地农业的比较优势；三要扩大对初级农产品的转化和加工；四要根据当前多数农产品供大于求的实际状况，支持生态脆弱地区的农民退耕还林还草，使部分劣等耕地退出生产，恢复生态环境。这些目标实现后，无疑将促使我国农业的整体素质有明显提高。

但我国人多地少，要增加农民的收入，根本性的措施还在于必须减少农民的数量。农业剩余劳动力不转移，农民就富裕不了，农业也难以现代化。但数量巨大的农业剩余劳动力往哪里转移？现实的途径就是两条，一是转向乡镇企业，二是进入城镇就业。但无论是哪条途径，有两点可能是基本的趋势，第一是基本将转到小企业去就业，第二是基本仍将在县域的范围之内居住。这就提出了一个大问题，即如何看待小企业、如何看待县域经济的问题。

就县域经济而言，一个很大的特点是国有经济的比重低，绝大多数县的县域之内没有国有大中型企业。因此，在强调搞好国有大中型企业的同时，如何保持县域经济的稳定和发展，就是当前经济生活中，尤其是农村经济生活中的一个重大问题。搞好国有大中型企业无疑是必要和重要的，因为国有大中型企业是我国整个经济的脊梁。但如果说搞好国有大中型企业是国之大计，那么，也可以说发展县域经济和小企业就是民生经济。这是因为国有大中型企业基本不分布在县和县以下，而在两千多个县级行政区划管辖的地域之内，则生活着占我国81%的总人口，其中包括8.7亿多农村人口和近1.9万个建制镇上的1.5亿小城镇人口。这部分人口基本不可能从国有大中型企业获得就业机会和收入来源，他们的就业和收入，除了依靠农业和流动进城打工之外，就是要依靠当地非国有中小企业的发展和小城镇的繁荣。因此，可以说，县域经济的发展，尤其是县域内民营中小企业的发展和小城镇经济的繁荣，切切实实地关系着我国绝大多数国民的生计。进入90年代以来，沿海发达地区和一些大中城市周围的县域经济发展很快，县里已有较强的经济实力来支持农业、农村的发展，同时，当地的小城镇也开始较大规模地吸纳农村的转移人口，因此城乡差距已明显缩小。但在多数内地省区，主要是缺乏必要的资金和技术，县域经济的发展正面临着越来越大的困难。不少地方县级财政入不敷出，不仅无力支持农业和农村的发展，反要靠不断加重农民和农村的负担来维持运行，由此导致了这些地区农村发展的更为滞后。

县域经济那种国有经济比重低，更少国有大中型企业的特点，使它在目前条件下既减少了若干社会保障方面的负担，但也成为它难以得到金融支持以促进自身发展的一大原因。不少地方县里原有的地方国营企业，在市场环境变化、竞争加剧的背景下大多难以适应，其中不少已维持不了正常的生产；原本是县里主要财源的供销社、信用社和粮食系统等，如今也大多自顾不暇。因此，在非公有制经济没能及时得到足够发展的地方，相当部分县的财政收入实际上已经面临着严重困难。但由于财政供养的人口不断增加，县级财政的开支已呈刚性增长。为了填补日常开支的缺口以及上新的建设项目，县里不得不直接向农村和农民伸手。一个时期以来，乡镇机构和村民组织债务的普遍增加，以及采取"特产税按地亩摊、猪头税按人头收"等极不合理的加重农民负担的做法等，实际上都与县级财政的入不敷出直接有关。而这种现象滋长的直接后果，就是导致不少地方的农户和农村经济失去了积累能力，导致农村发展的迟滞。其最明显的表现，就是农民和小城镇居民的就业不充分、收入增长缓慢。因此，必须针对当前相当部分地区县域经济的实际状况，采取有效的政策措施，积极促进县和县以下民营中小企业的发展，以振兴县域经济，培育新的财源，使当地农民和农村经济减轻负担、休养生息、恢复积累能力。这不仅关系到这些地区农村和县域经济的发展，还关系到当地政权的稳固。

可以说，促进小企业和小城镇的繁荣，是扩大生活在县域中的 10 余亿人的就业空间和收入来源的最现实途径。这不仅是发展县域经济的根本，更是转移农业剩余劳动力、逐步实现农民富裕和农业现代化的根本。因此，必须花更大的力量来研究小企业和小城镇的发展，尤其是要解决好对小企业的资金和技术支持问题。而发展小企业和小城镇，也不仅是转移农村剩余劳动力和增加农民收入的必由之路，更重要的是，在这个过程中所创造的投资和消费需求，必将为我国整个国民经济的发展提供广阔的市场和持续的增长动力。

我国农村财产关系的变革*
——事实和初步判断

周其仁**

一、改革前农村财产关系的基本格局

农村改革的主体是农民。因此，回顾包产到户八年的历史，必须紧紧围绕农民状况变化这一中心线索。在经济状况方面，财产关系具有根本的意义。所以，我们的系列研究就从农民的财产状况分析入手。

改革前的中国农民家庭只拥有很少一点归他们所有、使用和收益的财产。1978 年每个农民户平均拥有估价不超过 50 元的住房（3.64 间，使用面积以 58.38 平方米计），32.09 元的货币存量和不超过 30 公斤的余粮。此外，还有数量微不足道的一点简单农具。在农区，每户有 0.5—0.7 亩自留地，归集体所有，但由农户占用，原则上限于自给蔬菜和部分口粮，牧区还有少数自留畜。考虑到当年全国农民对国家银行、信用社和社队集体负有数额可观的债务，那么中国农民几乎已可看成地地道道的农村无产者。这是自从 1956 年高

---

* 本文原载于《经济社会体制比较》，1987 年第 1 期。
** 周其仁，北京大学国家发展研究院教授。

级社取消了农民入社土地分红制度之后 20 余年历史的结果。

那时，农村财产的唯一主人是人民公社集体。根据抽样调查数据，1978 年每个公社拥有固定资产 305.9 万元，推算全国总额为 1614.6 亿元（其中社队企业固定资产 230 亿元），全国的集体耕地地产以农业净产出和利率估算为 12665 亿元，此外，还有 55.67 亿元集体存款和若干公共存粮。抵销掉一些集体的债务之后，人民公社财产总额共约 14335 亿元，平均每个公社 2715.9 万元，其中地产占 88.1%。

几乎一切财产都归集体所有，这作为 50 年代中后期社会主义改造"要求过急、速度过快、工作过粗"的产物，遗留下一系列严重问题。其中最根本的，是始终没有解决农民——他们在理论上是集体经济的主人——与集体财产之间本来似乎应该有的密切关系。"政社合一"体制导致财产权利对行政权力的附属，而"三级所有"的各层权利界限一直十分模糊，这是人民公社时代"平调"之风不绝于史的制度性原因。在每一级集体内部，公共财产以及财产的收益究竟应当如何支配，普遍没有形成稳定的、有法律保障的规范。相当一些地方，集体财产的公共所有性质完全被侵蚀得面目全非；靠急风暴雨式的政治运动来充当集体财产的保护神，至少在大规模的"四清"运动中就已看清，这是根本不可能的。"**集体的、公有的财产关系**"**并没有构成改革前广大农村的真正现实**。集体内部因名不符实的事情数量太多，而无法使农民建立起对集体经济的基本信任，他们甚至没有把集体财产看作是自己也有一份在内的共有财产。最显著的行为标识是：农民一旦与"公共财产"相结合，从事生产的积极性就低落，全国差不多所有的集体大田都远不如农民那一小块自留地经营得好，农民对公共事务和公共利益的兴致、关心和责任没有得到持续的培植；一部分农民只要有机会也会同样参与对集体财物的侵占和蚕食。

种种问题早在高级社和人民公社创建之初就产生并发现了。但囿于不准触及体制问题的禁锢，改进的努力只好主要依靠发动运动来整肃农村工作干部的个人品质。这当然收效甚微。直到 70 年代末，首先在群众长期贫困、不得温饱的地方揭橥而起并迅速见效的包产到户，才微露出问题原来还有另一种解决的途径。在十一届三中全会思想路线的鼓舞下，双包到户潮流只用了两三年的时间便席卷全国。它像闪电一样揭示出一个基本事实：**几乎全体农民都拥护对公社财产制度进行根本性的改革**。1984年底，全国569万个生产队中，继续维系原有统一经营方式的不足2000个，仅占0.04%，其余全部包产、包干到户。用农民直截了当的说法就是，又一次分田单干。

二、在三个方面上展开的改革

包产到户并没有事先高举"改革所有制"的大旗。但是，承包产量从一开始起就以**分户承包集体财产**（主要是地产和农机具）为必要前提。分包集体财产，则以其收益分配的明确性而大大刺激了总产出和剩余产品的增加，反过来**又给了农民把自己所得的剩余产品再投入经营过程，逐步形成农户自有财产的权利**。承包集体财产与形成农民自有财产之间的内在联系，虽然很晚才引起全社会的注意，但回头来看，这正是农村财产关系大变革的起点。

如果要加以轮廓性的描述，这场大变革是从以下三个方面展开的。

第一，原有集体财产的存在形式发生了根本的变化。它表现在：（1）集体所有的不动产，主要是几乎全部耕地，以及相当一部分水面、草场、山林、荒滩等等，都已承包给农户独立经营，收益则在农户和集体之间分成。承包的年限在1984年后普遍已延长到15年以上。1985年平均每个农户人均承包2.07亩耕地、0.52亩山地。推算全国当年地产总估价为20000亿元，每个农户平均承包着10500元。（2）另一部分集体的牲畜和大中农机具等，经折价处置，实物流转归农户，折价款则留归集体。1985年末，仅社员尚未付款的集体财产折价款即达124.4亿元，推算已转归农户的资产共有200亿元以上。（3）集体的非农业财产，主要是原社队企业的固定资产，部分承包给企业集体、经理（厂长）经营，部分作价折股归还生产队或农民，并吸收新的股份重新组成新的企业实体；部分折价转卖给农民个人。1985年末，全国乡村两级企业固定资产原值共750.38亿元，比1978年增长了239.3%，其中约90%以上已运用各种形式承包或折股。

第二，重建了归农民家庭所有的财产权利。根据农民住户调查资料，1985年全国平均每个农户自有生产性固定资产792.53元，自有总估价为2379.98元的私人住房；年末人均手持现金81.61元，人均储蓄存款30.94元，每户还有余粮（人均年度粮食收入减去年度粮食开支）128公斤（折价64元）。加总起来，每个农户平均拥有3812.77元完全归其所有的财产，人均744.68元。推算全国农户总资产当在7000亿元以上。这部分财产增长最为迅速。按相同口径计算，已经比1981年增长了1.63倍，年平均增长27.37%。

第三，适应扩大经营规模的要求，在部分农户独立的财产权利基础上，形成了一批超越家庭范围，但又截然不同于原有集体模式的新经济联合体、合作企业和私人企业等新的助产主体。1985年，全国合乎统计指标要求的新经济联合体共48.47万个，拥有从业人员420.14万名（其中帮工、徒弟117.66万名），固定资产48.81亿元。同年，由部分社员联营的合作企业112.11万个，其他形式的合作企业28.08万个，共拥有从业人员洲946.33万名；如果这些企业平均拥有的资产为15000元（比之于新联合体，这个估计值可能是偏低的），那么，新的合作企业总资产达210亿。此外，农村私人企业也正在发展。据乡镇企业局统计，全国农村个体企业925.35万个，占乡镇企业总个数的75.5%，总就业的26.95%，总收入的17.52%。这些个体企业绝大多数都是家庭企业，因此，资产拥有额与农户资产拥有额可能有很大的重合性。但统计局对合乎规范的专业户的统计表明，1985年在全国从事二、三次产业的129.3万个专业户中，每户雇请帮工、徒工8人以上的共18169户（占专业户总数的1.41%），被雇人数19.9万人，平均每户10.97人。这批专业户实际已初具私人企业的雏形。以这些企业平均拥有资产2万元计，推算全国总额为3.63亿元。这个推算数比人们的直观印象要偏低一些，主要是因为目前对私人企业尚无正式而完备的登记制度，用其他形式调查又由于问题本身的敏感性而受到干扰。这样把上述推算数扩大3倍，1985年全国农村私人企业资产为10亿元左右，可能比较恰当。

上述变化交织成一幅中国农村的新画面。为了有个总的把握，我们用来源不一，且精度都有限的数据勾勒出当前的总图景：**农村财产总额为30000**

亿元，其中 20000 亿元地产为集体所有，农户独立承包经营；生产性固定资产共 2700 亿元，其中农户拥有的占 55%，新联合体占 1.78%，原有集体占 42.43%，私人企业占 0.07%，非生产性住房共约 5000 亿元，农户占 90.6%；此外尚有 2000 亿元以上货币及实物储蓄，农民家庭占 65% 以上。

三、对改革的理解：究竟发生了什么实质性变化

如何理解 1979 年以来我国农村财产关系的实质性变化？首先是人民公社的解体并不等于集体经济财产的荡然无存。它们主要是改变了自身存在及背运的形式。过去，集体对地产和其他财产的所有权，通过统一经营和对收益的直接支配来实现。现在则主要通过获取农户承包上交来实现。1985 年平均每个农民向集体上交的承包金额为 10.79 元，推算全国总上交为 90 亿元，加上全部乡村两级企业账面上交集体的利润 67.73 亿元（平均每个乡村企业上交 4316.49 元，实际数额不限于此），集体的年度财产发包所得当在 150 亿元以上，比 1978 年集体提留的 103 亿元增长了 45.6%。当然，从生产性固定资产的变动来看，集体所有的部分减少了几百亿元，主要是折价变卖时普遍低价、欠付的变动中某些地方的人为破坏（以水利设施、公有房屋、林木的盗毁和公有财物为私分挪用最为突出）所造成。不过这方面的损失已在集体地产、企业财产的增殖（分别为 7.335 亿元、520 亿元）和货币存量的增加（共 73.13 亿元）中获得弥补。总体而论，集体财产数额并没有因改革而减少，反而大大增加。1985 年末，集体拥有固定资产 1145.6 亿元，现金及存款 128.8 亿元，两项共 1274.4 亿元，扣其净债务 138.57 亿元，尚有 1135.83 亿元，加上地产，共有财产存量 21135.8 亿元，占农村财产总量的 70.5%。

重建的农民家庭财产，大部分为非生产性的房产（占 62.42%），而生产性固定资产则占 20.79%。在农户自有的生产性固定资产中，役畜、大中型铁木农具和农林牧渔机械共占 57.4%，外加一部分现金和实物，但这都必须同承包来的土地相结合，才能从事生产活动。在这个意义上，重建农民独立的、个别的财产权利，还不能说完全和重建私有制等价。不过，农民是否具有独

立的、个别的财产，却对农民的经济地位以至基本的人身权利和政治权利，都发生着重要的影响。

基于农民独立财产而发生的新组合，包括新联合体、合作企业和私人企业，目前产生的数量和覆盖面都比较小，其中新联合体占据着明显的数量优势。尽管不少研究者强调在种种不同新组合之间的"根本不同的性质"，但从我们进行的一些调查来看，无论新联合体、合作企业，还是私人企业，大都是在农民之间亲缘、好友圈子内自愿选择的产物。比之于旧有的地缘和行政性僵硬组织，这些产物都是历史的进步。但是，如果说在这方面已经形成了什么稳定的、可与"资本主义"类比的经济形态，则是一种夸大了的错觉。从财产总量构成来判断，在这方面尚有从容的时间来进行更深入的实验。

总之，迄今为止，我国农村由包产到户引发的财产关系变革，并不是像土地改革那样，是通过剥夺一个社会集团（地主）的财产分配给另一个社会集团（农民）来进行的。它是通过原先几乎唯一的集体财产权利的权能分离，首先使农户（即组成集体的分子）享有地产和其他生产资料的占有、使用、收益权，尔后又具备积累自有财产，并再行自愿组合成新的多种形式财产关系的实力和权利，最后形成突破了单一集体化的新的财产结构。在这场8亿农民都深深地参与其中的财产变革中，尽管也不可避免地包含一些财产重分的因素（如集体资产的低价折卖、盗毁和贪占等等），但**其主流却是在迅速增长的财产总量中，形成新的财产主体**。因此，不难理解，为什么这样一次财产权利的大变化无须像土地改革那样，非要经过激烈的阶级斗争来实现。它差不多总是平和的，尽管其广泛性和深刻性一点也不亚于中国农村历史上任何一场财产关系的大变革。这场改革并没有放弃在小农占人口绝大多数的国度里，找寻建设社会主义最合适形式这一基本努力方向。

实践已对我国农村这一场变革作出了初步检验。现在甚至最富于偏见的人，也无法否认正是这场财产关系改革，重新唤起了农民对土地的热爱、对劳动的热爱和对生活的热爱。这是1979—1984年中国农业超常规高速增长的真正秘密。

变革也大大有助于总结在农民人口多数的国家里，如何从事社会主义事业的教训。它又一次验证了一条基本道理：工人阶级无论如何也不应该凭借政权的取得而去剥夺农民的私人财产（恩格斯：《法德农民问题》）。**在社会主义时代，如果试图把农民剥夺成无产者，然后再迫使其参加社会主义建设，那这样的"社会主义主张"必定要遭受到农民的消极的，因而也是难于制服的反抗。**虽然直到今天为止，包括中国的新鲜经验在内的全部农村工作经验，也还没有完全解决如何在尊重农民财产权利的基础上，通过适当的合作占有形式来帮助农民走社会主义道路。但早已明确无误的事实是，无论哪里以何种形式去剥夺农民，总要付出农村社会生产力停滞不前的代价。更为明显的是，任何地方只要敢于起来纠正剥夺农民生产的错误，都立即能获得巨大的经济和政治方面的矫正效益。

四、成功的基础稳固吗？

中国农村改革的使命决不仅仅限于纠正以往所犯的错误。加速现代化的进程所提上日程的问题是：如何在纠正以往错失的同时，建立起利于我国农村中长期发展的牢靠基础。**在财产关系方面，我们必须尽最大的努力来探求建设这样一种制度：将农民的独立的财产权利和个别利益，以及在此基础上产生的积极性最持久地保持下去，并使之同全社会的利益和中长期发展目标相协调。用这样的标准来衡量，包产到户改革仅仅还只是一个序幕。已经取得的改革成果远未规范化而成为制度性成果。**它们并不稳定，也不牢靠，甚至无可否认地存在着某种得而复失的危险。

首先，承包经济虽然已成为农村财产关系的主体，成为既包括公有财产（财产和社队企业），也包括农民自有的多重权利组合。但是，迄今为止，承包经济内部双方的权利和义务都尚缺乏明确的法律规定性，许多最基本的权利经常遭受着各种形式和不同程度的侵犯，得不到切实有力的保障。因此，承包经济范围内的财产，还不足以培植起各当事人良好的长远预期。

在耕地承包方面，（1）种植自由的权利远未普遍确立，多种强制性干扰的现象频频出现，1985年大调结构和1986年大种粮食，都不完全由承包经营者独立决策；（2）产品出售的价格、买主和售量选择，常常遭到形形色色的强制性规定，有的地方甚至达到骇人听闻的地步；（3）在承包经营的收益分配中，承包者上交的根据和数量都不明确，"苛捐杂费"弹性过大，负担太重；（4）农户家内人口的变动，对耕地长期承包时产生着压力，其后果或者导致耕地在家庭内部进一步细分，或者导致重分土地的要求，总之是承包权利的时效性并无制度保证；（5）承包权利的流转方式和规则，至今最为含糊，除了对土地转包的政策性承认外，实际上承包权的无偿转移仍是通用法则。这当然不为农民所接受。最终结果是一部分土地无法充分利用，财产通过正常流转而能够获取的收益，承包的双方都得不到，社会也得不到。这件事的反面，则是一部分土地实际被以绝对垄断价格变卖，收益全然归"大胆"分子所有，成为分配方面不公平加剧的一个重要根源。

在非耕地承包方面，由于主导的方式不是按人口均分，因此，这里更突出的问题是农民之间互相侵犯的行为较多（如对他人承包的鱼塘投毒、偷拿甚至哄抢等等）；同时，无规则的、过重的税费也侵害着承包人的权益。由于这两个方面的突出问题，所以在草场、山林、果园、水面（尤其是大水面）、荒滩、矿山等等财产的承包方面，至今财产纠纷多，关系不稳定。如果说在耕地承包方面，至少已在集体内部建立起某种依仗"人人都有一份"才得以发挥作用的秩序的话，那么，在非耕地承包方面如何建立最基本的秩序，至今在许多地方还悬在半空之中。

承包经济中最严重的问题是，公有财产的承包上交所得，在很广泛的范围内至今账目管理混乱（有的根本不建账、不记账、不结账，处于"无簿记财产"状态），听任少数人任意侵占。1985年上半年起在全国清理集体财产，到1986年中共清出贪污、盗窃、拖欠、侵占、私分集体财产达几百亿之多。"公有财产是一碟酱，有权有势的随便沾"，这并不是个别情况的写照。这再一次提醒我们，公有财产建立的规模和形式，不仅要同一定的生产力相适应，更直接的，还必须同对公有财产的实际管理能力相适应。徒有其名的"公有财产"，是对公有制的最大亵渎，它不仅已成为"无效率"的根源，而且是导致"不公平"的手段。除了日复一日地破坏农民群众对社会主义道路的信任，这样的"公有财产"永远无法成为贯彻社会长远利益的经济基础。

总之，在承包经济中，多方面的、复杂的财产权利关系的普遍性和明确性程度至今很低。在推进包产到户的阶段，"统分结合，宜统则统、宜分则分"这类口号，因其内涵的模糊性而使各方面都较容易接受，因而起了重要的作用，但是，到了要从制度上巩固已有改革成果的阶段，这类口号却也正因其固有的模糊性而产生了很大的问题。"宜"与"不宜"的界限和准则究竟何在？改变统与分的界限究竟要通过何种程序？这些问题从来都模糊不清，当然不能使承包的双方建立起稳定的预期。在商品经济中，当事人若无内容和时效都明确的财产权利，就不可能产生任何正常的经济行为。因此，农村承包经济又来到一个新的拐点上：及时结束由模糊语言组成的口号，代之以明晰的法律用语和程序。否则，承包经济作为中国农民在党的领导下的伟大创造，始终不可能超越"权宜之计"的水平，难以在我国农村建设的历史上留下制度性的痕迹。

其次，重建起来的农民家庭自有、自用的财产权利，也缺乏法律的明确性。比如农村个体工商户总量的较大波动，就并不仅仅是经济景气与否的反映，而且也受制于税费的时轻时重、市场交易费用的猛起猛落、舆论的忽贬忽褒。中国农村社会的文化背景中根子很深的抑工抑商、平均财产的倾向，常常使对农民家庭财产权利的威胁从潜在的转化为现实的，从心理的、精神的转化为物质的。这种威胁需要系统的社会性权威手段来与之持久抗衡，否则它有可能动摇包产到户改革的基石——家庭经营为基础的承包经济。

再次，新经济联合体对外独立的法人地位并没有得到确认。直至1986年上半年，相当一些地方的征税过程是把"新经济联合体"作为个体经济来看待，"享受"着个体经济的高税率。同时，它作为"合伙"的主体，是否拥有独立行使民事权利，在法律上是含糊的。因此，前述集体的非农业财产所面临的税费过重等问题，在新联合体目前的外部环境中也是存在的。在新经济联合体内部，各个成员互相的权利和义务的界限比较模糊，它们多半靠亲缘、好友等特殊人际关系在维系和调整，有的地方又"引进"股份公司的法则，虽然有因不伦不类而适应性强的好处，但也有责任和风险承担的义务不易落实的弊病，特别是当商品经济的发展撕断了亲缘型的人际连接纽带之后，这类新联合体就会遇到内部组织危机。1985年新经济联合体的平均规模有所扩大，但总数增长减缓，可能表明它们已进入再组合过程的开始。如果因长久的没有明确规则而导致再组合过于频繁，那这类主体就难以稳定成型。

  最后，私人企业至今仍在政策层次上居于被"看一看"的境地，没有合法存在的权利。"看一看"是非常必要的，否则利弊分析的分歧太大，无法产生统一的政策。现在时间已过去了4—5个年头，应当说利弊都看得比较明显，有条件先在政策上给予正式的、有约束的承认；然后着手制定私人企业法规并予以规范，明确保护什么、保护到什么程度和限制什么、限制到什么程度。否则现在一小部分私人企业主利用没有明确规范，外部环境比谁都宽松（甚至无任何税费）的空子，致使私人企业的某种弊端恶性发展，另一部分人裹足不前，不断把"剩余"转向过度消费；多数人则"超短期行为"占主导，捞着一把就随时准备撤退。这样的局面对农村生产力发展，以及正常经济秩序的建立，都没有好处。

  上述情况不仅已影响到当前农村经济的运行，而且特别影响到农村的扩大再生产。根据抽样调查资料，在1984年农林牧渔业的生产性固定资产投资额中，农户和新经济联合体占73.58%，乡、村、组三级占26.42%，在农村工业、交通、运输业投资中，农户、新联合体和承包企业等占90%以上，集体的上交所得，绝大部分作为社会福利性开支。目前，承包农户及其组合成为投资的主体。但是，农户的生产性固定资产投资占其中总支出的比例，却在1983年达到顶点后（5.7%）开始下降。1984年为4.7%，1985年为3.8%，1956年前三季度为3.43%。另一方面，农户的住宅投资近三年却不断提高在总支出的比例。1984年为9.3%，1985年为9.6%，1986年前三季度为11.2%。1985年人均住房开支达39.46元，等于当年购置生产性固定资产额（18.7元）的211%。越来越多的农民的当年结余，投向住宅和货币储存，表明农民对两个吸纳资金方向的财产权利已感到比较放心，而感到其他方面的财产权利还不牢靠。这样形成的投资结构的畸形，必定要对农村长远的经济形势，产生不良影响。

综合起来，我们认为农村既已取得的财产关系方面的重大变革，基础并不稳固。巩固已有成果遇到了一个崭新的领域：**政策发动的硕果要通过法律制度来稳定和巩固**。财产关系是不能单单归结为法律表现的，但财产关系因其特殊的涉及人们最基本利害的独特性质，**却非有法律表现不可**。中国历史上的财产关系向来缺乏明确的法律表现，这是古代断断续续达到过惊人的商品经济繁荣，但始终没有累积性结果的一个根本原因。今天，如果我们选定了发展商品经济的基本方向，却不努力建设有明确法律规范的财产关系制度，那么，这样"搞活的市场"，除了不断使互相侵权和不当得利普遍化而产生混乱之外，是不能持续调动各方基于利益而产生的劳动、经营积极性。**那样的"市场"最后多半会成为行政性大集中的跳板**。

为了避免这样一种最不利的前途，必须在今后一个时期的农村工作中**把组织创新、制度建设作为深化农村改革的中心内容来加以突出**，包产到户八年实践的一切重要成果，只有建立起完备的土地承包制度、创业制度、企业制度、市场交易制度、金融制度等等之后，才算真正巩固了。所有这些问题，都需要在深入调查的基础上开展持续的研究。

农村税费改革的相关改革[*]

邹农俭[**]

农村税费改革只是破了新的历史时期农村改革的题，更艰难的改革还在后头。农村税费改革的成功，将取决于一系列配套性的改革。如果与农村税费改革相关的许多重要方面仍沿袭旧的体制，那么，要么农村税费改革难以为继，加重农民负担现象反弹；要么在正常体制之外又会生长出新的问题，使税费改革本身的成效大打折扣。所以，应当在重视农村税费改革的同时，将与之相配套的一系列改革提上议事日程。

一、财政体制改革

现在的财政体制明显向中央和省一级过分集中，县以下的基层财力严重不足。目前我国县乡两级的财政收入约占全国财政总收入的20%，而县乡两级财政供养的人员却约占全国财政供养人员总数的70%（李培林，2004）。我并不认为国家财政应当包揽县乡日益膨胀的公务员队伍，也不认为县乡两

---

[*] 本文原载于《经济社会体制比较》，2005年第5期。基金项目：2004年度国家社会科学基金项目"农村税费改革问题的社会学研究"。

[**] 邹农俭，南京师范大学社会发展学院院长、教授。

级财政供养人员占了全国财政供养人员总数的三分之二就要求中央财政去满足这样的需求，只是说一个国家的财政过分集中于中央，必然导致地方产生一系列不规范的行为，农村基层的乱收费尽管有种种原因，但与基层财力严重不足不能说没有关系。与其说在中央集中了过多的财力之后，反过来探讨如何加强财政转移到基层的力度，还不如从根本上理顺财政体制，明确中央和地方的利益关系。

在现有财政体制下，农村税费改革必然减少乡村的收入，税费改革使全国所有乡（镇）、村至少要少收费1200亿元，虽然中央下决心每年拿出200亿元用于乡、村两级的财政转移支付，表面上似乎与过去的税费总额大体上平衡了，但乡、村两级实际上却少收了1000亿元（何开荫，2001）。现在看来，乡村财政拮据，既有乡村财政开支不合理的问题，税费改革的同时，就是要改变这种不合理的状态；又有财政体制本身的问题，在税费改革的同时，应对现有财政体制进行改革。农村基层财力不足，致使乡镇财政缺口较大，已严重影响到农村基层政权的正常运行。农村乡镇财政缺口可分为真实的财政缺口和不真实的财政缺口，对真实的财政缺口应当通过财政体制改革予以解决，对不真实的财政缺口必须通过制度建设，用制度硬约束加以堵塞。

不改变税收高度集中的问题，农村税费改革难以正常运行。因此，一方面着力于改革财政体制，设计出一套中央、地方分权合理、事权清晰、责任明确、财权与事权统一的财政新体制；另一方面是加强财政支农力度。由于农业的基础地位和弱质的特点，国家财政要建立多渠道、多层次、多形式的农业投入体系。财政要支持农业经济增长方式转变，财政投入要重点投向公共产品和准公共产品，改善农业发展的条件，降低农业生产经营成本。国家财政主要支持农业的基础设施体系、生态环境保护体系和防灾减灾体系建设，农业教育、科研、培训和技术创新推广体系建设，促进农业生产、经营专业化、市场化的社会化服务体系建设，促进贫困地区经济发展的扶贫支撑体系建设。

二、乡镇政府机构改革

乡、镇政府在长期运行过程中,已积累了相当多的问题,主要有两条:一是机构膨胀,人浮于事;二是乡镇政府职责不清。乡镇政府的这两大严重问题,是基于农村税费改革前的旧体制之上的。长期以来,农业税构成了乡镇财政供养人员工资的重要来源,乡镇庞大的机构是靠农业税以及农业税之外的各种收费来维持的。一般地,工资支出占乡、镇财政支出的三分之二左右。乡镇机构臃肿,人浮于事,是农民负担加重和乡镇财政困难的重要原因。要从根本上减轻农民负担,解决乡镇政府的财政困难问题,必须对乡镇机构进行改革。

随着农业税及其附加的逐步取消,乡镇政府必须转变职能,必须精简机构、人员。免征农业税及其附加意味着断了支撑乡镇政府不规范运行的财源,起着釜底抽薪的作用,但转变乡镇政府职能、精简乡镇机构人员是一项十分复杂、牵涉面相当广、操作难度非常大的工作,税费改革并不必然有乡镇政府职能的自动转变,乡镇政府冗员也不会自动减少。总之,现行农村税费改革尚未从根本上解决乡镇财政缺口带来的一系列问题。

需要强调的是,转变政府职能与精简机构同等重要,只有乡镇政府的职能转变真正到位了,精简机构、压缩人员才顺理成章;而只有精简机构、压缩人员,转变职能才能落到实处,否则,多余的机构、人员必然无事生非,想出种种办法延伸、放大政府的职能。

现在乡镇政府机构改革的难点在于:乡镇事权不清,到底哪些事是乡镇政府应当做、必须做好的事?哪些事是县、市级政府的事?乡镇一级上与县、下与村的关系应当是怎样的一种关系?乡镇的治理模式又是怎样的?这些基本问题不理清,使得乡镇改革缺乏目标模式,即使某些地方乡镇改革取得了一些成效,也只是枝节上的一些改动,或暂时性的某些举措。而由于我国各地乡村发展水平的巨大差异,使得这些基本问题更难有一个统一的模式。

科学划分职能是乡镇政府机构改革的基础。乡镇作为基层政府组织,要按照"市场能解决的，政府不干预；民间能负担的，政府不承办"的原则，主要管市场管不了且无法管的事。合理设置机构也是乡镇政府机构改革的必然要求。就乡镇内部机构看，要按照市场经济"小政府、大社会"的模式，将过去职能分散的机构简并为主管社会事业发展和经济管理的综合部门，要精简、分流人员。从现有乡镇财政供养人员看，虽然党政行政人员的比例不高，但还是有精简空间的，党委成员和副乡长可交叉兼职，机关工作人员因事设岗，兼职使用工按照哪里来哪里去的原则，彻底清退乡镇自聘人员，对精简的人员可鼓励其创办经营实体或服务性机构，也可鼓励其承包撂荒、闲置的土地。

三、农村基础教育改革

长期以来，农村实行的是所谓"分级办学，分级管理"的模式，即由县、乡、镇、村分别承担不同的基础教育费用，义务教育经费主要由乡镇一级来负担。税费改革前，农村义务教育经费主要来源于三个方面：财政拨款（乡级财政）、教育费附加（向农民收取的"三提五统"中的一项）和教育集资。由于乡级财政薄弱，后二者实际成为农村义务教育经费的主渠道。据调查显示，目前我国义务教育的投入中，78%由乡镇负担，9%左右由县财政负担，11%左右由省地负担，而中央负担的仅有2%左右（高新军、杨以谦，2001）。

税费改革取消了农村教育附加和教育集资，与税费改革几乎同时推行的是农村义务教育转为"以县为主"的管理体制，即由县一级统一管理农村义务教育的人权、事权和财权。但由于目前财权划分是各省财政向中央集中，省以下财政向省集中，县一级的财权与事权严重不对称，县一级事实上很难承受一县农村义务教育经费，县一级能保县级机构正常运转就很不错了，相当多的经济欠发达地区，由于县级财政困难，根本无法保证教育经费的落实、到位。一些经济发展程度较高的省份，农村基础教育的经费由省、市、县三级承担，但由于农村税费改革后乡镇财政拮据，村一级更是没有多少财力，使得校舍维修、学校合并、教育设备添置等费用仍无法落实。同时，乡镇以下中小学的许多具体问题，很难及时传达到县一级，一个县那么大，教育点那么多，诸如校舍维修、教育设备添置难以及时、足够地得到保证。所以，除了极少数经济比较发达的地区外，我国农村义务教育经费普遍严重不足。另外，由于我国乡村教育点小而分散，教育投资效益差，教育质量无法保证，因此，税费改革之后对农村的义务教育管理体制迫切需要通盘考虑，进行新的制度设计。

现在，有些地方以改革之名，借用企业转制的做法，将农村中小学校、特别是教育质量较好的学校一卖了之，私营企业主在买了中小学校后，理直气壮地以民办学校的形式收取高额学费，进而利用高报酬、高待遇将农村优质的师资吸引到民办学校来，而大量公办中小学校的优良师资流失，形成公办学校与民办学校的巨大反差。农民子女要上优质的民办学校就要缴大量费用，上公办学校就没有良好的师资保证，这无疑进一步加剧了教育的不公平。这种情况应当引起有关部门的高度重视，并及时予以纠正。诸如此类情况似乎已经形成这样一个怪圈：税费改革之后，农民从表面上减轻了看得见的几十元、几百元钱，但上学、就医等等反而增加了更多的支出，类似教育不公平还将会造成"贫困的传代"。

从道理上讲，教育是公共产品，让全体公民受教育特别是基础教育既是公民的义务、权利，也是国家的基本职责，农村义务教育的属性要求政府有义不容辞的责任为农村公民提供义务教育，国家财政最终将承担城乡义务教育经费，但看来还有个过程，还要创造必要的条件。

农村基础教育的经费到底由谁承担，道理上讲很清楚，但转入正题需要一个过程，要做好必要的准备工作，条件具备了就应当由国家财政承担农村义务教育。

四、乡村债务的消解

现在已经出现了一个普遍性的现象：乡、镇政府和村集体经济组织在运转过程中，收不抵支，多年累积，形成了巨大的债务负担。由于长期以来，乡、村正常运转的费用依靠的是农业税之外的各种收费、摊派。税费改革后，村级组织收入主要靠农业税附加，限额为正税的20%，逐年减免农业税以至全免农业税，导致村一级收入大幅度下降，乡镇财政运转出现困难。

然而，乡镇财政困难，乡村债务问题由来已久，并不是因农村税费改革而带来的，只不过是，税费改革的推行，降低了村级的收入，加剧了乡镇的财政困难，从而使得乡村债务问题更加凸显出来，现在已经危及乡村的正常运转。如果一方面封住了收费的口子，另一方面却留下了资金的硬缺口，那么，其结果必然有两种：一是农村基层想着法子开收费之门，从而使减轻农民负担的目标落空；二是严重制约农村基层组织的正常运转，最终仍以农民利益受损为代价。

农村在推行税费改革的同时，必须要对乡村的职能予以重新界定，分清哪些是基本职能，哪些是额外职能，哪些开支是必需的，哪些开支是应当省却的。如果乡镇财政的收入无法从体制上得到保证，会迫使乡镇职能部门想方设法从农民身上收钱。在现行财政体制下，乡镇设立一级财政，并要求收支自我平衡，而当收入严重不抵支出时，向农民收钱的压力就始终存在。再说乡、镇政府沉重的债务负担非常不利于一级基层政权正常工作的展开，身负沉重的债务就很难保证乡、镇政府财政收、支的规范化运作。

农村税费改革的直接目的是减轻农民负担，但这一目标的实现，应以农村基层政权的正常运转为基础，或者说减轻农民负担与农村基层政权建设是相辅相成的。如果农民负担是减轻了，但乡村无法运转了，或者说乡村行政体制还是老一套，那么，这样的税费改革成本太高，税费改革的成果也很难巩固。

农村税费改革调整了国家与农民的关系，但目前农民的负担主要是税外负担，而税外负担实际上已成为乡、村两级重要的收入来源，所以在税费改革的同时，必须对乡村的运转费用予以明确的规定，调整好农民与乡村的利益关系，这样税费改革的目的才能最终实现。

五、农村公共设施、公益事业建设

农村公共设施建设包括农田水利、乡村道路、桥梁、乡村电力、广播电视、通讯设施等。公共福利有医疗卫生、防疫、计划生育、优抚、五保户、残疾人、民兵训练等支出。农村公共设施是乡村社会的公共产品,乡村社会的基本特征决定了这些方面的建设有其特殊性。在城乡二元体制下,城市公共产品一直由国家负担,农村公共产品则由乡村自行解决。税费改革之前,农田水利建设、乡村道路、桥梁等公共建设经费还有计划生育、优抚、民兵训练是由农业税、提留统筹以及各种合理不合理的收费来解决的,免缴农业税之后,农村公共产品投入都无明确的支出途径,这个缺口怎样填补?按照政策规定,与农民利益密切相关的公共产品建设采取"一事一议"的办法解决,可"一事一议"面对农民家庭利益的不一致性,公众意愿很难整合的现实,操作难度非常大,又有上限限制,根本无法解决农村那么多公共设施建设、公益事业建设。

安徽省怀远县、濉溪县在税费改革前优待金实行以县为单位或以乡镇为单位的统筹,由各乡镇负责兑现。一般情况是五保、农村优抚所需经费都由乡镇负责统筹和兑现或乡镇与村共同负担。税费改革后,由于乡镇财政困难,村没有资金,优待金已难以兑现了。"由于中央财政上拨的增资资金每年下半年才拨付到乡镇,五保经费按季拨付出现一定困难。""令人担忧的是,农业税、附加税的减少导致有的乡镇无法按当地上年农民人均纯收入的标准保障五保老人的生活。在长期拖欠干部补贴的情况下,今后五保经费的兑现将难以保证。"(《中国民政》编辑部,2000)

在实地调查过程中,我们发现很多基层对农村公共设施建设、农村公益事业建设根本不管了,也管不了了。税费改革后农村基层财力减少,会导致农村公共产品的供给水平迅速下降,甚至严重制约农村发展,对此必须引起政府的高度重视。

六、乡镇以上政府职能的转换

多年来，乡镇以上各级政府布置的各项"升级达标"任务层出不穷，名目难以一一列举，而这些政府指令要完成的硬任务又没有相应的财政支持，所谓上级政府出政策，下级政府出资金。对乡镇而言，上级政府各部门都是它的顶头上司，得罪不了，得罪不起。乡镇政府要完成上级布置的名目繁多的任务，不光要花费大量的精力，还要贴钱，在这种情况下，只有将负担转移到农民头上，这几年农民负担加重的原因之一就是乡镇要完成这些来自于上级的硬性规定。

这一问题说到底是乡镇以上政府的职能转换问题，是各级政府的事权财权划分问题。这些问题不解决，乡镇以上各级部门仍继续以往的管理办法、管理模式，那么，乡、镇、村势必处于难以招架之中。

过去上层与基层之间的关系被人们形容是"上面千条线，下边一根针"，后来强调机构对口设置，每条线都想要一根针，所有上级部门都纷纷往基层伸腿，使得乡镇机构小而全，部门越设越多。县属职能部门和事业单位还在乡镇设置了诸多派出机构，即所谓"七所八站"等事业、企业单位，有不少条条管的事业单位表面上在主管局领工资，实际上却是乡财政上缴的农业税款拨给主管局后再下发的。"有关主管部门盲目下达各种'指标'要求，并作为基层行政官员政绩考核的指标，却又不随之提供配套的资金。据河北省农业厅的不完全统计，近几年，河北省用于'普九'、'普六'、'小康'等达标升级活动所形成的债务负担为村级119746万元，占村级负债总额的15.8%；乡级为105691万元，占乡级负债总额的24.1%。此外还有诸如乡镇机关建设达标、宣教中心达标、党员活动室达标等等，至于订报刊、购鼠药、民兵训练、计划生育等项目的考核、检查、评比、验收，更是项目繁杂，花样不断。"（张晓春，2002）

政府行为不规范，部门利益膨胀，政府参与了不该参与的社会、商业性集资活动，使本应自愿的集资，变成了强行摊派，政府管理部门对本属正常工作范围的服务，变成了有偿服务。这种管理方式不改变，乡、镇、村处于被动应付之中，为完成上级有关部门布置的任务而耗费的资金从哪里去填充呢？答案只能是驱使基层不规范行为的出现。

参考文献

高新军、杨以谦，2001："农村税费改革：热点问题冷思考"，《经济社会体制比较》，2001，6。

何开荫，2001："农村税费改革不能单兵作战"，《中国经济时报》，2001-02-01。

湖北省农村税费改革课题组，2002："农村税费改革的配套改革"，《湖北财经（理论版）》，2002，1。

汝信等主编，2005：《中国社会形势分析与预测》，北京，社会科学文献出版社。

张晓春，2002："从完善乡镇财政体制看农村税费改革"，《农村经济》，2002，4。

《中国民政》编辑部，2000："一个值得密切关注的问题"，《中国民政》，2000，10。

中国农村老年保障：从土改中的土地到全球化的养老基金[*]

[德] 鲁思来　贡　森　[英] 亚瑟·候赛因[**]

一、建立农村养老金——政治上的需要

很多人认为，目前实行的家庭保障和土地保障这种中国老年保障的传统形式，在不久的将来应该继续发挥作用。而且，与城市养老金改革相比，建立农村养老金似乎没有直接的经济压力；而在城市，国有企业改革则强有力地推动了城市养老金改革。

但是，我们认为，有四个方面的主要理由支持应该在中国农村地区建立养老金制度：

——儿童生存率的提高和可预见的人口老龄化。

——农村社会经济的变化：过去20年里，农村发生了静悄悄的革命，几

---

[*] 本文原载于《经济社会体制比较》，2004年第4期。本文为亚洲开发银行小型援助项目（PRC-3607）"对中华人民共和国'十五'计划有关社会保障改革的政策辅助分析——中国农村养老保障：从土改中的土地到全球化时的养老金"的报告摘要。

[**] 鲁思来（Lutz Leisering），德国比勒费尔德大学社会学系教授；贡森，国务院发展研究中心研究员；亚瑟·候赛因（Athar Hussain），英国伦敦政治经济学院亚洲研究中心研究员。

乎有三分之一的农村劳动力不再是农民，他们中的大多数成了受雇于社区工业的工资劳动者。由于农民向城镇迁移的显著增长，城乡之分被进一步模糊。

——养老金政策的长期性特征。

——现行的试点项目在经历了数年的不确定性之后，需要中央作出及时的政治决策。

在保障老年生活之外，养老金具有更广泛的意义。它可以是国家社会经济体制建设（nation-building）的一个部分，特别是对于像中华人民共和国这样年轻的国家，广泛的社会保障制度可以有助于国家的统一团结，也有助于在城乡这"两个分裂的地区"之间架起桥梁。历史上，突破性的福利改革常常与国家社会经济体制建设进程的关键阶段联系在一起，18世纪80年代俾斯麦建立的现代社会保险是当时刚刚建立的新德国加强民族团结的主要手段。1945—1948年英国社会保障制度的建立也是基于第二次世界大战末期和战后国家团结统一的情感。

二、1949年以来的公共养老金政策：一个变化中的社会契约

中国的养老金系统和养老金政策可以分成几乎毫不相干的三个部分：

——城镇企业职工养老金系统；

——农村居民的养老金系统；

——针对政府公务员、干部和军人的系统。

这三个组成部分在制度设计、标准待遇以及资金筹集方面都完全不同，而且分别由不同的政府部门管理，其建立的时间也不一样。因此，中国的公共养老金有彼此之间很少联系的三部历史。这样的三元养老金系统表明，中国社会存在着一个关于不同社会群体的权利和义务的基本社会契约。

这个契约是在1950年前后国家解放的历史背景下产生的。在新中国建立前夕起草临时宪法的时候，毛泽东主席指出，解放以后，农民获得了土地，城市工人也应该从革命胜利中获益和获得广泛的社会保障，这一社会契约奠

定了中国社会保障制度的基础。城市工人的公共社会保障是国家社会经济体制建设的一部分，而农民的土地和家庭则扮演着老年保障的角色。

第七个五年计划（1986—1990 年）建议，下一个五年里，中国应建立一个社会保障制度的雏形。这是社会保障的概念第一次用于这样高层的文件中。

在城市，自 20 世纪 80 年代至今，国有企业改革的需要成为养老金改革的主要推动力。在农村，老年保障的突破发生在 1991 年，因为那一年民政部在农村地区引入了一个养老金试点计划。民政部门在操作中采用了类似有组织储蓄的初级办法，但确实将正规的老年保障观念带到了农村地区。到 1997 年底，除西藏外，分散于全国各地的 2008 个县和 285 个地区已经开展了养老金计划。此外，大约 57% 的乡镇、几乎所有的县、接近 3/4 的地区和 87.1% 的省份已经建立了相应的专门管理机构。可见，在 1997 年底，从基层到中央的管理系统已经建立起来。

20 世纪末，主要由于来自外部的影响，农村养老保险建设停滞不前。受亚洲金融危机的启示，在保险业整顿的过程中，某些领导认为，在中国农村地区建立公共养老金为时过早、风险太大。由于缺乏中央政府的支持，地方的一些管理者和参保者不久就丧失了动力。与此同时，政府却正在积极推动储蓄性的城市养老金改革。

2001 年，在有关农村养老金整顿的讨论中出现了三种新观点：

——劳动和社会保障部提出的一个折中办法，将现行试点项目与基金管理的商业化运作结合起来；

——浙江省提出的将乡镇企业职工纳入城镇养老金体系的方案；

——国家计划生育委员会设计的一个为独生子女户和双女户提供养老金的方案。

尽管自 1978 年以来，经济社会变化已经侵蚀了过去的社会契约，但是，新的契约还没有产生。现在仍处在没有政治决策的时期。

三、为什么和怎么样提供老年保障

除了为老人提供保障外，养老金对个人和整个经济都是有益的，体现在以下几个方面：

——它为中青年人提供了终生收入的安全稳定性；

——它减轻了中年人对老年人的赡养义务；

——它为老年人的自主生活创造了条件；

——它是规范劳动力市场的一个工具，因为它创造了退休年龄，从而将工作生活与退休生活分开；

——通过强制把人们目前收入的一定部分用于将来的养老上，从而规范了人们的消费行为。

这些表明，养老金不仅是一种福利和社会成本，它也具有经济效用。

有一系列的目标和价值观可以指导养老金政策的设计。其中，有些目标和价值观是相互冲突的。具体来看，养老金政策有四个主要目标：

——减少贫困、体现公平；

——安全稳定性（可能再现初次分配的不公平）；

——高覆盖率（这是一个问题，特别是在发展中国家）；以及最近出现的一个目标

——高回报。

确认养老金资格有三个主要的规范性标准：业绩、功劳和需要。与大多数发展中国家不同，中国有一个复杂的、由三元结构组成的公共福利体系，这个福利体系包含了全部三种规范性标准：

（1）功劳基准型计划：为公共部门雇员，如干部、公务员和军人（不包括国有企业雇员），提供保障；为了保障他们对政府的积极支持，国家给予他们比较慷慨的待遇。

（2）业绩基准型计划：为城市工人提供养老金，为取得工人阶级对社会主义建设的支持，养老金待遇水平也不薄。

（3）需要基准型计划：为那些没有别的私营或公共收入的人群提供生存保障，比如五保、救济以及最近开展的最低生活保障。

如果加上城乡分离因素，这个福利体系就会变得更为复杂。福利方面的城乡分离在上述三个层面都存在。

因此，在改革，或更确切地说，在建立农村养老金的过程中，很有必要考虑这一福利国家的整体结构（整合性政策），以及采取开放式的态度来修正过去有些失控的制度结构。现行的城市养老金制度改革和最低生活保障制度改革只是改革的开始，农村的养老金制度和针对公共部门官员的功劳基准型制度也应该被纳入总体改革计划中。承担社会保障体系不同部分的管理责任的政府部门应该加强合作和配合。这方面目前进展缓慢。

四、向其他国家学习

在发展中国家中，中国致力于建立正规的农村养老金的举措是独一无二的。因此，很难从其他发展中国家或转轨国家那里学到什么经验。但是，中国可以从欧洲农村养老金发展的历史中学到一些有助于解决目前紧迫问题的经验：

（1）在农村地区建立养老金过早了吗？在发展的早期，西方国家是不是也没有采取措施为农民提供保护？

（2）建立养老金是否风险太大？在给农村老年人一个正式的保障承诺时，我们面临什么样的长期风险？由于受保人很可能需要补贴，我们是否会面临费用飞涨的问题？我们会破坏农民的传统劳动观念吗？会导致管理机构、受益人和待遇的暴涨吗？

（3）什么样的制度设计适合农民这个特殊群体的需要和条件？农民应该被纳入一个独立的制度还是应该参加别的制度？考虑到农民不是雇员，农民的养老金应该如何筹资？作为一个低收入群体，什么样的待遇水平是合适的？

从欧洲实践借鉴的第一个也是最重要的启示是：不，建立农村养老金并不太早，因为一些欧洲国家同样在经济发展的早期，甚至在一个较低的经济发展水平上就开始建立农村养老金。而且，这样做确实有风险，但是所有的欧洲国家都承担起这种风险，因为在任何国家，现代化进程都会促使养老金需要的产生。因此，从长远来看，中国将来也不可避免这种风险。

丹麦最早（1891年）建立了覆盖农民的养老金制度。尽管德国在同年实施了针对产业工人的养老保险制度,丹麦是世界上第一个建立覆盖农民以及其他群体的养老保险制度的国家。可以说,现代社会政策是从农民开始的!它是由斯堪的纳维亚地主阶层首先推动的,而并不像人们通常认为的那样是始于工人运动和社会民主的压力。

尽管中国没有农业资产阶级,但是欧洲的经验表明,起确定作用的不是经济发展水平,而是政治。如果政治领导人决定为农民建立养老金,他们就可以这样做,甚至在非常低的经济水平的情况下也可以这样做。但是,与斯堪的纳维亚的地主阶层不同,中国的农民在政治上没有什么地位,没有院外游说团体为他们争取利益。

相反,城市工人通常有较强的政治影响力,这使得政府愿意给他们特权。因此,城市工人拥有了慷慨的养老金计划。从中国的工业发展水平来看,城市养老金计划过去是、现在仍然是"太早"了。

另外一个经验是,在任何一个欧洲国家,政府给予农民养老金大量的补贴是不可避免的。这些补贴可以占到政府农业部(在德国)全部支出的70%左右。这是由于农村人口的减少、老龄化以及相对贫困造成的。

第三方面的经验涉及社会政策与经济和农业政策的关系。政府建立社会保障不仅仅是

出于伦理的考虑,也是出于经济的原因。养老金是促进农村经济发展的一个工具。

通过将养老金与农业管理的变化结合起来,可以促进农业的现代化,提高农业生产率,减少农民数量。只要农民放弃种地,他们就能获得养老金。通过强制性退休,养老金也是减少劳动力供给和农村剩余劳动力的工具。

五、对农村养老金制度建设的关键性问题的实证分析

本项目从山东、湖北和云南三个省分别选取了四个市县作为调查样本,山东省烟台市的招远市和牟平区、湖北省武汉市的黄陂区和云南省的武定县。这四个县代表了富裕、中等和贫穷地区的组合。武定是云南63个国家级贫困

县之一,也是全国 594 个贫困县中的一个。

根据调查发现,我们的报告试图回答农村养老金制度建设中的几个关键性问题。第一个方面的问题是关于现行保障系统,在被调查的地区,现行保障系统是建立在家庭保障、土地保障和养老保险试点计划的基础上;第二个方面是关于不公平性和养老金政策的环境条件。

1. 家庭和土地能为老年人提供保障吗?

中国农村传统的保障制度是建立在家庭和土地的基础上。近些年的社会经济变化削弱了传统制度的功能,并创造了对新的制度安排的需求。

人们很少怀疑,向农民家庭分配土地是农村人口重要的经济保障来源。没有向全体农村人口的土地分配,农村地区的贫困将会比现在严重得多。展望未来,土地的经济保障水平将会继续减弱。由于耕地面积是固定的,农业收入与从事工业和服务业的收入的差距已经越来越大。阻止乃至最终缩小这种差距的唯一途径就是土地的聚集和扩大土地耕作规模。维持土地的社会福利功能与提高农业收入之间是矛盾的,前者要求土地分配的分散化,后者则要求土地的集中。这个矛盾将会变得越来越复杂,解决矛盾则需要逐步将土地的社会福利功能剥离出来。

2. 对民政部、劳动和社会保障部的农村养老保险项目的基本评估

20 世纪末,中央高层领导对农村试行的养老保险方案的批评越来越重,特别是在保险业的整顿过程中。反对农村养老金的批评主要是:强迫农民参加、养老基金的滥用和糟糕的管理。

相反,在 1995 年,一个由专家学者组成的评估小组对试点方案给予了积极的评价。他们认为,有必要在农村地区建立一种正规的制度安排来补充家庭老年保障和老年自我保障。民政部的方案在那些经济发达、管理基础较好的地区是可行的。另外,他们似乎认为,这个方案对试点地区农村的人口控制、社会稳定和经济发展产生了一定的积极作用。

我们的调查发现,很少有确凿的证据能够支持对民政部方案的批评意见。

在像烟台这样的富裕地区，养老保险的日常管理是可靠的，计算机辅助管理在县一级已经成为常规，而且养老基金的投资也是有效率的。

方案存在的问题包括贫困地区的低参加率。至于保障效果，在贫困地区，如武定县，其缴费水平和待遇水平明显偏低；在富裕地区，许多参保人的缴费水平和待遇水平也不高。有时候，交费是趸交性的。这些是萌芽状态的养老保险：实施方案既不确定待遇，也不确定交费。它更像是组织化的储蓄，而不是社会保险。

但是，成绩则是主要的，这些包括：

——目标和成效：民政部当初的政策设想是比较现实的，它的目标是通过建立养老金，作为多方面老年收入的一部分，来提高农村地区的老年保障水平。即使在现在比较低的水平上，多数养老金领取者获得的待遇对其生活也产生了重要影响。

——制度建设：方案不像是社会保险，更像是组织化的储蓄计划。但与其他发展中国家相比，这是一个突破。

——管理：规范化的操作流程已经建立，特别是在富裕地区。部分贫困地区的管理也不落后。

——可接受性：养老金方案经过了广泛的宣传发动，已经为农民所接受。

一个关键性的结论是，养老金项目的运行状况取决于地方的经济条件。最后，伴随着农村养老金发展的许多问题是由于政治因素造成的，例如，缺乏对参保人和管理者的激励，不同政府部门之间缺乏合作精神，更重要的是，目前由于决策的拖延导致的制度不稳定。

总的来说，尽管现行养老金试点项目是一个有局限的设计，类似于一种组织化的储蓄，但是，它是一个可行的方案。也许正是由于这种局限，使得它适用于经济发展中的地区。

3. 中国农村的现代化：走向同等的公民权？

在过去的 20 年里，新的社会制度已经在中国农村社会显现出来：家庭责任制、乡镇企业和建立在村民委员会和村民会议基础上的农村基层民主。最近的一项制度创新是建立公共的老年保障，即民政部1991年开始的养老保险试点，以及一些农村企业采纳了城市的养老保险制度。公共养老金的运行与乡镇企业和行政村密切相关。

自20世纪80年代以来，乡镇企业成为农村经济乃至整个中国经济增长的一个主要因素。不过，没有引起人们足够重视的一点是，在90年代，乡镇企业也成为中国农村老年保障的一个主要影响因素。

一方面，乡镇企业的增加对农村养老金试点方案提出了挑战：试点方案覆盖农民（在土地上耕作的人）的基本假定已经失效，许多人成为企业的雇员，他们只花费很少的时间去照顾自己拥有的一块土地。

另一方面，乡镇企业在养老金计划的运行中发挥着积极的作用，尽管这种作用从来没有正式委派给它们，比如提供补贴、组织职工集体参保或与地方主管部门进行合作。此外，行政村也从乡镇企业的利润中抽取资金来补贴养老金计划。行政村是养老金计划基层管理的另一个支柱。

乡镇企业的发展和农民的"候鸟式"迁移模糊了城乡差别。现在，存在着这样一种混乱：谁应该参加何种养老金计划（城市的还是农村的）。户籍制度越来越不适合作为组织老年保障的基础。

养老金资格不仅是一种待遇资格，从经济的角度来看，它可能也有益于乡镇企业的发展。对于乡镇企业来说，养老金计划有三种作用：通过提供福利来吸引人才；通过选择性的补贴来控制劳动力；乡镇企业管理者自己可以利用养老金计划来增加个人利益，他们可以安排高额的企业补贴进入自己的养老金账户。

养老金、行政村组织和乡镇企业的三角关系在以下方面造成了新的不公平和社会排除：

——有乡镇企业的村对应没有或很少乡镇企业的村；

——乡镇企业很少的贫困地区对应有许多乡镇企业的富裕地区；

——村民对应外来工，后者常常被排除在补贴之外；

——地方精英对应普通村民；

——男性对应女性，男性村民常常是夫妻二人中唯一的参加养老金项目的成员。

养老金计划、行政村组织和乡镇企业结合在一起的新的制度安排不完全等同于组织化的储蓄。它孕育着现代社会保险的胚胎：

（1）雇主通过补贴在社会保障中发挥作用；

（2）雇主利用这一计划来获得经济收益；

（3）其中有再分配的因素，再分配是通过乡镇企业和行政村来组织的。

通过标准化、加强规范、确定标准和实行更加透明的再分配，这一制度可能会发展成社会保险。

4. 养老金项目的经济和政治环境

在中国目前建立农村养老金制度需要相应的政治和经济环境，有利于养老金计划发育的良好环境是什么？什么样的经济、社会和政治条件适合于养老金计划的平稳运行？反过来讲，养老金制度的建立对相应的政治经济环境会产生什么样的影响？比如，对经济来说，某些计划会有负面作用，有些有积极作用，这取决于计划的设计。其中的三种环境是特别重要的，这三种环境就是所需要的经济、个人行为方式和政府政策。所有这三种环境在中国都是不稳定的，都对农村养老金计划的推广造成困难。

经济条件：显而易见，地方的经济状况是养老金计划创立和良好运行的首要条件。目前推行农村养老金计划面临的一个基本的两难困境是，在那些穷人占绝大多数的地区，政府往往没有财力来提供补贴。但是，非常贫穷的人可以被纳入一个普遍性的老年保障制度中，这种制度可以得到政府补贴以及通过统筹从富裕地区获得的补贴来保证提供最基本待遇。也可以采用建立最低生活保障制度的办法。在某些全国性计划中，将贫困群体纳入保障制度至少象征着他们没有被忘记，他们还被看作是中华人民共和国的公民，尽管保障水平可能很低。富裕地区可以在第一个阶段率先开展，而贫困地区可以象征性地被包括进来。富裕地区包括北京、天津、河北、辽宁、山东、上海、江苏、浙江、福建和广东等富裕的沿海省份。

消费行为：收入相当低的人常常也能够交费（或者可以比现在的实际交

费更多一些），但是他们有一些优先的开支。在访谈中，我们发现有很多开支项目在与养老金缴费进行竞争。家庭成员发生疾病时的医疗服务开支，支付这方面的费用是我们访谈的所有对象最关心的问题。由于医疗费用必须自己支付，"因病致贫"对很多人来说是一个经常性的威胁。支付教育费用是另一个项目。即使在正常情况下，一定年限的教育是免费的，但是有一些其他收费项目，如书本费、专项收费，以及在偏僻山区的住宿费。在人们的家庭预算中，教育也是优先考虑的支出，但是教育费用往往难以负担得起。

政府政策：有三个领域的政策会冲击农村养老金计划：

（1）卫生政策和教育政策；

（2）老年保障方面的中央政策；

（3）农业政策。

前两个政策目前正在对农村养老金施加压力。而第三个领域的政策——农业政策则是一个更一般的政策背景，它可能会在不久的将来对养老金计划产生直接的影响。

前面刚刚说明了卫生和教育政策影响养老金计划的原因。一些官员认为，80%的贫困是由疾病造成的，这一数字是从民政部得来的。

中央政府关于老年保障的政策：前面已经提及，目前养老金计划的信任危机在很大程度上是由于缺乏中央政府支持造成的。在所有被调查的县，我们都发现了这种情形。第一个关键性事件是，从1998年开始，各个层级的养老金计划管理权都由民政部门移交给劳动和社会保障部门。第二个关键性事件是，1999年中央政府发布的一个文件认为，试行的养老金计划应该停止。我们访谈的县、乡、村三级的管理者都要求中央政府表明态度，并对农村养老金计划作出如下几项承诺：

——颁布一部农村养老金法；

——使参加变成强制性的；

——给予补贴；

——保证给缴费以税收减免；

——继续在农村积极开展养老金计划的宣传动员活动。

农业政策：农村社会保障的未来与农业政策联系在一起，体现在三个方面：

——随着市场化的推进和土地的社会保障功能的弱化，对现代正规的社会保障的需求将变得越来越紧迫。

——由于限制了农业的商业化程度，最近，中国政府减弱了对正规的老年保障的支持。尽管土地的生活保障功能已经弱化，从政治上说，土地仍然能够被看作是具有保障功能的；

——当农业的完全商业化纳入政治议程时，根据欧洲的经验，老年养老金和其他社会政策措施就会被用来支持和加快农业的商业化进程。

5. 存在商业化经办的可能性吗？

在最近两年讨论农村养老保险试点方案过程中，出现了这样一种主导性观点，即：用商业保险替代目前的试点方案。这种观点需要澄清。老年保障"走向商业化"，可能意味着非常不同的事情：

——这可能简单地意味着政府的无为：任何有支付能力的人都可以自愿参加商业保险或私营养老金计划。政府既不照顾那些没有能力参加的人，也不打算对私营养老保险市场进行规范。这是一种消极的商业化。

——它可能意味着是一种积极的政策：这种政策通过广泛的规范，创造出一个金融服务和商业提供者的市场。这是一种积极的商业化。

——商业因素也可能被限制在公共计划的基金管理方面。

在农村地区，商业保险以及公共和私营的伙伴关系并不是新事物。在20世纪90年代初，公共的试点方案就面临着商业保险公司的竞争。另外，国家计划生育部门与商业保险很早也建立了一些合作伙伴关系。

对过去经验的评价以及我们根据商业保险公司的运行所作出的估算表明，商业经办者并不一定能在农村老年保障方面发挥重要作用，因为：

——最近几年由于人寿保险市场的激烈竞争，大多数保险公司已经将它们的注意力转移到城市地区，农村市场的利润是非常微薄的。

——由于管理成本过高，农民参加商业保险计划会比较昂贵。

——至于作为民政部、劳动和社会保障部计划的继承者，商业保险公司担心这些计划现有的财务状况（债务和资产）以及将来国家可能的干预。

如果必须采纳商业的解决办法，就需要有好的监管措施。在政府管理部门关注供给方、规范公司经营者和它们之间的市场交易行为的同时，保护需求方的法律规范，即消费者保护措施，也应该及时到位，特别是为了保护像农民这样缺少教育的群体。相对大型集团公司来说，分散的小客户更需政府的援助和保护。这是法律规范的社会要素，是对经济和金融方面的补充。

在西方国家，养老金销售中的欺诈行为是很常见的。这些欺诈行为给政府带来了相当大的麻烦。中国可以学习这些国家已经建立起来的监管办法，以防止这样的欺诈行为。

六、政策展望

1. 中国农村养老金制度的设计：原则和选择

从我们的研究中可以得出如下的改革原则：

——参保资格应建立在受雇的基础上。这个原则是对农村工业化的回应，这可能对雇员和雇主都有利。

——使参加计划成为强制性的，至少对指定的群体要强制参加。这将会充分利用许多人的缴费能力。尽管有些人有能力，他们可能不愿意主动参加。强制性的成员身份也为统筹和再分配奠定了一个基础。更重要的是，它可以降低参保的性别歧视，例如，在现行的农村试点方案中就能发现这种歧视的例子。通过指导人们建立一个长远的生活观念和参加缴费计划来为他们自己提供保障，强制性也会降低对社会救助的需要。

——社会再分配因素是不可避免的。正如所有欧洲国家所经历的那样，农民是一个比较贫穷的社会阶层，他们不能完全保障自己的生活。统筹、国家补贴和对公共或商业性计划的缴费进行税收减免是关键性的手段。

——养老金改革超越了改革养老金制度本身。一个综合性的老年保障改革也必须考虑各种需要基准型制度（社会救助）和功劳基准型制度（干部、公务员和军人的养老金制度）。所有这些制度都服务于老年人，都应该分担人口老龄化的后果。从道义上说，老龄化和失业是很严重的社会问题，由此产生的负担不应该仅仅落在城市工人、农民和他们各自的养老金计划。

——超越城乡分离，采取全国一盘棋的视角。首先，由于农村工业化的发展和迁移的增加，"农村"这个概念不再适宜作为讨论养老金改革的基础。许多"农民"不再从事农业生产。第二，通过迁移和将一些乡镇企业职工纳入城市养老金制度，农村和城市地区日益联系在一起。这产生了不同保障制度之间的匹配和资格转移问题。第三，从国有资产变卖的收益中，目前城市养老金制度获得了很多财政支持，这也产生了如何在整个中国社会分配资源的道义问题。

下面讨论五种政策选择方案：消极的商业化（或政府无为）政策；计划生育养老保险计划；扩大现行的试点方案；二元的社会保险；以及积极的商业保险。除了第四种选择（根据欧洲农民养老金经验而提供的一项选择），其他四种选择都已出现在中国现今的讨论中。

选择1：消极的商业化（或政府无为）政策

近年来，对农村老年保障的未来没有决策，或者更准确地说，没有行动。然而，没有决策也是一种决策，它没有给将来指明一条出路。首先，一个养老金计划已经在农村存在。政府的无所作为、缺乏支持已经严重地损坏了这个计划。第二，从某种程度上说，政府的不作为隐含着对商业养老保险计划的支持。这是一种消极的商业化，它意味着，任何有能力的人都可以自愿参加商业医疗保险或私营养老保险计划，政府既不为那些没有能力的人提供保护，也不去规范私营养老金市场。

选择2：针对独生子女户和双女户的养老金计划

这一计划是由国家计划生育委员会动议和设计的。如选择1一样，它也是一种非养老金的政策。由于它被限制在一个特定群体的范围内，其主要目标是奖励特定的生育行为，而不是老年保障。然而，国家计划生育委员会的计划，或许也是一个实用性的开始，它可能会发展成为一个更大的计划，一个广泛覆盖的社会保险计划。

选择3：扩大民政部/劳动和社会保障部试点方案

这是一个组织化的储蓄制度。一方面，这是一个发展中国家的一种突破，另一方面，面对未来，它将难以发挥更大的作用。要想有一个实质性的发展，可以通过增加有关待遇或缴费、再分配（替代或延伸目前存在的隐含的再分配形式）和补贴（替代和规范目前存在的社区补贴制度）的规定，将它转变为社会保险（见选择4）。在富裕地区，从不同层次的政府那里获得补贴，在财政上似乎是可行的。

选择4：一个二元的社会保险

农村人口不可能被一个"常规"的社会保险计划所覆盖，因为他们通常比较贫困。常规的社会保险计划对待参保者基本上是一视同仁，它所提供的待遇是很可观的，即使它不是老年收入的最大部分。但是，这并不意味着应将这一个较贫穷的人口群体排除在外。他们可以被纳入一个覆盖全体公民的计划中，但是，这一计划可分成两个部分，即二元结构。通过这种方式，一个维护一体化公民权的制度框架将得以建立，并且会随着时间的推移而越来越紧密。

如果中国城镇养老金和西方国家现行系统那样，第一部分养老保险覆盖受雇群体，这个部分将会更接近于社会保险。它要覆盖所有受雇人口，也就是说也要基本包括乡镇企业雇员。富裕地区的种地农民可以在自愿的基础上加入，如同城市自雇人员参加城市职工养老计划的情形那样。

第二部分养老保险仅限于真正的农民，他们主要通过种地谋生。这一部分仍应具有社会保险的基本特征，如参加者要缴费且在一定程度上待遇要与收入相关联。它不是通过税收筹资的社会救助，但它对政府补贴有很强的依赖性。

二元结构是大多数欧洲国家为农村人口提供保障所采用的典型模式。只有斯堪的纳维亚国家的普遍性计划选择了统一的办法。不同的类型都可以在欧洲看到，从针对农民的单独计划到为农民设定不同规则的一般性计划。随着时间的推移，种地农民会逐步获得与其他群体相同的待遇。

选择5：积极的商业保险

正如公共计划那样，在农村地区，要实现商业保险的广泛覆盖，也需要大量的国家补贴。另外，对于富裕人群来说，它也许是其综合性福利系统的一部分。

如果政治家们选择这种方案，有几个问题必须要解决：首先，政府应该推行一种积极的商业化政策，也就是通过广泛的监管，创造一个良好的金融服务和商业经办的市场。第二，需要补充性的公共计划来填补商业保险的盲点和不足，以及应付金融危机时保险资产的贬值。第三，在寻求建立一种公共与商业的伙伴关系时，政府部门应注意抵御供给垄断的诱惑，而这在现今中国是一个非常普遍的问题。

2. 辅助性待遇和服务

我们考察在养老金领域之外，与养老金关系密切的其他社会待遇和服务。这些包括：

——医疗服务和教育；

——针对农民的咨询服务；

——关于养老金和老年人的生活状况的社会报告与监测，作为社会计划的一种工具；

——最低生活保障制度。

上述最后一个辅助性措施在三个方面与养老金相关联：

中国农村传统的社会救助——五保、救灾救济——也惠及老年人，五保计划几乎是完全针对老年人的。自1996年开始，最低生活保障制度逐步扩大到某些农村地区，并且许多受益者是老人。对许多老人来说，社会救助是他们能够获得的唯一待遇。

当养老金过低的时候，社会救助待遇也可能支付给养老金领取者。在所有的西方福利国家，有一种类型的社会救助就是用来补充社会保险的。

已经发展起来的社会救助形式，如最低生活保障，也能被看作是养老金的替代形式，成为老年人主要的保障措施。1995年印度政府建立了一个特殊的社会救助制度,这一制度提供等额待遇。建立最低生活保障是社会政策的一种主要变革,是通向现代福利国家的重要一步。

3. 一个全国性计划?

我们认为,首先要考虑的不是"建立统一的制度还是建立单独的制度"的问题,而是建立这两种制度所依据的原则是什么,两者应该或能够怎样联结在一起。两者的联结也可以被称为一个"全国性计划"。从这种角度来说,统一仅仅是协调城乡养老金计划的一种形式。

为什么要建立一种全国性或全国性协调计划:有三个理由:

——劳动力流动;

——由于乡镇企业的发展和人口迁移,使得"城"、"乡"之分作为养老金计划的基础被减弱了;

——不同人口群体之间的公平问题。

全国性的协调主要有四种模式:

——统一:这不能作为一种选择,至少在可预见的将来还不能这样做。这是因为城乡制度之间差异太大,而且城市的制度也是混乱无序的。

——将乡镇企业职工纳入城镇系统。

——借鉴一些欧洲国家的经验,将农民纳入一个广泛性的计划中,但是,农民的入保受到一些特殊规范的约束,同时享受权利适当扣减。

——城乡两种制度可以继续保留分离的状态,但为了将来的融合,两者建立相似的制度结构。德国针对蓝领工人的制度和白领工人的制度的做法就是这样的一个例子。

在每一种模式下,关键的问题是城乡两个部分怎样联结、怎样协调。协调需要解决三个问题:如何在两种制度之间转移资格条件;如何补贴制度中的贫困者,是通过国家补贴还是通过基金统筹在参加制度的成员之间进行再分配;如何处理由于结构上的不对称所产生的不公平问题。将乡镇企业雇员和移民纳入城市系统会增强以受雇为基础的那部分制度,而会削弱以种地为基础的那一部分。目前计划用变卖国有资产的收入来补贴城市养老金制度的做法也会产生类似的公平性问题。

4. 结论：从土改到全球一体化，现在是否存在一个适用于中国农村的公共养老金制度？

根据已有的研究和我们对富裕和贫困县的实地调查，这个报告可以驳斥（至少是削弱）绝大多数批评农村养老金的意见。根据欧洲的经验，中国在农村建立养老金的时机并不太早。在经济发展水平与中国目前的水平一样低、甚至更低的条件下，许多欧洲国家就为农民建立了养老金制度。传统的保障制度虽仍能发挥作用，但它们正日益减弱。农村的工业化和现代化正不断削弱土地在农村经济和农民生活中发挥的作用。尽管组织化储蓄的形式比较简单，待遇比较低，参加的人口也有限，农村养老保险试点计划成功地在农村引入了组织化的个人储蓄型老年保障的观念。

主要由于缺乏经济推动力，中央政府对为农民建立养老金计划没有兴趣。利用土地为农民提供社会保障限制了中国农业的商业化。当农业的商业化提上政府的议事日程时，在农村建立老年保障制度将与今天城市为实现国有企业的商业化而进行养老改革一样重要。在欧洲国家，农民的老年保障是加速农业转变和减少农民的重要力量。在不久的将来，这种需要也会在中国出现。

对农村养老金制度风险性的担心不是没有根据的。在所有西方福利国家，公共制度一旦建立起来，都有一种发展趋势，那就是不断成长壮大，并且吸收越来越多的政府财政支持（或基于工资的缴费）。但是，没有一个国家能够逃避这种趋势。崇尚自由化的美国也不例外，只是负担水平较轻而已。

七、填补农村老年社会保障空白的行动计划

1. 问题和办法

我们调研的一个主要发现是，中国农村老年保障存在着制度上的真空：

传统的老年保障方式，即家庭赡养和土地保障，日益衰弱，同时，新的结构性安排如劳动和社会保障部的试点项目和商业保险还很不发展。这样，在日益衰减的传统的老年保障与尚不发展的现代保障方式之间就出现了一个空白。

本报告的主要建议是在中国农村应该建立公共养老金。养老金制度既是必要的，也是可行的，但是，必须考虑不同地区巨大的经济差别。因此，应该按地区的经济状况（富裕、中等、贫困）分别设计老年保障体系，也就是说，不同地区应建立不同的模式。

对于贫困地区，我们没有建议任何养老金计划，而主张依赖传统的扶贫和救济政策。但是，我们主张在收入保障之外引进额外的辅助性措施，这些是地方政府能够承受的，同时，也向老百姓表明了政府的责任心。

对于中等地区，在贫困地区政策建议的基础之上，我们建议将在城镇实行的最低生活保障线（低保）制度扩展到农村地区。

对于富裕地区，我们主张建立现代型的社会保险项目。

公共待遇只是广泛的"福利组合"的一部分，非公共待遇包括（减弱中的）家庭赡养、土地的生存保障和商业保险，等等。如公共项目一样，商业保险也面临着相同的问题，也需要提供解决每一个问题的替代性办法。

2. 实施步骤和措施

（1）时机：逐步建立养老金制度，但是现在应立法。

首要的目标是尽快起草和通过一个法律，建立有关的机构。不应再启动新的试点项目。现在必须作出决定，它表明政府对农村公民老年保障事业的关心。需要通过的养老金法应体现该项目的渐进性质。

（2）按照经济水平和管理层次进行地区分类。

为了促进劳动力流动和保证一个稳定和可交待的管理，应选择一个高层次的政府，省级或者地市。要决定每一个省或地市是属于富裕、中等还是贫困地区，应与有关地方政府协商后作出。这种决定需要不断修正，有些地区可以升级，如有必要，有些地区还可以降级，富裕地区主要包括东部沿海地区。

（3）进行制度选择。

从来没有"最好"的和完善的解决办法，因此，必须在各种合适的方案中进行选择，每一个办法都存在缺点。需要选择的主要政策方面包括：

——公共与商业。

——完全积累与现收现付：不像现收现付，在完全积累制中，参保者只有三四十年后才能看到制度的好处；另外，启动一个完全积累式制度总存在着一个问题，而现收现付制度可在任何时刻开始。

——税收减免：作为改善老年保障战略的一部分，税收减免是可行的（减免占到政府收入的0.25%）。这一税收减免也是合乎情理的，因为城镇养老金不纳税，耕地是农民的基本生活保障，也应享受相同的待遇。

——再分配：如所有欧洲国家一样，对农村养老金项目大量的再分配是必要的。在富裕地区，对穷人的缴费进行补贴是可行的。烟台市为本报告的计算表明，为了保证每一个人的养老金水平都高于贫困线，政府补贴只相当于其预算的1%。

——待遇水平：即使是低水平，确定一个标准也是至关重要的。标准可以基于一组生活必需品或由其他方式确定。确定标准要求政府对某些目标的承诺。

——协调城乡养老金项目。城乡系统统一的重要性应让位于两系统的协调问题。在欧洲国家，存在着各种协调办法：分离的农村养老金、将农民整合进一般性的养老金项目，以及将农民纳入覆盖全民的统一项目。

通过良好的协调，养老金的可携带性能够改善。在这一点上，中国可以向欧盟学习。如果不同系统的协调能够搞好，将乡镇企业职工纳入城镇养老金制度可以是一种选择。

（4）过渡性措施：注入资金，启动农村养老金项目。

向新型积累式养老金制度的过渡存在着问题。这一点从现行城镇养老金改革中清楚可见。即将出售国有资产的收入大量注入城镇养老保险项目，以建立新型的（积累式）养老保险制度。从道义上讲，使用一部分国有资产销售收入支持农村养老金项目也是合乎情理的。没有理由说明城镇养老基金应该得到补偿，农民不应得到任何支持或不应有任何养老金。在将来，如果土地也应私有化，那么其收入的一部分应归农民。

（5）将监测和评估制度化。

养老金改革的效果应进行连续监测和评估。应该建立一个独立的专家局或委员会，提供年度报告。报告不应局限于评估公共养老金，而应包括老人社会保障的一般性指标。最后，同等重要的是，对农村养老金项目的进一步研究是必要的。与亚行城镇养老金项目的研究不同，农村养老金报告主要依赖于一个国际专家和一个国内专家的工作。来自多学科的研究队伍应是十分必要的。

走向以农村为本的农村发展战略[*]

王振耀[**]

我国总体上已到了以工促农、以城带乡的发展阶段。在这一阶段,农村社会诸要素的地位、作用和发展方向发生了根本性的变化,农村的发展战略目标必须进行相应的调整。这种调整既是当前农村各类矛盾共同作用的结果,也为规划农村发展乃至整个城乡关系进一步健康发展所必需。我国的现代化,不可能以农业这个第一产业完全转变为边缘产业为代价。我国的城市化,也不可能建立在农村不断衰落的基础之上。农村发展,关系到国家的发展全局。因此,在新的发展阶段,十分有必要对于现行的农村发展战略目标进行重新调整。

一、传统的农村发展战略目标及其潜在危险

多年以来,我们自觉不自觉地形成了一种比较通行的农村发展战略目标,其主要特征是:按照现行的城市体制改造农村,鼓励农民进城以实现城市化,鼓励乡镇企业发展以实现农村的工业化。推进这一战略发展的宏观体制则是

---

[*] 本文原载于《经济社会体制比较》,2005 年第 3 期。
[**] 作者简介:王振耀,北京师范大学公益研究院院长、教授。

城乡之间的封闭和隔离。

在这一发展战略的指导下，于是就加快城市化的进程，无限制地扩大城市，无限制地增加市民。据此还形成一种理念，认为目前中国的问题就是城市化水平太低，因此必须把发展的重点放在扩大城市规模方面。这样，"城市的今天，就是农村的明天"，似乎成了农村发展战略的唯一选择。

经过多年的实践，传统发展战略的优势和劣势都已经呈现出来。其优势在于，由于全国的发展重心在于城市，于是城市得到了较快的发展，许多城市尤其是特大城市的生活质量和发展质量取得了巨大进步，有的城市的硬件水平已经与发达国家相差无几。但是，传统战略的劣势也开始逐步凸显，其明显特征就是城乡差距过大，贫富差距过大，发展出现了严重的不平衡、不协调。

传统战略更大的缺口在于：一是城市化的目标没有限期，谁也说不清楚中国的城市还要怎么发展才能消化8亿农民；二是农村现代化的目标也没有限期，谁也说不清楚中国的农民还要剩余在农村多少才是一个合适的比例，从而使中国能够真正达到现代化。传统战略的基本特征是以现行的中国城市体制作为参照系来实现城市化。其基本理念以现行城市体制的优越感为前提，力图使我国农村将来逐步达到现在的城市发展水平。其立足点是：农村全面落后，农民素质十分低下，农村传统要根本否定。

传统战略更为严重的局限性在于，按照现行体制配置资源，只有让全国大部分人永远地"非城市化"、"农村化"，才能维持体制的正常运转，也就是说，传统战略的潜在目标是反城市化。因为，目前中国城市管理体制的基本依托是城乡之间的分治，城市中实行的福利制度是以广大农村不得实行这一福利制度为前提的。即使如此，城市还有许多难以消化的问题，仅以就业为例，2003年年底，全国普通高校毕业生就业率为83%，说明大学生就业已经出现缺口，更不要说中等技校毕业生等需要就业的人口，城市已经不能为大学生提供完全的就业场所。

既然当前城市的基本运行体制连自身的许多问题还不能完全解决甚至潜伏着危机，那么，如果按照传统战略，鼓励农民进城，扩大现行城市体制的覆盖面，则不可避免地出现以下几个方面的危险：

第一，按照现行城市体制增加城市人口，则政府的财政、教育和社会保障等诸多方面有可能由于负担过重而无力承担，国家的整个体制要出现危险。

第二，无限制地鼓励农民进城，又缺乏职业培训，既不能提高企业和服务业的质量，还会导致城市贫民窟的出现，从而加剧城市人口贫富差距，产生严重的社会矛盾。

第三，由于视农民进城就业为唯一的就业标志，广大农民生活在农村从事农业生产则被视为没有得到就业，农村和农业不是就业的场所，农民只是产业工人的巨大后备军（通常认为农村还有 2 亿剩余劳力），其结果是，国家的就业矛盾和压力日益加重，并且也不可能得到解决。

第四，由于农村建设得不到实质性的投资，农村的生活质量得不到提高，城乡差别日益加大，则农业生产自然变为毫无吸引力的产业，于是一个可能的结果就是农村衰落、农业停滞，农民自身的吃饭问题日益突出，农村的发展有可能陷于绝地，城市则失去稳固的农村依托。

二、农村发展战略目标调整的依据

调整农村发展战略，需要充分地认识到：

农村是城市人口提高生活质量的基地，农村的天然优势需要得到保护；

农民是中国人口的主体和传统文化的重要载体，是中华民族立于世界民族之林之基；

农业是中华民族的安身立命之本，没有农业的高质量经营，则不可能有稳固的工业化。

与城市比较，农村的主要优势是什么？最为主要的，就是农村很少污染，空气新鲜，食品健康。农村没有过多的车辆，不可能出现交通堵塞，也不会出现大量的噪音污染。农村的空气质量一般不用监测，因为农家田园与自然风光混为一体，是人们向往的地方。相当多的农村，种植农作物还使用农家肥，也很少甚至不使用农药，所生产的蔬菜和粮食没有什么污染，属于健康食品。现在流行的"土鸡"价格高于养殖场生产的鸡恰恰说明了农村的自然优势。当前旅游活动中出现的"农家乐"及乡村游项目,以及一些大城市中的市民在郊区农村买房居住的现象,都说明了在新的发展阶段人们对于环境质量的特殊要求以及农村的优势。

农民占据我国人口的多数,是我们的立国之本。农村生活节奏较缓,邻里互助,社会凝聚力强。中华民族的许多优良传统往往在乡村生活中体现出来。比如,忠孝节义、尊老爱幼、仁义诚信、吃苦耐劳、勤俭持家等,是都市生活所不易培育的宝贵品格。精神文明建设,在很多方面都应该开发农村的传统资源,以广大人民喜闻乐见的形式和内容来提升我们的民族精神。广而言之,对于农民生活传统的尊重,实际就是对于广大人民的尊重。

农业,作为国民经济的基础,在经济生活中更具有不可替代的特殊地位。无粮不稳,这是大家都已经接受的常识。但是,更要看到,根据各国的现代化经验,没有农业的现代化,特别是农民在经营方式上的改良、农业技术含量的大幅度提高、农民技术工人的大量涌现,则农业生产不可能稳定增长,工业的现代化也不可能有熟练的技术基础。为什么当前我国社会缺乏熟练技术工人?一个很重要的原因就是我们的农业生产处于粗放经营状态。过去说我国农业有着精耕细作的传统,但是,这一传统在现代条件下没有得到发扬光大。我国的农业与工业之间缺乏有机的联系,农民与工人更是绝对隔离,第一产业与第二产业不是并列关系而是领导与被领导的政治关系。结果,整个国民经济基本处于粗放型的发展状态。这也从另一个方面说明农业技术含量的重要性。

更为积极的意义在于,农民实际上是改革的主力军,没有农民作为主体参与改革,中国的改革从来都不会取得多大明显的成果。在历史上,农民具有光荣的革命传统,中国革命依靠农民而得到成功。在建设时期,凡是将农民作为改革的主体而推动的应兴应发事项,都会取得举世瞩目的成就,如包产到户,就是农民发动的伟大的经济改革;而村民自治,由农民进行民主选举、民主决策、民主管理、民主监督,则开始了基层民主政治建设的历史性进程。

三、本土资源的开发与以农村为本的农村发展战略

调整农村的战略发展目标,关键是要把农村作为重要的战略资源进行开发,而不是作为包袱去努力摆脱。农村的开发,主要立足于其传统优势,把其真正建设成为:

——国家的环境保护和粮食生产基地;

——国家的文化传统教育基地;

——国家的广阔就业基地;

——基层民主自治的培训基地。

这些目标,主要着眼于农村的传统优势,因形因势,深入开发,使城乡之间、工农之间建立起良性的循环发展机制。这也是要避免传统战略的弊端,不把农村完全作为落后愚昧地区,而是正视城市和农村的各自优势;不将严重的城市病强制传染于农村,而是利用农村的优势以弥补城市的劣势,实现优势互补。这就需要学习日本、韩国等地发展农村的经验,促进城乡的均衡发展,扎实制定系统振兴农村的国家计划,将国家的投入与农民自身的投入有机地结合起来,从而建立起城乡发展的良性循环机制。

农村要真正成为国家的环境保护和粮食生产基地,意味着不要对农村过度开发,不能以破坏环境为代价发展经济,而是要在保护环境的前提下进行粮食生产,即进行不污染的粮食和蔬菜生产等。乡村企业要不要发展?当然要发展。但是,不能发展污染型的企业。农村发展必须保证环境质量,同时突出农村之长,即突出农业和手工业,在这些方面作大文章。应该看到,我国农业传统中大有资源可以开发。仅以宁夏西海固地区农民种紫花苜蓿为例,那是一个全国闻名的干旱带,国家也进行了多种形式的帮助,但结果都不明显。最近几年,农民开始发展他们本地土产的紫花苜蓿,作为一种高质量的饲料,结果既改善了生态,也使农民的收入增加,每亩少则收入200元,多则400元以上。农民的这种土办法所取得的成果,应该坚定我们制定开发传统农业发展战略的信心。

农村要成为中华民族传统教育基地，就要把农村的社区凝聚力和邻里互助精神以及敬老爱幼、吃苦耐劳、朴素节俭、奋发图强、忍辱负重、自强不息等主要以农民为载体的民族优良传统通过多种形式展现出来，使之对全社会特别是年轻人形成经常性教育的社会环境。

农村要成为广阔的劳动就业基地。与传统发展战略的根本区别在于，新的发展战略不是要消灭农民，而是把农村作为一个重要的新兴产业基地从而为农民自身的就业开辟广阔的天地。其依据如下：

其一，要转变就业观念。其实，以家庭为经营单位的生产方式本身就是一种就业方式。农民生活和工作了几千年，他们的劳动产品是几千年古代文明的主要支撑，难道这不是一种就业方式吗？因此，应该摒弃只有 8 小时的现代工厂才是唯一就业形式的偏见，把视野放得更远一些。需要把农业家庭经营作为一种正常的生产方式和就业方式看待。也就是说，它与工业生产是一种有同等地位的就业，甚至其历史更为长久、更为古老。8 小时工作制的工厂制度比农业生产更为年轻。即使如此，人们也在向减少工作时间的方向发展。城市人更多更长的假期表明，他们不过是向着"农夫半年闲"的生活方式的"复归"罢了。既然如此，为什么一定要消灭农民的生活和就业方式呢？

其二，中国东部和中部许多地方的人口密度已经超过多数发达国家城市郊区的人口密度，这是中国的一个重要国情，而城市的一个基本特征就是人口居住的密度高于农村。既然人口的密度已经完全达到发达国家城市化的标准，为什么不能在这些人口密度极高的地方就地展开城市化的进程呢？况且，在建国以前以及现在的台湾，包括世界各国，都实行的是县辖市的体制，一个 1000 多口人的地方，只要文化设施等达到设置市的条件，公民投票后并经过一定的行政程序即可改变为市。美国的市就有 1.6 万多个，中国至今城市不过 600 多个，不及美国城市数量零头的零头。而一旦中国的城市超过一万个，许多现在的农村乡镇成为城市，又能扩大多少就业的机会呢？

其三，农民的生活质量特别是生活条件的提高所产生的生活需求极大。试想，如果农村道路在大多数农村都实现硬化，农民普遍使用沼气，太阳能热水器广泛普及，那么，农民会创造出多少新的就业机会呢？最起码的，商业、服务业以及文化需要就会大大提高。同时，如果农业生产的质量再提高一步，农产品的加工质量同时提高，则农业生产所需要的科学技术以及人才，就会大大增加。

农村还应该成为基层民主自治的培训基地。实行村民自治以后，农村的政治发展发生了深刻变化，农民开始通过具体的程序和自身的利益关系推进了民主自治的事业。经过十多年的实践，已经取得了举世瞩目的成果。这项伟大的创造，应该成为全国人民的共有财富来加以发扬光大，从而使我国民主政治建设更为务实、更为有效地解决日常生活中的矛盾和冲突，更为有机地与经济和社会发展紧密结合起来。这就需要树立村民自治的模范典型，引导中小学生甚至大学生以及城市社区工作者去接受培训。

正是基于上述考虑，农村新的发展战略需要改变以农民进城为重点而推动城市化的办法，其立足点是将农村、农民和农业作为我国经济起飞和解决社会问题的基地，它将以健康的城市体制和市民下乡为重点，充分地开发农民、农村和农业的传统价值，使农村真正成为对城市有着巨大吸引力的新农村。这样，城乡得到均质发展，城乡真正达到了一体化，农村真正成为更适宜于人们生活和休闲度假的场所。

四、当前农村发展战略调整的主要制约因素及战略性条件

毋庸置疑，调整现行的农村发展战略，存在着相当多的制约因素。人们通常认为，最为主要的制约就是缺乏资金。其实，资金短缺固然是一项重要的制约因素，但更为主要的，还不是资金问题。建国以来，我国农村有两次高速发展期，其一为20世纪50年代初期，其二为20世纪80年代初期。这两个时期，都不是因为对于农村有了大量的资金投入，最为主要的还是政策调整。

也有人认为，政策调整的能量已经基本释放完毕，现在必须进行资金投入。其实，这种观点看不到，在一种政策的能量基本释放以后，最为重要的，是重新调整政策，再发现政策性要素的增长点。须知，发展必须依靠内在的

动力。如果农民不能够加入到农村建设的进程中，如果不能调动农民的建设积极性，则外部的资金投入是不可能充分发挥社会效果的。

最为主要的制约要素，是人们多多少少地总认为农民在现代化进程中是要被消灭的一群这个流行观念。农村和农民既然面临着被消灭的前途，为什么还要开发他们的传统价值呢？于是，就产生了要加快城市化进程从而使农民在人口结构中尽快降低比例的目标，就要在广泛拖欠工资的体制下鼓励农民进城，就要搞村村冒烟的污染型乡镇企业，诸如此类，不一而足，渗透于各种具体行政管理政策之中。在这种观念的影响下，农业生产不被看成一种就业行为，农民成了一种与工业生产绝缘的外人。这怎么会产生出一种规范的制度安排呢？

透析种种歧视农民的观念和行为，不难发现，这是一种缺乏法治理念的行为，是一种不平等的表现。比如，如果认为公民一律平等，那么农民作为公民，为什么一定要强制性地接受改造呢？况且，在市场经济的条件下，经济关系中需要进行平等交易，各类群体之间的经济关系首先是一种利益平等关系。

第二个大的制约因素是我国的农业科学研究与农业经营实践之间缺乏系统而严密结合的开发机制。与国外比较，我国的农业经营还停留在相当粗放的阶段。欧洲种植的苹果树已经像葡萄架一样又矮又细从而便于采摘和管理，他们的葡萄架则完全能够防范冰雹等自然灾害；我们的各类农作物生产的管理还谈不上精细规范，还基本处于"大呼隆"的状态，非常不利于农业经营水平的提高。

第三个大的制约因素是农村的贫困人口得不到制度性的规范救助，产生了"木桶效应"，贫困的一边过"短"，制约了大部分农村人口生活质量的提高。农村比较突出的问题表现在：农村的贫困群体缺乏规范的社会救济体系的制度安排，相当多的农村道路还没有硬化，农村还缺少干净的厕所系统，沼气池还不普及等；同时，农村的教育质量不高，住房设计不够合理，农民缺乏市民的养老和医疗保障，现金收入太低，交通不便等。这种生活条件的缺陷，使得农村的许多人气馁，因而要脱离农村。总体而言，农村的生活条件比较差。在这样的生活环境中，尤其是在相当多的农民还比较贫穷的条件下，富裕的农民不可能提高生活质量，农村的整体生活质量更不可能较快地得到提高。为什么？很简单，村子中有少量人口吃不上饭，比较富裕的人就容易满足，产生小富即安的心态；同时，贫富差距较大以后，富人就不敢露富，不能公开透明地致富，这对整个农村发展产生了迟滞作用。另外，如果村子里的道路坎坷不平，雨天满是泥泞，又怎么谈发展质量呢？

尽管农村的发展面临着多种制约因素，但是，由于国家的总体发展战略开始进行重大的调整，尤其是中央所提出的关于我国总体上已到了以工促农、以城带乡的发展阶段的判断以及各项新政策的实施，使得农村的发展战略调整面临着重要的机遇。

应该看到，目前是农村发展最好的政策机遇期：第一，最近几年，以讨论"三农"问题为标志，全社会又一次开始高度重视农业问题；第二，国家宏观发展战略开始将城乡关系、经济和社会关系以及人与自然关系的协调发展提上重要议事日程；第三，农村改革紧紧抓住农民增收这一主题，延续了几千年的农业税在全国相当多的地方被取消，甚至开始对种粮农户进行直接补贴；第四，东部沿海开始实行农村低保制度，中西部地区"不救不活"的农村特困户也已经纳入规范救济范围，灾害救助日益及时、有效；第五，加强农业基础设施建设、加快农业科技进步和提高农业综合生产能力已经成为国家的一项重大而紧迫的战略任务。

同时，许多地方根据当地实际开始了新农村建设，为农村生活质量的提高开辟了广阔的前景。更有意味的是，甚至城市的进一步发展也产生了一种强烈的需要，要求农村全面振兴以为其提供高质量的农副产品和没有污染的环境。人们日益清醒地认识到，没有健康、文明的农村，就不可能有高质量的城市；在城乡关系中，一条腿过长，一条腿过短，就会出现严重的问题。只有提高农民的生活质量，以广大农民的需求作为生产和发展的导向，中国才有可能形成健康的市场经济，现代化才会有稳固的农村基础。这就需要增加农村的投入，提高农村的发展质量。

当然，也要清醒地看到，由于国家的诸多政策形成于计划经济年代，在基本政策调整以后，出现了各种政策之间的不协调，农村的发展还缺乏更为明确的战略目标，有些经验还不普及，缺乏整体性的规划。整体而言，还是没有把农村作为重要的新增长点而加以开发。因此，如何充分认识当前农村发展所面临的战略机遇，同时能够及时地抓住这一机遇，从而稳步地实现农村发展战略的转型，的确是中国社会当前所面临的一项紧迫课题。

五、以农村为本的农村发展战略的政策内容

调整农村发展战略，确定新的发展方向，关键是要充分认识到农村作为新的经济和社会发展的增长点的意义，改变把农民作为包袱的传统观念，立足于中国的实际，引进国际经验，充分开发传统的资源，走出一条不中不西或者说又中又西的具有中国特色的发展道路。

首先要调整城市化政策，走国际化的道路，设立县辖市。同时，设市的标准不能再突出强调产值和财政收入，而要把关键转向文化和基础设施建设等方面，如图书馆、博物馆和学校等。其实，在1949年以前，我国实行的也是县辖市的体制，只是到了1985年以后，随着新的工资制度的实行，行政级别空前强化，官本位异乎寻常地发展起来，结果产生了县级市、地级市以及副省级市这样一些世界上特有的地方单位。相信随着新公务员制度等制度的实行，行政级别式的城市体制会逐步淡化，这样就可以走国际化的道路，实行县辖市，从而使全国增加几千个城市，大大促进我国城市化的实质性的进展。

二是要确定农业的第一产业地位，按照第一产业的规律和世界农业的开发规律来发展农业。这就需要真正将农业作为产业而不是副业或低于工业的传统产业来对待。应该建立农业的就业规范，制定家庭农业经营方式也是一种就业方式的政策；同时应该建立农业生产各个门类及各个行业的基本标准。这项工作，既复杂，又简单。其复杂是因为要组织和建立具有中国特色的农业就业体系，并没有完全成熟的经验可以机械地模仿，需要改变观念，以农民为本，建立特殊的农业就业制度。其简单则是只要尊重农民，以正在做的

事情为立足点，以农民为主体来进行农业就业制度的规范化，一个具有中国特色的农业就业制度很快就会在全国普及起来。

以家庭为基本经营方式的劳动密集型的农业既然是我国农业生产方式的一个基本特征，就应该从这一实际出发来规划农民职业的提升方向。为了缓解就业的压力，特别是要发挥中国农业的优势，亿万农民的就业问题应该就地消化，使农村成为中国就业最为基本的场所。这样就需要把农民当作一个重要的职业来看待。如果农民不是一个职业，那当然也就谈不到就业。但是，既然农产品已经是商品，制造这一商品的人们并不被看作一个重要的职业，从而还要在城市为农民开辟就业的场所，那岂不是作茧自缚？

问题在于怎么建立农村的就业制度，使亿万农民逐步成为经营中国式发达农业的熟练工人。这就需要转变当前流行的关于现代农业知识的观念。人们通常认为，书本上的知识和外国的经营方式才是知识，农民缺乏文化知识，因而素质不高，没有知识。同时，人们又在埋怨我国缺乏熟练的技术工人。其实，能够依照不同气候和季节以及地理环境生产出丰富的特殊产品及粮食的人们，本身就一定具有多种知识。农业生产，尤其是精耕细作式的农业生产方式，当然需要多方面的专业知识，那些没有读过多少书本而善于经营土地耕作的农民，实际上就是中国农业的熟练工人。对此，我们需要转变观念，珍惜并开发这一宝贵的财富。

建立农业工人制度，一定要实行农民的职业分类，按照农业生产的特殊规律对不同的种植业、养殖业以及不同的生产过程评定不同的等级，特别是要由经验丰富的老农作为评定等级的专家，这样，农民也有了不同的专业，包括平整土地、播种、间作及收获等各个工序，就会产生出无数的熟练工人。

三是从提高农业生产的产业化水平的要求出发，广泛建立各类农业技术学校，系统提高农业生产的技术含量，使农业生产者成为国际化的熟练的劳动力。这就需要改变传统的教育体制，学习发达国家的经验，在各地农村广泛兴办各类中等专业技术学校，尤其是农业生产技术学校。这种学校，最好要有地方特色，比如有的地方就以苹果的种植为主，有的完全以水稻的栽培为主，有的则完全以畜牧业为主。这类学校，不要学习太多的理论，因此不需要理论高超的教师，而只是注重地方的实际操作，培训十分实际的知识，如开拖拉机和农村的各类机器，会养猪、养鸡等。

要改造农村的职业高中，使其与农业生产实际紧密地联系起来；应该聘请经验丰富的农民走上讲台，作为教师。这种办法，并不是贬低书本知识。即使在美国，中学生要学习汽车驾驶，也是由一般的司机作为教师。同时，农民也应该定期不定期地到农村的职业高中进行培训，使农村的职业高中作为提高农业科技含量和经营技术的基地。

还要改造现行的农业技术推广制度，使农业类的大学与农村的职业高中密切联系起来，依托农业高中来发展农村急需的科技项目，直接从农民的需要出发确定农业科研的方向。

四是切实修建农村道路和发展农村沼气。不仅乡乡都要通公路，而且村与村之间也要通公路，特别是柏油路。每个村庄内部的道路，也需要根据当地实际由农民参与并投资进行硬化。农村沼气池需要在广大农村在较短的时间内进行普及。这项工作，已经有多年的基础，只是需要集中一定的时间，提出明确的规划，确定具体的时间指标，以期在广大农村得到落实。这两项工程，与农民的生活密切相关，需要着力推进。

五是把乡村旅游作为一个重要的资源进行开发。农村所既有的传统需要作为重要资源进行开发，这种传统，包括革命的传统与历史的传统两个方面。革命传统方面，目前推广的红色旅游，应该加强。历史传统，包括多个方面，如陕西的司马迁故里，山西的丞相村等，其实在许多村庄，都有自己的名人和文化传统，如果能够得到开发，就能够使爱国主义的教育具体而生动。另外，过去使用的农具和家具以及农村的文化风俗等，都是重要的文化载体，也应该加以珍惜并实施开发。

六是农村社会救助制度应该得到进一步健全。包括灾害救助、住房救助、医疗救助、教育救助等，都需要基本建立起来。印度的经验需要特别注意。印度的人口与中国差不多，底子比中国还要薄，但发展政策却与中国有重大区别并且正在呈现良好的发展势头。我们不一定简单地照搬印度经验。但是，在市场经济日益发达的形势下，如果不能够及时建立我国农民的养老、医疗保险制度和有效的社会救助制度，农民又如何稳定下来呢？最起码，有两件事现在就完全有能力可以做：第一，社会救济需要向2820万特困人口倾斜，保证最为贫穷的人口每人每天有一斤粮食。第二，应该允许农民自己出钱发展他们的养老保险。

七是农村民间组织，特别是一些与生产技能联系密切的专业性协会需要进一步发展，其结构方式也要变化。这是提高农业生产特别是农民的技术工艺熟练程度的重要措施。比如，农村可以成立养鸡协会、养牛协会、匠人协会等，这些协会，当然是一些利益共同体，但更为重要的，应该是提高技术熟练程度的共同体，特别是建立一定的技术指标体系，如一级、二级匠人等。

八是农村村民自治要全面普及和提高。现在，村民自治的发展已经到了一个重要的阶段，相当多的村庄已经进行了几轮选举，村民的民主自治意识得到了实实在在的培养和提高。但是，必须看到，中国农村社会的改造是一个相当长的历史过程，有的村庄还没有进行过选举，有的选举还是走过场，即使进行过几次选举的村庄，在健全选举程序方面还需要进行许多过细的工作。在农村社会全面振兴的过程中，有必要把村民自治的事项办好。特别是把民主选举、民主管理、民主决策、民主监督的各项内容具体化、规范化、程序化并在全国系统地普及。

九是乡镇机构的改革政策要调整。很长时间内，机构改革的主要思路是减人，结果减了几十年，人和机构都是越减越多，这说明机构改革的思路要转变。农村的行政管理体制，当前主要的问题是服务不到位，并且没有以农民的需求为本来调整。因此，乡镇的改革，需要实现从简单地管人到规范地管理社会事务的转变，这就需要建立农村社会事务的基本规范，包括村庄的规划、房屋建设、道路维护、厕所修建等与农民生活密切相关又能使农民直接见到实惠的事务，从而使行政管理与发展的质量紧密地结合起来。

十是国务院成立农村工作办公室，统一协调农村各项政策。为了有效地协调农村的建设事务，在国务院的各个工作部门中，应该成立一个能够综合协调农村建设事务的机构，统一协调有关的农村政策，整合各类资源，以全面推进农村建设。这个机构，应该有比较高的权威，不限于具体的行政管理事务，但一定要统一协调国务院各个部委的政策和资源，其名称，似宜叫国务院农村工作办公室。

中国正处在一个重要的战略机遇期，处于这样一个机遇期的中国农村，必须在政策上进一步将农民的积极性调动起来，使广大农民扎扎实实地参与到农村各项应兴应革的事业中去，我国社会的发展，才会全面步入健康、协调的坦途。

JECSS 三农问题与乡村治理

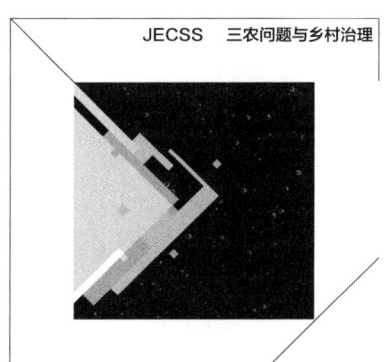

第三辑

土地问题

市场畸形发育、社会冲突与现行的土地制度[*]

文贯中[**]

一、现行土地制度忽视了本国的历史教训和人类文明的制度成果

中国现行的土地制度本来只是临时用来替代公社解散后的制度真空（杜润生，2005），在一些边远、穷困省份偷偷试验的基础上，到1984年通过全面解散公社而正式登上历史舞台的。这一土地制度在世界上独一无二，主要可以归纳为两条：第一，农地所有权仍归农民集体（行政村或自然村），但土地使用权在农民中按人头或劳动力平分，15年不变，后来延长到30年不变。第二，农地不得买卖。农地转为非农用地之前，必须先由政府征用，收归国有。政府后来公布的一系列与土地的承包、使用、管理、调控有关的法律、条例、决定和通知等[①]，除了延长农户的承包期，允许农户出租、转包、转让

---

[*] 本文原载于《经济社会体制比较》，2008年第2期。本文系作者于2007年12月26日在中央财经大学举行的题为"可持续发展与和谐社会构建"中美学术研讨会上发言的修改稿。

[**] 文贯中，美国三一学院经济系终身教授。

[①] 如1999年的《土地管理法》；2001年的《关于土地承包经营权流转的规定》；2003年的《农村土地承包法》；2004年的《关于深化改革严格土地管理的决定》；2006年的《关于加强土地调控有关部门问题的通知》等。

严格限于农用的承包地外,都是强调不准农用土地的市场化和国家对非农用地的垄断,因而始终没有突破1984年的框架。

20世纪80年代初,中国经济改革尚未全面展开,这种临时性的土地制度尚能满足农民对土地使用权的渴望。在中国的市场化、城市化和全球化深入发展,并强调避免弱势群体的相对处境进一步下降,避免生态环境的进一步恶化的今天,现行土地制度的种种弊端及其与市场经济的内在要求的冲突就暴露无遗了。可是,由于种种原因,现行土地制度成了中国经济制度中不能碰的禁区,每一步微小的改革都遇到极大的阻力。

有些人无视这种土地制度与市场经济内在要求的冲突,一厢情愿地希望将这种临时的制度安排永久化。这种一厢情愿也许出自一些天真善良的愿望,希望不要发生因土地兼并而导致无地农民的涌现;也许出自一些莫名的恐惧,认为土地一旦私有化,马上会产生大批的贫民窟,乃至社会暴动。但是,"大跃进"和"文革"给我们的教训是,愿望也好,恐惧也好,如果本身违反客观的经济规律,受这些愿望或恐惧支配的社会并不能逃脱经济规律的严厉惩罚。

所以,重要的是认识并服从经济的客观规律。利用市场经济组织社会的生产和消费就是一条经济规律。如果承认这一规律,那么土地制度必须和市场经济的内在要求相洽,就是这条经济规律的延伸。迄今为止,凡是采用市场经济的国家都采用土地私有制,所以,土地私有是市场经济的必要条件。土地私有制并非十全十美,无懈可击。可是,正如市场化的过程中会有厂家的破产,会有家庭的失业,甚至会有人投机股市失败而跳楼,我们绝不会因此叫停市场化导向的改革。同样,对土地私有也不能求全责备。

土地私有制经历上下几千年的反复社会试验,又经过当代条件下世界各国的社会实践,被证明为不但和现代化和工业化是相洽的,也是和市场化、城市化和全球化相洽的。相对于其他的土地制度,土地私有制是最有效率的。凡是对土地私有制做到长期信奉不疑的民族,都能逐渐完善以保障产权为核心的法律制度,演化出有广泛民意基础的经济—社会秩序,导致各阶层共生关系的深化,社会生活的和谐。在这个过程中,农业生产力获得飞跃,土地承载人口能力极大提高。今天世界绝大部分国家采用农地私有。如此漫长的时期，如此众多的国家，殊途同归，当然是反映了全人类反复试验后的经验教训和智慧结晶。

二、违反市场经济规律的现行土地制度不应长期化

现在，资本、劳动和人力资本已经获得要素的身份，能够在市场上比较平等，比较自由地追求自身价值的最大化，同时也大大促进了整体经济效率。可是，现行土地制度继续拒绝承认农民在土地市场上的平等权利，也拒绝接受土地必须服从市场经济下要素配置的基本规律。

反对土地私有，希望将现行土地制度长期化的理由五花八门，只能择其典型以评论之。

理由之一是，这种制度能够做到公平和效率兼顾。现行的土地制度存在不可克服的内在矛盾：要忠于公平的原则，每个村子的土地必须随本村人口的变动随时调整乃至重分，从而牺牲土地使用权的稳定，进而影响农民对农业和农村的长期投资；若要避免这种负面影响，则必须废弃因人口变动随时调整土地的做法，则必然无法保全这种小农意识所追求的公平原则。显然，想要公平与效率两者兼顾，只能是空想。我们真正要追求的是起点和机会的公平。只有当土地所有权平均分给每个农民，农民又和城市居民一样有所有的平等的政治和经济权利，包括自由交易自己的土地和自由迁徙、定居的权利，农民的处境才会真正得到改善。

理由之二是，中国近代的衰落就是实行土地私有制的结果。土地私有制是农业社会中最重要的经济制度，中国秦汉以来便实行土地私有。如果土地私有必然造成衰弱，又何以解释中国几千年来竟能以有限的耕地支撑世界上最为庞大的人口，又何以能长期在科技上领先世界？离开农业社会中土地私有这一最主要的经济制度的强力支撑，现在大家津津乐道的中华文明不就成了虚无缥缈的空中楼阁吗？其实，正是土地私有才大大促进了财富的创造和积累。中国近代的衰败，要怪罪的是专制政府长期重农抑商，钳制民众思想，

又长期锁国，使民众既不能自由思想，又丧失和世界交流的机会，使工商、贸易、科技无法顺利发展。

理由之三是，像中国这样人多地少、无法殖民的国家，绝不能搞土地私有，不然土地兼并产生的无地农民何以处置。从近代世界各国的经验看，对土地私有制的这种指责也不能成立。对土地兼并后产生的无地农民何以处置的问题，其实非常好回答。首先，历史经验表明，土地兼并只会缓慢发生。日本、中国台湾一直希望土地兼并发生得快一些，使农户的平均规模大一些，可惜快不了。所以，土地私有制之下的土地兼并不会一夜之间蔓延全国。其次，通过发展工业和服务业，创造就业，并通过城市化吸收剩余人口。发达国家80%以上的人口集中在城市。中国目前的城市化水平只有45%，城市化方兴未艾。随着城市化的推进，还可以大量吸收农村人口。再次，在工业化、城市化和全球化顺利发展的社会，农户间基于效率的竞争发生的兼并正是纯农户扩大经营规模、提高收入的最主要途径。兼并是市场经济的真谛。没有兼并，何来效率？既然在工业和服务业中允许竞争和兼并，为何农业就要例外？特别当已经发生民工荒的时候，兼并更应积极提倡，才能使城乡同时受益。

理由之四是，土地私有一定会导致大面积的贫民窟，乃至社会暴乱。笔者并不否定土地私有化会暂时形成一些贫民窟，但笔者无法同意，贫民窟的存在一定导致社会暴乱。发达国家的经验表明，吸收农村剩余人口的唯一办法是工业化、城市化、全球化，通过制造业的发展，接着是服务业的极大扩张，源源不断地吸收农村的剩余人口。这里的关键是城市化，因为城市是制造业的载体，也是服务业的载体。如果所实行的土地制度无法加速城市化，日益增长的农村人口只能在越来越有限的人均耕地中谋生，必然陷入马尔萨斯人口陷阱，生活水平必然绝对下降，整个农村必然成为一个巨大无比的贫民窟。这种贫民窟的形成出于城市对农民的制度性歧视和排斥，因而必然招致农民的怨恨和反抗。这种贫穷、破败的农村和少数城市的畸形繁荣所形成的鲜明反差和城乡对立才是社会动乱的真正可怕的根源。相反，在土地私有的体制下和人口自由流动中形成的贫民窟，出于农民在城乡收入水平的对比之后，放弃做佃农或长工的机会，自愿选择迁入都市，并存在通过奋斗逐步改善境遇的希望和大量的实例，生活于贫民窟的绝大部分居民对现状是接受的，对未来是抱有期望的。

理由之五是，现行土地制度能够保证农用转为非农用地后的升值归全民所有。对这个问题的回答很简单。市场经济的要害就是承认包括所有权在内的所有产权，以确保经济的效率，然后通过税收调节收入。通过剥夺财产和生产资料，实行国家所有和垄断，然后推行中央计划经济的实验在世界范围内已经彻底失败。中国已经承认资本、劳动以及人力资本的个人所有，唯独对农民的土地，不但不准他们私有，而且剥夺他们通过自由交易获得增值的机会。这与政府尽早解决三农问题的初衷是背道而驰的？通过价格的剪刀差农民已经被剥夺了几十年，当所有其他要素可以私有，并可以自由交易的时候，为什么又是处境最困难的农民被剥夺这种权利呢？正确的办法显然是允许农民拥有土地，并自由交易，同时征收合理的土地交易税和增值税。如果土地之上已有房产、建筑的话，则征收合理的物业税，用税收而不是剥夺生产资料，在不损害效率的前提下调节收入。

理由之六是，土地一旦私有，一定会造成城市化过程中极大的土地浪费。对于这样的说法，我想举以下数字来反驳。上海从1842年开埠到1949年的一百多年时间中，人口从几十万增加到600万，建成面积100多平方公里，成为远东最大的金融、航运、商业中心，以及中国最大的工业城市和对国家财政贡献最大的经济中心。无论是每平方公里的产值还是就业，或每平方公里容纳的人口，其效率之高是无可置疑的。这一切都发生在土地私有制下。可是，在现行的土地制度之下，全国查出的闲置土地高达上万平方公里。中国耕地面积仅仅到2004年为止的近7年内便减少了1亿亩（张立、贾治堂，2004），相当于6.7万平方公里，或670个1950年代初的上海市区面积。以当年的上海人口600万计，6.7万平方公里应该可以容纳40亿左右的人口。尽管减少了如此多的宝贵耕地，中国的绝大部分人口依旧生活在农村。

三、现行土地制度导致制度性排斥农村人口的外生型城市化

在典型的市场经济体中，无论何处的土地价格上升，必然会通过统一的土地市场传导至各处，引起全国范围内土地供应量的上升和土地需求量的减少，反之亦然。这样，土地市场上的价格信号不但可以在全国范围内灵敏地调节农业内部的土地供求，而且可以灵敏地调节城乡之间和城市内部的土地供求。只有当土地的供求涉及诸如修路、修桥等的公共利益，而土地市场本身无法解决供求平衡时，才需政府的介入。政府介入时，因为各地土地有明确的市场价格，所以征用土地时，按市价补偿并不会发生单方面的喊价过高或出价过低的矛盾。

可是，在现行土地制度下，农地所有权分属几百万个村子，即使作为农地用，也不能直接入市交易。当城市化和工业化需要某些农地转为非农用地时，未经政府征用，转为国有，农地更不能入市交易，转为他用。所以，尽管亿万农民名义上是农地的所有者，但是，现行土地制度彻底否认他们在土地市场上的平等交易权利。农地在各村之间和城乡之间严重割裂，又不能自由上市，自由交换。因此，中国并没有真正意义上的统一的全国土地市场。各地的土地价格因没有内在的传导机制而严重扭曲。既然土地市场无法调节土地的供求，政府就主动地，或者被动地越来越广泛地涉足土地的供求，越来越繁琐地实施对土地使用的行政干预。这种局面不但与市场导向的改革初衷背道而驰，而且人为延长并加剧城乡割裂的二元经济结构。

只有内生增长的经济才能持续。所谓内生增长，指通过基于由市场引导的、持续不断的制度变迁和技术进步，而不是简单地通过增加要素投入来获得经济总量的递增。但是，现在中国的城市化却越来越成为由政府主导的外生过程。因为无论是原有城市的扩大，还是新生城市的崛起，都涉及农地的非农化，即农地变为城市用地的过程。可是，中国的农地不能作为要素，根据土地价格的信号自由进入土地市场，除非先由政府征用，变为国有土地。这表明，城市化过程中涉及的所有土地，必须由政府决定，而不是在土地市

场上由土地的供求关系来调节。这不但给政府的寻租大开方便之门，也使中国的城市化走上了政府主导的道路。

难怪农村群起抗争事件越来越频繁。在近年来每年好几万起的群众性抗争事件中，60%左右都和土地纠纷，特别是土地征用过程的不公有关。随着城市化的加速，若不改变现行土地制度，群众性抗争事件只会进一步上升，卷入的人数只会越来越多，冲突的规模也只会越来越激烈。所以，这种靠掠夺农民土地财富的方式搞城市化是走不远的。

四、现行土地制度对劳动工资、汇率调整和中国的比较优势的负面影响

著名学者蔡昉等（2007）提出，中国已处于由劳动供应过剩到劳动供应短缺的拐点，根据是民工荒引起的工资上升。据他们的研究，中国是全世界制造业工资上涨速度最快的国家，预计在今后的几年里还会加速。蔡昉等指出的民工荒和工资上升，是不争的事实。可是，这种预测的前提是，目前的土地制度不变。在这种情况下，随着政府对新农村建设投入的增加，更多的民工也许会选择回乡，使民工荒进一步发展。可是，中国的耕地因城市化只会减少，因而即使在农村人口不变的情况下，农村人均耕地也只会减少。如果农民工继续大量返乡，农村的人均耕地的下降必将加剧，使农村的人均收入更难追上城市。结果是，一边民工荒蔓延，一边政府必须支出越来越多的津贴和补助，才能使农民的收入不至于相对下降。这是一项无法完成的任务。同时，城市地区由于劳动供应的短缺，造成工资水平过快上升，在农村人口仍占人口总数55%的情况下，中国在劳动成本上的比较优势便会逐渐丧失。

如果引入土地私有化，通过土地兼并，可将农村人口慢慢地推向城市，不但有助于留在农村继续务农人口的人均耕地面积的扩大，以及收入的逐步提高，而且能够长期缓解城市的劳动短缺，减轻人民币升值对中国劳动成本的影响，获得调整汇率的较大空间。保持劳动密集型工业的比较优势对解决普遍就业有重要的意义。农村剩余劳动力主要靠劳动密集型的工商业吸收。

城乡居民的普遍就业可以显著缓和城乡收入差距的急剧拉大。所以，土地私有能够有助于中国长期保持劳动成本的比较优势，使汇率调整能够迅速地到位，减少宏观调控的难度，有助于减少与各国的贸易摩擦和通货膨胀压力，有助于减少股市、房市泡沫化的风险。

五、现行土地制度严重阻碍资本市场的深化

市场经济主要靠价格配置要素，所以市场经济的发育过程，就是将越来越多的物质形态的资产转化为金融资产，便于它们在市场上流转和增值。其中土地便是一项十分重要的实物资产。土地不但可以转化为金融资产，而且土地是一切实物资产的载体。在将实业转化为金融资产时，必然涉及土地的各种产权和所有权。在土地私有制下，由于土地可以自由买卖，可以出租，可以抵押，所以，土地在中国成为金融资产的历史十分悠久，农户抵押土地以获得金融服务时，实际上抵押的是地契。这里，地契便是金融资产的一种形式。几千年来中国正是靠高度发达的土地私有制对农业经济的强有力支撑，才有中国文明迭起的高潮。可惜中国在历史上长期实行重农抑商的政策，使工商业难以发展，因而金融业也受到极大的限制，无法向纵深发展。中国近代的落后，与这种重农抑商政策是分不开的。

政府应该彻底抛弃重农抑商的政策，虽然允许其他阶层通过自由发展工商业，追求自身资产的极大化，同时政府也在积极鼓励资本市场的发育，可是，对政府一再声明最想扶助的广大农民，事实上仍然在实行制度性的歧视政策，阻碍其土地资产金融化，表现在以下几个方面。

首先，农民的土地不能作为资产自由进入市场，实现自身的价值，只能被严格限制于耕种作物。如果由于位置（location）的原因，某块农地可以成为城市的一部分，其升值的绝大部分被政府和开发商瓜分，农民无法用土地升值带来的资金发展工商业，顺利融入城市。其次，农民的宅基地不能作为资产自由进入市场。第三，农民宅基地上的住房和盖在集体建设用地上的厂房也不能作为资产自由进入市场，实现自身的价值。第四，由于农地不能自

由买卖，资本市场中涌动的资本就无法和土地自由结合，不但断绝了农民的财路，而且使资本市场的发育难以深化，减少了投资者的投资渠道，加剧了流动性的过剩，使股市和房市的泡沫化风险加大。第五，从明清留下的大量古村所显示的良好的基础设施和公共财物来看，如果土地可以自由买卖，在外成功的农户会有动力在家乡置产置业，参与家乡的建设。所以，土地私有实际上会鼓励资本流回家乡，从而带动新农村建设。可是，在现行土地制度下，成功农户无权在家乡置产置业，新农村建设缺乏内在的动力和自发的积极性，只能越来越依赖政府的投入。问题是，政府有这样的财政能力吗？第六，由于土地无法作为抵押，农村正规的金融很难发育，而地下钱庄却十分活跃。农民不是很难得到融资，便是为高利贷的负担所苦。显然，现行土地制度已经严重地阻碍资本市场的深化，对中国市场经济的顺利成长十分不利。

六、现行土地制度日益加剧城乡间和地区间的收入差距

根据各国的经验，农户增加收入的主要途径，既不可能靠国家提价，因为提价总不能提到世界市场的价格之上，也不可能靠补助，因为国家的财政收入无法长期承受。提高农户收入的主要途径是不断扩大农户的经营规模。这条途径因符合城市化的规律，因而是可以持续的，也有助于农业生产效率的提高。

照理说，随着越来越多的农村人口外出打工，留下的农户的土地规模应该能够逐渐扩大。可是，在现行的土地制度下，种地大户极难成长，成长了也随时可以逆转。

2004年一号文件指出，纯农户，特别是纯粮农的收入问题特别严重。原因何在呢？首先，在于他们的土地经营规模无法顺利扩大。以粮农为例，粮食生产周期长，复种指数低，是典型的土地密集型产品。相比之下，大多数蔬菜的生长周期较短，因而菜地的复种指数可以很高，即使经营的土地面积不大，收入也能高出粮农很多。其次，粮食的收入弹性和价格弹性都很低。城市居民收入的快速提高对粮食消费及其价格的带动非常有限。蔬菜的收入

弹性较高，随着人们健康意识的提高，如果菜农掌握时令，往往获得较高的收入。基于以上原因，粮农若想获得和菜农相当的收入，需要的土地规模较菜农要多得多，所需资金的周转周期也要长得多。

在市场经济中，各种类型的农户的土地经营规模是由价格调节自然形成的。如果在现有经营规模上粮农无法得到平均收入，他们中的一些人或者退出农业，或者改种其他作物。这就产生两种效应。首先，留下的粮农的土地经营规模得以扩大；其次，随着一些粮农退出粮食生产，粮价会有所上升。这两种效应都有助于粮农收入的上升。这个过程会自动进行下去，直至粮农数目的减少和粮价的上升使留下的粮农获得平均收入为止。然而，在中国现行的土地制度下，农户土地经营的规模主要由集体已有的土地和该农户在全村人口中所占比重决定。尽管政府出台了土地承包法，允许土地转包和出租，然而种地能手通过转包和出租扩大经营规模的速度不足以改变土地细零化的总趋势。

在现行土地集体所有制下，转包和出租的交易成本也极高。根据中国现行的《土地承包法》第48条规定，应当"发包方将农村土地发包给本集体经济组织以外的单位或者个人承包，事先经本集体经济组织成员的村民会议三分之二以上成员或者三分之二以上村民代表的同意，并报乡（镇）人民政府批准。由本集体经济组织以外的单位或者个人承包的，应当对承包方的资信情况和经营能力进行审查后，再签订承包合同"。如此高的交易成本，在土地私有制下是不可想象的。如此的规定，只能使土地的流转速度大大降低，并使交易双方被迫向集体隐瞒交易。但这样一来，又使承包协议缺乏透明性，一旦有争议，得不到法律的保障。在这种情况下，土地租赁市场很难发育、成长起来，农户的经营规模也很难稳定扩大。

值得注意的是，这种制度损害的正是政府最想保护的纯农户，特别是纯粮户，因为他们无法顺利扩大土地经营规模。兼业户虽然同样无法扩大土地经营规模，但因为有进城打工的收入，他们仍能增加收入。这样，中国就面临一个两难问题：除非所有农户都变成兼业户，否则纯农户和纯粮户的相对收入只会越来越恶化；如果全部农民都变为兼业农，则中国会因分工和专业化水平的极大倒退而蒙受效率损失。何况由于天时地利人和的原因,总有一大批农户无法外出打工。在现行土地制度下,他们将被锁定于贫困、愚昧之中,被彻底边缘化。

七、第二次土地制度改革刻不容缓

综上所述,现行的土地制度不但不利于中国农业的长期发展和三农问题的早日解决,而且已经对中国城市化的顺利发展,城乡二元化壁垒的尽早拆除,资本市场的正常发育,劳动密集型产业的比较优势的长期维持,汇率调整的空间,贸易摩擦的消减,产生越来越大的不利影响。经济生活中的这些不和谐如此持久,如此顽固,又和现行土地制度如此密切相联,确实发人深省,也对2020年中国决心全面建成和谐的小康社会的目标构成严重的挑战。

在土地制度存在根本缺失的情况下,虽然可以继续回避对现行制度的改革,却无法回避这种严重丧失自动调节功能的土地制度在市场化、城市化和全球化深入发展的今天所造成的积重如山的问题。这些问题今后只会进一步加剧。目前政府的选择是,用政策代替市场机制,针对越来越多的和土地有关的问题,被迫制定出越来越多自相矛盾的土地政策、条例、通知、决定。这实际上是走回头路,用行政命令和干预代替市场机制的自动调节,违背了改革的初衷和大方向。各级政府再忙,上上下下管得再严,只能是头痛医头,脚痛医脚,并使市场机制的自动调节功能越来越弱,市场经济制度则越来越难以发育,离开广大农民以及城市中下层的愿望和长远利益则越来越远。

现行土地制度与市场经济的内在要求的严重冲突所带来的问题,已经十分清楚。既然中国已经下定决心走市场经济道路,作为其最重要制度之一的土地制度自然也必须和市场经济相洽。由于现行土地制度和市场经济的内在要求严重冲突,从20世纪90年代以来,以三农问题为代表,中国已经累积了越来越多的社会问题。为了避免这些问题发展成恶性的社会危机,唯有回到市场经济的大道上来,接受市场经济的铁律,彻底改革与市场经济的内在要求严重冲突的现行土地制度,让市场机制发挥调节土地供求的主要功能,辅以政府的城市规划和区划，一主一辅地共同决定土地的合理使用。唯其如此，政府才能化被动为主动，集中主要精力于法制的建设和公共财政的提供。所以，第二次土地制度改革刻不容缓。

参考文献

蔡昉、王美艳，2007："劳动成本上涨与经济方式转变"，见《迈向新增长方式的中国》，中国社会科学院人口所内部资料。

陈锡文，2005："当前我国农村改革与发展中面临的若干矛盾与问题"，见黄祖辉、宋顺锋、史晋川、卫龙宝主编：《中国三农问题：理论、实证与对策》，杭州：浙江大学出版社。

杜润生，2005：《杜润生自述：中国农村体制变革重大决策纪实》，北京：人民出版社。

国家统计局，1999：《中国统计年鉴（1999）》，北京：中国统计出版社。

廖洪乐、习银生、张照新等，2003：《中国农村土地承包制度研究》，北京：中国财政经济出版社。

张立、贾治堂，2004："退耕还林政策的进退之道"，《南方周末》，2004-05-25。

张晓山，2004："解决三农问题的新思路新举措"，《中国青年报》，2004-02-22。

中国社会科学院农村发展研究所、国家统计局农村经济调查总队，2005：《2005年农村经济发展绿皮书》，北京：社会科学文献出版社。

土地权利制度创新:从《土地管理法》修改的视角[*]

高圣平 刘守英[**]

一、问题的提出

现行《土地管理法》颁布于 1986 年,其间历经 1988 年、1998 年、2004 年三次修改,基本确立了以土地所有权和土地使用权为核心的土地权利制度。《物权法》对土地物权依传统法理和中国实践划分为土地所有权和土地他物权,而土地他物权又可分为土地用益物权(包括土地承包经营权、建设用地使用权、宅基地使用权和地役权)和土地担保物权(包括土地承包经营权抵押权和建设用地使用权抵押权),由此而构建了全新的土地权利制度。考虑到与既有土地管理法律之间的分工,也注意到我国土地管理实践的发展,《物权法》仅对有些土地权利作了原则性规定,而将许多具体规则授权《土地管理

---

[*] 本文原载于《经济社会体制比较》,2010 年第 3 期。基金项目:对外经济贸易大学"211 工程"三期重点学科建设项目"全球土地财产权市场化的限度"。

[**] 高圣平,中国人民大学法学院教授,中国人民大学民商法律科学研究中心专职研究员;刘守英,国务院发展研究中心农村经济部副部长、研究员。

法》等作出规定。① 《物权法》实施后，《土地管理法》应与之做好衔接。② 同时，当前我国土地管理又面临新的形势，党的十七届三中全会对我国土地管理提出了新的要求，亟需落实到土地管理的相关法律法规中去。因此，《土地管理法》的修改不仅是为了贯彻《物权法》，完善土地权利的设立、变更、转让和消灭规则，而且是为了解决中国快速的工业化、城市化过程中土地权利的保护问题，为以后中国经济的持续稳定发展提供相应的制度支撑。从这个意义上讲，本次《土地管理法》的修改宗旨应该是以建立、健全土地权利保护制度为核心，从而构建符合我国国情的现代土地权利体系。本文拟针对国土资源部《中华人民共和国土地管理法（修订案）（送审稿）》（以下简称《送审稿》）中土地权利制度的创新一陈管见，以求教于同仁。③

二、土地权利的配置及其体系化：保守抑或超越？

《送审稿》第 11 条第 1 款规定："土地权利包括国家土地所有权、农民集体土地所有权；农用地使用权、土地承包经营权、建设用地使用权、宅基地

---

① 如《物权法》第 151 条和 153 条分别规定："集体所有的土地作为建设用地的，应当依照土地管理法等法律规定办理"；"宅基地使用权的取得、行使和转让，适用土地管理法等法律和国家有关规定。"

② 虽然《土地管理法》以土地管理关系为其调整重心，但不容否认的是，《土地管理法》也调整土地权利关系（民事关系），并且以土地权利关系为基础。现行《土地管理法》第二章"土地所有权和使用权"几乎全部是调整土地权利关系的规范；第五章"建设用地"中关于建设用地使用权设立、转让等的规定也属于民事规范。

③ 虽然土地承包经营权和地役权也属于土地权利体系中的重要组成部分，但前者适用于《农村土地承包法》，后者在《物权法》中已作详细规定，实施近三年来并无大碍，无需在《土地管理法》中作出更为具体的规定。有鉴于此，本文未将这两种土地权利纳入讨论范围。此外，土地用益物权之上所设定的抵押权主要是建设用地使用权抵押权、土地承包经营权抵押权、宅基地使用权抵押权和地役权抵押权，其中，建设用地使用权抵押权已在《物权法》中作了充分的规范，土地承包经营权抵押权在物权法之下极受限制（基于《土地管理法》与《农村土地承包法》在调整范围上的区分，《土地管理法》修改未将此纳入调整范围）；宅基地使用权抵押权为物权法所禁止；地役权抵押权和地役权所依附之其他用益物权的抵押权同时设立，不具有独立讨论的必要，因此，本文未将抵押权的创新问题纳入讨论范围。

使用权；土地抵押权；地役权等。"这一规定在维系前述《物权法》有关土地权利体系的基础之上，增加了两种土地权利类型：农用地使用权和土地抵押权。但其中权利配置和体系构建尚有以下疑问之处：

（一）是否有必要增设"农用地使用权"这种物权类型？

《送审稿》增加了"农用地使用权"这种土地权利类型，并明确规定"未设立承包经营权的农用地，确定给单位或者个人使用的，设立农用地使用权"。可见，《送审稿》的立法意图在于，对于未设立承包经营权的农用地，也可设定一种用益物权，以稳定这种农用地的使用关系。但这种用益物权与土地承包经营权之间在权利设定、权利内容等方面有何区别？就《送审稿》的规定来看，除了标的物、法律适用上存在区别之外，均作了同一处理。这些规定均值得探讨。

第一，"未设立承包经营权的农用地"的范围究竟有多大？是否需要创设一种物权类型？在实践中，"未设立承包经营权的农用地"主要是指未实行土地承包经营制的地区的农用地[①]、农村中属于国有的农用地[②]，以及实行土地承包经营制的地区的机动地。这些农用地均有其特定的目的，如机动地主要是为了在"增人不增地"、"减人不减地"的政策之下，留作土地调整，以便于设定土地承包经营权。这些农用地之上不宜设立另外一种用益物权，完全可以通过订立合同，依债权方式来解决。

第二，将"农用地使用权"规定为一种新的物权类型，就应当明确规定这种新型用益物权的设定要件、效力范围，但《送审稿》对此并未作出明确

---

① 就本类农用地而言，实行什么经营制本是土地所有权人——农民集体自主决定的事项，但依现行法律的规定，家庭承包经营制就多少带有了点强制性的味道。未实行家庭承包经营制、未设立土地承包经营权的地区毕竟只是少数，而且各有其不同的原因，再就此规定一个"农用地使用权"来稳定一个当事人本不想稳定的土地利用关系，是否妥适，还值得商榷。

② 就本类农用地而言，《物权法》第134条规定："国家所有的农用地实行承包经营的，参照本法的有关规定。"由此可见，此种农用地可以设定土地承包经营权，无需另行规定即可在现有制度框架内发展。

规定，也未作出准用土地承包经营权相关规则的规定。这样就给土地利用实践造成了适用上的困难。农用地使用权既属物权，则须以一定的公示方法周知于众人。但农用地使用权的公示方法究竟是什么？占有抑或登记？不得而知。如依《送审稿》第三章第 25 条关于土地登记效力的一般规定，在解释上可以认为农用地使用权以登记为公示方法，未经登记，农用地使用权不生效力。果若如此，农用地使用权与土地承包经营权功用相同，为何制度设计各异？①

综上所述，未设立土地承包经营权的农用地毕竟很少，就此类土地利用关系无需再规定一种新的物权类型。利用财产的权利方式并不仅限于物权，利用债权方式解决相关农用地的利用问题，则更具灵活性。

（二）是否有必要以"土地抵押权"来涵盖与土地相关的所有类型的抵押权？

在《物权法》之下，土地所有权以及耕地、宅基地、自留地、自留山等集体所有的土地使用权之上不得设定抵押权，涉及土地之上的抵押权仅限于建设用地使用权抵押权以及（以其他方式取得的）土地承包经营权抵押权，此外，还包括了地役权抵押权。《送审稿》创设了一个新的物权类型"土地抵押权"，这种抵押权究竟指什么？是否包括了上述《物权法》中所称的建设用地使用权抵押权、土地承包经营权抵押权、地役权抵押权？

第一，在抵押权的类型化上通常采取的方法是以抵押财产的种类为标准；在指称上，也是用"抵押财产的具体类别"+"抵押权"的称谓，如"动产抵押权"即以动产为标的的抵押权，而"建设用地使用权抵押权"是指以建设用地使用权为标的的抵押权。我国实行土地公有制，土地不能成为交易的客体，自然不能设定抵押权。因此，"土地抵押权"很明显并不是在土地所有

---

① 因为土地承包经营权采取登记对抗主义，土地承包经营权不经登记，自土地承包经营合同生效即可设立；登记只是土地承包经营权发生物权性流转时起着对抗第三人的作用。

权之上的抵押权，采用"土地抵押权"一语，容易产生误解与误读。

第二，采纳"土地抵押权"一语，可能是为了立法的简约和行文的方便而将现行法律允许的建设用地使用权抵押权、土地承包经营权抵押权和地役权抵押权均包括在内，此外，还可以涵盖现行法律不允许但以后可能允许的用益物权抵押权，如宅基地使用权抵押权。但是，在上位阶概念"抵押权"或"不动产抵押权"、"权利抵押权"与下位阶概念"建设用地使用权抵押权"等具体抵押权之间是否有必要再类型化出一种中位阶概念"土地抵押权"？或者说，下位阶概念所指称的各类别之间是否有足够多的差异性，以使中位阶概念成为必要？至少在目前，我们还没有看出下位阶概念的各类"权利抵押权"之间有多少特别显著的差异足以说明这种类型化的必要性。因为抵押权依抵押财产的类别可以分为不动产抵押权、权利抵押权和动产抵押权（高圣平，2009），其中，所谓"土地抵押权"大抵属于权利抵押权，而在《物权法》中明确规定的权利抵押权——建设用地使用权抵押权、土地承包经营权抵押权等均属土地用益物权之上的抵押权①，在此之下再作一个位阶的分类，正当性不足。

因此，没有必要再创设一个物权名称——土地抵押权，直接规定各种抵押权类型即可。

三、建设用地使用权制度：主要争议及其解决

建设用地使用权作为一项用益物权，是在他人享有所有权的土地之上设立的，设立之后，建设用地使用权人可以占有、使用他人的土地并从中获益，并可以处分其建设用地使用权，由此形成了所谓土地的"一级市场"和"二级市场"（路红生，2007）。建设用地使用权的取得方式也就有了所谓"设立"和"移转"之分，两者之间的规则设计是不同的：建设用地使用权的设

---

① 依《物权法》第180条第1款第7项关于"法律、行政法规与禁止抵押的其他财产"均可以抵押的规定，有可能出现建设用地使用权抵押权（该款第2项）、土地承包经营权抵押权（该款第3项）之外的权利抵押权，如海域使用权抵押权等。

立涉及用地审批、用途管制、规划许可，程序比较复杂，而已设立的建设用地使用权只要不改变用途，其移转应是自由的。基于《土地管理法》和《房地产管理法》之间在调整范围上的区分，本文作者认为，虽然房地产开发必然涉及用地，但在我们目前行政管理体制未作重大调整的情况下，为使各部门条分缕析地履行自己的职能，避免相互争权和彼此推诿，《土地管理法》应仅调整土地的一级市场，亦即仅涉及建设用地使用权的设立，《房地产管理法》应仅调整土地的二级市场，亦即仅涉及建设用地使用权的移转。本文仅就前者而展开。

（一）建设用地使用权的设立方式：出让、划拨抑或包括其他？

就建设用地使用权的设立方式而言，《物权法》第 137 条明文规定了设立建设用地使用权可以采取出让或者划拨等方式。《送审稿》第 18 条第 1 款规定："建设用地使用权可以依法通过出让、划拨、租赁、作价出资入股和转让、出租、继承、赠与、互换等方式取得。"就该条文的结构来看，"出让、划拨、租赁、作价入股"应属于建设用地使用权的设立方式（创设的继受取得）；"转让、出租、继承、赠与、互换"则属于建设用地使用权的移转方式（移转的继受取得）。对于这一建设用地使用权设立方式的规定，笔者不敢苟同，其原因在于：

第一，"出让和划拨"两种设立方式是依建设用地使用权人在取得建设用地使用权时是否支付对价为标准所作的分类。本文作者认为，出让和划拨本不属于"法言法语"，大致反映着土地利用制度改革之初人们对于土地使用权取得方式的初步认知。在物权法之下，建设用地使用权依土地所有权人和使用人之间的建设用地使用权设立合同而设立，是在他人所有的土地上所设定的权利负担，至于是否支付对价，自应由双方当事人去约定。[①] 由此可见，出

---

① 不过，在我国现行法律之下，为防止国有土地资源的流失，促进国有土地资源的合理利用，无偿设立（划拨）受到了严格限制。

让方式的准确说法应是建设用地使用权的有偿设立，而划拨方式则为建设用地使用权的无偿设立（使用权人所支付的补偿、安置等费用并非其取得建设用地使用权的对价）。

第二，在物权法定义之下，尚无法得出建设用地使用权可依租赁方式而设立的结论。依法理，承租人依租赁合同所取得的利用土地的权利并非物权而是债权，承租人依租赁合同所取得的利用土地的权利当然不是建设用地使用权这种物权。目前，允许建设用地使用权依租赁方式取得的依据仅为国土资源部于1999年7月发布的《规范国有土地租赁若干意见》。从该意见的内容来看，建设用地使用权的取得仍要支付对价（租金），仍应尽可能地采取竞价的方式取得，可以划拨使用的仍应划拨，不实行租赁。因此，租赁方式与出让方式的区别在于：承租人支付的是租金，而受让人支付的是出让金；租赁期限比较灵活（但也不得超过最高出让年限的限制），而出让期限受到最高年限的限制。但这两个区别并不足以说明在出让方式之外再规定一种租赁方式的正当性。土地使用人均应支付对价，只不过称呼不同而已，一个称租金，一个称出让金，但就出让金的本质而言，它属于建设用地使用权的市场价格，在我国土地出让的现状之下，出让金在性质上亦属于租金（批租）；至于期限上的区别，也不是允许以租赁方式设立建设用地使用权的正当理由，因为出让期限本身就可以在最高年限范围内约定。实际上，国有土地租赁往往成了规避法律对国有土地出让强势管制的一种工具，应予否定。因此，本文作者反对将租赁作为建设用地使用权的设立方式之一加以规定，但已经取得建设用地使用权的权利人可将其建设用地使用权以租赁方式出租给他人使用，不过这已经属于土地二级市场的问题，此时通过租赁方式所设定的也不是某种用益物权。

第三，"出资入股"即意味着自己丧失权利而他人取得权利，由此可见，在土地一级市场上，土地所有权人的"出资入股"，肯定不是以土地所有权出资入股（在现行法律之下，土地所有权禁止交易），而是土地所有权人以建设用地使用权"出资入股"，即在自己所有土地之上为其所投资的公司或其他组织设立建设用地使用权，这实际上是"出让"建设用地使用权的一种形式，只不过土地所有权人从土地使用人那里所取得的对价不是土地出让金，而是股权。可见，作价出资入股并非建设用地使用权的一种独立设立方式。在现行法律之下，对建设用地使用权的作价出资入股作出明确规定的主要是《国有企业改革中划拨土地使用权管理暂行规定》，这一方式大抵是为了解决国有企业改革和土地利用制度改革遗留下来的历史问题的权宜之计，实不足以作为已相对成熟的土地一级市场中的一个具有普适性的稳定方式。

（二）建设用地使用权的期限：法定抑或约定？

《送审稿》在《城镇国有土地使用权出让和转让暂行条例》的基础上，于第89条第1款明确规定："建设用地使用权出让最高年限按下列用途确定：（一）居住用地七十年；（二）工业用地五十年；（三）教育、科技、文化、卫生、体育用地五十年；（四）商业、旅游、娱乐用地四十年；（五）综合或者其他用地五十年。"

是否有必要规定建设用地使用权的最高年限？在我国承认房屋的私有和土地的公有这一现状之下，房屋的所有权人和土地的所有权人不统一，房屋所有权人必须同时取得房屋占有范围的土地的建设用地使用权，其房屋所有权才具有正当性。由于建设用地使用权本身即是在他人土地所有权之上所设定的权利负担，自应有期限限制，由此而形成了房屋的无期限性与建设用地使用权的有期限性之间的矛盾。此时，建设用地使用权期限的确定大抵应结合房屋的结构和耐用年限，以使两者相互契合为宜，但房屋与房屋之间差异较大，最好由当事人自己去协商。因此，《土地管理法》修改时是否有必要规定建设用地使用权的最高年限，还需要进一步研究。本文作者认为，只要出让金制度设计合理，就没有必要规定建设用地使用权的最高年限，也不会发生国有土地资产收益流失的现象。相反，为了防止当事人约定很短的使用年限，损及与土地使用人进行交易的第三方的利益，维护建设用地使用权作为一种物权本应具有的稳定性，规定一个最低年限是合适的。在比较法上我们看到，国外地上权立法一般只规定最短期间，最长期间可以由当事人约定，如《日本借地借家法》即规定，借地权存续期间为30年，但契约约定超过30年者，从其约定。

如果要规定建设用地使用权的期间制度，在最高年限确定的问题上，应在把握土地资源的合理配置和利用的基础上，确定一个相对适中的方案，既不能单纯依照现有建筑技术所决定的房屋耐用年限，也不能单纯考虑土地的用途，而应结合考虑土地收益率与土地还原利率、土地估价误差、房屋的结构与耐用年限和土地用途等综合确定（毛璐、汪应宏、申定钢，2007）。不过，建设用地使用权的最高年限和最低年限的确定，也要与土地出让金制度的改革结合起来。我国现行土地批租和土地出让金涵盖了住宅用地70年使用权、综合用地50年使用权、商业用地40年使用权的土地资源税收。这样一种制度设计导致了所谓"土地财政"，刺激政府一次性地收取几十年的土地资源税收，并构成各级政府财政收入的重要来源。因此，有学者主张土地资源税收（土地出让金）应按年度向土地实际使用人（开发商或购房者）征收（郑邦荣，2009）。果若如此，规定最高年限的意义就更不大了。

四、宅基地使用权制度：主要争议及其解决

宅基地使用权制度建设一直是困扰农村土地改革的一大难题。虽然我国《物权法》在用益物权编设专章规定了宅基地使用权，但将宅基地使用权的取得、行使和转让规则授权"土地管理法等法律和国家有关规定"去规范，给下一步《土地管理法》的修改留下了空间。党的十七届三中全会明确指出，要"完善农村宅基地制度，严格宅基地管理，依法保障农户宅基地用益物权"，为以后的制度发展指明了方向。但《送审稿》并没有反映这一意图。

（一）是否只有本集体经济组织成员才能取得宅基地使用权？

《送审稿》第67条第1款规定："宅基地在本农村集体经济组织内部分配"。第96条第1款规定："农村村民一户只能拥有一处宅基地"。由此可见，

宅基地使用权的主体具有身份性和成员权性，此种权利只有本集体经济组织的成员才能享有。笔者对此不敢苟同，原因在于：

第一，在《物权法》之下，无法得出宅基地使用权具有身份性的当然结论。《物权法》第152条规定："宅基地使用权人依法对集体所有的土地享有占有和使用的权利，有权依法利用该土地建造住宅及其附属设施。"在这里，宅基地使用权的主体是"宅基地使用权人"，并不是"集体经济组织的农民"。就宅基地使用权与建设用地使用权的区别而言，《物权法》第135条规定："建设用地使用权人依法对国家所有的土地享有占有、使用和收益的权利，有权利用该土地建造建筑物、构筑物及其附属设施。"对比这两条规定可以看出，两者均以建造并保有房屋及其附属设施为目的，主要的区别在于建设用地使用权是在"国家所有的土地"之上设定，而宅基地使用权是在"集体所有的土地"之上设定。这种立法符合主体平等的基本原则，对于破除我国依主体不同而分别立法所导致的制度不公深具意义。在解释上，农村居民可以依第135条在国有土地之上取得建设用地使用权，城市居民为何又不能依第152条在集体土地之上取得宅基地使用权呢？如此看来，《土地管理法》修改时，应当更多地置重于如何规范宅基地使用权设立之时的规划管理和用途管制，而不是去一味地强调宅基地使用权的身份性，置物权设立时的主体平等规则于不顾。依物权法的基本原理，只要符合法定的条件，任何人均可在他人之物上设立他物权，不应对他物权人的身份作限制性规定，否则有违主体平等的民法基本原则。

第二，从《物权法》的规定本身也无法得出只有本集体成员才能取得并享有宅基地使用权的结论。在《物权法》中，规定农民成员权的是第59条。该条第1款规定："农民集体所有的不动产和动产，属于本集体成员集体所有。"本条明确规定"农民集体所有"的含义就是"本集体成员集体所有"，在一定程度上解决了农民集体所有权主体虚位以及农民集体成员权利保护不力的问题（最高人民法院物权法研究小组，2007）。依该条，本集体成员依照法律的规定对属于集体所有的土地共同享有占有、使用、收益和处分的权利，在这种所有权形态之下，本集体的每一个成员依成员权行使的规则来行使集体土地所有权,其中当然包括在集体土地所有权之上设立宅基地使用权这种权利负担。由此可见,具有成员权利性质的是集体土地所有权,宅基地使用权并不当然具有成员权性,亦即本集体成员可以经民主设定程序(《物权法》第59条所称法定程序)决议只有本集体成员才能取得宅基地使用权,也可以决定非本集体成员在相应条件下也可以取得宅基地使用权。这本是"农民集体"的内部事务,法律上完全不用在"父爱主义"情结之下越俎代疱去强行规定宅基地使用权的成员权性。至于"农民集体"成员权因村组负责人的权力寻租和滥用而无法适当行使的问题,则不属于宅基地使用权性质规范中所能解决的问题,而应由村民委员会组织法等有关农民集体成员权行使规则去解决。

(二) 宅基地使用权的设立为什么需要审批?

宅基地使用权的设立,俗称宅基地的分配,专指宅基地使用权人在集体所有的土地之上设定宅基地使用权的情形。《送审稿》第96条第3款规定:"农村村民住宅用地,经乡(镇)人民政府审核,由县级人民政府批准;其中,涉及占用农用地或者未利用地的,依照本法第八十二条、第八十三条的规定办理审批手续。"这一规则值得研讨。

第一,这一规则不合所有权的法理。我国《物权法》对于不动产物权的设立采取了"物权(设立)合同+登记"的模式(王利明,2007;梁慧星、陈华彬,2007)。就宅基地使用权的设立而言,当事人之间的宅基地使用权设立合同自是其中至关重要的一环。宅基地使用权是在宅基地所有权上所设定的权利负担,因此,其设定人应为宅基地所有权人。既然《宪法》和《物权法》均承认"农民集体"对包括宅基地在内的集体土地拥有所有权,那么,"农民集体"作为财产所有权人,理应享有占有、使用、收益、处分其财产的权利,即使它是一种受到限制较多的所有权,但是法律对它的限制应当仅限于公共利益范围内。而《送审稿》的上述规定表明,宅基地使用权的取得只需县级人民政府批准即可,作为宅基地所有权人的"农民集体",在这里毫无意义。这一规定不仅不合所有权的基本原理,而且无视所有权人的权利,有违宪之嫌。

第二,这一规则按行政许可模式构建宅基地使用权的设立程序极不合理。宅基地使用权设立审批制度的建立旨在控制宅基地的用地规模,保护耕地,防止私建、乱占。基于对审批制度的误解以及对土地管理行政配置模式的迁就,我国宅基地使用权的设立制度采取了行政许可的模式。[①] 那么,宅基地使用权的创设取得是否需要行政许可?本文作者认为,宅基地使用权的设立不属于《行政许可法》第12条所列五项事项之一,同时,宅基地使用权完全可以由其所有权人依法通过设定行为而赋予,没有必要设定行政许可。完全可以通过在法律中规定宅基地使用权取得的条件,如符合乡(镇)土地利用总体规划和土地利用规划或专门制订的农村宅基地规划,限定宅基地用地标准,界定宅基地范围等,来达到限制宅基地所有权人设定宅基地使用权的目的,而根本没有必要逐一进行审批、控制。

笔者认为,行政审批应当退出宅基地使用权的设定程序,由宅基地所有权人行使其在宅基地使用权设定过程中的应有权利,即设定宅基地使用权的决定权。

(三)宅基地使用权的流转:禁止抑或放开?

《送审稿》第97条第3款规定:"宅基地使用权人经本集体经济组织同意,在保障基本居住条件的前提下,可以将其房屋以及宅基地向符合宅基地申请条件的人员转让、赠与或者出租。农村村民转让、赠与或者出租宅基地后,再申请宅基地的,不予批准。"这一规则明显不符合党的十七届三中全会关于"依法保障农户宅基地用益物权"的精神,其根本出发点在于"制止滥

[①] 既然是依行政许可所取得的权利,除法律、法规规定依照法定条件和程序可以转让的外,不得转让(参见《行政许可法》第2条)。这也成了我国现行法律和物权法立法讨论中对宅基地使用权的流转予以严格限制的逻辑起点。

建住宅或变相商品房开发，以保证耕地和维护宅基地分配公平"（王卫国、王广华，2001）。

第一，严格限制宅基地使用权流转就使得农村房屋和宅基地顿时"沉淀"，成为不具有充分市场价值的"死资产"，体现着对农民及宅基地使用权的歧视。城镇农民所享有的商品房所有权及建设用地使用权可以自由流转，但农民所享有的房屋及宅基地使用权却限制流转，使得农民房屋及宅基地使用权无法成为真正的财产，明显体现了城乡差距，加剧了城乡二元分治，使城乡不平等现象更加突出。对于农民而言，房屋和宅基地使用权往往构成其主要财富形态，严格限制其流转，直接导致资产消费，农民无从以之变现或担保融资，农民财产权益被制度性损害。同时，严格限制宅基地使用权的流转也造成农村大量住宅闲置，不利于资源的有效配置和合理利用（张新宝等，2009）。"随着我国工业化和城市化的深入发展，在城市经济辐射范围内，农村尤其是交通便利、地势优越的城乡结合部，宅基地满载着巨大的可以近期实现的经济利益，催生了宅基地交易隐形市场的形成和发展。"（张新宝等，2009）由宅基地使用权隐形交易所引起的大量纠纷直接造成了社会不稳定的隐患，由"小产权房"所引发的各类问题不断显现，久而久之，又将成为新的悬而未决的历史遗留问题。

第二，不可否认的是，宅基地使用权既是农民的一类财产，同时又是农民生活保障的一大手段，亦即，宅基地使用权同时具有了财产性和保障性。制度设计之时，我们应当置重的是其财产性，还是保障性？如果它是一项权利，却为何又不具备权利的基本权能？宅基地使用权在设立方面固然有其特殊之处，但它一经设立，就成为农民的私权，理应可由其权利人自由处分，不能仅因其福利性而限制其自由处分。试想，城镇居民福利分房一定年限后还可以自由流转，为何宅基地使用权的取得具有福利色彩，就不可自由流转了呢？我们既承认宅基地使用权是农民的一类财产，但又基于其保障性严格限制其流转，表面上看好像是保护农民的生存利益，防止农民陷入"失地、失房"的绝境，但是，严格限制宅基地使用权流转本身使得宅基地使用权的价值无法显化并得到实现，这是对农民土地权益的侵犯。如果允许流转，农民就可以增加财富收益，农民的权益将会得到最大的保障（张新宝等，2009）。同时应当注意的是，虽然法律上允许宅基地使用权的流转，但作为"经济理性人"的农民并不一定会将其宅基地使用权流转出去，其完全可以根据自身的经济状况及其对土地的依赖程度，选择自己认为最能发挥宅基地效益的利用方式。

综上所述，本文作者认为，现阶段宅基地流转制度的改革应当置重于宅基地的财产性（用益物权），将其保障性放在次要位置。

五、土地登记制度：主要争议及其解决

土地登记制度无疑是土地权利制度中的重要一环。《物权法》中关于土地登记问题仅仅作了原则性规定，《送审稿》第三章"土地登记与调查"专门规定了土地登记制度，但从条文内容来看，《送审稿》并未把握《物权法》关于不动产登记制度的立法原意，有些规则甚至直接与《物权法》相冲突。

（一）土地登记与发证之间是什么关系？

在《物权法》之下，包括土地在内的不动产，以登记为其公示方法，其中，不动产登记簿是物权归属和内容的根据，由登记机构管理；不动产权属证书是登记机构依不动产登记簿的记载向权利人颁发的证明权利人享有该不动产物权的证明。[①] 由此可见，不动产登记簿是确定不动产物权的最终法律证明文件，不动产权属证书仅仅是一种证明，其目的在于简化不动产交易当事人之间证明不动产物权的成本，并不享有法定的公示公信力。因此，在土地登记中，土地登记簿是土地物权归属和内容的根据，而土地权利证书仅仅是

---

① 《物权法》第16条和17条分别规定："不动产登记簿是物权归属和内容的根据。不动产登记簿由登记机构管理"；"不动产权属证书是权利人享有该不动产物权的证明。不动产权属证书记载的事项，应当与不动产登记簿一致；记载不一致的，除有证据证明不动产登记簿确有错误外，以不动产登记簿为准。"

权利人享有相关权利的证明，土地权利证书极易伪造、变造，但土地登记簿却难以伪造或变造，在相关制度设计中，置重的应是土地登记簿，而非土地权利证书。《送审稿》第 23 条规定："土地权利登记，由土地权利人自己或者委托土地登记代理机构向县级以上人民政府申请，应当登记的土地权利经依法确认后，由县级以上人民政府核发土地权利证书。"并未厘清登记与发证之间的关系，应予修正。

（二）土地登记机构统一了吗？

《物权法》虽然规定了统一不动产登记制度，但在我国目前房地分离的行政管理模式之下，尚难执行。《送审稿》先统一土地登记，实为可取。但其条文之间却并未做到此点。统一土地登记意味着土地登记机构的统一，但是《送审稿》第 23 条规定："土地权利登记，由土地权利人自己或者委托土地登记代理机构向县级以上人民政府申请"；第 24 条规定："农民集体所有的土地，由县级人民政府登记造册，核发土地权利证书。单位和个人依法使用的国家所有的土地，由县级以上人民政府登记造册，核发土地权利证书。土地抵押权、地役权由县级以上人民政府国土资源行政主管部门登记造册，核发土地权利证书。中央国家机关的土地由国务院管理机关事务的工作机构确认使用主体和用途后登记，核发土地权利证书。"在这里，土地登记机构一会儿是"县级以上人民政府"，一会儿是"县级以上人民政府国土资源行政主管部门"，实际上并未统一。

此外，《土地登记办法》规定，集体土地所有权、集体建设用地使用权、宅基地使用权和集体农用地使用权（不含土地承包经营权）由国土资源行政主管部门办理登记。① 集体土地所有证、集体土地使用证等土地权利证书也由国土资源行政主管部门依土地登记簿颁发。而依《农村土地承包法》和农业部发布的《农村土地承包经营权证管理办法》的规定，土地承包经营权的管

---

① 《土地登记办法》所新创的"集体用地使用权"一语有违物权法定原则（郑清贤，2008）。

理职能由农业行政部门负责，依《农村土地承包法》管理①，土地承包经营权证书的发放、管理，也就成了农业行政主管部门的职责。同时，由农业行政主管部门管理"农村土地承包经营权证登记簿"，"记载农村土地承包经营权的基本内容"②。由此可见，土地承包经营权的登记由农业行政主管部门负责③，从而产生了"多头登记、多头管理"这一广受诟病的弊端。集体土地所有权由国土资源管理部门登记、颁证，为何集体土地所有权之上所设定的用益物权——土地承包经营权要由农业行政主管部门登记、颁证？包括集体建设用地使用权、宅基地使用权和集体农用地使用权在内的集体土地使用权、集体建设用地使用权抵押权、土地承包经营权抵押权、地役权等集体土地之上的他物权均由国土资源管理部门登记、颁证，为何唯独土地承包经营权这种集体土地之上的他物权由农业行政主管部门登记、颁证？为此，本文作者建议，《土地管理法》的修改应当突破行政管理权限的区分，还原土地登记的公示属性和服务功能，规定统一的土地登记机构。

（三）土地登记究竟是土地物权的生效要件还是对抗要件？

登记依其内容、效力等的不同为标准可分为登记生效主义和登记对抗主义。登记生效主义是指物权的设定以登记为发生效力的要件，换言之，未经登记，物权不仅不能对抗第三方，而且在当事人之间也无约束力；登记对抗主义是指物权依当事人间的合意即设定，但未经登记，不得对抗第三方。换言之，当事人之间依合意成立物权后，对于第三方而言，未经登记者并非无

---

① 《农村土地承包法》第 11 条规定："国务院农业、林业行政主管部门分别依照国务院规定的职责负责全国农村土地承包及承包合同管理的指导。县级以上地方人民政府农业、林业等行政主管部门分别依照各自职责，负责本行政区域内农村土地承包及承包合同管理。乡（镇）人民政府负责本行政区域内农村土地承包及承包合同管理。"

② 《农村土地承包经营权证书管理办法》第 9 条、第 10 条。

③ 从《农村土地承包经营权证书管理办法》第 10 条的规定内容来看，所谓"农村土地承包经营权证登记簿"可供农村土地承包方查阅、复制，使之具备了物权登记的性质，又与《农村土地承包法》第 23 条所规定的"登记"的职能不一致。

效，只是当事人不能主张其有效。《送审稿》第 25 条第 1 款规定："土地权利的设立、变更和消灭，自载于土地登记簿时发生效力。"因此，前述各种土地权利，未经登记，不生效力。但是《物权法》之下，土地承包经营权自土地承包经营权合同生效时设立，无须登记即生效力；宅基地使用权也无须登记，依审批即可设立；地役权自地役权合同生效时设立，但未经登记，不得对抗善意第三方。《送审稿》与《物权法》之间明显存在冲突，应予修正。

六、结语

《土地管理法》修改实为关涉芸芸众生的大事，以此为契机完善我国的土地权利体系，无疑是修法时所要考量的重要问题。土地权利本属一种私权，但在《送审稿》有关土地权利制度的设计中，行政权力对土地权利的过多干预，直接导致了土地权利的公法化，影响了土地权利作为私法权利的基本属性。这也导致土地权利很难从《土地管理法》中走出来而进入《物权法》中去。《送审稿》中有关土地权利的制度根植于计划经济时代。淡化土地权利的行政色彩，还原其作为物权的本性，是改革现行土地权利制度的第一步。

参考文献

高圣平，2009：《担保法论》，北京：法律出版社。
梁慧星、陈华彬，2007：《物权法》（第 4 版），北京：法律出版社。
路红生主编，2007：《土地管理学总论》，北京：中国农业大学出版社。
毛璐、汪应宏、申定钢，2007："土地使用年限的确定方法研究"，《国土资源科技管理》，2007，3：95—98。
王利明，2007：《物权法研究》（修订版·上卷），北京：中国人民大学出版社。
王卫国、王广华主编，2001：《中国土地权利指南》，北京：中国政法大学出版社。
张新宝等，2009："因地制宜推进农村宅基地流转"，《理论前沿》，2009，12：5—9。
郑邦荣，2009："改革土地出让金制度，推动房价理性回归"，《上海商业》，2009，7：

14—15。

郑清贤，2008："浅析我国土地权利与《物权法》的冲突"，《国土资源导刊》，2008，4：95—96。

最高人民法院物权法研究小组，2007：《中华人民共和国物权法条文理解与适用》，北京：人民法院出版社。

公平与效率的冲突：承包制的困境与出路[*]
——《农村土地承包法》的法经济学解释

黄少安　刘明宇[**]

一、农民拥有的土地权利：名义与真实不一致，而且不确定

农民对自己应该拥有多少土地权利并没有话语权。自20世纪50年代集体化消灭了农民的私人土地所有权以后，农民的土地权利就一直是国家"给予"的。至于给予什么和给予多少权利则服从于国家的政治和经济目标——主要是城市化和工业化目标。即使法律给予农民的土地权利，也不一定就是农民实际拥有的权利，还只是名义上的，而实际上农民拥有的土地权利是不确定的，名义与真实之间存在着明显的差距。即使已于2003年3月1日实施的《农村土地承包法》（以下简称《承包法》）赋予农民的一些权利，一部分也只是名义上的。

---

[*] 本文原载于《经济社会体制比较》，2008年第2期。基金项目：教育部重大攻关项目"马克思主义产权理论、现代西方产权理论与中国改革实践"（项目编号：04JZD007）。

[**] 黄少安，教育部长江学者特聘教授，山东大学经济研究院（中心）院长；刘明宇，复旦大学管理学院副教授。

1. 农地所有权的不确定性以及法律规定与实际权属的不一致性

农村土地的所有权主体在法律上就是不明确的。按《宪法》规定，农村土地归集体经济组织所有；《民法通则》中规定农村土地所有权归行政村，而村属于乡（镇）政府的派出机构。《土地管理法》中规定："集体所有的土地按法律属于村民集体所有，由村农业生产合作社等农业集体经济组织或村民委员会经营管理。"《承包法》则规定，"农民集体所有的土地依法属于村民集体所有的，由村集体经济组织或者村民委员会发包"。但是按法律规定，"村民委员会"是一个多功能的社区自治组织，并不具备作为产权主体的法人资格，"农村集体经济组织"又是非单一的、多种形式的，现实中只能找到所谓"集体"的成员，并没有对应的唯一"组织"，所以农村土地存在着所有权主体缺位的问题。

以上说明的是法律规定上所有权主体不确定，不过还是规定属于"农民集体"，只不过到底"哪个集体"或"什么组织代表集体"，在法律上不明确。实际运作中，哪个集体也不是，至少不完全是所有权行使者。各级政府（中央、省、市、县、乡、村——实际上也是一级准政府）通过控制或限制农民对土地的处置权和交易权（这些都是所有权的基本内容），而实际上瓜分了土地所有权的大部分，并且上级政府比下级政府拥有更大的处置权，前者规定后者实际的处置权限。政府还可以通过立法，在别的法律条款里扩大别的权利去否定或侵蚀所有权，例如，由于国家实行土地用途管制制度，农村土地转用于非农业建设需要经过政府的审批。农民被剥夺了土地的交易权利，只能把土地卖给政府，由后者转卖，已经通过的《中华人民共和国物权法》仍然维持这一规定。表面上这是为保护耕地，公权对私权进行干预，实质上是政府夺走了农民的部分土地所有权权能，并获得了行使权能带来的收益（各级政府部门按权限大小分享控制租）。同样，所有者也没有选择使用者、调整农地使用期限的权利，农地的分配原则、调整方式、期限等都是《承包法》规定了的，贯彻的是政府的意志，不是所有者（即使是"模糊的集体所有者"）的意志。

2. 农地使用权的不确定性

由于农地所有权存在不确定性，多元主体都会利用拥有的支配权，行使权能，获取收益，农地的使用权也始终处于不稳定的状态。农地必须按人口均分承包，而农村人口会因为生死、婚嫁、城乡流动等因素而变化，这就必然造成农地使用权不确定和经常变动，即使《承包法》规定承包期限，也不能阻止这种具有充分经济理由的要求，更何况这种变动对政府有利。它可以是农村人口都有小块土地，政府可以不出钱或极少出钱，依靠土地就实现了农村的基本的社会保障。政府，尤其是地方政府，利用土地所有权的不明晰，可以以城市发展需要为名廉价征用农民土地，获取土地增值收益。村级组织则利用手中的农地调整、宅基地分配、机动地管理等权力，寻求"控制租"。这些权能行使的客体都指向土地，在农地所有权主体多元化的情况下，农民很难获得稳定的农地使用权。

除去农地所有权不确定这一根本原因外，《承包法》为了追求"公平"和"效率"的统一（实际上是冲突的），也在第二十七条规定，在承包期内，因自然灾害严重损毁承包地等特殊情形对个别农户之间的承包地需要调整的，经本集体经济组织成员的村民会议三分之二以上成员或者三分之二以上村民代表的同意，报上级主管部门批准后，可以调整土地。这使得在承包期以内，农民的农地使用权也是不稳定的。

承包经营权是在一定期限内使用农地的权利，对承包权的调整应该由所有者作出，《承包法》试图用法律的手段限制农地的调整，这本身是对集体所有权的又一次干涉。对农民土地使用权的保护陷入了"悖论"：公权对私权（集体所有权）的干预是为了保护私权（使用权）？但是《承包法》减少的只是集体组织调整农地的权利，不能阻止其他多元主体利用公权侵犯农民的土地使用权，因为只有人格化的私权才能真正约束公权。跳出这一循环的唯一途径，从长期和根本上说，是明晰农村土地产权，还农民以土地所有权。

3. 物权保护的不完全性

物权是指自然人、法人直接支配不动产或者动产的权利。《民法》对物权法规定的基本原则之一是"保护物权",即"权利人享有的物权,受法律保护,任何人不得侵犯"。由于农地的所有权主体在法律上是缺位的,实际的所有权主体又是多元的,对集体所有权施加物权保护非常困难。更重要的是,农地的均分承包政策与物权的排他性原则是直接冲突的。

政府维持农地的集体所有制直接对承包经营权施加物权保护,能否收到希望的效果呢?

土地承包经营权是依据承包合同获得的在一定期限内的农地使用权,本质上是债权,通过债权物权化可以增强使用权的排他性。但是农民并没有获得土地的所有权,"承包土地的权利或资格"本身不能够转让,对土地权利的分配权——即对农地的最终支配权仍然由政府控制,所有权主体多元化格局没有改变。农民只是获得了在一定期限内使用承包地的受益权(用益物权,即他物权)。由于没有土地的最终归属权,农民只能获得土地的使用收益,而不能获得土地的增值收益,因而,农民面临着投资的外部性风险。

进一步分析,《承包法》对农民承包经营权的物权保护也是不充分的。物权是由法律公示的权利,权利是确定的,具有绝对的排他性,而债权是约定的,权利配置取决于参与双方的谈判。但是《承包法》第二十七条关于承包地调整的规定及土地是否可以调整,可由双方在承包合同中约定条款,在一定程度上降低了承包经营权的物权属性,恢复了以前的债权属性,即权利是由谈判各方讨价还价的能力决定的——这无疑违反了物权保护的基本原则,后果是增加了农地经营过程中的不确定性。

农民没有农地交易权,农地流转的权利也是有限的。《承包法》第二十六条规定,承包期内承包方全家迁入设区的市,转为非农业户口的,应当将承包地交回发包方。承包方不交回的,发包方可以收回承包地。这说明农地使用权并不是一个独立存在的经济权利,它以权利拥有者保持一定的身份特征为前提。这增加了农地使用权的不确定性:第一,按《承包法》的规定迁入中小城镇居住的农户可以继续保留承包土地的权利，但是市和中小城镇的划分只是一个行政概念，在城市化进程中这种划分无疑是不断变化的，而且对农户而言是不可控和不可预知的。第二，在农地使用权流转后，后来的经营者是否要承担由于土地承包者身份改变造成的不确定性风险呢？从法律实践的角度看，这也是难以操作的。行政权力对经济权利的直接干预，不仅削弱了农民在土地流转中的主体地位，也与物权保护的原则相违背。

另外，按《承包法》的规定，通过家庭承包获得的土地承包经营权不能用于抵押，没有抵押权的物权无疑是不完整的。取消抵押权主要是担心部分农民会因此失去土地经营权，影响社会稳定。但是这种公权干预私权的行为却推卸了政府所应该承担的社会保障责任。

《承包法》希望从两个方面提高土地的使用效率：一是鼓励农民对土地进行长期投资；二是通过允许承包经营权的有偿转让，促进农地的流转集中，从而获得规模经济，实现土地与人力资本的优化匹配。但是在农地所有权不确定、使用权不确定的情况下实施物权保护，无疑是把楼房建筑在了沙滩上。其作为法律的作用是有限的。

二、农民与制度的博弈：对农户土地经营行为的分析

能够自我实施的制度，必须是包括实施者在内的博弈参与人之间策略互动的博弈均衡（青木昌彦，2001）。《承包法》甚至中国农村的整个制度安排，农民都甚少有发言权。对农村土地立法的实质不是农民为自己立法，而是政府为农民立法。因而这个法律并不构成一个策略均衡，它只是政府的一个行动策略，而农民将采取自己的策略与政府的制度进行博弈。由于农地产权安排使农民的长期投资面临外部性风险和经营的不确定性风险，理性的农户必然要调整自己的投资行为，使自己的投资能在一定期间内收回，来规避这两种风险。前面已经揭示了农民对土地权利的状况——这是农民行为选择的约束条件。农民不是根据名义上拥有的土地权利而是实际的土地权利采取行为，主要是进行投资选择。下面将建立模型分析农户长期投资水平与土地

承包期限、理性预期和生产函数的技术特征之间的关系。

1. 一个投资回收模型：土地承包期限与投资水平

假设一个农民新获得一块土地的使用权，期限为 t 年，他准备对土地进行一次长期投资，增加土地的产出，使自己的长期收益最大化。他预期的投资回报率为 i，由于承包期为 t 年，他必须在 t 年内收回投资，他的最优化决策就变成最优投资水平的决策。假定劳动与资本总按固定比例组合，产出仅是资本的函数，投资的生产能力效应用函数 $Q = AK^\beta$ 表示，A、β 为常数，Q 为产量，K 为投资量，$\beta > 1$ 时规模报酬递增，$0 < \beta < 1$ 时规模报酬递减，$\beta = 1$ 时规模报酬不变，假定产品价格为 P，每年净现金流量为 $Y = QP = AK^\beta P$，则为在 t 年内收回投资，其投资量 K 需满足的条件为：

首先以 i 为贴现率计算每年的净现金流量 NCF，K 需满足以下条件才能在 t 年内收回：

$$K = AK^\beta P/(1+i) + AK^\beta P/(1+i)^2 + \cdots + AK^\beta P/(1+i)^t = \sum AK^\beta P/(1+i)^t \tag{1}$$

利用等比数列求和公式，进一步计算得

$$K = AK^\beta P[1 - 1/(1+i)^t]/i, \text{即} K^{1-\beta} = PA[1 - 1/(1+i)^t]/i$$

当 $\beta \neq 1$ 时，两边取对数，则

$$\ln K = \ln\{PA[1 - 1/(1+i)^t]/i\}^{\frac{1}{1-\beta}} \tag{2}$$

$$K = [PA/i - PA/i(1+i)^t]^{\frac{1}{1-\beta}} \tag{3}$$

每年实现的净现金流量为

$$Y = QP = AK^\beta P = i^{\frac{-\beta}{1-\beta}}(AP)^{\frac{1}{1-\beta}}\left[1 - \frac{1}{(1+i)^t}\right]^{\frac{\beta}{1-\beta}} \tag{4}$$

当 $\beta = 1$ 时，根据式（1）可以得出

$$PA[1 - 1/(1+i)^t] = i$$

$$A = \frac{i}{P\left[1 - \dfrac{1}{(1+i)^t}\right]} \tag{5}$$

下面比较承包期限长短对长期投资水平的影响，在 $\beta \neq 1$ 时进行讨论。

假设承包期分别为 t_1，t_2 年，且 $t_1 < t_2$，经营者为在承包期内收回投资，减少投资的外部性，假定生产函数不变，需要根据承包期限的长短调整其投资量，下面比较 K_1 和 K_2 的大小（假定 K_1，$K_2 > 1$）[①]：

根据（2）式可知

$$\ln K_1 = \ln\{PA[1 - 1/(1+i)^{t_1}]/i\}^{\frac{1}{1-\beta}}$$

$$\ln K_2 = \ln\{PA[1 - 1/(1+i)^{t_2}]/i\}^{\frac{1}{1-\beta}}$$

根据指数函数的单调性可知 $(1+i)^{t_1} < (1+i)^{t_2}$，则有

$$PA[1 - 1/(1+i)^{t_1}]/i < PA[1 - 1/(1+i)^{t_2}]/i$$

根据对数函数的单调性，可知 $\ln\{PA[1 - 1/(1+i)^{t_1}/i]\} < \ln\{PA[1 - 1/(1+i)^{t_2}]/i\}$

$\ln K_1 < \ln K_2$ 又因为 $y = \ln x$ 为单调递增函数，所以 $K_1 < K_2$

根据（4）式有 $y_1 = AK_1^{\beta} P$　　$y_2 = AK_2^{\beta} P$

因为幂函数 $y = x^a$，当 $a > 0$ 时函数单调递增，

据 $\beta > 0$，进一步可推知 $y_1 < y_2$

以上分析说明，在生产函数是非规模收益不变的情况下，投资者意愿的投资量与土地的使用期限长短相关，使用期限长则投资量高，反之则低。相应地投资者获得的净现金流也与土地的使用期限长短相关，使用期限长则年度收入流高，反之则低。

如果投资者拥有土地的所有权，且土地市场是完全竞争的，在他不想经营土地时（比如到城市工作）可以自由转让土地，价格是公平的——即他对于土地投资的未来收益可以折现，反映到土地价格上。投资者投资的外部性（在承包制时存在）实现了内部化，使用期限对他长期投资决策的影响相当于 t 趋向于无穷大：

对（3）式取极限，当 $t \to \infty$ 时，K（ownership）为投资者拥有土地所有权时意愿的投资水平（简称 K_o），$K_o = (PA/i) \wedge [1/(1-\beta)]$，$K_t$ 为承包期

[①] 这个假定是为了数学上的严格，保证 $\ln K > 0$，这样在分析单调性的过程中，不等式变换得以简化。这在经济上意味着投资至少要超过 1 元钱，这是符合现实的。

限为 t 年时意愿的投资水平。根据函数的单调性可知 $K_o > K_t$，只要承包期限是有限的，经营者的投资水平都会低于 K_o，以 η_1 表示两种制度安排的投资差异率，π_1 表示每年的收入差异率：

$$\eta_1 = (K_o - K_t)/K_o \tag{6}$$

$$\pi_1 = [APK_o^\beta - APK_t^\beta]/APK_o^\beta = (K_o^\beta - K_t^\beta)/K_o^\beta \tag{7}$$

由于农民对承包地进行的投资可能产生外部性，农民的理性行为是不进行在承包期内不能收回的投资，所以农民意愿的投资水平低于理想状态 K_o，导致收入水平也低于潜在的产出能力，这是部分学者建议给予农民永佃权的原因。

需要强调的是上述结论的前提是投入产出存在规模效应，式（5）说明在生产函数规模报酬不变的情况下，投资水平与土地的使用期限无关，或者说规模收益不变的生产技术应用于承包土地，其溢出效应不显著。

2. 模型的修正：包含预期的投资回收模型

《承包法》在第二十条规定，耕地的承包期是 30 年，草地的承包期为 30 年至 50 年，林地的承包期为 30 年至 70 年。在第二十七条规定，承包期内发包方不得调整承包地，如果调整需得三分之二以上多数同意，并且"承包合同中约定不得调整的，按照其约定"。《承包法》意图通过稳定土地的使用权诱导农户增加长期投入，达到 K_t 的投入水平和 Y_t 的收入水平（t 为承包年份），虽然相比 K_o 仍有差距，但如果该目标能顺利实现，投入水平相比原来土地调整频繁时会有较大的提高。这一政策目标能否顺利实现呢？

首先，农民关于农地调整的历史经验使他们形成了关于土地调整的预期。当土地调整成为农民的预期时，多数同意不是调整土地的障碍，而是使土地调整成为一种稳定的制度安排，并进一步增强人们对调地的预期。而土地使用权的不确定性和物权保护的不完全性则降低了农地产权的排他性，这增加了农户长期投资的风险，农民必须对风险进行评估，通过调整投资把风险控制在可承受的范围内。另外，承包经营权的身份属性（与农业户口相联系）也增加了投资风险。虽然承包法规定，承包期内承包方交回或者发包方依法收回承包地时，承包方对其在承包地上投入而提高土地生产能力的，有权获得相应补偿。由于不存在一个土地市场，补偿价格实际是无法客观确定的，对土地的长期投资得不到充分补偿的可能性很高。

这三个因素导致农户对土地使用权稳定的预期要低于《承包法》的规定，投入水平也会远低于 K_{30}、K_{50}、K_{70}（分别表示 t 等于 30、50、70 年时的投入水平）。假定农民的长期投资是规模经济的，以 Te 表示农民预期可以稳定经营土地的年份，K_e 为预期投资，代入式（3）得到

$$K_e = [PA/i - PA/i(1+i)^{Te}] \wedge [1/(1-\beta)](\beta \neq 1) \tag{8}$$

以 Kt 表示人们相信承包期内严格不调地时的投入，以 η_2 表示 Kt 和 Ke 的投资差异率，π_2 表示两种情况下的收入差异率，得出

$$\eta_2 = (K_t - K_e)/K_t \tag{9}$$

$$\pi_2 = [APK_t^\beta - APK_e^\beta]/AP\,K_t^\beta = (K_t^\beta - K_e^\beta)/K_t^\beta \tag{10}$$

毫无疑问，根据预期进行的长期投入 K_e 要低于 K（承包期稳定不变时）t，更要低于 K_o（投资者拥有土地所有权时），收入水平也是如此。这是为什么《土地承包法》力图增强人们对土地制度稳定预期，但制度安排的内在冲突使这一目标难以充分实现的原因。

三、公平与效率冲突的实质：农地流转的困境

《承包法》试图通过在集体内平均分配土地承包经营权实现"公平"，但是这只能是相对的，并且实现"公平"和"效率"的手段是直接冲突的。土地承包经营权分配的"平等"只是对农村集体经济组织内部而言，不同集体经济组织的农民所能承包的土地数量、质量并不相同。农村土地的集体所有者，不仅包括现在的集体经济组织成员，还包括将迁入的人员、将出生的人员，其成员是变动的、不确定的，维持农地分配的公平，就需要频繁地调整土地。为了获得土地利用的效率，《承包法》不得不限制在承包期内调整农地，但是对于没有承包到土地的农民或因外界不可抗力失去土地的农民来说则是不公平的，实际上难以限制。农地均分承包的制度安排只追求起点的相

对平等（在集体经济组织内部），而希望通过稳定承包经营权获得过程的效率（承包期内）。但是土地的均分承包是以产权不清晰为前提，以破坏产权排他性为代价的。"效率"则需要通过清晰界定产权、增强排他性来实现，两者是冲突的。

《承包法》表现出的公平与效率的矛盾只是一个表象，实质是农业与工业之间的矛盾，是农村大量的剩余劳动力供给和工业有限的吸纳能力之间的矛盾。土地均分承包的制度安排，主要是为了保障农民的普遍就业，把过剩的劳动力束缚于农村，实现社会的稳定。每个人都有工作的权利和免于饥饿的权利，这是基本的人权，为公民提供必要的社会保障是政府义不容辞的责任。但是通过把农民的生产资料（主要是土地）不断平均分配来实现农民的就业保障，使得政府把自己的责任推卸到由农民自己承担，对农民而言是不公平的。

农村土地一旦承担保障功能，土地流转就陷入了两难困境。土地的规模经营需要农地的适度集中，但是土地的流转又会使农民失去保障（至少在流转期内）。这种矛盾的心理也反映到法律条款的制定上，一方面《承包法》保障农户使用权流转的主体地位，但另一方面给予农民的土地物权又是有限的，农民通过家庭承包获得的土地没有交易权和抵押权。这使得农民失去了两个重要的资金融通渠道，这既不利于农户调整生产结构，也不利于农民进城。可以预料，在农村社会保障体制建立以前，土地流转造成的社会风险将大大阻碍土地的流转。

但是《承包法》为把土地流转造成的社会不稳定风险控制在一定程度之内，采取的是增加流转的交易成本的做法（包括在流转程序上设置障碍、减少农民的处置权、维持农地权利的不确定性等），这使得一部分愿意转出或转入土地的农户因过高的交易成本不得不放弃，而转出土地的农民（如果没有进入城市的社会保障体系）则暴露在没有社会保障的生存风险之下。这种做法不仅是无效率的，而且是不公平的。

四、结论与启示

由于存在农民与制度的博弈行为,在承包制下,无法获得一个稳定的长期投资水平,农户的长期投资随着承包期限的缩短而逐渐减少,土地流转也会渐趋停滞。农地权利的不确定性会影响农户的预期,进而影响农户的长期投资水平。并且承包制偏好选择规模中性的生产技术,不利于规模经济的生产技术在农业上的推广应用。分析表明,当农民没有土地所有权时,我们无法迫使农民做只有所有者才会做的事,但是当农民拥有农地的所有权时,农民会自动采取使社会总报酬最大的行动策略。

因此,在承包制两权分离的框架下,对承包经营权施加物权保护的效果是有限的,农民将根据他们实际拥有的土地权利进行投资和土地流转等经营活动,《承包法》实现其公平与效率的立法目标是有难度的。并且"公平与效率"的目标在实现手段上是冲突的,使得《承包法》具有一定的内在矛盾。通过农地的均分承包来实现对农民的生存保障,不仅效率的损失不可避免,而且对农民而言也是非常不公平的。走出这一困境的出路是建立农村社会保障体制,免除农村土地的社会保障功能,让农地恢复作为生产资料的发展职能。

参考文献

黄少安,1995:《产权经济学导论》,济南:山东人民出版社。

钱文荣,2002:"浙北传统粮区农户土地流转意愿与行为的实证研究",《管理世界》,2002,7。

苏琦、赵磊等:"广东新土改",《经济观察报》,2002-12-02。

徐旭、蒋文华、应风其,2002:"农地产权:农民的认知与意愿——对浙江农户的调查",《中国农村经济》,2002,12。

中华人民共和国,2002:《中华人民共和国农村土地承包法》,北京:法律出版社。

[日]菊池正夫、速水佑次郎,1980:"一个农业社区制度创新的诱导",见《经济发

展和文化变化》，1980，29。

［日］青木昌彦，2001：《比较制度分析》，周黎安译，上海：上海远东出版社。

［日］速水佑次郎等，2000：《农业发展的国际分析》，郭熙保等译，北京：中国社会科学出版社。

Dong, Xiao Yuan, 1996. "Two-Tier Land Tenure System and Sustained Economic Growth in Post-1978 Rural China." *World Development*. 24（5）：915—28.

North, D., 1990. *Institutions, Institutional Change and Economic Performance*. Cambridge, U. K. and N. Y.：Cambridge University Press.

Scott, J., 1976. *The Moral Economy of the Peasant*. Yale University Press.

新形势下完善农村土地承包政策若干问题的认识[*]

赵 阳[**]

一、农村土地所有权、承包权、经营权关系的重大突破

党的十一届三中全会以来,在农村土地制度方面的政策法规围绕不断加强保护农民土地财产权益这条主线展开。特别是新世纪以来,中央连续出台10个一号文件,针对农村土地制度的改革完善出台了一系列重大政策:一是明确现有土地承包关系要保持稳定并长久不变,并要求研究长久不变的具体实现形式。二是推进农村土地确权登记颁证工作,明确要求在完成农村土地所有权确权登记颁证的基础上,到2017年基本完成农户承包经营权的确权登记颁证工作。三是明确要求加快修订《土地管理法》和研究出台农民集体土地征收补偿条例等。

农村第一步改革,实现了土地所有权与承包经营权的"两权分离",极大

---

[*] 本文原载于《经济社会体制比较》,2014年第2期。
[**] 赵阳,中央财经领导小组办公室农村一组副组长(正厅级),研究员、博士生导师。

地解放了农村生产力。今年中央一号文件围绕贯彻落实党的十八届三中全会精神，对深化农村土地制度改革、完善农村土地承包政策，进一步提出"稳定农村土地承包关系并保持长久不变，在坚持和完善最严格的耕地保护制度前提下，赋予农民对承包地占有、使用、收益、流转及承包经营权抵押、担保权能。在落实农村土地集体所有权的基础上，稳定农户承包权、放活土地经营权，允许承包土地的经营权向金融机构抵押融资"。即把农村土地经营权从承包经营权中进一步分离出来，理顺了农村土地所有权、承包权、经营权三者之间的关系。这样，既有利于在稳定集体所有权和农户承包权基础上，激活土地经营权，也有利于发展适度规模经营、加快构建新型农业经营体系。从所有权与承包经营权的"两权分离"到所有权、承包权、经营权的"三权分置"，是农村改革理论和实践上的又一重大突破。

二、关于坚持农村土地集体所有制

我国农村土地制度是基层的政治、文化、社会制度相互交织、相互影响的正式与非正式制度之和，并非某种纯粹的经济制度。因此，不能够仅仅从经济学或哲学的某一个角度去推理。首先，对中国农村土地制度的认识，更为重要的应是关注在正式制度与非正式制度共同约束下，这样一种具体的制度形态是如何产生，如何运作，以及这些具体的制度形态对经济社会发展的实际影响。如果仅就现行的集体产权制度存在某些不足，就提出全面否定的推论是过于武断的。

其次，农村土地制度改革需要考虑制度变迁成本。如果产权的界定和制度变迁成本大于收益，那么这种制度变迁显然是不合理的，在执行过程中也会面临困难。目前，我国农地的产权结构可以被看作是一个产权束，包括所有权、承包权、经营权，以及其下的各项权能，是个相对比较稳定的结构，而且又处在一个相对稳定的法律制度环境中。在这种情况下，我们最明智的选择恐怕就是对现行产权束中某个部分的权利作出清晰的界定，使土地资源（资产）的潜在价值能够得以有效实现。

再次，我们考察或者是研究现行农地制度，还要关注这种产权制度能不能够形成有效的激励机制，能不能满足实现生产要素有效配置的需求。产权制度本身所具有的内生激励机制将是其存在的基础。没有清晰界定的产权导致部分资源无法通过市场交易实现其价值，无异于造成部分有价值的资源无法被充分利用。产权的界定也是随经济社会发展不断演化的过程，我国农地产权制度由"两权分离"到"三权分置"正是在经济转轨过程中，通过集体土地产权权能的不断完善来对农民财产权益实现保护的途径，而不是对农村土地农民集体所有的否定。

三、关于稳定农户承包权和放活土地经营权

党的十八届三中全会通过的《中共中央关于全面深化改革若干重大问题的决定》提出加快构建新型农业经营体系。要坚持家庭经营在农业中的基础地位，推进农业经营方式创新。"鼓励承包经营权在公开市场上向专业大户、家庭农场、农民合作社、农业企业流转，发展多种形式规模经营。"对此，要全面领会、准确理解，不能一叶障目、以偏概全。

首先，要从我国基本国情和发展阶段出发，坚持农村基本经营制度不动摇，坚持家庭经营在农业中的基础性地位，在落实农村土地集体所有权的基础上，稳定农户承包权，维护好实现好承包农户各项权益，防止行政推动土地流转及损害农民权益。行政推动可能带来两个后果：一是出现强制流转现象，违背中央"依法、自愿、有偿"的原则，也可能出现偏离市场价格的情况，侵害农民利益。二是行政推动土地流转容易引发"非农化"和"去粮化"的问题，地方政府在招商引资过程中，默许某些工商企业把农业用地违规违法转为非农建设用地。因此，这既关系到农民权益，也可能危及国家粮食安全。

其次，发展规模经营既要适应农业农村发展新形势，又要从我国基本国情出发。要把握经济社会发展的阶段性特征，顺应现代农业发展客观规律。大量研究表明，农业生产上的规模经济实际上并不明显，甚至可以说，到一

定规模以上就没有规模经济可言了。究竟如何看待规模经营问题？我们不能光看劳动生产率，还要看单位土地的产出。美国大农场机械化程度高、劳动生产率也高，但是我们国家没有那么多土地可以利用，中国人精耕细作使得土地产出率反而会更高些。

再次，土地的经营规模还受到经济发展水平的约束。最新公布的第二次全国土地调查数据显示，截至2012年底，我国耕地面积20.27亿亩，但是第一产业劳动力从2008年才首次降到3亿以下，2012年为2.577亿，人均经营规模只有0.52公顷。因此，如果没有经济发展水平的提高，没有整个经济结构和产业结构的升级，第一产业中劳动力转移不出来，土地经营规模就无法扩大。

最后，从国际经验来看，经营规模更取决于农户数量的下降。农户数量下降和农村劳动力流出是两个既有联系又有本质区别的概念。一般规律是，农户数量下降的速度要比农业人口本身下降缓慢得多，劳动力大量转移出来了，但农户数量可能没有变化。例如，从日本的情况来看，农业从业者的人数下降速度非常快，但农户数量下降速度要慢得多，这两者之间存在相当长的时滞。目前，日本的户均耕地经营规模约2公顷。因此，从这个意义上说，以家庭经营为基础的农业规模经营更不能急于求成。

四、关于下一步改革重点的部署

新形势下，深化农村土地制度改革，完善农村基本经营制度，要顺应现代农业发展需要，坚持农村土地集体所有，坚持家庭经营基础性地位不动摇，坚持农地农用，保障耕地面积不减少，保障农民利益不受损，保障国家粮食安全。落实所有权、稳定承包权、搞活经营权，在整体框架和中央统一部署下，积极稳妥有序推进。

一是加快落实"长久不变"具体政策。回头来看，我们30多年的改革历程就是沿着不断完善集体产权的权能这个方向走的。改革开放以来，农村土地政策框架演变及具体制度安排，从20世纪80年代的5个一号文件，到

1998年党的十五届三中全会，先是"大稳定、小调整"，15年不变，随后是30年不变，提倡"生不增、死不减"，再到2008年党的十七届三中全会，中央明确提出：稳定现有土地承包关系并长久不变。2007年《物权法》明确了土地承包经营权是一种用益物权。沿着这个思路，对承包经营权的权能完善一步一步推进。党的十八届三中全会和2014年中央一号文件创新性地将承包权与经营权分离，也是沿着这个路线图，不断强化土地权能、保护农民财产权利，而不是变更所有制。从实证角度看，这也是中国农村改革取得巨大成功的一个理论支撑或解释。当前，要进一步加快研究出台具体制度，推动有关法律法规修订，切实落实好"长久不变"政策。

二是稳步开展土地承包经营权确权登记颁证工作，争取在2017年基本完成。重点是要妥善解决农户承包地块面积不准、四至不清等问题，强化土地承包经营权物权保护，健全中国特色农村土地承包经营制度。开展土地承包经营权登记试点，不可避免涉及承包地是否实测，不可避免涉及延包遗留问题是否解决和新旧承包面积的衔接与处理。土地承包经营权登记试点工作，要在现有土地承包合同、证书的基础上，探索解决现有延包工作不完善、不彻底问题，降低登记成本的有效方法，建立健全土地承包经营权登记制度，明晰权属，定纷止争，为保持土地承包关系稳定并长久不变、促进土地承包经营权规范有序流转奠定坚实的产权基础。

三是抓紧研究提出规范土地承包经营权抵押、入股的实施办法，建立配套的抵押资产处置机制，推动修订相关法律法规。要推动土地流转公开市场建设，健全土地流转管理服务制度；制定土地流转准入监管办法，出台建立土地流转风险保障金的指导意见，规范工商企业租地行为，引导农户与企业结成利益共同体，共生共赢；促进家庭农场、专业大户、农民专业合作社、农业产业化龙头企业和农业社会化服务组织等各类新型农业经营主体健康发展，加快建立新型农业经营体系。

土地承包经营权市场化流转的思考与对策[*]

杨继瑞^{**}

一、进一步提高对土地承包经营权市场化流转的认识

在稳定和完善农村基本经营制度的前提下,针对农民致富发展权能缺失的实际,着力改革与调整农村土地产权关系、实现"还权赋能",是从根本上解决农民致富发展能力不足问题的正确路径。通过"还权"改革,依法完善包括农村土地(包括耕地、林地、草地)承包经营权、建设用地使用权、宅基地使用权、农村房屋产权等在内的各类产权权能,并依法将这些权能全部真实地交还给农民,实现产权明晰、权责分明,保障农民依法享有占有、使用、收益、处置等权利。改变城乡二元结构的核心问题在于土地和社会保障,而在现有的农村集体所有制下,让农村土地承包经营权实现市场化流转,无疑是打破城乡二元经济结构的可能契机。

众所周知,城乡分割的二元经济结构的主要矛盾在于,广大农村存在的

---

* 本文原载于《经济社会体制比较》,2010 年第 3 期。基金项目:国家社会科学基金项目"我国城乡一体化进程中的土地集约与合理利用机制研究"(项目编号:06BJL035);西南财经大学 211 工程项目。

** 杨继瑞,重庆工商大学校长、教授。

"小生产方式"与社会化大生产存在着尖锐的冲突。这种尖锐冲突的化解与协同,仅靠要素自身的积聚,无疑是力不从心和鞭长莫及的,必须通过对各种要素的重新捆绑,即通过要素的适度集中,提升要素力的社会化程度,以适应社会化大生产的生产、交换、分配与消费的需要。毋庸讳言,家庭承包经营极大地解放了农村生产力,但同时在广袤的农村形成了2.2亿个家庭经营经济。大部分农村地区根据集体土地的质量和数量,将土地按人口或按劳动力平均分配,这种生产组织形式使农地经营分散,难以形成规模效益。据测算,我国农村每户经营规模只有0.45公顷,是世界上最小的,不仅大大小于美洲、澳洲、欧洲的经营规模,也小于日本、韩国和中国台湾,这是制约农业比较利益提高的重要原因。毛泽东同志曾说过,"农业的根本出路在于机械化"。没有农业机械化就没有农业现代化。然而,没有土地的适度规模经营,一系列的先进农机具和先进技术就没法施展,也就没有农业的机械化。

农业实行规模化、产业化经营,让部分不适合、不愿意从事农业生产的农民退出土地经营,让那些有资金、有技术、有市场头脑的农民或者城市居民成为农业专业户,这既是市场对土地和劳动力资源重新配置和优化配置的结果,又是我国加入WTO后增强农业市场竞争能力的必然要求。因此,通过土地承包经营权的市场化流转,有助于改革现行的人地固定的土地权利制度,顺应市场对土地和劳动力自由流动的要求,是当前农村土地权利制度改革的必然选择。

土地承包经营权的市场化流转有助于发现土地承包经营权的价格。有了土地承包经营权的价格,农民才能将土地承包经营权与其他生产要素实现对价,并通过以土地承包经营权的流转获取对价的货币资源,进行生产投资与生活消费,甚至用土地承包经营权置换被征地农民的失业保险、医疗保险和养老保险等。也就是说,土地承包经营权的市场化流转有助于使土地承包经营权的社会保障功能得以显性化。

土地承包经营权的市场化流转还有助于遏制农地转变为市地的过度化。因为土地承包经营权一旦可以市场化流转,农民便有了交易土地承包经营权的权利,那么农村土地转变为城市用途的土地价格就会上升。土地价格上升,转为非农用地的土地就会减少。这有助于遏制农地转为市地的冲动。目前，一些城市"摊大饼"式的扩张，与农地没有市场价格密切相关。城市政府现行的征地制度是建立在没有市场价格基础上的征地制度，农民在征地过程中往往处于信息不对称的境地。假如有充分市场化的土地价格信息，农民在征地过程中便可以与征地方讨价还价，从而就不可能有那么多农村土地变为城市土地。举例来说，如果农地的市场价格是每亩 80 万元，政府征收农地却只是每亩 4 万元，80 万元可以征收 20 亩地，但按照市场价格却只能买 1 亩地。在土地承包经营权市场化流转的条件下，农地转化为非农建设用地就受到了高交易费用的约束，其征地冲动与偏好便受到了遏制。

二、土地承包经营权市场化流转存在的问题与对策

党的十七届三中全会通过的《中共中央关于推进农村改革发展若干重大问题的决定》指出，要"赋予农民更加充分而有保障的土地承包经营权，现有土地承包关系要保持稳定并长久不变。"同时，"按照依法自愿有偿原则，允许农民以转包、出租、互换、转让、股份合作等形式流转土地承包经营权"。土地承包经营权的市场化流转，确权发证是其规范运作的前提。

据调查，成都市在土地承包经营权的确权发证过程中，采取了一些卓有成效的做法：

第一，坚持农村基本经营制度不动摇，稳定农村土地承包关系，稳定承包经营权，继续保持和稳定现有的承包关系，不打乱重来；

第二，严格依法确权，严格执行《中华人民共和国农村土地承包法》、《四川省〈中华人民共和国农村土地承包法〉实施办法》等法律法规；

第三，农村土地承包经营权确权登记以家庭承包户为基本单位，以第二轮承包时土地承包面积为基础；

第四，尊重农民主体地位，确权方案和具体问题的处理依法由三分之二以上村民或村民代表讨论通过，经公示无异议并上报乡镇政府批准后执行；

第五，不随意调整农村承包土地，符合《中华人民共和国农村土地承包

法》重新调整承包土地的条件,确需调整的,须按法律规定程序报批;

第六,在确权过程中,经通过社员大会表决方式确认的事项,按照《村民委员会组织法》中相关规定议定,但涉及群众个人权益的事项,不得随意采取"少数服从多数"的简单形式进行表决。

截至 2008 年 10 月底,成都市共有 225 个乡镇(街办)、1208 个村(社区)、13522 个社(组)开展了农村土地承包经营权确权颁证工作,涉及农户 71 万余户。分别占全市乡镇(涉农街办)、村(社区)、社(组)、农户家庭总数的 85.39%、43.1%、37.9%、35.3%。全市现已新颁发农村土地承包经营权证 10.98 万份,确权登记的承包地总面积达到 40.07 万亩。除一圈层的青羊、金牛、武侯、成华区外,一圈层的锦江区和二、三圈层的全部区、市、县都实现了部分村组的确权颁证。而双流县兴隆镇在 2008 年 8 月份实现了整镇确权颁证,彭州市通济镇黄村也在 2008 年 8 月底实现了地震重灾区的率先颁证。① 随着土地承包经营权确权发证的大面积展开,接踵而至的就是土地承包经营权流转年期、流转价格形成机制,以及集体土地所有制如何在经济上实现等一系列问题的凸显。

首先,土地承包经营权作为农地的一种产权形态,必须有明确的最高流转年期。

产权对应的英文是 Property Rights,所有权对应的英文是 Ownership。在不严格的情况下,这两个词往往相互替换,可以通用。但是,在马克思主义经济学中,产权与所有权是有所区别的。农村集体土地所有权在处分权能上是决定性和终极性的,作为土地承包经营权的产权在处分权能上则是有限性和相对性的。因此,土地承包经营权的权能边界在时空上要明晰。比如,某位农户拥有某一宗地 30 年的土地承包经营权,在 30 年之内,该农户可以在法律法规的框架下,使用该宗地或者将其转包、出租、互换、转让、股份合作,甚至抵押。但 30 年后,其土地承包经营权或者展期、或者授予、或者收归农村集体土地所有者。就像大家买商品房,得到的不是国有土地永久的所有权,

---

① 该项调查活动是由四川大学房地产策划与研究中心、西南财经大学与有关部门联合展开的。

而是70年的国有土地使用权。国家可以将土地承包经营权界定为"长期不变"。但是，土地承包经营权的"长期不变"不等于"无限期流转"。即使将土地承包经营权界定为土地的永佃权，但其流转年期也应该有最高的限制。"永久耕作使用"是对于承包人而言的，它与"永久流转"不能同日而语。

土地承包经营权流转年期模糊表现为：一是导致在土地上的长期投资没有准确的回报预期，从而便会使土地经营者缺乏对农地进行长期投资的冲动，农地质量的可持续提高势必乏力；二是土地承包经营权虽然流转了，但是由于其流转年期模糊，导致土地承包经营权的拥有者不便对集中的农地进行整理后打通使用；三是由于其流转年期模糊，没法对其产权价格从年期角度定位，从而难以显示土地承包经营权转包、出租、互换、转让、股份合作的对价信息，更没法进行抵押融资；四是土地承包经营权流转年期的模糊极易导致其永久性的流转，而土地承包经营权的永久性流转，就等于事实上的土地所有权的流转，"不得改变土地集体所有性质"的禁止性规定就成为一纸空文，从坚持农村土地集体所有制的层面上思考，也应该界定土地承包经营权流转年期；五是土地承包经营权流转年期的模糊使农民对其土地产权在期限上心里没底，不如把其年期说断更加实在。

所以，土地承包经营权"长期不变"的"长期"究竟是多长，是30年，是长于30年，甚至长于50年，甚至是70年或者更长，应该从法律层面与实践操作层面加以明确。同时，即使是土地承包经营权"长期不变"，也不等于土地承包经营权流转的无期限。例如，有关法律明确规定了我国城市土地使用权：商业用地的最高年期为40年，工业与综合用地的最高年期为50年，住宅用地的最高年期为70年。2008年7月公布的《中共中央、国务院关于全面推进集体林权制度改革的意见》已经明确规定，农村集体林地的承包经营权为70年。在我国农村实行了免去农业税政策的基本前提下，土地承包经营权应该失去了原有意义，因为以前土地承包之说是基于完成农业税即交国家公粮和购粮。现在，不存在农业税，土地承包经营制实际上可以说变成了土地使用权。因此，笔者建议，可以直接将农民的土地承包经营权直接变为土地使用权，取消土地承包经营权的称谓，真正让农民行使对土地的长期使用权，可以将农地使用权的最高年期确定为 50 年、70 年，甚至确定为永佃制。因此，农户拥有初始土地承包经营权具体年期怎么界定，应该根据农民可以接受的程度，参考国内有关土地使用权的最高年期与惯例，尽快通过法律法规来明确和规范，以便为土地承包经营权的市场化流转扫清障碍。

其次，在土地承包经营权的流转过程中发现其价格形成机制。

以转包、出租、互换、转让、股份合作等形式流转土地承包经营权，必然涉及土地承包经营权的价格定位问题。有了一个土地承包经营权的单位价格基准，土地承包经营权的转让方与受让方才能根据土地承包经营权的供求关系，在其基准价格上下进行博弈。根据马克思主义经济学的地租地价理论，土地价格是地租的资本化，一般用收益现值法来确定土地价格。许多学者认为，我国农村土地承包经营权的影子价格很低。如姚洋（2000：19—26）估计，在落后地区，农地年亩均纯收益为 200—300 元，据此按 6% 的资本化率，以"土地价格＝土地纯收益/资本化率"的公式计算，目前我国土地的影子价格大约是每亩 3300—5000 元。这还是农地的所有权价格。如果将其折算成农地承包经营权的价格，其价位还要低一些。不过，在土地承包经营权足够长的情况下，土地承包经营权的价格基本接近土地所有权价格。值得注意的是，土地是一种安全资产，在用收益现值法计算其价值时，适用的资本化率①可以稍稍高于债券利率（无风险利率）②。如果按 4% 的资本化率来计算，落后地区农地承包经营权的价格应在 5000—7500 元/亩，中等程度地区的农地承包经营权价格，每亩可以达到 10000 元以上，这还不包括农地承包经营权的级差地价。笔者以为，随着农业生产绩效的提高，农地资源的减少，人口的增加，农地承包经营权的单位价格还将进一步上扬。

农地流转价格的形成机制与发现机制，离不开市场平台。因此，构建规范化的农地产权有形市场是至关重要的。2008 年 10 月 13 日，经成都市政府

---

① 笔者以为，资本化率（还原利率）也就是预期资产收益率，应该包含无风险利率、风险报酬率和通货膨胀率在内。

② 在马克思看来，资本化率可以用银行存款利率来表示。

批准的全市农村产权综合性市场平台——"成都农村产权交易所"正式揭牌。在揭牌仪式上,成都市委、市政府高层表示,成都市推进农村产权制度改革的安排部署"完全符合党的十七届三中全会精神、符合国家关于统筹城乡综合改革试验区建设的基本要求"。在成都农村产权交易所,可以从事"林权"、"土地承包经营权"、"农村集体建设用地使用权"、"农村经济组织股权"的交易。在成都农村产权交易所揭牌的当天还举行了农村产权流转项目签约仪式。据了解,本次共有12个项目签约,涉及土地承包经营权流转的项目有6个,流转面积达1.66万亩;涉及集体建设用地使用权流转的项目有3个,流转面积约150亩;涉及集体林权流转的项目有3个,流转面积达2888亩(何忠平,2008:2)。成都市还建立了注册资本3亿元的全国首个农村产权流转担保股份有限公司,主要为农村产权流转提供"行为担保"和"信用担保"。担保制度的建立,赋予了过去不能用于抵押担保的宅基地使用权、农村房屋产权、土地承包经营权等农村产权的融资功能,农村资源要素被有效激活。成都政界高层表示,农村产权交易所贯彻为广大农村服务的宗旨,不以盈利为目的——"对作为转让方的农户,不收取交易服务费用,对受让方只收取交易服务成本费用,以扶持农村产权的流转。"通过这种规范化的农村产权市场,可以形成大量的土地承包经营权交易信息,包括土地承包经营权转包、出租、互换、转让、股份合作的不同对价信息,不同区位、不同质量、不同年期的土地承包经营权价格信息,从而可以建立大量的宗地流转的信息样本库。有了大量的农村宗地交易信息的积累,后来的土地承包经营权流转的当事人就会发现其价格的形成机制,形成农地流转的价格指数和农地流转指导价格体系,使农地流转的交易信息逐步形成对称性,从而使土地承包经营权转让双方当事人可以通过市场比较法发现土地承包经营权不同的价格基准,使农地流转的双方当事人能找到价格博弈的市场依据。

最后,集体土地所有权在承包经营权流转中应该有所体现。

在土地承包经营权的流转过程中,要防止其异化为实质上的所有权或者"准所有权"。目前,2007年制定的《物权法》第125、128条已经明确规定,土地承包经营权人依法对其承包经营的耕地、林地、草地等享有占有、使用和收益的权利,并依照农村土地承包法的规定有权将土地承包经营权采取转包、互换、转让等方式流转。这样一来,土地承包经营权似乎是一种"有期限的所有权",而这里的期限还可以依法"续展"。相反,《物权法》第130、131条关于"承包期内不得调整、不得收回"的规定,尽管对稳定承包经营权有好处,但极有可能使集体土地所有权被架空。

党的十七届三中全会通过的《中共中央关于推进农村改革发展若干重大问题的决定》明确指出:"土地承包经营权流转,不得改变土地集体所有性质。"如何体现集体所有制在土地承包经营权流转中的权益?笔者以为,应该进一步明确集体土地所有权主体、承包经营权主体、经营管理主体,以及他们之间的关系,明确集体土地所有权主体在土地承包经营权流转中的地位、职责与作用。村组以及农村集体土地经济组织以农村集体土地所有权主体名义干预和插手土地承包经营权的流转固然不可取,但是,作为农村集体土地所有权的主体,如果对土地承包经营权的流转情况完全不知情,恐怕又走到了另外一个极端。废除土地承包经营权流转的批准制非常必要,而建立土地承包经营权流转的登记制则是十分有益的。为了促使土地承包经营权流转的登记制不被异化,可以考虑由国家统一制订和颁发土地承包经营权流转合同,土地承包经营权流转合同应纳入合同法范畴,使之升格为有名合同、定型化合同,且在性质、基本条款、程序方面定型化,土地承包经营权流转合同既要明确合同双方当事人的权利、义务,又要重点规定合同双方当事人的违约连带责任。另外,土地承包经营权交易价格市场化以后,集体土地所有权主体可以调节一部分过高的土地收益,以体现集体土地所有权在经济上的进一步的实现,以增强农村集体经济组织的经济实力。与此相适应,我们还要结合农村土地产权制度改革,积极引导发展以农村土地产权为纽带的农民专业合作社、农村股份合作社等新型农村集体经济组织,发展壮大农业产业化龙头企业,加快农村集体经济发展,培育农业农村市场主体。

三、土地承包经营权市场化流转存在的风险与对策

在土地承包经营权市场化流转的过程中,倘若有关方面监管不力、制度

设计有缺陷，便极有可能出现土地用途被改变、损害农民土地承包权益等现象的发生。所以，党的十七届三中全会通过的《中共中央关于推进农村改革发展若干重大问题的决定》明确指出，土地承包经营权流转"不得改变土地用途，不得损害农民土地承包权益"。因此，我们应该通过卓有成效的制度安排，防范可能出现的风险。

（一）要防范土地承包经营权市场化流转后的用途改变风险

保护耕地不仅关系到个人家庭的利益，而且关系到整个国家子孙后代的利益。在目前的农地流转中，明目张胆地将农地改变为住宅用地、商业用地与工业用地是不多见的。但是，将流转而来的部分耕地甚至基本农田变成绿化用地、房地产配套用地、苗圃果园、旅游休闲项目用地的现象，却时有发生；不少城市郊区"农家乐"项目用地上出现了经营性建筑物，打农地使用的"擦边球"，使这些土地承包经营权流转后的耕地已经失去了产出粮食与农产品的基本功能。一些地方基层干部在利益驱动下，以多种方式强迫农民集中土地，将集中起来的土地"粮改非"。这种变相改变承包土地用途，将部分耕地甚至基本农田实质性地非农化使用或者劣用，势必严重影响到农副产品的有效供给与国家的粮食安全。

事实上，土地承包经营权的市场化流转与耕地被改变用途有一定的关联，但二者不存在必然的联系。因为我们所主张的土地承包经营权的市场化流转，主要是耕地在农地经营者之间的流转，是以不减少耕地为前提的。

国土管理部门、农业部门严守住18亿亩耕地红线不突破，从技术上讲，通过GPS全球定位系统"天上看、地上查、网上管"的有机结合，建立"横向到边、纵向到底"的执法监察网络，可以管住明目张胆改变承包土地用途的情况，但是要遏制变相改变承包土地用途、变相弃耕、劣耕等现象则必须建立规定承包土地特别是基本农田的具体用途的严格管制制度。市场化流转的承包耕地特别是基本农田的用途管制应该具体化与明细化，要类似于企业主营项目、兼营项目以文字形式载于企业营业执照之中那样，根据承包土地的质量与最佳用途属性,将承包土地的具体用途,包括种粮食、种油菜、种有关经济作物等的明细用途明确记载于颁发的土地承包经营权证之中。凡是超出该土地承包经营权证记载的用途范围的,只有通过国土管理部门审批后才能改变。这样就能有效防范变相改变承包土地用途,防范将耕地实质性地非农化使用,或者劣用。农民将承包土地抛荒三年以上的,视为自动放弃初始土地承包经营权,农村集体土地所有者可以对该承包土地无偿收回。同时,要通过财政杠杆、金融杠杆、收购价格杠杆调动农民种粮食的积极性,让农民种粮食、种农作物也能得到实实在在的好处,才能确保土地承包经营权流转后的用途不改变。例如,成都市建立了耕地分级保护制度,占用耕地必须开垦同等质量和数量的耕地,不能开垦的,按等级收取开垦费。

(二) 要防范土地承包经营权市场化流转后的农民失利、失地、失业与失所风险

在过去的征地过程中,由于制度安排的不配套,已经出现了征地后的一些农民失利、失地、失业与失所的风险。因此,笔者以为,在土地承包经营权的市场化流转过程中,如果我们的防范措施与相关配套举措不到位,类似征地过程中农民失利、失地、失业与失所问题照样会发生,而且由于土地承包经营权流转主体经济实力的不确定性,其后果可能更严重、风险更大。在土地承包经营权的市场化流转中,可能会受到资本利益与不当公权力的挤压:进入农村土地的资本,会以占有最大化的利润为根本出发点,很有可能忽视、伤害"三农"利益;少数地方政府可能因为政绩而盲动,甚至可能在土地承包经营权流转过程中发生"权力寻租"。面对资本、权利、自然灾害、人生困境,个体农民相当脆弱,他们容易在眼前难题的逼迫下盲目流转自己的土地承包经营权。即便没有这些困境,也有部分农民在进行农地承包经营时存在短视倾向。今年土地承包经营权流转时的"高对价",若干年后可能成为"超低价格",有些农民可能不会算也算不好这笔长期账。

事实上,作为土地承包经营权载体的土地,不仅是农民的基本生产资料,

而且是农民的生存保障资料。在土地承包经营权的市场化流转中，如果农民的土地承包经营权由于各种原因而丢失，自身既没有新的就业渠道和其他生活资料来源，社会又没有相应的保障制度给予援助的话，就会导致在土地承包经营权流转中农民失地、失利、失业、失所，从而势必导致出现农民的绝对贫困现象，以致引发社会的不稳定。由于农业中存在较为严重的信息不对称，如果信贷及保险市场不健全、不完善，一旦遇到自然灾害，农民就有可能将土地承包经营权低价转让以度灾荒；而到了正常年份，土地承包经营权的转让价格可能会增高，这些农户很难将土地承包经营权回购。这必然会加剧土地兼并与集中，导致许多社会问题（张曙光、赵农，2007）。尤其是作为农民人口还占大多数且农村社会保障与医疗保障制度还不完善的我国，那是非常可怕的社会风险。正是基于可能出现的社会风险的防范，《中华人民共和国担保法》等法规规定，农民土地承包经营权不能抵押，但承包林地、四荒地的经营权可以用于抵押。其原因在于，前者是农民生活的必需品，而后者是农民维持温饱所需之外的生产资料。实践证明，用土地承包经营权、宅基地和农民房产作抵押并不是有效规避银行贷款风险的方法。从我国国有银行剥离几万亿元不良贷款，到美国由不良贷款所引发的次贷危机，都证明了抵押并不能解决不良贷款问题。在推进土地承包经营权市场化的过程中，我们必须清醒地认识到：在我国广袤的农村，土地承包经营权、宅基地和房产是关系农民基本生存的基本资料，在社会保障体系没有健全与完善的情况下，把土地承包经营权、宅基地和农民房产作为抵押品存在巨大的社会风险，因而是不现实的。也就是说，土地承包经营权、宅基地和农民房产作为抵押品只能在农村社会保障制度和医疗保险制度比较健全的地区试行，否则会产生"新失地农民"，从而会影响社会的稳定。从这个意义上讲，土地承包经营权的市场化流转仍然要"摸着石头过河"。

笔者以为，无论是社会商业占地、国家公益性征地，还是土地承包经营权的市场化流转，都要依市场价格与农民交易，使农民在丧失土地后有能力转业从事其他工作和成为社会保障的对象。许多国家的经验证明，只要有完善的配套制度，特别是有公正的法制环境、有效的社会保障制度和医疗保险制度等公共产品与公共服务供应制度，农民才不会因为有了明晰的土地财产权而大量地随意彻底转出承包土地。所以，我们要构建城乡一体的户籍制度、就业制度、教育制度以及各种公共产品与公共服务供应制度，在全面实施新型农村合作医疗制度的基础上，改革完善农民医疗保险统筹模式，提高保障水平，建立城市和农村政策统一、标准统一、管理统一的城乡居民基本医疗保险制度。扩大城乡社会保险覆盖面，探索建立城乡社会保险制度对接的机制，逐步建立制度统一、缴费和待遇多层次的城乡养老保险制度。加快建立进城务工农村劳动者养老、失业、工伤、医疗、生育保险制度，鼓励用人单位将稳定就业的进城务工农村劳动者纳入城镇基本社会保险，逐步实现应保尽保，为农民进入非农产业就业增加务工收入、加快推进城镇化创造有利条件。

在土地承包经营权市场化流转的过程中，政府及相关主体不仅要尊重农民的意愿和选择，而且要进一步细化农地合理流转的相应调控措施，避免出现"新失地农民"的社会风险，具体包括如下几个方面：

——土地承包经营权的折价入股或长期租赁到公司进行产业化运作，应该与社会保障和医疗保险体系的年度缴费制度挂钩。因为企业难免在经营中出现这样或那样的风险，这样，入股或长期租赁到公司这部分农地就有可能出现被处置的风险；另外，鉴于目前相当部分的农户素质较低，一次性拿到长期租赁费之后急功近利，可能会导致今后的生活无着落，从而形成社会潜在的不稳定因素。公司应该将应付给农民的红利、租金等款项的一定比例，直接转入为其建立的社会保障与医疗保障账户，并将社会保障与医疗保障账户管理和户籍管理联系起来进行统筹。

——土地承包经营权流转的直接收益必须由土地承包经营权流转出的农户享有，要防止变相摊派占有土地承包经营权流转的直接收益。从土地承包经营权流转的层面上讲，稳定和保护农户的土地承包经营权，必须落实到保障土地承包经营权流转的收益权上。

——土地承包经营权流转的收益权应该是现实收益权。因此，要尽量鼓励土地承包经营权的年租和短期租赁制，使农户在土地承包经营权流转中得到现实的货币，而不是那些农民在近期拿不到的未来收益。

——土地承包经营权流转要鼓励流转出土地承包经营权的农户继续在原来的土地上通过劳动投入获得收益的土地承包经营权流转模式。因为这些土地承包经营权流转模式使这些农户既获得土地承包经营权流转的收益，又使流出土地承包经营权的农户继续发挥劳动积累对资源和资金的部分替代作用，并从中获得一份作为农业工人的劳动收入。

——初始土地承包经营权以最高年期一次性转出，应该以拥有该初始土地承包经营权的农民已经进入社会保障与医疗保障系统为前提。同时，配套实施能够使农民获得劳动收入与其他多种收入的运作方式。比如，除了股金收入、租金收入、薪金收入之外，还有房屋资产、企业资产等方面的经营收入；如果出现生活困难，还有社会最低保障金的维持与援助。

四、建立"传统农民身份"的退出制度与"职业化农民"的进入制度

随着农村土地承包经营权市场化流转的常态化，土地承包经营权的拥有者势必会发生一些新的变化与发展。那些有稳定收入而放弃初始土地承包经营权的传统农民已经没有与其农民身份相对应的职业，而"土地承包经营权持有的非农户化"则应运而生。因此，建立"传统农民身份"的退出制度与"职业化农民"的进入制度应该在一些发达地区和大中城市郊区进行探索与试验。

目前，我国已经出现了农民职业化和"土地承包经营权持有的非农户化"的问题。我们必须正视目前在一些发达地区和大中城市郊区出现的"新农民现象"：一是"农场主"，随着农业产业化和规模化的发展，一些种田大户或者非农民企业家通过拍卖集体或者国有"四荒地"使用权、国有农地使用权等途径，集中了一定规模的农业要素资源，从事农业产业化经营，从事鲜活食品、经济作物、创汇农业等附加值高的农产品的市场化经营，形成了规模化的农业企业投资经营者。他们其中的一部分人不具有农民身份，但从事的

是农业产业化与市场化活动。二是"专业农民"。他们保留着农民的身份，主要直接从事农业种植、养殖，掌握了农业生产技术的专业化农民，在农业经济组织中专门从事技术与经营管理活动，获得相应的务工收入，也有的在农忙时节到农村劳力短缺的地区帮助播种、收割，获得务农工资的季节性的职业农民。三是"名义农民"。随着农业科技的广泛运用、农业劳动生产率普遍提高，逐步离开土地和农业，转变为从事二、三产业的非农劳动者，他们虽然具有农民的身份，但是，从事的是非农产业活动，是"农民工"与"农民商"，有的已经是非农企业家。四是"土地持有型农民"。一些"离乡不离土"的农民工及其子女在自愿有偿原则下通过土地承包经营权价值化、资本化和股权化的方式组成合作社或公司后，脱离农业生产而作为社员或股东的农民。五是"城镇型农民"。一些城镇职工与城镇居民，放弃在城镇非农产业的发展，带资金、带企业、带项目、带技术，主动"上山下乡"，租赁、承包农村土地，或者与农户与农村集体经济组织合作，进行规模化、产业化与市场化经营，成为新型农民。

在大中城市郊区，农业产业化、规模化与市场化发达地区，农民工较多的地区，经济实力雄厚地区，根据土地承包经营权的流转需求、流转价格、流转频率、流转绩效等，政府相关部门应该逐步建立和健全有稳定收入而放弃初始土地承包经营权和宅基地使用权的"传统农民身份"的退出制度。

通过加速新型城镇化进程、户籍制度改革与农村土地制度改革的联动，为有条件的农村居民提供"传统农民身份"退出的自由选择权。在这些地区，有条件的农民可以自愿"双放弃"，即"放弃初始土地承包经营权（含自留地，以下同）"和"放弃宅基地使用权"，将其出售给国家（可以由市级政府代理），以获得现代社会保障体系中的社会保障账户。国家应该为这些"非农居民"在包括失业、医疗、住房等在内的现代社会保障体系中建立账户，将应付给这些"非农居民"的款项直接转入所建立的社会保障账户，并将社会保障账户和户籍联系起来管理；建立社会保障账户"细水长流"的定期支取制度，当他们在购买经济适用房时，可以从中支取一定的额度。

必须指出的是，农民持有的承包地和宅基地在数量、质量、区位等方面都存在明显差异。为了体现社会公平，在试行"传统农民身份"退出制度的过程中，政府相关部门必须均衡土地权益和社保权益。即不论土地存在何种差异，只要放弃土地承包权和宅基地使用权，就能享受同等的"退出权益"。

"传统农民身份"的"退出权益"包括：为进城农民提供社会保险、经济适用房，以及宅基地复垦和置换的全部支出，这是"传统农民身份"的"退出权益"的底线。根据初步测算，四川省"传统农民身份"的"退出权益"户均（每户按4人计算）大约为35万元，不同市（州）可能略高或略低于这个水平。按全省农民户均宅基地1亩计算，宅基地转为建设用地的价格底线应该在每亩35万元左右。如果户均宅基地不到或超过1亩，其价格底线则可相应提高或降低。在实际操作中，若能使宅基地转为建设用地的收入超过底线，就能减少置换建设用地占复垦宅基地的比例，相应增加宝贵的耕地资源。因此，可以考虑，将远离城市的宅基地复垦为耕地的同时，按照"占补平衡"的原则，相应增加城市郊区的建设用地。事实上，受经济发展水平和人口数量的影响，不同城市土地的供给与需求之间存在较大差异。通过宅基地复垦增加的建设用地，还可以进一步在城市之间组织异地置换。这样一来，在增加大中城市土地供应的同时，也相应提高了小城镇建设用地的收益。

可见，构建"传统农民身份"退出制度需要有较强的财力支撑。所以，每年"传统农民身份"退出的人数，应与地区经济发展水平和城市的承载能力相适应。因此，笔者以为，"传统农民身份"的退出制度目前只能在发达地区和大中城市的郊区根据工业化与城市化的进程、城市功能的变迁与基础设施的容量，逐步试点、梯度推进。同时，为了保障"传统农民身份"的"退出权益"不打折扣，应该建立国有非农用地储备的抵押制度，向银行争取长期专项贷款，以满足"传统农民身份"退出制度的资金周转需要。笔者以为，随着工业化和城市化进程的加快，土地增值的潜力极大，从而可以确保专项贷款的按期还本付息。

与"传统农民身份"的退出制度相契合，我们随之要建立"职业化农民"的进入制度。"职业化农民"通过土地承包经营权的转包、出租、互换、转让、股份合作等方式，享有某个农村集体土地所有者范围内的土地承包经营权时，应该服从于初始土地承包经营权所规定的权利与义务，包括对集体土地所有者应该承担的合法义务。当土地承包经营权一次性彻底受让，原初始土地承包经营权拥有者退出"传统农民身份"后，原初始土地承包经营权拥有者应该承担的权利与义务则由作为土地承包经营权受让者的"职业化农民"来承担。在构建"职业化农民"的进入制度安排时，作为土地承包经营权受让者的"职业化农民"的"新人"，可以适用"老人老制度、新人新制度"思路，与集体土地所有制中的"组织成员权"完全脱钩，只是参照集体土地使用权长期转让合同的受让方那样，来承担转让合同中界定的权利与义务。

同时，还应该建立农村集体经济组织管理、农村集体经济组织成员确认、农村土地承包经营权登记管理、农村土地承包经营权流转管理、农村土地承包经营权抵押登记、农村土地承包土地流转纠纷仲裁等方面的管理制度（办法）以及《农业专业生产合作社章程》和《农村经济联合社和经济合作社示范章程》等，以此作为"传统农民身份"的退出制度与"职业化农民"的进入制度的配套措施。

参考文献

何忠平，2008："成都农村产权交易所正式揭牌每年新增流转耕地约50万亩"，《二十一世纪经济报道》，2008 – 10 – 14。

李国英、刘旺洪，2007："论转型社会中的中国农村集体土地权利制度变革"，《法律科学》，2007，4。

姚洋，2000："中国农地制度与农村社会保障"，《中国社会科学季刊》，2000，秋季号。

张曙光、赵农，2007："决策权的配置与决策方式的变迁——关于中国农村问题的系统思考"，北京天则经济研究所网站，http：//www. unirule. org. cn/secondweb/Article. asp? ArticleID = 1376。

周晓农、戴劲松，2008："农地规模经营'湖北实验'"，《瞭望》，2008，41。

《中共中央关于推进农村改革发展若干重大问题的决定》，北京：人民出版社，2008。

《中华人民共和国物权法》，北京：法律出版社，2007。

JECSS　三农问题与乡村治理

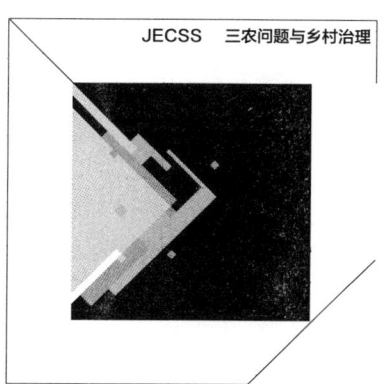

第四辑

乡村治理

中国农村治理的历史与现状*
——以定县、邹平和江宁为例的比较分析

俞可平　徐秀丽**

一、引论：历史、现实、方法

改革开放后，中国农村最引人注目的变化从经济上说是推行家庭联产承包责任制，从政治上说是推行村民自治。村民自治在20世纪80年代后（以下简称改革时期）的中国农村开始普遍实行，导致了整个农村政治生活的根本性变迁，使中国农村正在产生出一种新的治理模式。对此，国内外的社会学者和政治学者已经做了大量研究，取得了不少成果，但是，以村民自治为核心的农村治理改革在理论上和实践上都还存在若干有待进一步探讨的问题。例如，中国农村的治理模式是什么，它有什么特征？村民自治在整个国家的政治发展中具有什么样的地位？农村民主治理改革的主要困难和发展前景是

---

* 本文原载于《经济社会体制比较》，2004年第2期。本文是福特基金会资助课题"20世纪二三十年代和八九十年代的中国农村治理：以定县、邹平和江宁为例的比较研究"的总报告。本课题的研究范围为县、乡镇及村级农村治理，尤其侧重于村级治理。照顾到历史与现实的不同语境，行文中分别使用"乡村"和"农村"指称我们的研究对象，但并不作刻板的区分，两者的内涵和外延完全一致。

** 俞可平，北京大学讲席教授，政府管理学院院长，中国政治学研究中心主任。徐秀丽，中国社会科学院近代史研究所编审。

什么？如何处理村民自治与党的领导的关系？如何动员广大村民的参政积极性？能否将村长的直接选举推进到乡镇长的直接选举？

历史的研究常常可对现实问题的解决提供智慧和参照。

在民国时期，中国农村也曾推行过治理改革，即乡村自治运动。民国时期的乡村自治运动导源于1915年开始的直隶省定县（今河北省定州市）翟城村自治，随后由阎锡山推行的山西村治则成为20年代全国乡村自治制度的张本（李德芳，2001；冷隽，1935；孔雪雄，1934）。南京国民政府成立后，从孙中山三民主义的建国原则出发，把地方自治作为训政时期政治建设的中心，在全国范围内加以推广（行政院县政设计委员会，1941/1940），但效果并不理想。为取得乡村治理改革的经验，1932年以后，国民政府加强了自治试验县的建设。抗日战争爆发后，国统区实行新县制，政府加强对基层的控制，乡村自治制度的基本精神发生扭曲。民国时期的乡村治理改革在大部分地区流于形式，并无实效，但在一些推行较好的地方，对于稳定乡村社会、促进经济发展、提高村民素质等确实曾起了积极的作用，产生了广泛的影响。当时的许多学者对这些农村治理改革的试验进行了跟踪性的调查和研究，发表了大量研究报告和学术论著。

目前在村民自治中所遇到的一些问题，或许能够通过比较研究民国时期乡村自治运动的得失成败获取某种启示。遗憾的是，至今尚无学者就20世纪上下两半叶所发生的两场农村治理创新运动做过系统而深入的比较研究。我们所从事的这一研究正是为了弥补这种不足。本项研究的宗旨，就是试图通过对分别在国民党和共产党领导下所发生的以乡村自治或村民自治为核心的农村治理改革运动进行比较研究，分析它们各自的现实基础和运行机制，发现它们之间的共同点和不同点，从历史的比较分析中对中国农村治理的模式作出某种理论概括，并且从历史和现实的启示中提出解决农村民主治理某些一般性难题的思路。

我们之所以选择河北省定县、山东省邹平县和江苏省江宁县[①]作为研究的

---

① 定县1986年改置定州市；江宁县2000年年底撤县设区。

个案，主要原因是这三个县在民国时期都曾经是乡村自治运动的模范试验区，进行乡村自治建设的时间比较长，影响比较大，在当时的乡村治理改革运动中具有典型性，而且，当时的各种原始文件、记录、档案和研究报告、论著保存得比较完备，可为我们的比较历史研究提供文献资料的便利。

对农村治理问题的研究目前几乎成了国内学术界的一门显学。农村研究不仅吸引了众多的学者，特别是青年学者，而且也为政府和社会所重视，近些年国内外不少基金会把农村治理的研究作为资助的重点领域，一些专门从事农村研究的学术机构也相继问世，这方面的研究成果更如汗牛充栋。农村治理研究之所以引起众多关注，首先是因为所谓的"三农"问题，即农村问题、农业问题、农民问题，在相当长的时期内将是制约中国社会发展的重要因素，因而也是中国政府面临的重大现实问题；其次，农村治理改革通常被政府官员和知识分子看作是中国民主政治的基石，是政治民主的试验场；另外，许多学者还试图通过对中国农村治理实践的研究，发现一种不同于西方国家而适合于中国国情的政治发展模式。

对众多关于中国农村治理研究的文献进行梳理后我们发现，大部分文献是对实证材料的叙述，它们虽为进一步的研究提供了重要素材，但本身缺乏分析的理论框架；在为数不多的分析性文献中，我们也确实看到了一些学者试图建构、证实和发展某些分析框架的努力。在分析改革开放后的中国乡村政治发展方面，国内外学者比较喜欢使用的分析途径主要有经济分析、制度分析、文化分析和国家—公民社会分析等。[①] 这些分析方法各有特点，对帮助人们全面和深入地认识中国农村政治发展的规律有着重要的意义，是深刻理解现实农村治理不可或缺的分析工具。但我们应当看到，这些分析途径也有其自身的不足，需要不断完善，更需要发明新的分析途径，以克服已有分析框架的局限。

经济分析是历史唯物主义的基本内容，也是我们最经常使用的方法。它从社会的经济关系和经济发展水平入手，去分析社会的政治生活和政治发展。

---

① 关于近年来国内乡村治理研究文献的综合性理论分析，可参阅景跃进（2002）。

它通过两条途径去分析政治现实，一是挖掘政治现象背后的经济动因和经济基础；二是反过来，从经济发展的逻辑去推演政治发展的结果。我们通常所说的政治经济学或经济政治学，均属于经济分析的范畴。这一分析框架的最大优点，在于它抓住了事物的根本。经济因素归根结蒂是政治现象的决定性变量，包括农村治理在内的所有政治发展从最终意义上说都有其经济动因和经济基础。但是，社会政治发展有其自身的内在逻辑，政治和经济之间并不存在简单的一一对应关系，各种非经济因素在政治发展中同样扮演着重要的角色。

文化就是一种极为重要的影响社会政治发展的非经济因素。文化分析试图通过分析人们的传统、习俗、礼仪、心理、态度和情感，去理解社会的政治生活。政治学家在通过文化途径去分析农村的政治发展时，主要采用政治文化分析方法。简单地说，政治文化就是人们的政治取向模式，它包括人们的政治认知取向、政治态度取向、政治信仰取向、政治情感取向和政治价值取向。政治学家认为，政治文化支配着人的政治行为，任何政治共同体中都存在着一种独特的政治文化，它决定着公民的政治行为方式，并且赋予政治过程特定的意义和形式。政治文化分析可以帮助人们理解政治行为、政治模式、政治制度和治理过程背后的深层根源，但政治文化本身也受其他因素的影响，把政治文化分析当作主要的甚至唯一的分析途径，显然是不合适的。

经济基础也好，政治文化也好，对政治生活的影响实际上主要是通过社会的政治制度实现的，政治制度是社会政治生活的直接的决定因素。作为政治生活的规范，政治制度约束着人们的政治行为；作为政治生活的凝聚，政治制度又是政治现实和政治发展的表征。所以，制度分析一直是政治分析的主要方法，传统上，政治分析基本上就是对国家政治制度的分析。一位著名的政治学家曾经说"政治学分析始于国家，终于国家"，这就是典型的制度主义观点。在当代十分流行的新制度主义，虽然在对制度的界定和分析上不同于传统的制度主义，但在基本点上两者是相同的：试图通过对政治制度和程序的分析来理解社会的政治生活。这种分析方法在政治理论中长期独占鳌头的事实，本身就说明了它的巨大价值：直接规范和制约人类政治生活和政治过程的，毕竟是形形色色的政治制度，政治分析离不开对政治制度的分析。当然，这并不说明制度分析就没有缺陷。它的最大不足在于，它基本是一种静态的和表层的分析方法。

近年来，受到年轻学者重视并且在研究农村治理时较多应用的"国家—社会"分析途径，也是一种十分有用的政治分析方法。从政治分析的角度看，我们可以把社会分成两个部分：政治社会（政治国家）和公民社会（市民社会），前者是公共政治领域，后者是私人社会领域和民间的公共领域。在现代社会，每一个公民事实上都同时生活在两个领域之中。譬如一位政府官员，当他代表政府履行公务时，他就在政治国家中活动；当他为了自己的利益或兴趣参加民间组织时，他就在公民社会中活动。政治国家与公民社会是两个十分不同的领域，各有自己的规范和行为方式。从某种意义上说，现代的政治发展过程，就是国家与社会的互动过程。通过研究国家—社会的生长和互动过程，例如研究国家建设（state-building）、民族建设（nation-building）和公民社会的成长（growth of civil society），进而来理解农村的治理变迁，对于我们把握乡村政治的规律，确实极有帮助。但它用简单的两分法把国家与社会分开进行分析，也很容易得出片面的结论（俞可平，2003）。

我们的研究在借用上述方法的同时，将着重引入另外两种分析框架，即比较历史研究分析（comparative historical approach）和治理分析（governance approach）。

比较历史方法把纵向的（历史的和时间的）比较与横向的（区域的和空间的）比较加以结合，融一般的比较方法和历史方法为一体。它假定，在社会的现代化进程中，不同区域的政治发展将遵循共同的规律；而处于不同历史阶段的同一区域，其政治发展将处于不同的水平。在以下的研究中，我们不仅将对定县、邹平和江宁作同一区域的历史比较分析，也将就不同区域的农村治理作辅助性的历史比较分析。

治理和善治理论是一种新的政治分析框架，也是我们所使用的主要分析方法。治理一词的基本含义是指在一个既定的范围内运用公共权威维持秩序，以增进公众的利益。"治理"（governance）与"统治"（government）从词面上看似乎差别并不大，但其实际含义却有很大的不同。首先，治理与统治的最基本区别是，治理虽然需要权威，但这个权威并不一定是政府机关；而统治的权威则必定是政府。统治的主体一定是官方的公共机构，而治理的主体既可以是官方机构，也可以是民间机构，还可以是官方机构和民间机构的合作。所以，治理是一个比统治更宽泛的概念。其次，管理过程中权力运行的向度不一样。政府统治的权力运行方向总是自上而下的，它运用政府的政治权威，通过发号施令、制定政策和实施政策，对社会公共事务实行单一向度的管理。与此不同，治理则是一个上下左右互动的管理过程，它主要通过合作、协商、确立认同等方式实施对公共事务的管理。治理的最终目标是实现善治（good governance）。善治就是使公共利益最大化的社会管理过程。善治的本质特征，就在于它是政府与公民对公共生活的合作管理，是政治国家与市民社会的一种新颖关系，是两者的最佳状态。善治的基本要素有以下10个：（1）合法性（legitimacy）；（2）法治（rule of law）；（3）透明性（transparency）；（4）公民参与（civic engagement and civil participation）；（5）责任性（accountability）；（6）回应性（responsibility）；（7）效率（effectiveness）；（8）稳定（stability）；（9）公正（Justice）和（10）廉洁（cleanness）（俞可平，2001）。

我们之所以选用治理和善治的分析框架，主要是因为比起经济分析、制度分析、文化分析和国家—公民社会分析等其他方法来，它具有自己明显的优点。首先，它着眼于政府与公民的合作网络，提供了新的分析视角和范畴。其次，在分析政治发展时，它比其他方法更加全面。它包含了制度分析、经济分析和文化分析的许多内容，同时又在相当程度上克服了这些方法的缺陷。再次，它体现了政治发展的方向。它特别强调国家与公民社会的合作，强调公民自治和非政府的公共权威，这些恰恰都是乡村治理中尤其需要引起注意的方面。进而言之，治理和善治理论打破了社会科学中长期存在的两分法传统思维方式，即市场与计划、公共部门与私人部门、政治国家与公民社会、民族国家与国际社会，它把有效的管理看作是两者的合作过程；它力图发展起一套管理公共事务的全新技术；它强调管理就是合作；它认为政府不是合法权力的唯一源泉，公民社会也同样是合法权力的来源，等等。所有这些表明，它的适用范围比其他方法更为宽泛。乡村治理是一种复杂的社会政治现象，既有政府的统治，又有村民的自治；既有法定的制度，又有村规民约；既有国家的介入，又有民间的参与。运用治理和善治分析方法，可以更全面、更深入地理解这样一种复杂的政治发展过程。

在接下去的几个部分中，我们将就定县、邹平和江宁在不同历史时期的农村治理的结构、主体、过程、方式、内容、环境等方面分别作出比较历史的分析，在此基础上，阐述中国农村治理的意义、特征、困难和发展方向。

二、结构：政府、政党、民间

农村治理，就是农村公共权威管理农村社区，增进农村社区公共利益的过程。农村治理中的公共权威既可以是官方的，也可以是民间的，或官方与民间机构的合作。从近代直到现在，治理中国农村的公共权威结构主要由政府、政党和民间三部分组成。其中，政府和政党属于官方的权威机构，它们在中国农村治理中起着决定性的作用。

中国近代的乡村治理改革，肇始于清朝末年清政府的新政。地方自治是清末新政的一项重要内容。清政府在光绪三十四年（1908年）十二月二十七日颁布的《城镇乡地方自治章程》和《城镇乡地方自治选举章程》规定，各城镇设"议事会"和"董事会"，各乡设"议事会"和"乡董"，作为地方自治的权威机构。"议事会"、"董事会"和"乡董"的成员均由本地居民投票选举产生。清末新政是清政府迫于当时情势而发起的一场自上而下的政治改良运动，相关章程中明确规定，"地方自治以专办地方公益事宜、辅佐官治为主"①。所以，以地方自治为核心的近代中国农村治理改革，从一开始就刻上了政府推动和官主民辅的深刻烙印。

---

① 《城镇乡地方自治章程》（光绪三十四年十二月二十七日颁布），第1条。

被认为"开创了中国以行政村为单位的地方自治的先河",并被北京政府内务部称为"直隶全省乡村自治之模范"的定县翟城村自治,"尽管拥有高度的自治权","政府始终没有干涉其具体自治事务",但同样体现着政府的主导和推动。翟城村治最初是由政府官员动议的,它一直受到政府特别的财政补助,并且接受政府的财政监督。翟城村治与乡贤米迪刚的名字不可分割,但米迪刚的翟城试验最初是由当时的定县知事孙发绪动议的。1914年,上任不久的孙发绪见翟城村教育发达,提出仿效日本模范村,创办中国的自治模范村。米迪刚对此深表赞同。同年秋,米迪刚前往绥远垦荒,翟城自治模范村的筹备工作遂由其弟米晓舟、米阶平等着手办理。次年夏,内务部颁布《地方自治试行条例》及《施行细则》,重新实行地方自治后,袁世凯下令办理京兆"自治模范区",要求京兆"仿西国都市之政,东邻町村之规,心摹力追,日就完备"。孙发绪备受鼓舞,立即给翟城村拨款300元,专门用于模范村建设。同年9月,翟城村自治公所落成。10月,翟城村村民议举的村长、村佐、区长等就职,自治公所正式成立。11月,孙发绪将该村标为模范村,呈直隶省巡按使公署和教育部、内务部立案。如果说在像翟城村这样条件特殊的个别乡村中乡间精英和民间组织在乡村治理中可能享有较高的自治权和自主性,甚至有可能发挥某种主导作用的话,那么,乡村治理改革在全国范围内的推广,就非靠政府推动莫能为功了。翟城试验后乡村自治制度在山西省和全国范围内的推广,几乎完全是由政府当局作为一种政府行为而自上而下驱动的。

学者出身的梁漱溟20世纪二三十年代在山东邹平实践其乡村改造理想时,一种内在的冲动就是摆脱政府权力而由村民自己实行治理。这一点在他的乡村建设理论和乡村自治制度设计中得到了明显的反映。他一改传统中国乡村官治和绅治相结合的治理模式,把政教合一的"乡学"、"村学"作为乡村治理的公共权威机构,把"学"与"政"结合起来,试图融乡村知识精英与政治精英的角色为一体。梁漱溟轻视政府权威对乡村治理的作用,他对待政府权威的原则是,"接近政府而使用它","只受政府津贴而不受政府干涉"。不幸的是,这种摆脱政府的努力,不仅事实上做不到,而且也成了导致其治理改革失效的重要原因。用他自己的话来说就是:"农民为苛捐所苦",

"不能马上替他减轻负担";"农民没有土地,不能分给他土地";农民"所要求的有好多事,需要从政治上解决",同样也"没有解决政治问题的力量"。乡村组织承担的若干下级行政任务,如调查户口、清丈土地、整理赋税等等,与其说是源自农民的需要,不如说是为了应付政府的要求。这种格局使乡村自治"走上了站在政府一边来改造农民,而不是站在农民一边来改造政府的道路",以致落入"号称乡村运动而乡村不动,高谈社会改造而依附政权"的矛盾之中(梁漱溟,1939)。其实,从另一方面看,梁漱溟在邹平的乡村建设实验之所以能够得以实施,并且取得一定的成效,与政府的支持同样不可分离。他之所以选择山东邹平作为实验场所,是因为得到了地方实力派、时任山东省政府主席的韩复榘的全力支持。韩对其乡村自治的主张非常赞赏,觉得乡村基层组织自治改革将有利于稳固地方政权;梁的乡村自治实验同样需要地方实力派的支持,因为进行农村改革需要经费,而经费的来源只有靠政府,这就需要政府的承认和支持。1931年3月,河南村治学院因军阀内战而停办,韩复榘也于此时调任山东省政府主席。韩上任不久,就邀集梁漱溟和原村治学院的骨干到济南,商讨在山东开展乡村自治,筹划设立一所像河南村治学院那样的机构,并划出一定区域作为实验区。1931年3月,梁漱溟等人领到省政府拨付的10万元开办经费,开始筹建山东乡村建设研究院。国民政府对乡村自治的认可和相关的法律制度,则是梁漱溟的邹平实验取得实质性发展的政治前提。1932年12月,国民党南京政府召开第二次全国内政会议,通过了'县政改革'和'地方自治改革'议案,并制定出《各省设立县政建设实验区办法》,规定各省可以自行选定地区进行实验,并可截留地方收入的50%作为实验经费。1933年2月,山东省政府根据内政部颁布的办法,制定了《山东县政建设研究院实验区条例》11条和《实验区条例实施办法》20条,划定邹平、菏泽为县政建设实验区,隶属山东乡村建设研究院。中央政府的专门法规及地方政府的相关实施条例,为地方自治改革提供了基本的法律框架和依据。这样,邹平的乡村治理改革就得到了南京政府的正式承认,具有了"合法性",自此进入一个新的阶段。

江宁的乡村自治不仅是由国民政府一手推动的,而且,它作为当时的地方自治模范县完全是由国民政府刻意树立起来的。1933年2月，江苏省政府以"江宁地近首都，国际观瞻所系"为由，将该县设为自治实验县。按照《江苏省江宁自治实验县组织规程》，由省政府聘请9—13人组织江宁县政建设委员会，代表省政府全权指挥监督县政工作。县政委员会之下设县政府，县政府设县长一人，县长除秉承省政府命令及接受县政委员会的指导外，不受其他上级机关的督率。而担任江宁县县长的梅思平，是由蒋介石任校长的中央政治学校的政治系主任。江宁自治实验县享有广泛的自由决定权，"对省政府令办之事，遇有特殊困难情形，得叙明理由，呈复请予展缓进行"；还可以免解省税，将之用于发展地方事业（江宁自治县县政府，1934）。该县还对现行的地方自治制度进行了改革，不仅对自治区域进行了重新划分，而且决定村里长暂不由村里会议选举，而由乡镇长于各村里居民中荐举加倍人数，由县政府择委。在江宁，村里不再成为一级自治单位，而"乡镇自治体不仅没有独立的自治权，也没有民主选举制度，实际上是自治形式下的政府行政工具"，显然违背了孙中山地方自治设想的根本精神（李德芳，2001）。因此，江宁的乡村治理改革一开始就是一场政府直接操纵的自上而下的乡村改良运动，这场运动无论从理论、动机，还是立法等方面，都具有明显的政府行为的特征。在政府的主导下，江宁县开展了税制改革、警政整顿、治安管理、户籍整理、教育普及、卫生倡导、风俗改良、农村救济、农技推广等诸多乡村治理工作。

民国时期的乡村治理权威是一种典型的官—民二元结构，除了政府和民间组织外，政党只在宏观层面对国家治理起作用，在基层的乡村治理中，作为执政党的国民党组织几乎没有什么影响力，党治在地方层级几乎处于虚拟状态（王奇生，2001）。以邹平为例，在农村自治改革期间，全县国民党员只有30多人，国民党地方组织的权力触角基本未渗透到农村基层。1935年，县党部撤销，县党部领导的几个团体组织也在此前后解散或停止活动，在这种情况下，国民党对邹平地方政府和乡村基层组织便难以实施直接而有效的控制。定县的情况也类似，在乡村治理方面国民党地方党部并没有发挥主导作用。定县全县的国民党党员在1929年为208人，其中农民仅20人，乡村中党员十分鲜见。县党部领导的县区农民协会、妇女协会因经费无着，活动甚少，影响力不大。在全面推行乡村自治的 1930 年，定县党务活动停顿。1931 年定县党务活动恢复后，全县的国民党党员已经剧减为 127 人，广大乡村基本上没有党员。

与民国时期极不相同，20 世纪 80 年代后，中国农村的治理表现为一种三元权威结构，即中国共产党的基层组织、政府和村民组织。作为唯一执政党的中国共产党组织不仅在国家的宏观治理中起着决定性作用，而且在基层的农村治理中也起着核心作用。农村党支部在村民自治中的领导作用在 1998 年颁布的《中华人民共和国村民委员会组织法》中被明确地以法律的形式肯定下来："中国共产党在农村的基层组织，按照中国共产党章程进行工作，发挥领导核心作用，依照宪法和法律，支持和保障村民开展自治活动、直接行使民主权利。"① 中国共产党现有 6600 万党员，其中农民党员的比例虽在党的历史上处于最低水平，但仍占约 32%，农村党支部在农村治理中通常发挥着骨干作用。20 世纪 30 年代邹平全县只有 30 多名国民党员，到 1990 年代全县的共产党员数则是前者的 1000 倍，达到 3 万多人。对定县村干部和村民的问卷调查显示，在村两委会的关系问题上，认为党支部是领导核心、村民委员会应服从党支部领导的占 44%；认为村委会是由全体村民选出来的，党支部应该尊重村民委员会的意见的占 18%；回答说不清的占 38%。从调查村的访谈情况看，多数回答是村民委员会应服从党支部的领导。邹平只有 8% 的村民认为村委会应当是农村治理的核心。

在目前中国的政治框架下，作为执政党的中国共产党是国家和社会全部政治生活的领导核心，在各级地方政权组织中，党组织与政府机构一并设立，乡镇以上党的各级领导机构的干部也享受政府公务员待遇。因此，中国共产党的组织不仅是国家和社会的公共权威的组成部分，而且是官方的主要公共权威。如果不是从严格的文字意义上，而是从实际的意义上说，可以把党组

---

① 《中华人民共和国村民委员会组织法》(1998 年 11 月 4 日第九届全国人民代表大会常务委员会第五次会议通过)，第 3 条。

织一并看作乡村治理中的政府权威。根据这样的逻辑，来反观20世纪80年代后全面推行的以村民自治为核心的农村治理改革，那么就可以看到，政府在农村治理中的决定性作用不但更加明显和更加强大，而且更加充分和更加完备，政府对农村治理的主导作用几乎达到了极致。它主要体现在以下这些方面。

首先，政府直接推动了包括村民自治在内的农村治理改革。通常认为，20世纪80年代中国以村民自治为核心的农村治理改革，发端于中国农村自发的民主实践。如果仅从时间上衡量，这一说法是正确的。人民公社体制解体后，农村社会出现了权力真空，产生了一系列问题。"1980年底，广西河池地区的宜山、罗山两县农村，出于社会治安管理的迫切需要，农民们自发地组建了一种全新的基础性权力共同体——村民委员会，以取代正在迅速瓦解之中的生产大队、生产队组织"（白钢、赵寿星，2001）。这一新型的政治组织随即在农村社区扩散开来。然而，作为一场全国性的农村治理改革运动，村民自治完全是政府自上而下推动的结果。1982年新宪法明确规定了村民委员会的自治体制，同年的中共中央36号文件要求在部分农村开展村民委员会自治的试点工作。

第二，政府设立规制，从根本上规范、制约和引导农村治理的结构、职能和方向。在国家层面，继1982年的《中华人民共和国宪法》明确村民自治的法律地位后，中央政府在1987年颁布了《中华人民共和国村民委员会组织法》（试行），1998年正式颁布了修改后的村委会组织法。1982年后，中共中央及中共中央办公厅发布了一系列推行村民自治、加强农村基层民主政治建设的文件。根据中央政府和中共中央的法律和文件精神，各级地方政府分别根据各地的实际情况制定了详细的村民自治条例和规定。例如河北省，1990年省人民代表大会颁布了《河北省村民委员会组织条例》，1993年省民政厅制订了《河北省村委会换届选举试行办法》。县（市）、乡、镇则根据中央和省的相关法规制定各种各样的村委会选举实施细则和程序性规定。各级政府除了制定村民自治的种种规制外，还制定了各种有关农村治理其他方面的规则和条例，如关于计划生育、村民议事、财务管理、农村稳定、经济承包等等。邹平县委县政府颁发的《邹平县村镇工作规范化建设实施细则》总共有50条规定，基本上囊括了农村治理的主要内容。

第三，政府基本上控制着农村的治理精英。根据法律和党章的规定，作为农村主要治理精英的村党支部委员和村委会委员，都必须通过直接选举产生。然而，村两委会的选举是在乡镇党委和政府的领导下进行的，支委会选举由上级党委直接组织，村委会选举也是在乡镇选举指导委员会之类的专门机构领导下进行的。乡镇党委和政府通过选举程序，在绝大多数情况下能够将自己满意的候选人通过法定程序转变为民选的治理精英。如果说，随着农村基层民主的发展，乡镇政府对于必须由全体村民选举产生的村委会主任和委员的人选越来越难以操控的话，那么，对于作为村级治理领导核心的党支部成员的人选一般仍有足够的把握，必要时甚至可以由乡镇党委直接任命村党支部书记。即使是在村委会选举中，政府仍通过宣传、组织、培训、引导等途径和方法，发挥着至关重要的甚至是决定性的作用。

第四，政府官员直接驻村参加村级治理。在现行的村治模式中，乡镇政府向各村派出党政官员直接参与村级治理，是一种十分普遍的做法。这些派驻村里的干部通常被称为"驻村干部"或"包村干部"，他们通常负责数个村的村务治理。这些"驻村干部"实际上是政府在农村中的代表，他们的主要职责，是代表乡镇党委和政府对各自负责的村落进行管理、协调和监督。他们一般不参与日常村务管理，但对村委会和党支部的选举、村两委会关系的协调、村干部的监督、计划生育、税费征收等重大村务，往往直接参与管理。在定州，向各村派出联系干部甚至被认为是乡镇党委和政府管理和指导村务的主要方式。不少乡镇从机关干部中抽调农村经验丰富、懂经济、会管理、责任心强的镇直干部到村、街任党支部副书记、或村委会代理副主任等职务。乡政府领导人经常到村里指导工作，通过制定和贯彻规范性文件进行管理和指导。这些"驻村干部"除了履行上述职能外，也帮助村民解决一些实际问题，并因而获得村民的好感。

第五，政府提供乡村治理的经费补助。民国时期，中国农村的经济极其落后，乡村普遍十分贫困，农村几乎没有任何公共财政。所以，政府提供必要的经费，事实上这往往成为村治改革的前提条件。新中国成立后，中国农村一直推行"三级所有，队为基础"的集体经济制度，在一些地方，村级财政有一定的积累。在改革开放后的今天，中国农村的生产力得到了极大的释放，农民生活水平迅速提高，从而也为村级公共财政的积累提供了相当的基础。因此，政府的经费投入不再是推行村民自治的前提。然而，与城镇相比，中国农村经济还很不发达，农民收入还很低，农村的公共积累普遍不足。因而，对于多数农村而言，政府的财政补助仍然是影响村务管理的重要因素。政府通过经济手段影响村级治理的主要方式，是对村干部实行职务补贴和福利补助。

第六，政府定期对村干部进行培训和教育。对农村的管理精英进行教育和培训，在民国时期的乡村自治实验中也是十分通行的做法，梁漱溟设立乡村建设研究院的主要宗旨之一，就是培训乡村的自治人才。这种做法在现行的村治实践中仍被广泛采用。定期对新当选的村支部书记、村委会主任进行轮训和教育，是县（市）、乡、镇党委和政府管理农村事务的日常工作之一。中国共产党的各级县（市）委员会都设有培训干部的党校，县级党校主要培训乡镇以上的干部，但通常也举办村支部书记和村委会主任短期培训班。一些经济比较发达的乡镇党委也设有党校，它们的主要职能就是培训村两委会的主要干部。近些年在中国农村普遍推行的农村"三讲"和"三个代表"学习教育活动，实际上也主要是针对农村干部进行政治教育的方式。

无论在民国时期还是在当代，乡村治理虽然都是由政府推动和主导的，官方的权威机构在乡村治理中起着决定性的作用，但是，从形式上和制度上看，乡村治理的主要公共权威却是民间的自治机构和其他民间组织。

按照南京国民政府颁布的《县组织法》，各县按户口及地方情形划分为若干区，区置区公所，设区长一人，管理区自治事务；区长在适当时候实行民选。区以下划分为乡镇，置乡镇公所，各设乡镇长副，由乡镇民大会选举产生，并由区公所呈报县政府备案；在区长民选实行之前，乡镇民大会应选出加倍之人数，报由区公所转请县长择任，并由县长汇报民政厅备案。乡镇居民以 25 户为闾，5 户为邻，闾邻长由本闾邻居民会议选举产生，由乡镇长报区公所转报县政府备案①。根据中国国民党第三届中央执行委员会第二次全体会议通过的"完成县自治案"决议案，到 1933 年底，各地筹备自治机关应完全设立，并于 1934 年完成地方自治（中国国民党中央执行委员会宣传部，1931）。但实际上，到 1934 年 3 月，全国多数省份只做到完成县政府组织，划定自治区，编定乡镇，划分闾邻；少数省份做到召开乡镇民大会，选举乡镇长副乡镇长和乡镇监察委员，组织乡镇公所（胡次威，1948）。各种迹象表明，乡村自治的实际运作并不理想。

上述制度结构只是一种法理形态，各地在实行中并不划一，尤其是在自治实验县，民间治理机构具有各不相同的形态。在梁漱溟的邹平实验中，直接负责村民自治的组织机构是乡学和村学，其领导机构是学董会，学董会再推选学长和乡村理事，前者由"齿德并茂"、"群情所归"者担任，主要作为道德楷模和矛盾纠纷的调解者，后者负责具体事务。江宁在自治实验期间大幅度地改变了法律规定的自治层级划分，先是变县、区、乡镇、闾邻四级制为县、区、乡镇三级制，乡镇以下取消闾邻，划分村里，并将村里设定为构成乡镇之分子，而非自治单位之一级；继而又扩并乡镇，裁撤区公所，自治层级变为县、乡镇两级（许莹涟、李竞西、段继李，1935）。平教会则打算在定县废除原有的乡村自治制度，在县政府之下实行以公民服务团为基础的乡镇建设委员会制度。

与民国时期不同，中国农村现行的自治权威机构全国划一。村两委会，即村民委员会和村党支部委员会，是村的自治权威机构，村民委员会主任（村长）和村党支部书记是村务的最高领导者。村委会一般下设治安、调解、计划生育、妇代会等小组或委员会。尽管事实上村党支部或者由村党支部和村委会联合组成的"两委会联席会议"在绝大多数情况下是村的最高权力机构，但从制度上说，村民代表大会和村民全体会议是村的最高权力机构。

除了法定的农村自治权威机构外，其他各种农民自发成立或政府倡导成立的民间组织也在乡村治理中起着重要的作用。这些民间组织主要有三类，

---

① 《县组织法》（1930 年 7 月 7 日国民政府第二次修正公布）。

一类是由中国的传统文化产生的，如农村中的宗族或家族组织、庙会组织等；一类是互助性的公益组织，如合作社、青苗会、农林会、积善堂等；一类是辅助性的自治组织，如治安会、巡逻队、民主理财小组、民兵组织、计划生育协会、老年协会等。在传统文化的影响相对于城镇而言更大的农村，宗族或家族组织不仅在民国时期，即使在当今也仍然对农村治理发生着重大影响，在某些领域，它们的影响甚至超过法定的自治机构。一些农村中的公益组织由于为村民办事而深受他们拥护，在乡村治理中往往也有着不可取代的作用。民国时期江宁汤山的积善堂和河北定县的平教会，在许多村民的印象中，其影响超过了正式的自治权威机构。一项专门对当代农村民间组织的研究也表明，改革开放以后，中国农村的民间组织得到了迅速发展，它们对农村政治生活的影响和作用正在日益增大（俞可平，2002）。

综上所述，民国时期的乡村治理权威是一种典型的官—民二元结构，而改革时期则呈现为党、政府和民间的三元结构，但党和政府实质上都属于官方的权威结构。民国时期和改革时期的乡村治理权威结构虽然有着显著的区别，但政府权威或官方权威在其中的主导性地位却是相同的。政府不仅直接推动了乡村的治理改革，而且通过经济的、政治的和法律的手段规范和制约着乡村治理改革的进程和方向。

三、主体：村民、乡贤、干部

乡村治理的主体当然是广大村民。如果按照在治理中的地位和作用来划分不同的角色，那么乡村治理的主体又可进而区分为普通村民、农村精英（即俗称的乡贤、乡绅、能人）和村干部。

村民的积极参与是实现村治的基础，他们的素质、能力、参政热情直接决定着农村治理的优劣。以村民自治为核心的现代乡村治理改革，对普通村民至少有三个方面的基本要求：起码的物质生活条件、文化教育基础和参政热情。民国时期和现在的乡村治理改革一般都从这三个方面着手来提高村民的综合素质。

梁漱溟的邹平乡村建设实验最初从兴办乡农学校（不久改称民众学校）、

成立农业合作社、改良农业这三个方面展开，体现的正是上述培育现代合格村民的思路。他创立的乡村建设研究院采取了兴办乡农学校的方式来实施村民教育。1932年1月，训练部派师生300余人分赴各区乡，兴办乡农学校。这年冬天，全县共办起乡农学校91处，参加学习的村民3996人。乡农学校起初设在条件较好的大村，每区5—8处，后来发展到几个小村合办。乡农学校接受研究院指导，学校辅导员全部由训练部学生担任。村民学习以3个月为期，课程为三民主义、精神陶炼、识字、史地、乡村自卫、农业科技等。除正规乡农学校外，一些村立小学还附设了乡农夜校，教育对象为全村男女老幼，学习内容为识字、时事、农业知识等。截至1933年冬，全县共开办了156处夜校，参加夜校的农民共5241人。另外，一些村还设立了女子部或女校，向农村妇女传授家事、卫生及育儿知识（宋乐颜，1937）。

晏阳初在定县推行的乡村治理改革以"平民教育"为旗帜，其领导团体以"中华平民教育促进会（平教会）"命名，遵循的也是同样的思路。晏阳初认为，中国问题的核心是人的问题，而人的问题归根到底在教育。只有通过对平民进行教育，才能培养国民的元气，改进国民的生活，巩固国家的基础。由于农民占全国人口的80%，乡村是中国的经济基础和政治基础，因此平民教育的对象首先应该是农民。通过社会调查，晏阳初发现农民有愚、穷、弱、私四大缺点，遂提出了相应的对策：以文艺教育治愚，培养农民的知识力；以生计教育治穷，培养农民的生产力；以卫生教育治弱，培养农民的强健力；以公民教育治私，培养农民的团结力。这四大教育的实现途径是学校式、社会式、家庭式"三大方式"。

江宁县汤山农民教育馆针对当地文盲充斥的情况开展文化教育，开办了民众学校，并采用循环教学法，以民众学校学生为中心，让学生将所学传授给其家庭成员，以使更多的村民有接受教育的机会。他们还创设了妇女工读班，利用乡村妇女的闲暇时间，传授一定的文字、常识，并提倡家庭工艺，以改进其生活。

民国时期所开展的村民教育，虽包括了丰富的内容，如定县分为四大教育，邹平江宁的民众学校也都开设了较多课目，但是，在文盲比例高达80%

的背景下，主持者不得不将主要精力花费在扫盲上。这种情况目前已有了根本的改观。

从20世纪80年代开始，中国政府在城乡强制实行普遍的九年制义务教育，农村居民的基础国民教育基本上得到了保证，在我们所选择的三个个案中，青壮年农民的识字率已经达到或接近100%。在这种新的教育背景下，进行基础性的文化教育已经不再是提高村民素质的第一要求，而专业的致富能力、农业技术和民主法制意识的培训则成为培育现代合格村民的首要任务。

定州市对农民群众和干部的教育强调"四个突出"：突出法制教育，把依法行政、依法办事自觉贯穿到各项工作中，杜绝干部违法施政现象。同时以法律进家活动为载体，加强对农民群众法律法规教育，不仅使广大群众学会用法律武器保护自己的合法权益，而且还要认识权利与义务的统一性，营造执法守法的浓厚氛围。突出市场经济知识的教育，适应市场经济规律，运用市场经济规律去指导生产、加工和销售，从根本上解决农民负担重的问题。突出现代化农业科技知识的教育，提高干部群众的科技水平。突出思想道德教育，提高农民的社会公德、家庭美德意识，保持良好的社会风气。此外，市里还统一实施"新世纪、新农村、新科技"万名青年培训工程，把广大农村居民的注意力、兴奋点引导到千方百计增加收入上来。

1996—1998年，共青团邹平县委在农村的工作以培养农村青年科技星火带头人、建立示范基地为重点，实施了农村青年致富工程。1996年5月，团县委制作了青年致富工程展板，在县城进行展出，并聘请省农科院蔬菜专家在孙镇举办了培训班，全县140名种菜能手听取了专家的技术讲座和现场指导。同年7月，聘请10名教授、专家到邹平指导科技致富，八田、韩店等镇乡农村青年获得了大量致富信息，学到了一定致富本领。1997年团县委开展了"一助一、奔小康"活动，全县有1500名农村青年科技星火带头人自愿结对帮助1名贫困青年团员限期奔小康。各基层团组织还利用各类协会、基地，对青年进行培训，印发了5万余份科技材料。1997年11月，团县委筹资11万元，创建了邹平团县委良种兔场，开展了"六位一体"服务，实施推广种兔、回收兔毛、防疫治病、代售笼具、发放技术资料及培训为一体的全方位服务。

差不多在每一村，总有一些村民的文化素质较高、管理能力较强、比较富裕、办事比较公道或德高望重，他们是乡村的精英，在农村治理中起着极为重要的作用。在比较研究中我们有趣地发现，村民眼中的精英标准在不同时期有一些微妙的变化。总体上说，乡村精英都必须同时具备德和才双重素质。然而，民国时期村民们更加看重的是乡村精英的"德"，即推崇德高望重的"乡贤"；现在的村民则更加看重乡村精英的"能"，即重视致富能力和管理能力强的"能人"。但不论怎样，乡村精英在农村治理中都发挥着重要的作用，他们的影响在一些领域甚至超过了法定的乡村干部。

例如，在民国时期的江宁县汤山乡，人们一致认为当时管理积善堂的唐庆阶"比镇长威信大"。人们有事总是喜欢找唐解决，而不是找乡长解决。在我们近期对汤山的访问中，老人们还生动地叙述了唐庆阶解决村民与林警队、地方政府及军队冲突的"模范林跑反"事件。1931年秋，汤山刘岗头村、沿村、周家边、王家庄、小伏牛山以及句容的西巷、东巷、南巷等村数百名村民在当地绅士刘志银（刘三）带领下，冲击汤山模范林场，毁了林场的房子，缴了林警的枪。南京卫戍司令部派出军队进行弹压。刘三急忙找到唐庆阶，唐竟能动用关系，把刘三藏到张世希的军队中，然后将事态平息。①

乡村精英的这种重要作用，在当代的农村治理中也同样存在。一些能力强的村民在自己致富后，如果为人正派，办事公道，又能为村的集体事业做出某种奉献，那么，他就会在村中具有很高的威望。这些人即使没有进入村委会或村党支部，他们仍会在村民中产生很大的影响。反之，一个合法当选的村长或村支书，如果没有较强的致富能力，既没有使自己先富起来，更没有让全村的人富起来，那么，他的权威就会遇到极大的挑战。一些农村治理的研究者甚至认为，目前中国农村的治理模式是一种"能人"治村的模式。对江宁古泉村的案例研究表明：能人个人的主观意志和个人能力在乡村治理中的作用十分突出，这里的"强自治"甚至不是完整意义上的村民自治，而

---

① 据2001年9月15日上午俞可平、金太军、马俊亚对数位汤山镇老人的访谈记录。

是一种能人带领下的村民自治，是一种"能人政治"。

千方百计激发这些乡村精英参与村公共事务管理的积极性，并且通过合法的手段使他们顺利当选为村的领导权威，使这些"在野的"社会精英成为"执政的"政治精英，防止他们成为与合法的乡村公共权威和政府相抗衡的力量，这是实现农村善治的关键所在。

显而易见，梁漱溟在邹平的乡村自治制度设计中已经充分注意到了这一点。他特别注重将农村中具有声望、地位和影响的乡绅纳入作为乡村自治权威机构的乡学和村学中，充任学董和学长。按照他的制度设计，各地的乡学成立前，须先组织乡学学董会。学董会由乡中有信用、有资望的领袖组成，"因为倡办此事，非先得乡村领袖的同意与帮助，就无法作起"。为得到乡村领袖的同意和帮助，研究院和实验县政府通常要先派辅导员到各乡，拜访乡村有资望的人，向其说明乡学的办法，请他们出来领导大家办理地方兴革事业，然后组织学董会。学董会视乡的大小有学董十几人或几十人不等。乡内各村学理事及未设村学村的村长为当然学董，另外由县政府聘请一至三名素孚众望、热心公益的本乡人士为聘任学董。学董会成立后，从学董中推选一位"齿德并茂"、"群情所归"的人担任学长；并推选一至三位热心公益、办事能力强的人为常务学董，其中一位担任乡理事。村学的组成过程和结构与此类似。

从1949年到改革开放前，执政的中国共产党一直把政治素质当作压倒一切的干部标准，在遴选农村干部时也同样如此。所以，除了"文化大革命"特殊时期由村革命委员会掌权外，乡村的权力长期集中在党支部，党员基本上垄断了农村的政治权力，"乡绅"型精英被传统的"乡贤"极大地边缘化。毫无疑问，中国共产党吸纳了众多工人、农民和知识分子精英，但它仍难以将所有精英吸纳进党内。在农村，由于村党支部垄断了全部政治权力，农民中的党员具备某种政治地位和政治势力，所以，一些党员干部从维护自身利益出发，想方设法拒斥其他精英分子进入党组织。农村推行家庭联产承包责任制后，大量能人脱颖而出，这些致富能人成为新一代的乡村精英，但原有的村治体制将他们排除在公共权威机构之外。于是，政治精英与社会精英在许多农村成为明显不同的两个势力圈。20世纪80年代中共中央决定在全国农村推行村民自治制度，与村党支部同为村级治理权威的村委会成员由全体村民选举产生。这种村民自治制度的推行当然首先是出于发展农村民主政治的需要，但是从农村治理的意义上说，它也为最大限度地吸纳乡村精英参加村务管理提供了可能。

村民自治制度为新一代的乡村精英成为合法的村治权威开辟了通道，将中国农村治理推进到了一个新的发展阶段，对中国农村社会的整体进步和发展具有里程碑式的意义。然而，它也带来了民国时期的乡村治理所不曾遇到的新问题。这就是，如何协调村党支部和村委会这两个乡村治理权威组织之间的关系。在现行的农村政治体制下，这两者都是合法的农村公共管理权威。村党支部是村民委员会组织法规定的农村"领导核心"，村民委员会是宪法和村委会组织法规定的农村自治权力机构。村民委员会是由全体村民在全村范围内直接选举产生的，村党支部只是从全体党员中选举产生的，因此，从精英来源的范围和民意的基础来看，村委会甚至比党支部更广泛，但党支部是现行体制规定的不可动摇的村务领导核心。这样一种制度安排，加上在中国农村社会的转型时期乡村精英自身也正在经历新老交替的过程，在村委会和党支部之间必然会形成一种张力。事实上，大量的研究已经证明，农村两委会的关系问题已经成为严重影响农村社会稳定和发展的关键性因素。两委会矛盾和冲突所导致的财务混乱、村务荒废、村政失控现象已经屡见不鲜。在少数地方，甚至演变为村民与政府的直接对立和冲突。

为解决目前农村两委会之间的紧张关系，学者们提出了三种可能的途径。一是降低村党支部的传统权威，提升村委会的权威，使村委会在村务管理中起首要作用；二是加强村党支部建设，维护党支部在村治中的核心地位和首要作用，明确村委会在村务管理中相对于党支部的辅助地位；三是整合村两委会的核心成员，使其合而成为一个统一的乡村治理权威。第一种途径在目前并不具备现实的可能性，第二种和第三种办法在各地农村其实已经通过不同的形式开始实践。在一些地方，上级党委和政府明确要求，在村级治理中村党支部负第一位的责任，通俗地说就是，"书记是一把手，村长是二把手"。

一些学者进而指出，村党支部是村的决策机构，村委会是执行机构，而村民代表大会或村民大会则是村的最高权力机构。在另一些地方，上级政府明确要求，村党支部和村委会联合组成村两委会联席会议，作为全村的最高决策机构，村里的重大事务必须经过两委会联席会议审议通过。中共中央组织部正在全国农村推广的"两票制"选举村党支部的办法，实质上是一种增大村支部权威的合法性、巩固其作为村领导核心地位的制度变革。所谓"两票制"选举党支部委员，就是先在普通村民中就党支部委员候选人进行信任投票，超过一定票数的候选人才能进入支部大会由党员正式投票选举。这里的"两票"，第一票其实是信任票，第二票才是真正的选举票。但在"两票制"选举做得较好的地方，第一票对于候选人的当选也至关重要。鼓励村支部委员和村委会委员交叉任职，特别是鼓励党支部书记与村委会主任由一人兼任，也是目前不少地方的做法。例如，邹平县委和县政府，突出强调基层党组织的领导核心作用，旗帜鲜明地支持党支部成员积极参与选举，大力提倡党支部书记兼任村委会主任、两委成员交叉任职。在1999年的第六届村委会换届选举中，全县858个行政村，村两委交叉兼职的1160人，占总人数的41%，支部书记兼村民委员会主任的226人，兼职率26.3%。其中礼参镇各村书记、主任一人兼的高达53%。① 2002的第七届村委会换届选举，村委会成员中有党支部成员1095人，兼职率达42%，村主任与支部书记一人兼的有206人，兼职率26%。

由此可见，无论在民国时期还是在改革时期，农村民主治理的主体始终是村民自己，而村民中被遴选为法定治理者的村干部和那些虽不是村干部但在村民中有势力和影响的"乡贤"、"乡绅"等所起的作用超过普通村民。

"能人"乡村精英的标准从民国时期到改革时期已经发生了很大的变化，但这些精英对乡村治理的重要性却依然如故。如何通过制度化途径，使这些乡村精英成为法定的政治精英，防止"官方的"和"民间的"两部分精英的

---

① 《邹平县贯彻落实〈村民委员会组织法〉和省〈实施办法〉的情况汇报》，中共邹平县委、邹平县人民政府，1999年6月。

对立和冲突，仍然是乡村善治的决定性环节。在当前的农村治理中，一个新的紧迫问题是，如何协调分别通过各自的合法途径进入村委会和村党支部的两部分乡村精英之间的关系，使他们不致发生结构性的冲突。

四、过程：选举、决策、监督

正如前面所说的那样，村民尤其是村民中的精英分子的基本物质条件、综合素质、参政积极性和管理能力是乡村善治的前提。不过，通过什么样的制度和程序，保证那些德才兼备、办事公道、深受村民敬重的乡村精英成为法定的治理权威，并且保证普通村民能够有权参与村干部的选举和对重大村务的监督、管理，对于乡村的善治同样有着至关重要的意义。完全可以说，选举、决策、管理、监督等活动，构成了近代乡村治理的基本过程。

近代乡村治理改革的重要内容之一，是引进作为现代民主政治基础的选举制度，这也是这一改革的进步意义所在。自清末以来，关于地方自治的立法中，均规定了选举乡村自治权威的内容。如清末的《城镇乡地方自治章程》规定，城镇乡居民有选举自治职员之权，而当时对选民资格限制綦严，年满25岁的男性，在本城镇乡接续居住3年以上，年纳正税或公益捐2元以上者，方有选举资格，而且同时规定了7条剥夺选民资格的条款，包括吸鸦片和不识文字。女子只有在纳税额超过当地选民内纳税最多之人的情况下，才有选举资格。① 南京国民政府的《县组织法》规定，区长由区民选任（区长民选于该法施行一年后，由省政府就各县地方情形酌定时期咨请内政部核准行之）；乡镇长由乡镇民大会选举产生，在区长民选实行之前，选出加倍之数，由县长择任；闾邻长由闾邻居民选举产生。② 此时选民的范围已较清末大为扩展，除了明文规定被剥夺公民权者外，"中华民国人民无论男女，在本乡镇区域内居住一年或有住所达二年以上，年满二十岁，经宣誓登记后为乡镇公民，

---

① 《城镇乡地方自治章程》（光绪三十四年十二月二十七日颁布）第16、17条。
② 《县组织法》（1930年7月7日国民政府第二次修正公布）第32、42、45条。

有出席乡民大会或镇民大会及行使选举罢免创制复决之权"①。按照法律规定，当时不仅有严密的选举程序，而且选举自治职员的级别高于当代。但是，在缺乏民主传统而经济文化又极为落后的背景下，这种民主选举必然具有极大的局限性。对于当时乡村自治职员选举的具体情形，由于相关资料缺乏，学术研究中还相当模糊，大致可以肯定的是，即使是在实行了选举制度的地方，也只有闾邻长的选举比较名副其实，区长的选举则从未实行过，乡镇长（上引《县组织法》中的乡镇长大致相当于现在的村长）的选任事实上还更多地保留着传统的推选办法，而且各地在具体做法上有所差异（尤其是在自治实验县）。

民初定县翟城村仿效日本模范町村的做法，村长、村佐和村里其他自治职员由村民公举产生。这种村民公举的方式显然不是真正的民主选举，但也在相当程度上体现了村民的意愿；虽仍不脱绅治的范围，但无疑扩大了民意基础。邹平村学是各村的法定治理权威，由学董、学长和村理事（村长）组成。村学教员先从村中遴选学董候选人，然后召集村民开会咨询同意后，由县政府聘任。进行村民咨询时每户出一名代表，参加咨询的代表须过全村农户半数，以全体同意为原则。如有人对候选人提出异议，经三分之一以上出席代表附议，即应另提人选；附议人数不足三分之一时，由县政府决定。江宁县政府在重新厘定自治区域后，认为"各村里初行成立，居民之自治能力，甚属薄弱，四权之行使，诚恐无方"，为"慎重"起见，第一届村里长的产生，没有举行选举，而是令各乡镇长在各村里居民中举荐2倍于村里长实际人数的候选人，暂时由县政府从中择派。

由村民选举产生村干部，是当代中国农村政治民主最具有历史意义的事件，是农村民主治理最实质性的发展。这一民主过程大体分为两个阶段，第一阶段是在试行村民自治初期对村委会干部进行间接选举，村民首先选举产生村民代表，村民代表再就上级指定的村长等村干部进行正式投票选举。第二阶段则由村民直接选举村干部，俗称"海选"，它最初产生于吉林省的梨树

---

① 《乡镇自治施行法》（1929年9月18日国民政府公布）第7条。

县（余维良，2000）。"海选"有两个基本特征，一是政府在选举前不指定村民委员会委员和主任的候选人，候选人由选民依法提名产生，二是不经选举村民代表这一环节，而由全体选民直接选举产生村主任和其他村委会干部。20世纪90年代后，直接选举村委会干部的"海选"方法开始在全国农村逐渐推广。但直到目前，村民选举的发展程度仍参差极大，直接选举和间接选举这两种选举办法仍并存于广大的中国农村，而由政府指定候选人的做法则越来越少见。在定州，最近一届村委会仍由村民间接选举产生，即村民选举产生村民代表，再由村民代表选举出村委会干部和村长。江宁农村虽然在最近的村委会选举中采用了"海选"的办法，但形式主义的成分居多。邹平农村从1999年第六届村委会选举开始就较好地实行了"海选"。鉴于村民直选是新生事物，法律性、政策性强，程序复杂，操作过程中稍有不慎就会引发矛盾，影响大局，因此，在程序上，邹平县乡镇政府抓住了三个关键环节，一是严把村民选举委员会成立关，坚持由村民大会或村民小组会议推选产生，不作指定；二是严把时间关，坚持选举日前20天公布选民名单，预选后5日内举行选举，选举后10日内依法成立下属委员会，推选村民小组长、村民代表；三是严把公关，全县统一规定公告式样，6个公告一个不能少。具体操作中，坚持"四必须，四不准"：必须严格按法定程序规范操作，依法办事，不准指定、委派或者撤换村民选举委员会成员；必须坚持由村民直接选举产生村委会成员候选人，不准变通推选候选人法定程序和随意撤选正式候选人；必须组织召开由全体选民参加的选举大会，不准采用户代表方式召开选举大会或者采取"流动票箱"方式代替选举大会；必须当众公开唱票、计票，并当场公布选举结果，不准暗地计票或不公开选举结果。真正做到了法律规定的程序一步不少，应该交给群众的权利一点不留。有的乡镇在张贴布告、公布选举时间、地点之后，还为每个选民印制了书面通知，由选举委员会成员逐户送到选民手中，使参选率明显提高，在2002年的第七届选举中达到93%。对"海选"前后村委会构成的比较研究表明，直接选举产生的村委会干部的素质明显高于间接选举产生的干部。

通过任命、推选或选举产生的乡村自治权威组织，作为治理一村事务的最高权力机构，应当享有一村之内最高的决策权和管理权，但实际情况却要复杂得多。在民国时期，自治法规屡经变易，乡村自治体的决策权逐渐下移，法定的村民参与权逐渐扩大。1930年修正公布的《乡镇自治施行法》规定，乡民大会或镇民大会有审议单行规程、议决预算决算、议决乡公所镇公所交议事项、议决所属各闾邻或公民提议事项的权力（第21条）。但就像上文论及的其他内容一样，在这方面，法律条文和实际又一次表现出极大的差距，区域之间也再一次表现出极大的差异。在民国初年的定县翟城村，由村长、村佐、村公所各股股员、村内各区区长等组成的村会为全村的最高决策机构，凡本村重要自治事项，必须由村会决定。村会每月开例会一次，若遇临时事故，由会长随时召集，各股股员及区长遇有重要问题，须开会公决时，也可随时请求会长，召集临时会。村会会议须有半数以上村会组成人员出席方得开会，会议采取简单多数原则，即得超过到会人员半数赞成即为决议。村会会议决定的事项，交由村公所执行。由于村公所成员与村会会议成员大多重叠，所以，村里的决策权和执行权其实是相当集中的。邹平乡村的决策机制也大同小异。学董会是全村的最高决策机构，由村理事召集，学长、乡辅导员、村学教员等可以列席会议。学董会每月至少举行三次例会，必要时村理事可以召集临时学董会议。学董会做出的决定，由村理事负责实施。

比较而言，当代中国农村的决策机制和执行机制则要复杂得多。从现行的各种相关制度规定来看，村民委员会、村党支部、村委会和村支委会的"两委联席会议"、村民代表大会和村民大会都可以是村务的决策机构。根据村民委员会组织法的规定，村民会议是全村的最高决策机构。村民会议由18岁以上的全体成年村民组成，但根据村民委员会组织法关于"人数较多或者居住分散的村，可以推选产生村民代表，由村民委员会召集村民代表开会，讨论决定村民会议授权的事项"的规定，多数省市在村民委员会选举实施细则或条例中都规定，400—500人以上的村设村民代表会议，作为全村的最高决策机构。村民代表会议的人数视人口多少在20—70人之间。村民代表会议或村民大会，由村委会主任或村党支部书记召集。凡村委会和村党支部议定的下列重大事项，必须提交村民代表会议或全体村民大会讨论通过，方可办理：(1) 乡统筹的收缴办法，村提留的收缴及使用；(2) 本村享受误工补贴的人数及补贴标准；(3) 从村集体经济所得收益的使用；(4) 村办学校、村建道路等村公益事业的经费筹集方案；(5) 村集体经济项目的立项、承包方案及村公益事业的建设承包方案；(6) 村民的承包经营方案；(7) 宅基地的使用方案；(8) 村民会议认为应当由村民会议讨论决定的涉及村民利益的其他事项。① 这些重大事项经村民代表会议或村民大会审议通过后，由村委会负责实施。但从实际情况看，各村的权力分配极不相同。最高决策权真正在村民代表会议或村民大会的情况并不多见。在一些地方，两委会联席会议是最高决策机构；在另一些地方，村委会是最高决策机构；在更多的地方，村党支部是最高决策机构。从定州、邹平和江宁目前村级权力的实际分布来看，更经常的情况是，村党支部是实际的决策中心，而村委会则是其执行机构。

使村民有效地对管理自己的乡村权力进行监督，也是现代农村民主治理的重要内容。对村级权力的监督也像其他权力监督一样，主要来自三个方面。一是上级权威的监督，二是同级权力机构之间的监督，三是民众的监督。民国时期的乡村治理，由于缺乏真正的乡村民主选举制度，加上决策权和执行权的相对集中，虽然在制度设计上力图使村级权力受到村民的制约，但真正有效的制约并非民主的制约，而是上级权威的制约。例如在邹平的"村学"治理结构中，学长在村中的地位最高，为一村师长，但他不负责具体村务。村务由村理事（村长）负责处理，村理事掌握着村的实际治理权。村民无权直接监督村理事，他们只能通过学长实施对村理事的监督。学长的主要职责，就是监督和制约村理事的权力。学长要"监督理事，勿使生出弊病"。监督的方法则比较灵活、"柔性"，"看他有骄横之处就背地忠告他，看他有阴私之处就赶紧规诫他"。当理事与村民发生冲突且无法调停时，学长可"劝理事辞职，或速谒见县长报告，以便撤换"（梁漱溟，1934a）。监督权最终落在行政权威身上。

---

① 《中华人民共和国村民委员会组织法》(1998年11月4日第九届全国人民代表大会常务委员会第五次会议通过)，第19条。

20世纪80年代后，中国农村已经发展起了一整套比较完善的村级权力监督制度。从制度设计上说，村委会、村党支部、村民代表会议和村民大会之间都有相互监督和相互制约的功能。村民的直接选举制度本身就构成对村级权力最有效的制约：村民可以通过手中的选票来选择自己满意的管理者。根据村民委员会组织法，本村五分之一以上有选举权的村民联名，可以要求罢免村民委员会成员。村民委员会应当及时召开村民会议，投票表决罢免要求。村民会议中有半数以上村民同意罢免时，罢免即生效。此外，村民还可能通过村民民主理财小组等组织对村干部进行监督。尽管已有一整套较为完善的民主监督制度，但其实际效果有限。据报道，直到1999年，才在黑龙江省哈尔滨市郊的集乐村发生中国农村第一起依法由村民罢免村官的事例（李昌平、赵岩，2003）。所以，从实际情况看，对村级权力最有效的监督仍然是上级政府的约束。从法律上说，乡镇政府不能干预村委会的工作，也无权罢免村委会干部。但党委和政府可以通过以下两种基本手段对村级权力形成直接的制约：一是决定村党支部委员和书记的任免，而村党支部在绝大多数农村是事实上的权力核心；二是通过控制选举过程，保证自己满意的人当选。在少数极端的情况下，上级政府甚至可以通过下派村干部的方式，直接控制村级权力。例如，在定州，市委把村级"九品官"任用问题列入常委会重要议事日程，通过畅通"上"、"下"渠道，采取内选、下派、外聘等方式，使素质较高的年轻干部当上了农民致富的"领头雁"。

村民最大限度地参与村务治理，是农村民主治理的实质性内容。正如通常强调的那样，村民自治主要体现在民主选举、民主决策、民主监督和民主管理的过程中。换言之，村民自治必须让广大的农民有效地参与农村的选举、决策、监督和管理。从前面的叙述中已经可以看到，民国时期村民参与选举、决策和监督的制度性渠道不畅。当时村民参与村务的一条主要途径，是加入各种村民自治组织，通过这些村民组织参与村务的管理。无论在定县，还是在邹平和江宁，乡村治理的改革者们都极其重视各种村民组织的作用，尽可能地动员和鼓励更多的村民参与这些村民组织。在定县的翟城村，除了开办自治讲习所和新式学校外，还先后成立了青苗会、息讼会、卫生会、农林会、天足会、保卫团、教育会、防除害虫会、勤俭储蓄会、辑睦会、爱国会、德业实践会和爱国宣讲社等村民组织，从而形成了一个比较完整的自治组织系统，扩大了村民的村务参与途径。20 世纪 20 年代初，翟城村以各种名义直接参加村务管理的人员涉及全村 10 个姓氏，共 40 余人。其中，有资格参加村会，进而影响村务决策的有 10 余人（米迪刚、尹仲材，1992）。

从制度安排上说，在当代中国农村，所有成年村民都已经拥有了参与村务管理的畅通渠道。依法参加村民委员会和县、乡两级人民代表大会代表的直接选举，参加村民小组的工作，参加村民代表会议或村民大会关于重要村务的讨论，参加对党支部委员和支部工作的评议，监督村委会的工作，已经成为村民政治参与的主要途径。此外，其他一些村民的参与制度也正在发挥日益重要的作用。例如，在定州、邹平和江宁，一般每个村都设有村务公开监督领导小组、村民主议事小组和村民主理财小组。这些村民专门小组的成员均由村民代表会议或村民大会推选或选举产生，代表村民参与村务管理，对全体村民负责，对于失职的小组成员，村民代表会议或村民大会有权撤换。妇代会、青年团和民兵连（营）是政府要求在各地农村普遍设立的群团组织，但它们的作用正在逐渐减弱。一些新兴的村民组织如能人会、老年会、红白理事会、禁赌会的作用则在逐渐增强（俞可平，2002）。

扩大贫困农民和农村妇女等弱势群体的参与，对农村民主治理有极其重要的意义。在有着长期男权传统的中国农村，妇女的地位比男性要低得多，农村妇女一直是最显著的社会弱势群体。可以说，农村妇女在乡村治理中的地位，在相当程度上表征着村民参与的深度和广度。我们的案例研究表明，妇女的参与在民国时期的定县、江宁和邹平乡村治理改革中普遍受到了重视。首先，妇女开始在制度上正式享有与男子一样的平等选举权，尽管实际参与水平依然非常之低。南京民国政府的乡村自治立法，已经赋予妇女平等的公民权，通过参加乡镇民大会和乡镇长选举活动，部分妇女初次行使了民主权利，开始走入乡村政治生活。其次，妇女开始拥有受教育的权利。除了鼓励女子接受正规的学校教育外，在各实验县，农村妇女还有机会接受职业教育和培训。江宁汤山农民教育馆于 1929 年开办民众学校妇女工读班，凡年 12

岁以上、45岁以下不识字或粗识字的妇女，均可报名入学。初级班学习期限为4个月，高级班8个月，免收学费，手工材料费由汤山农民教育馆供给。做出成品出售后，农民教育馆再扣除其材料费（自由手工材料自备）。凡工读班学生，不论是否毕业，出品均由汤山农民教育馆现款收买，运送城内代为销售。为便利工读妇女，汤山农民教育馆托儿所内还特设临时班1级，以供学员寄托子女。工读班学生多来自社会下层，1929年9月至1930年1月开办的第一届妇女工读班学生主要来自农业、杂货业、饭馆、柴行、豆腐店、菜馆、苦力，尤其以从事农业劳动的人数居多，占总数的62.79%（赵颜如，1931）。以后所招的学生职业大体相似。定县专门设有妇女平校，还曾打算编写《妇女千字课》供妇女扫盲用。再次，革除从精神上和肉体上压迫妇女的传统礼教和习俗，主要是买卖婚姻、女子缠足和妇女守寡。为了有效革除这些陋习，各地不惜采取一些带有强制性的措施。在邹平，为改变这些不良习俗，县政府成立了女子放足督查委员会及督查处，每乡派一名妇女工作者，负责推动乡村妇女放足工作。不仅要对本乡本村妇女进行宣传教育，而且还负责协助乡村组织对妇女放足进行检查，对执意缠足者实行处罚。最后，通过成立专门的妇女组织，维护和促进妇女自身的权益。如形形色色的女子夜校、妇女工读班、妇女协会、母亲会、主妇会、闺女会、女子放足委员会、妇女谈话会、妇婴卫生会等等。这些女性利益团体不仅对培育和增强妇女参政意识和现代意识起到了重要作用，而且在推动妇女解放、维护妇女权益、帮助农村妇女解决实际困难方面也起了重要的作用。

改革时期中国农村妇女的境遇与民国时期的妇女不可同日而语，其政治参与程度也有天壤之别。改革时期农村妇女的参与早已不再停留在接受教育和改革陋习等基本的妇女解放目标上，而是开始享受真正的男女平等参与权。这突出地表现在三个方面，一是妇女参选率极大地提高，二是村务管理中妇女的作用日益重要，三是妇女的权益切实得到保障。对定州、江宁和邹平乡村治理现状的研究表明，从村民小组长的选举，到村民代表选举、村委会选举和乡镇人民代表选举，妇女完全享有与男子同样的权利；与男性村民一样，女性村民的参选率也在90%以上。农村妇女在乡村治理中具有日益重要的作用，最集中地表现在女性村民直接参加村委会和村党支部的比例在不断提高。邹平县妇联积极推进妇女参政议政。1996年起开展妇代会主任进村党支部委员会、村民委员会，乡镇企业建妇女组织和综合管理三项工作，到目前为止，妇代会主任进"两委"比例达到99.3%。对基层妇女组织实行目标管理责任制，在村一级通过直选和聘任两种形式使两委都有妇代会主任参加，在最近一次的选举中，直选进村委会的妇女121人，占全县858个村的14.1%，选进党支部的75人，占8.7%，聘任进村委会的691人，占80.5%①。

虽然农村妇女的地位今非昔比，但与男性村民相比仍处于弱势地位，有效地维护妇女权益仍然是今日农村治理的重要任务，各级政府在这方面采取了许多行政性和非行政性的措施。例如，根据国家的《妇女发展纲要》制定各地的妇女发展规划，根据《中华人民共和国妇女权益保障法》在基层法院设专门的妇女儿童合法权益合议庭，对女性干部的比例提出明确的要求，对妇女干部定期进行培训，等等。肯定妇女的"半边天"作用，实现男女平等，是中国共产党及其政府的基本目标，从乡村治理的实践来看，农村妇女在政治生活中的作用确实变得越来越重要。但是，案例研究也表明，与男性村民相比，农村妇女在乡村治理中的作用还相当有限，例如，女性村民参加村"两委会"成员的主要是村妇代会主任，而这一角色在村级治理中的实际作用并不大，出任村委会主任或村党支部书记的女性村民比例极低，1999年邹平县只有5位女村委会主任，3位女支书②。

概而言之，乡村民主治理的发展过程，就是不断扩大村民参与的过程，特别是参与村级选举、村务管理、村重大事务的决策和对村干部的监督的过程。保证农村中的贫困农民和妇女等弱势人群的参与，是促进和保护村民合法权益的一个重要尺度，这一点在民国时期和改革时期的农村民主治理改革中得到了有力的证实，妇女的参与是乡村治理改革一个明显的亮点。与民国

---

① 《邹平县基层妇女组织建设情况汇报》，邹平县妇联，2002年12月。
② 2000年8月25日邹平县妇联主任潘玉兰在课题组召开的座谈会上的发言。

时期相比，当代的中国农村民主治理几乎在所有重要的领域，都取得了突破性的进展。例如，村民直接选举的全面推行、村民参选率的大幅度提高、村务公开的普遍推行，等等。但是，在民主选举、民主决策、民主管理和民主监督等村民治理的基本方面，与乡村善治的理想目标仍有相当大的差距。

五、内容：公益、发展、政务

乡村治理的内容十分庞杂。民国时期的相关法律列举了以下 21 项：户口调查及人事登记事项、土地调查事项、道路桥梁公园及一切公共土木工程建筑修理事项、教育及其他文化事项、保卫事项、国民体育事项、卫生疗养事项、水利事项、森林培植及保护事项、农工商业改良及保护事项、粮食储备及调节事项、垦牧渔猎保护及取缔事项、合作社组织及指导事项、风俗改良事项、育幼养老济贫救灾等设备事项、公营业事项、自治公约拟定事项、财政收支及公款公产管理事项、预算决算编造事项、县政府及区公所委办事项、其他依法赋予该乡镇应办事项。① 现行的《中华人民共和国村民委员会组织法》的相关规定比较原则，包括以下内容：（1）"村民委员会办理本村的公共事务和公益事业，调解民间纠纷，协助维护社会治安，向人民政府反映村民的意见、要求和提出建议。"（2）"村民委员会应当支持和组织村民依法发展各种形式的合作经济和其他经济，承担本村生产的服务和协调工作，促进农村生产建设和社会主义市场经济的发展"；"村民委员会依照法律规定，管理本村属于村农民集体所有的土地和其他财产，教育村民合理利用自然资源，保护和改善生态环境。"（3）"村民委员会应当宣传宪法、法规和国家的政策、法律、教育和推动村民履行法律规定的义务，爱护公共财产，维护村民的合法的权利和利益，发展文化教育，普及科技知识，促进村和村之间的团

---

① 《乡镇自治施行法》（1930 年 7 月 7 日国民政府修正公布），第 30 条。

结、互助，开展多种形式的社会主义精神文明建设活动。"① 有的学者将农村社区公共事务的管理划分为公共资源、公共设施、公共文化、公共安全、公共经济、公共保障、公共政务七个方面（肖唐镖等，2001）。这也就是农村治理的主要内容。如果我们更抽象一些，可以将治理内容概括为维护公共利益、发展社区政治经济文化以及承担国家政务三大块。

每一个村庄都是一个小小的社会，民国时期也好，改革时期也好，乡村治理的内容从制定全村发展规划到调解家庭纠纷，几乎无所不包。然而，在不同的历史背景下，乡村治理的具体内容和重点有很大的不同。例如，发展基础教育曾是民国乡村治理的重要任务，在普遍推行九年制义务教育的今天，这一任务主要已经由政府承担，不再是村民自治的要务。民国时期的乡村治理改革从未涉及计划生育问题，而如今它却成了农村治理的一项主要任务。

发展乡村教育，提高农民的文化知识水平，是民国时期乡村自治运动最重要的内容。乡村自治的实验者们一开始几乎一致认为，农民没有起码的文化科学知识是其愚昧落后的根源，而愚昧落后又直接导致其生产的落后和生活的贫困，所以，村治改革要从教育农民开始。定县翟城村在建设自治模范村的1915—1916年间，动用村公款，并利用省县政府的财政补助，大力发展教育，征地20余亩，建成拥有校舍80间、职教员9人的初高两等小学校，其规模在定县称冠。翟城村的女子学塾也随着自治的兴起而发展成为一所两等小学。1920年代后期中华平民教育促进会开展定县实验以后，更是把教育作为一切工作的出发点和中心点（徐秀丽，2002）。邹平乡村建设实验中采用政教合一的管理模式，乡学村学既是政治组织，又是教育组织，其主要工作分甲乙两项，甲项为学校式教育，乙项为社会式教育。对于学校式教育，村学酌设儿童部（即小学部）、成人部和妇女部，儿童部相当于国民小学的初小部，白天上课，课程也与国民小学差不多；成人部和妇女部均晚间上课，主

---

① 《中华人民共和国村民委员会组织法》（1998年11月4日第九届全国人民代表大会常务委员会第五次会议通过），第2/5/6条。

要课程有识字、唱歌、精神讲话、军事训练，并根据实际需要，因地制宜开设若干其他课程。乡学则酌设升学预备部和职业训练部，办理本乡需要而所属各村学不能办理的教育工作（郑大华，2000）。在江宁，地方自治当局甚至不惜对学校采取强制性措施，规定每位教师以教儿童50人为足额，凡不足额者，必须在最短时期内招足，不遵守规定或虚报名额者，皆予以严厉处分。通过各种努力，江宁自治实验县在两年间，学校教育和社会教育均取得了可观进步。

改良农业，发展农村经济，是民国乡村自治的另一要务。民国时期的中国农村，农业生产力极其落后，农民生活十分贫苦。乡村改革的倡导者们逐渐清醒地看到，与民众普遍面临的生存压力相比较，识字与否简直无足轻重，因此，越来越强调对农民进行现代农业科学技术知识培训、引进农作物良种、建立农技实验基地、设立农产品推广中心等方面的工作，帮助农民增强生产能力，增加经济收入，提高生活水平。江宁汤山农民教育馆自1929年起向农民无偿散发由中央大学农学院供给的棉种，并收购散出棉籽所收的棉花（孙枋，2001）。1929年散发棉种近千斤、领种64户、播种面积138.5亩，次年散发棉种3227斤、领种211户、播种亩数459.3亩。除发售棉子外，农民教育馆还向农民无偿提供改良小麦种子。邹平和定县均在推广动植物优良品种和传播现代农技知识和手段方面下过很大的工夫，并取得了相当的成效。

建立农村互助合作组织，引导农民积极开展互助自强。建立农村互助合作组织，不仅可以依靠集体的力量抵御各种风险，而且可以通过合作最大限度地增进经济效益。所以，在经济相当落后、抵御风险能力极差的情况下，互助合作往往成为乡村治理的重要形式。定县、江宁和邹平在推行乡村自治后，互助合作组织获得了迅猛的发展。例如，邹平在设立乡学村学后，合作社的数目不断增加。1934年，合作社发展到133所，入社社员达到4446人。1935年底，合作社达到336所，入社社员增至14939人（罗子为，1937）。合作社对发展农村经济和增进农民利益的意义，当时就有人将其概括成以下四个方面：一是促进了新技术、新品种的推广，1936年邹平全县扩大美棉种植面积46670亩，其中合作社推广36987亩，占83.5%；二是增加了农户收入，入社棉农改种美棉后,一般每亩可增收 30—50 斤籽棉;三是可以免除中间人的剥削,棉农通过合作社联合运销,不仅解决了卖棉难问题,而且每百斤皮棉可增加收入 3 元左右;四是参加合作社后,农户可以比较方便地获得贷款,贷款利率也大为降低(阙名,1934)。

破除陋习恶俗,树立良好风气,也是民国时期乡村治理改革的显著特征。封建社会留下来的许多中国传统文化的糟粕,大量沉积于旧农村,如封建迷信、男尊女卑、害人的礼教、赌博吸毒等等,它们不但严重禁锢着人们的思想观念,而且妨碍农村生产力的发展和农民个性的解放。民国时期定县、邹平和江宁的乡村自治运动,都把改良风俗作为重要的内容。村治当局要么倡导新的风俗,取代旧的陋俗,如江宁用家具展览会、种子陈列会和耕牛比赛会取代原先的庙会;要么发起专项运动,清理恶习,如邹平的禁赌和禁毒活动。定县翟城村还专门制定了《改良风俗规约》。明文规定,"男非满 20 岁不娶,女非满 16 岁不嫁;女子不准缠足,其已缠未满 16 岁者,一律放足;办理丧事时,禁止照庙说书、念经、糊纸人等活动;过年劳酒,应注重阳历,并禁贴灶门香;除丧事死者子女仍遵行旧礼外,其余庆贺吊问,概行鞠躬,严禁跪拜;其他有涉迷信的种种风俗,也一律改正"。

由于民国时期的社会环境动荡不宁,社区的治安保卫工作显得十分重要,所防患的不仅是村庄中的小偷小摸者,更重要的是土匪甚至外敌。邹平各村联庄会员组成自卫组,与乡队一起构成乡村自卫系统。村自卫组定期进行训练,每月还要到乡学参加一次"乡射"典礼,集中进行军事训练。夏、冬两季,由乡队长率领村组长及组员往各村进行夜间巡逻,各村自卫组督率村民在本村巡察,防范匪盗袭扰,使盗案和劫匪基本绝迹(庄维民,2003)。江宁在全县设置保卫团系统,每村设一村团,每个行政区设一区团,县设县团。凡村中 18 岁以上、35 岁以下、品行端正的男丁,均编为团丁,在农暇时入团训练,平时参与捕拿盗贼,战时防守要隘(马俊亚,2003)。定县的村保卫团原只限于"在夜间巡逻打更,维护村中治安,预防盗贼",到 30 年初定县进行县政改革时,河北省已经成为抗日救亡的前哨,因此,平教会设计了以公民服务团为基础的乡镇建设委员会制度,作好了利用民间力量抵御外敌的准备（李德芳，2003）。而且事实上，定县在日本入侵后确实进行了有力的抵抗。

民国时期乡村治理的上述重要内容，有的在当代已经变得不那么重要，有些甚至已经不复存在，而一些新的职能开始产生，并且变得极其重要，如计划生育、三提五统、经济承包、宅基地审批和政务公开等。

计划生育是改革开放后中国政府的基本国策。为了控制人口的过速增长，有效降低人口数量，中国政府自20世纪80年代开始推行以"一对夫妇只生一个孩子"为主要内容的计划生育政策。这一政策对于长期受"重男轻女"思想熏陶和确实需要男性农业劳动力的绝大多数中国农村家庭来说，是一个极大的挑战，贯彻落实这一政策所遇到的巨大困难是完全可以想象的。在相当长的一段时间和相当多数的农村，它甚至是各级村委会和党支部最重要的治理任务。即使在社会经济和文化发展水平已经大大提高，并且广大的农村事实上已经将政策放宽到第一胎生女户可以生第二胎的今天，它仍然是村党支部和村委会一项十分艰巨和重要的任务。对计划生育政策的落实情况，上级政府采取了强硬的责任制，即所谓的"一票否决"：只要违反了这项基本国策，不管其他政绩如何，相关干部都必须承担责任，并受到相应处分。因此，差不多每个村都订有《计划生育村民自治章程》，明确规定村民所承担的责任和义务；每个村也几乎都设有专门的机构如"计划生育委员会"和专门的计生干部，如计生委主任、统计员、宣传员、药检员等，负责计划生育政策的实施和检查。村委会和党支部在计划生育方面的治理措施非常细致，农村妇女一进入生育年龄，就处于计生干部的全程监控之下。

三提五统又称村提乡统，它指的是，村实行公积金、公益金和管理费三项提留，同时完成乡政府下达的乡村两级办学、计划生育、优抚、民兵训练、修建乡村公路、农村卫生事业等费用的统筹。村提乡统实际上是一种税费的收缴，直接关系到村民的切身利益，十分敏感。特别是当农村缺乏集体经济、农民比较贫穷、三提五统费用过高时，完成三提五统就变得愈加困难。村委会和党支部往往要花相当大的精力用于三提五统的收缴，直到最终动用强制手段。例如在定州农村，一般采取以下三个步骤：首先，通过多次召开乡村干部会，组织学习有关法律、法规，邀请市人民法院行政庭法官讲解《行政诉讼法》等有关法律，增强乡村干部的法律意识，提高其依法施政的能力。其次，通过广播、标语、宣传车等手段，向群众广泛宣传国务院、河北省关于农民承担费用和劳务管理条例，提高农民的义务意识。最后，对那些无正当理由拒不交纳三提五统的农户，由各村提供名单，乡政府下达限期缴纳三提五统决定书和送达书，责令其限期缴纳。不上诉且不履行义务的，则申请法院强制执行。

计划生育和村提乡统，是村级自治组织所承担的国家政务①，也是目前村级治理中最难办的事。在多数农村，它不但占去了村委会和村党支部的大量人力和精力，而且也是乡镇政府驻村干部最主要的任务。这两项任务通常也是造成村干部和农民对立和冲突的直接原因，因而，村民们常常把村干部和乡镇政府的治理活动，戏谑地称为"要钱要命"。鉴于它们已经成为影响农村社会政治稳定的重要因素，中央政府近年来试图对这些政策作出重大调整，目前正在全国农村推行的费税改革就是这种努力之一。从费税改革的初步实践来看，它对于减轻农民负担有着明显的效果。因而，这项改革对于改善村民与村干部的关系，促进农村善治，具有十分积极的作用。

与民国时期不同，目前中国农村实行土地集体所有制。从法律上说，农民的自留地、责任田（地）和宅基地，只有使用权和经营权，所有权仍归集体。因此，责任田的承包和宅基地的审批，是目前农村中的重大事务，也是村委会和党支部控制的重要职权。对于一般的农村来说，村干部的权力主要体现在对这些事务的管理中。在经济比较发达，特别是集体经济有一定基础的村落，土地、企业和其他集体产业的经济承包，就显得特别重要。例如江宁的古泉村，集体经济十分发达，2000 年全村总产值达到 1.4 亿元以上，其中村集体经济的产值为 2889 万元。村所有的"南京市古泉集团公司"，下属塑料厂、采石厂、炼灰厂、生态养殖厂（现已改制）、填料厂、茶场等村办企

---

① 把"村提乡统"视为国家政务，主要是考虑到"村提乡统"的关键是"乡统"，"村提"从某种意义上说只是完成"乡统"任务的一种奖励性手段。

业。在这样的经济背景下，企业的改制和承包就成为村务管理的重要内容。村务公开也是目前中国农村治理的重点内容。

村务公开不仅使村民拥有对村公共事务的知情权，而且有利于监督村干部的管理行为和经济行为，它是促使乡村善治的关键环节之一。村务公开也是村民委员会组织法和中央政府对村级治理的明确要求，各地一般都有详尽的村务公开制度，对村务公开的具体事项、办法和方式，以及违反村务公开的责任追究等都有明确的规定。例如在定州市，村务公开的主要内容是：村经济社会发展规划和村民委员会年度工作计划；年度财务计划及各项收入和支出；乡统筹费的收缴，村提留的预算方案及其收缴和使用，劳动积累工、义务工的使用；享受村补贴的人员名单及其补贴标准、数额；村集体经济的收益和接受拨款、补偿费、捐赠款物的数额及其使用；救灾扶贫、助残等款物的接收、发放情况；水价电价及水电费的收缴；兴办集体经济项目和村办学校、村建道路、文化卫生等公益事业的经费筹集、招标投标、建设承包方案及其实施情况；集体资产的管理和经营情况，土地等生产资料和各业承包经营方案及其承包费的收缴；当年宅基地的申报、批准和使用情况；被批准生育和结婚登记人员名单，计划外生育人员和计划外生育费的收缴、使用以及村民普遍关心并要求公开的其他事项。此外，定州市还对村务公开的具体程序和方式、检查村务公开落实情况的办法、上级政府对村务公开的监督、村务公开情况的通报、违反村务公开制度的处理等作出了一系列周密的规定。

通过上述比较研究可以发现，在不同的历史时期，乡村治理的内容和重点有很大的不同。

民国时期的乡村治理首先要解决的是发展农民教育、解决农民温饱、改良传统习俗、防匪御盗等问题，而改革时期农村治理所要面临的主要任务却是从前所没有的，如计划生育、"三提五统"、经济承包、村务公开等，这些任务，基本上是国家委托给自治组织的行政事务。这一事实表明，从近代到当代，村民的物质生活和精神生活确实发生了翻天覆地的变化，而国家行政权力对乡村的控制也确实在日趋加强，以至于完成行政任务成为自治组织最重要的工作，目前的村民自治，是一种强行政之下的自治。当然，无论在民国时期，还是改革时期，维护乡村社区的安定，增进村民的公共利益，促进乡村的公共事业，都是乡村治理的基本内容。

六、方式：动员、合作、强制

像任何公共权威一样，乡村自治权威在管理村务的过程中要达到有效的治理，也必须同时使用说服教育、行政命令、政治动员、法律强制、自愿合作、经济刺激和精神鼓励等方式。但是，在乡村的熟人社会中，作为一种信任、参与和合作网络的社会资本在治理过程中的作用尤其重要①，治理的主要方式不是强制和命令，而是说服和合作。

民国时期乡村治理的主要方式是说服教育。上面已经指出，定县、邹平和江宁的乡村治理运动都特别重视对农民的教育，而且都强调学校教育和社会教育相结合，教育的内容极为宽泛，除了文化知识外，还有另一个重要的方面，即对农民进行说服教育和引导，以培养他们新的生活习惯，促进社会改良。例如，邹平的乡学和村学对乡理事和村理事规定的具体工作方式是：遇事公开讨论，以求得到多数人的了解和赞同；引导群众监督公事；接受学长的规劝；代表乡村对县政府说话；善于将县政府的意思传达于众；与其他学董和衷共济。乡村中遇有问题时，提倡不要用法律解决，而是用"理性"去解决。所谓"理性"解决办法，就是说服教育的办法。晏阳初在定县推行平民教育运动的重要内容之一，就是对农民进行社会教育，劝导农民种牛痘、拒毒品、禁赌博、修道路、植树木、办自卫、讲卫生等，并进行示范，使农民顺应新的生活方式。为了顺利推进改革，当时也常利用庙会、茶馆、展览会、演讲会等场所和方式，对大众进行宣传和动员，当然，其规模、手段、效果与日后共产党领导的政治动员相比，不可同日而语。

当代中国农村普遍使用的思想政治教育方法，与民国时期的说服教育相类似，但又有很大的区别。这种思想政治教育方式，实际是一种政治动员。

---

① 关于"社会资本"的概念及其在治理中的作用，可参阅罗伯特·帕特南（2002）。

它的最大特点，是通过群众运动的方式对农民进行思想政治教育，在思想政治教育过程中对农民形成某种声势，并造成一定的压力，从而使他们服从和认可某种权威和秩序。政治动员是中国共产党在革命时期最经常使用的方式，1949 年后仍是最为常用的政治手段。大家最为熟知的就是各种各样的群众运动和政治运动。各级党政干部非常熟悉这种办法，所以，在进行计划生育、税费收缴和村委会选举等重要村务活动时，地方政府和村两委会经常得心应手地运用政治动员方式。例如，山东邹平在村委会换届选举前，高度重视宣传工作，大造舆论，营造氛围。广播、电视、报刊等舆论媒体对《村民委员会组织法》、《山东省村民委员会选举办法》进行广泛宣传；县电视台设立"换届选举"专栏，每天播放；各镇乡也通过会议、宣传栏、宣传车和标语等形式，大造声势，加强宣传，使村委会换届选举工作家喻户晓。

良好的村治必须建立在村务管理者和村民之间的充分合作之上。通过合作和协商的手段解决各种分歧和矛盾，是民国时期和改革时期乡村治理的共同目标。梁漱溟在邹平实验中，竭力反对用自上而下的强制行政手段推行乡村改革，强调各乡各村根据本地的实际需要和条件自主选择。为了最大限度地避免乡学村学与乡民村民的直接冲突，寻求最大的共识，他甚至不主张在乡学村学制度中引进"选举、罢免、创制、复议"等权力制衡机制，认为那样会在农村造成纷争和混乱。对村级权力的监督不采用设村民监督委员会之类的方式，用梁漱溟的话说，就是"不唱对台戏"，至于基层领导的罢免，梁漱溟也主张"不能由村民大会投票去作"，认为"那是太硬太辣的办法"。总之，在他看来，乡村治理的原则是，"村里的事一切都商量着办"（梁漱溟，1934b）。

强调合作，化解矛盾，同样也是邹平现行管理者们的主要治理方式。当村民对政府和村干部有较大的意见和利益矛盾而又不能通过正常途径解决时，经常采取向上级政府"上访"的办法，对村民的上访如不加重视和及时处理，那就极可能激化矛盾，导致冲突。针对这种情况，邹平县委县政府在 1999 年的村级换届选举前，组织 74 个机关包括县委书记在内的 1843 名干部，分 7 批到全县每一个村庄，走访了 7.8 万个农户，座谈近 20 万人，收集群众意见

13617 条，为群众办实事 1281 件，提供有关两委建设的建议 2329 条，密切了干部与村民的关系。① 在邹平县的西董镇，镇委和镇政府还制定了"村情民意恳谈会制度"。每月第一周由镇干部到村里主持由两委会成员、村民代表、村民小组长及部分群众参加的恳谈会。具体做法是：会前，镇党委、政府根据全镇工作重点及农村情况研究确定本月活动的内容、要求，形成书面材料，利用周一例会首先对机关干部进行培训，明确要求。由各村向党员、村民代表书面通知，并利用村务公开栏、广播等途径通知群众。会上，镇、村干部同群众面对面交心，了解群众关心的热点难点问题，认真填写《村情民意恳谈会反馈表》和《矛盾纠纷排查表摸底表》，由包村干部、支部书记、村委会主任签字后收回。会后，镇领导小组就各村排查的问题认真分析梳理，明确分工，对重大问题成立工作组，集中解决。并在下月恳谈会上向群众反馈处理情况。经过一段时间的实践，恳谈会收到了初步的效果，许多群众关心的问题等到了及时解决，党和政府的决策更加贴近群众，受到了群众的欢迎。

尽管合作是乡村治理的首选方式，但行政命令和必要的强制总是不可避免的。行政手段不仅简单快捷，而且往往很有效，所以容易为地方政府和自治权威所偏爱。对于村民公然违反国家法律和政府政策的行为，运用强制手段迅速加以纠正和处理，这一点对民国时期和改革时期的乡村治理改革者来说都是十分明确的。对于乡村善治的倡导者来说，最头疼的问题是乡村干部对行政强制手段的滥用。民国时期的江宁，政府规定凡乡镇居民违反现行法令、违抗县区命令、违反乡镇公约或一切决议案、触犯刑法或法规者，乡镇长可先行拘禁或报县、区政府处理。于是，一些素质低劣的地方乡村权威就滥施强制手段，成为地方的土皇帝："由是地方一切违法事务，均归检举。同时如视导各村里，举办自治事务，排解民众纠纷及改革迷信恶习，又为彼等职权之所属。俗有'土皇帝'之称，谅也不虚。"（汪度，1934）邹平在推行乡村自治建设之初，也曾一度出现过分依赖行政力量的现象，"均是督促强制

---

① 《排查整治保稳定，强基固本促长安》，中共邹平县委，邹平县人民政府，1999 年 12 月。

的，乡学、村学'用力过火'在农村倡导的各项改革，遂不得不落于被动机械的地位"。1934年下半年，研究院开始对政府与农村基层组织的关系进行调整，纠正过分依赖行政强制的倾向。按照"不直接用力"的原则，乡村"一切事的倡议进行，全由乡学村学自动去作，县政府决不强制"，但是，"对治安问题及不良分子的取缔却要积极用力去作"（梁漱溟，1934）。这种乡村治理中的"土皇帝"和"用力过火"现象，在目前的中国农村也不同程度地存在着，而且目前行政权力的覆盖性和强度均非民国时期可比，这就为滥施强制提供了可能。由于滥用强制手段，激发村民与村干部暴力冲突的现象屡见不鲜，"几十元钱——违法施政——一条人命——几万元赔偿——一串干部受处分"的恶性事件也时有发生。从目前乡村治理的实践来看，克服滥施强制手段的最有效方法，就是在乡村治理中引入"法治"原则，健全法制，增强干部和村民的法制意识，坚持依法治理村务。

乡村治理的方式是多种多样的，政府行政管理的许多手段，如行政命令、说服教育、政治动员、法律强制、自愿合作、经济刺激和精神鼓励等等，在乡村治理中也同样有其适用性。不同时期的乡村治理手段也会有所不同，例如，改革时期经常使用的政治动员方式，在民国时期的乡村治理中就作用甚微。但是，无论在民国时期还是在改革时期，教育与合作都是乡村治理的基本手段，减少强制，增加合作，是改善农村治理的实质所在。政府与村民、村干部与村民、村民与村民之间的合作，是农村民主治理的最佳方式。

七、环境：经济、政治、文化

从前面的论述中我们可以清楚地看到，国民时期和改革开放时期的两次乡村治理改革，在治理的结构、主体、过程、内容、方式等方面，既有不少相同的地方，也有许多不同的地方。是什么原因造成了这些异同呢？它们对于中国农村的善治又意味着什么呢？这些问题的答案，在相当程度上可以从这两次乡村治理改革的环境中找到。

乡村治理改革说到底是一种基层政治改革，一切政治变革总是与一定的经济基础密切的联系。社会经济生活的变化可以导致相应的政治生活的变化；反过来，政治生活的变化也可以引起经济生活的变化。进而言之，政治发展的程度与经济发展的程度从历史的长河看，虽不是完全对应的，但大体上是相互适应的。要理解民国时期和改革时期的乡村治理改革，首先应当理解它们各自所面临的社会经济环境，其中主要是经济所有制结构和经济发展水平。

在经济所有制结构方面，民国时期实行的是生产资料私人所有制度，在农村主要体现为土地私人所有。定县、邹平和江宁农村，土地均为私人所拥有，根据土地占有状况的差别，村民可划分为三部分，即自耕农、佃农和地主。其中，自耕农为多数，地主和佃农为少数。土地兼并集中的情况在这三个县均不明显。例如，据1929年的调查，1928年江宁县农民平均每户有田24.5亩，自耕田地占95.3%，租种田仅占4.7%。据对江宁县80家农户的抽样调查，纯自种的户数为79户，无纯佃农，只有1家为自耕兼租种户（中华职业教育社，1929）。邹平的情况与此类似，据1935年对1434户农家调查，自耕农占86.36%，平均每户占地23.24亩，每人合4.84亩，佃雇农只有26户，占1.8%；地主16户，平均每户占地10.31亩；自耕农兼地主50户，平均每户占地41.59亩，人均9.2亩（山东乡村建设研究院调查部，1935）。由于基本没有村集体经济事务，所以民国时期的乡村治理也基本没有这方面的职能。与此不同，在当代中国农村，普遍实行的是生产资料集体所有制，土地为集体拥有。改革开放以后，农村实行家庭联产承包责任制，即以家庭为单位，按家庭人口多少，将村集体所有的土地分配给农民经营。农民拥有土地使用权和经营权，但无所有权。这种土地所有制对乡村治理的直接影响是，由于当代农村存在着村级集体经济，如何管理村的集体经济，协调村集体经济利益在村民中间的分配，成为乡村治理的重要内容。这也是为什么土地和其他集体产业的承包以及宅基地的审批成为目前村治的基本内容的根本原因。

从20世纪30年代的民国时期到80年代的改革开放时期，中国农村经历

了整整半个世纪的

沧桑巨变，农业生产力水平、农村经济发展水平和农民生活水平都有了极大的提高。民国时期的中国农村生产率极为低下，农民生活绝对贫困化，几乎没有能力抵御自然和社会风险。改革开放后，中国农村经济得到了迅猛的发展，农业在农村国民经济中的比重急剧下降，农民生活水平显著提高，不仅解决了温饱问题，而且从总体上说已经初步达到小康水平。以民国时期和改革时期的邹平为例。20世纪30年代，邹平尚无现代化工业，农副业收入即农民全部经济收入。1935年邹平全县农产与副业的总收入为4301798元，总支出4226026元，收支相抵后平均每个农业劳动力的年纯收益只有1.2元。在这种条件下，倘遇"年景歉收，则饥馑之象立现"（邹平农村金融流通处，1936）。而到了2002年的邹平，全县国内总产值为84亿元，其中农业总产值为13.6亿元，仅占总产值的16.2%。2000年，全县农民人均年收入达到2861元（王振海，2003）。但与城镇居民的人均收入相比，农民收入明显偏低，与发达国家的人均收入相比，更存在着巨大的差距。上述经济发展水平的背景情况可以解释：第一，发展农民经济，帮助农民脱困，这一任务在民国时期比现在具有更大的紧迫性和重要性；第二，即使在目前，发展农村经济，使农民更加富裕，仍然是农村治理的基本任务。

民国时期和改革时期乡村治理的政治环境也像经济环境一样，有着天壤之别。这两种不同性质的政权体制在政权基础、权力结构、政府职能、党政关系、中央与地方关系、政府与公民关系等各个方面有着巨大差异。在这里，我们仅分析它们在党政关系、政治整合能力和法治方面的差别及其对乡村治理的影响。

在党政关系方面，民国时期与改革时期的共同之处是，国民党与共产党分别是两个时期唯一的执政党，但它们的执政方式和执政能力极不相同。国民党的以党治国方针，在中央层面表现充分，但在地方，行政权力集中在各级政府手中，党的影响和作用有限，尤其是在县以下的层级，这种情况更为显著。国民党的文件明文规定，县以下各级党部工作进行之办法，一为党义之宣传，二为社会之调查，三为地方自治之督促。在与政府的关系上，党部处于"督促"、"指导"、"辅助"地位①。显然，其地位是高度虚化的。与此不同，共产党在从中央到地方的各级政权机关中都处于绝对的领导核心地位，是实际的权力核心，它与政府一道共同行使对社会的政治和行政管理职能。国民党在农村中的党员人数很少，党在农村的基层组织为区分部，无村级组织；而共产党在广大农村有着众多的党员，党的基层组织更是遍布每一个乡村。这种政治背景决定了，在民国的乡村治理中只能有一个自治权威，而在目前的农村治理中普遍存在着村党支部和村委会两个自治权威组织。相应地，民国时期乡村治理只面对政府与农民的关系，现在则要面对党政关系，以及党、政府与农民等多重关系。

民国时期国民党政府的政治整合能力非常差，中央与地方、地方与地方之间缺乏有效的整合。一些军阀把持地方政权，不少地方势力强大到可以对抗中央政府，政令极不统一，中央权力的触角几乎到达不了广大的农村。与此完全不同，中国共产党的政治整合能力极其强大，中央与地方、地方与地方之间在政治上高度整合，政治权力几乎无所不及。不同的政治整合能力和整合程度，决定了民国时期乡村治理模式的差异性和改革时期乡村治理模式的同质性。民国时期虽有完备的关于地方自治的全国性法规，但在我们所研究的定县、江宁和邹平三地，实际上存在三种不同的乡村治理模式。定县翟城村治模式，是对日本乡村治理的效仿，后期由平教会设计的乡村治理方案又与翟城村治不同；江宁的乡村自治实验是由行政力量直接推动甚至包办的，民间的力量严重缺位；邹平的乡村自治则是梁漱溟对自己的乡村建设理论的一种试验。这三个地方的乡村治理在许多重要方面都存在着很大的差别，像一些学者那样把它们概括为"定县模式"、"江宁模式"和"邹平模式"，并不为过。与此形成明显的对照，改革开放后中国农村推行的治理改革，具有高度的同构性。乡村治理的结构、职能、程序、过程等基本上雷同，各地之间的差异主要是政治经济发展程度和治理技术的差异，而无治理模式的区别。

---

① "一致努力于训政时期实际工作以完成党的使命"（1929 年 11 月 6 日中国国民党中央执行委员会通告各级党部），载《地方自治》，第 55—56 页。

中国的政治传统是德治而非法治，在广大农村，这种传统尤其深厚。民国以后的乡村自治运动，虽然都有相应的法律依据，如果从自治立法的角度说，民国时期与当代相比有过之而无不及，但多数法律形同虚设，乡村治理基本上是一种人治而非法治。梁漱溟在邹平的乡村自治实验，最典型地反映出了这种人治特征。他在制度设计中就明确反对法治原则，而坚持德治传统，把乡贤政治当作理想的乡村善治目标。不打官司，息讼宁事，在当时的乡村治理中是一种普遍倡导的治理方式。在当代中国，虽然德治的传统还深深地扎根于民众之中，但公民的法律意识和国家的法制建设比起民国时期来已经有了极大的进步，建立法治国家已经成为宪法明确规定的政治发展目标。依法办事，把农村治理纳入法制的轨道，对干部和农民进行定期的法制教育，已经成为农村治理的主旋律。

文化环境对乡村治理有着更加深层的影响。文化的内涵相当丰富，对公民行为和政治生活的影响也是多方面的。在这里，我们主要比较分析以下两个方面：首先，公民的国民文化素质，主要是国民教育程度；其次，公民的政治文化，主要是民主意识和法律意识。

与民国时期农民生活绝对贫困化相伴随的自然结果，就是农民教育程度低，文盲率高。在定县，由于平教会的努力，农民的识字率大为提高，是全国的佼佼者，但文盲率仍然很高。据该会1927年春进行的全县文盲调查，全县人口约40万，7岁以上约33万，其中文盲约27万，约占83%，识字者约6万，约占17%；若男女分计，则男子文盲率约为69%，女子文盲率约为98%（汤茂如，1932）。经过平教会的数年努力，这种情况有了较大的改观，尤其是在青年人口中，识字率明显提高。1934年6月底，全县14—25岁的青年识字率为61%，其中男青年识字率为90%，女青年识字率为27%（晏阳初，1989）。这当然是了不起的成就。但就是在这个当时平教会集中了全部资金人才推行乡村建设而且把扫盲放在重要位置的特殊地方，尚有10%的男青年和73%的女青年不识字，更遑论中老年人口了。而且，由扫盲而获得的识字率，与接受正规国民教育所获得的知识及相关素质是不可同日而语的。其他两县的情况当然更不容乐观。据1935年的一项调查，邹平县全县文盲达

139266人，占总人口的84.2%，其中男性文盲率约为70%，女性则在98%以上（吴顾毓，1935）。江宁县在当时属于教育比较发达的地方，但在该县常住人口中，男性文盲率为82.2%，女性文盲率为98.7%；客居人口中，男性文盲率为82.6%，女性文盲率为96.7%；外出人口中，男性文盲率为63.9%，女性文盲率为87.7%[①]。与民国时期形成强烈对比，改革时期全国普遍推行《中华人民共和国九年制义务教育法》，农村学龄儿童的识字率平均在90%以上，定州、邹平、江宁三县的"普九"覆盖率极高，青壮年农民的识字率接近100%。国民教育状况的巨大差异，不仅严重影响乡村治理的内容，使得发展国民基础教育这一民国时期乡村治理的重要事项不再成为今日农村治理的当务之急；而且也严重地影响乡村治理的水平和质量，因为村民的教育文化水平直接关系到村民自治的许多方面，如村干部的选举、监督，决策，村务公开和村民参与等等。

中国的传统政治文化是一种"民本君主"的政治文化，它的基本政治价值不是自由、民主、平等，而是等级、秩序、统一；它衍生出强烈的服从意识和集体认同，但缺乏自主意识和参与精神。这些传统政治文化的特征在农民身上得到了集中的体现，并对民国时期和改革时期的乡村治理改革产生了深刻的影响，直接导致了两次乡村治理运动中共同的"政府主导"模式。间隔半个世纪的这两次乡村治理改革，首先碰到的问题几乎是相同的：绝大多数村民缺乏民主意识，没有参政热情和参政能力，对村民自治的态度相当消极。以定县为例，该县的乡村自治虽起源甚早，但无论政府官员还是乡村民众都缺乏主动性，没有参政能力，因此，乡村自治大都流于形式。河北省县政建设研究院在调查中发现，除少数例外，一般的乡村因不了解自治的意义，不感觉自治的需要。乡村长表面上是由民众普选，但民众根本就不明白选举的意义，没有选举的兴趣，甚至连选举票也不会写，易于被人操纵，以致出现了豪绅把持的现象。因此，定县乡村普选的制度，似乎是实行了，然而其结果不过是一种虚应的故事。令人深思的是，在今日定州的农村治理中，最

[①] 江宁自治实验县县政府：《江宁县政概况》，"民政"，第6表。

大的问题依然是对村民自治的冷淡主义，农民冷淡，村干部冷淡，上级有些人对村民自治也缺乏足够的热情。在税费清收工作中，行政措施不顶用，法律手段不敢用，村民自治不管用。基层干部大部分精力都用于收钱、催款之中，很少有精力谋发展。群众对付干部的方法是：种田吃饭靠自己，派劳、催款不依你，遇到困难要找你，服务不到位就扯横皮。在个别村，村民对村干部选举的兴趣也不大。为了调动村民参选的积极性，甚至规定凡是参选的人，都可以得到一定的经济报酬。平时村民大会或村民代表大会如果不涉及自己切身利益，也不愿意参加，如果参加，则须支付工钱。

要而言之，农村的治理改革是中国社会改革的重要组成部分，它不能脱离整个社会的政治、经济和文化环境。民国时期和改革时期的农村治理改革之所以既有不少共同的地方，又有许多不同之处，根本原因就在于它们所处的政治、经济和文化环境既有根本的不同，又有某种共通之处。民国时期，政局动荡不定，政令不通，经济上实行私有制，社会经济发展程度极其低下；而改革时期，政局安定，政治整合能力强大，经济上推行以公有制为主导的社会主义市场经济，社会经济发展极其迅速。然而，民国时期和改革时期的中国农村，都处于社会的转型过程之中，传统的政治文化还深深植根于广大村民心中，贯穿于近代中国的一些政治发展规律依然在发挥其作用。所有这些，都从根本上规定着民国时期和改革时期乡村治理的主体、结构、过程、内容、方式和结果。

八、结论：模式、问题、方向

在上面这些部分中，我们详细论述了民国时期和改革时期两次乡村治理改革运动的结构、主体、过程、内容、方式和社会历史背景，并对它们的异同作了初步的比较与分析。在此基础上，我们将对这两次乡村治理改革的特征和意义、所遇到的主要困难，以及解决这些困难继续推进乡村治理的思路，作一简要的总结和评论。

1. 中国农村治理的模式

我们已经清楚地看到，民国时期的乡村治理与改革时期的乡村治理，以及同一时期各地的乡村治理之间存在着许多差异，如治理权威的结构不同、治理内容的侧重点不同、村民尤其是其中的弱势群体的参与程度不同、法律规定与实际情形的吻合程度不同等等，但尽管如此，我们仍然要说，中国近代至今的所有乡村治理模式都存在着某些极其重要的共同特征，不同乡村治理改革背后的这些共同特征，在相当程度上将表征中国农村治理发展的规律性道路。

（1）中国的乡村治理是一种政府主导的治理模式。从根本上说，近代以来，包括村民自治在内的农村治理改革都是由政府自上而下地推动的，它通过法律、制度和政策，从整体上规范、制约和引导着农村治理的结构、职能和方向。政府通过各种方式基本上控制着农村的治理精英，在必要时甚至直接派出官员参与村级治理。政府还通过提供乡村治理的经费补助，定期对村民、村干部进行教育培训等手段，影响村民的自治。一些学者提出的"乡政村治"，其真实的意义只能是，在乡村治理中，政府统治与村民自治在"乡"与"村"的互动中得到了有机的结合。乡政和村治分别成为中国农村官与民的两个基本交汇点。乡政寓于村治之中，村治体现着乡政。这样一种政府主导的村治模式的必然后果是，上级对下级、乡政对村治构成强大的压力。换言之，上级对下级的压力只是这种政府主导模式的一种伴生功能。这种政府主导的治理模式，深深地植根于中国的传统政治文化，不仅有其存在的基础，也有其存在的价值，不能否定其积极作用。这种政府主导的治理模式所派生的政府对村民的教育、动员、引导等治理手段，乃至一些学者尖锐批评的"官逼民富"手段，固然有其内在的弊端，但仍不能无视其历史的价值。

（2）中国的乡村治理是一种多元治理的模式。从法律上说，以村民自治为核心的乡村治理应当是一元结构的村民自我管理。但是，从民国时期和改革时期乡村治理的实践结果来看，这种治理结构是多元的。直接参与乡村治理的有三种不同性质的权威，一种是官方的权威，主要是乡镇政府（民国时期县以下行政建制比较多变和混乱，一般而言，乡村的最低行政层级为区）；一种是纯民间的权威，主要是乡村自发形成的民间组织和体制外的乡村权威；一种是介于政府与民间两者之间的公共权威，主要是政府支持并由法律规定的乡村自治权威组织，如民国时期的村公所、村学和现在的村民委员会、村党支部。这三类权威都对乡村治理的内容、过程、方式和结果产生影响，而且它们通常有各自发生作用的重点领域。一般地说，政府权威主要影响乡村治理的结构和方向，法定的村级权威主要处理体制规定的日常村务，民间权威主要影响非体制规定的或体制内无法处理的村务。

（3）中国的乡村治理是一种精英治理的模式。无论实行何种乡村政治体制，在乡村中具有社会地位并拥有某种势力的精英在村级治理中均具有决定性的作用。村民眼中的本地精英在不同的历史时期具有明显不同的标准，在民国时期，乡村精英主要由具有道德威望的所谓"乡绅"、"乡贤"组成，改革时期则主要由那些致富能力强的所谓"能人"组成；但是，这些精英在乡村治理过程中所起的关键性作用在不同时期大体是相同的。乡村治理状况的好坏，在很大程度上取决于能否通过制度化途径将这些乡村精英转化为法定的管理权威，或者通过其他方式使这些精英服务于村民的公共利益。当这些乡村精英被有效地整合到合法的村治过程中并且发挥决定性作用时，他们往往同时兼有村民的"代理人"和"当家人"的双重角色。这种精英政治的模式，从某种意义上说，是以民本主义为特征的传统中国政治文化在近代以来乡村治理中的某种体现。

2. 中国乡村治理面临的主要问题

一般认为，民国时期的所有乡村治理改革最后都以失败告终，其失败的根本原因是它们所依赖的政治经济制度最终崩溃了。但不可因此否认，这些改革的失败与它们本身所存在的问题和遇到的困难是分不开的。改革开放后推行的新一轮农村治理改革，建立在全新的政治经济基础之上，具有强大的生命力，正在向纵深发展。但同样不可因此而否认，它们在前进过程中也遇到了不少困难和问题。从历史和现实的经验教训来看，农村治理改革的普遍问题主要体现以下这五个方面。

（1）法律规定的乡村自治制度在很大程度上流于形式。民国时期和改革时期，中央政府和地方政府对于村民治理制度都专门制定了一系列法律规章，详细规定了村民的权利、村民自治的机制和程序、村民治理所要达到的目标等等。但从整体上说，村民治理的基本制度，如选举制度、决策制度、管理制度、监督制度等，在很大程度上徒有形式，并没有得到真正的贯彻落实。在有些情况下，从形式上就没有按照法定的制度办事；在有些情况下，虽有形式而无实际效果；还有一些情况，则是法律制度的规定在实施过程中被严重扭曲。造成这种现实结果的原因，部分在于村民自治制度本身规定不完善、与现实条件有较大差距，难以贯彻落实；但更主要的原因，是地方政府官员和村干部的法制意识、民主意识和责任意识薄弱，村民缺乏足够的民主观念、权利观念、参与热情和治理能力。

（2）村民自治程度不高，政府干预过多。现代乡村治理改革的核心，是村民的民主自治，由村民自己对村务进行管理。但在村民治理实践中，村民自我管理的职能被严重弱化，政府对村治的干预太多。在许多情况下，法定的村级权威组织成了上级政府的驻村办事处，它更多地体现的是上级政府的意图，而不是村民的愿望。此外，地方政府还通过向村里派驻政府官员等多种方式，直接干预村务治理。乡村治理中的"强行政"，严重削弱了村民的自治程度，与"强行政"相伴随的只能是"弱自治"。

（3）乡村治理权威的多元结构，大大降低了治理的效率。乡村治理权威的三重结构只有在高度协调时，才能发挥促进农村善治的积极作用。当它们不协调，特别是当它们相互冲突时，不可避免地会产生治理的负面效应。民国时期，乡村治理的结构性矛盾主要发生在村民自治权威与地方政府权威之间。这种纵向的结构性矛盾在现今的农村治理中依然存在，而且，随着政府权力的扩张和下伸，这一矛盾往往比民国时期更为激烈，主要表现为村委会、村民与乡镇政府和党委的利益矛盾。但是在现今，最主要的结构性矛盾不是纵向的，而是横向的，即法定的村级公共权威之间的矛盾，突出表现为村委会与村党支部之间的结构性矛盾。一个村的村委会与村党支部之间的关系如何，在很大程度上决定着该村的治理状况。

（4）社会资本在乡村治理中的消极作用过大。无论在民国时期还是在改革时期，乡村自治的现实与制度规定的目标均有着很大的差距，法治原则在乡村治理中很难得到有效贯彻。造成这一现象的重要原因，就是中国农村社会中大量存在的社会资本的负面作用过大。社会资本作为建立在信任之上的互惠性参与网络，对乡村的民主治理既有积极的作用，也有消极的作用。当少数人运用其社会资本来增进其个人的或少数人的利益，而破坏正当的制度规则和法律原则时，就必然会损害多数人的利益。在这种情况下，社会资本的消极作用就压倒其积极作用，不利于实现真正的善治。农村社会中错综复杂的家族、宗族、亲戚、朋友、同学、邻居等关系网络，不仅严重地影响着乡村法定权威的选举产生过程，而且严重地影响着乡村权威对村务的管理过程，常常导致利益分配的不公、正常秩序的破坏和法定规则的失效。

（5）非法势力比较严重地干扰了乡村的民主治理。民国时期的乡村治理改革，就受到了地方非法势力主要是宗族势力和土豪劣绅的严重干扰。他们操纵选举、把持村务、包揽词讼、强奸民意、为所欲为。在改革开放后的今天，这些地方非法势力又逐渐开始抬头，干扰农村的民主治理。在一些地方，宗族、家族势力仍然是影响村民自治的重要因素，谁的家族和宗族势力强大，谁就容易当选村干部和影响村的重大决策。在一些地方，地痞流氓等黑恶势力也企图通过恫吓、欺骗、威逼、利诱等非法手段控制村民自治，左右村务管理。在一些地方，少数比较富裕和经济实力较强的村民，开始采取贿赂的手段影响村委会、村党支部的选举和重大的村务决策。

尽管以村民自治为核心的乡村治理改革，曾经充满并且正在面临许多严峻的困难和挑战，甚至时至今日仍然有人持反对的态度，但是，谁也无法阻挡它前进的步伐，因为它代表了中国现代农村民主政治的发展方向，对于农村社会的进步有着巨大的积极意义。

以村民自治为核心的农村治理改革，是占中国人口绝大多数的农民群众的一次伟大的民主实践，是中国农村从传统政治走向现代政治的主要表征。对民国时期和改革开放时期两次农村治理改革的案例研究充分表明，它为广大农民提供了民主参与和民主管理的合法途径,从法律上为实现农民的公民权利提供了制度保障,特别是为农村的穷人和妇女等弱势群体的政治参与创造了政治条件,使长期处于社会底层的中国农民开始真正享受到了民主政治的价值;它是中国基层民主的有益试验,为整个国家的政治民主提供了许多宝贵的经验教训,也为更高层次的民主奠定了很好的基础;它极大地冲击了传统的封建专制的政治文化,有力地唤醒了农民的民主意识和法律意识,培育了农村居民的自主精神和管理能力,使现代民主的政治文化开始在农民群众中稳步地生长。此外,农村的民主治理改革也十分有利于改善政府与农民的关系,有利于维护农村的社会政治稳定,有利于提高农民的文化教育水平,有利于改良农村的风俗习惯,有利于推进农村的公益事业,有利于发展农村经济。中国农村民主治理的改革实践充分证明了联合国开发计划署《2002年人类发展报告》中的一个结论:民主本身就是一种价值,虽然至今没有直接的证据表明它必然导致经济的增长,但另一方面,"民主政府在提高经济绩效方面绝不比其他任何政府形式差。不仅如此,民主政府在满足公民最为急迫的社会需要方面做的明显要更好一些,在影响到大多数人命运的危机时刻或时局变动时尤为如此。其次,同样重要的是,民主参与是人类发展的一个至关重要的目的,而不仅仅是实现人类发展的一种手段"(联合国开发计划署,2002)。

3. 完善乡村治理的若干建议

社会主义市场经济的发展,民主政治的进步,政治文明的建设,从根本上要求继续推进当前的农村治理改革。农村治理改革的方向,应当是逐步走向以民主、自治、法治、参与、公正、透明、责任和稳定为要素的农村善治。要在农村实现理想的民主治理和善治,在目前可以着重从以下六个方面入手,改革和完善以村民自治为核心的农村治理制度。

(1) 进一步完善农村民主治理的法律和法规,包括各省和各地方政府制定的有关条例和政策。特别是,应当修改和完善关于村民自治、农村计划生育、农村税费等方面的法规,使得这些法规更加合理、更符合农村实际、更有利于保护农民的正当权益和更加切实可行。完善这些法规和制度的一个基本原则是，一定要从中国农村千差万别的实际情况出发，一切有利于维护广大农民的正当权益，不能搞一刀切。例如，对乡镇基层政府和村民委员会的职权规定既要坚持基本原则，又要充分考虑到各地在经济文化方面的差别，给以各地更大的灵活性。又例如，农村计划生育的情况在过去几十年间发生了重大变化，要适时根据变化了的实际情况，修订相关政策，并尽早形成法律性规范。对目前正在进行的农村费改税改革，也要注意总结经验，早日使之法律化和规范化。

（2）尽快整合村级治理权威的多元结构，使乡村治理权威既有合理的分工，又能形成统一的合力。在目前，应当着重从制度上解决村委会和村党支部之间的结构性矛盾。要认真研究各地正在探索的一些试图解决这一矛盾的各种有效做法，如村党支部选举的"两票制"、村委会与党支部的联席会议制、村两委会成员的交叉任职制、村级治理的"一制三化"①等。解决村级治理权威结构性矛盾的一个基本思路应当是，在每个行政村，只能存在一个合法的公共权威中心，它必须最大限度地体现全体村民的意愿，通过民主的程序产生，拥有最大的合法性基础。

（3）从实际出发，逐步提高村民的自治程度，逐渐减少政府的行政性干预。农村民主治理的根本目标是村民自己依法管理村务，在地方政府的帮助下最终依靠村民自己达到乡村善治。一方面，一旦村民自治的条件许可，政府就必须自觉地从那些可以撤出的乡村治理中撤出；另一方面，在村民自治条件尚不具备的地方，政府必须继续帮助村民进行有效的治理，防止乡村治理出现违法、失控和无效，最后损害村民的公共利益。因此，在村民和干部综合素质较高、经济文化比较发达、村民民主要求又比较强烈的地方，政府不仅应当从村务管理中撤出，而且可以大胆地向上推进基层民主，探索乡镇

---

① "一制三化"是河北省全面推行的乡村治理机制。"一制"，是党支部领导下的村民自治运行机制；"三化"，是支部工作规范化、村民自治法制化、民主监督程序化。"一制三化"的核心要求是：两委联席决策，群众全程监督。

政府的直接民主选举，增大乡镇的自治程度。而在一些经济文化条件比较落后、村民和村干部综合素质较低的地方，政府不应当完全从村级治理中撤出，"善政"仍是乡村治理的理想状态。

（4）想方设法保护并增进广大农民的正当权益，努力减轻农民的负担和压力，使农民从民主治理中真正得到实惠。所谓农村的善治，就是通过民主治理最大限度地增进农民的公共利益。如果农村的民主治理改革，只是使农民不"闹事"，完成"三提五统"和计划生育指标，而没有切实保护农民的正当权益，不能明显地增进农民的经济和政治利益，那就谈不上农村的善治。改革开放后广大农民的物质生活水平有了极大的提高，但是他们与城镇居民还有较大差距，大多数农民只是解决温饱问题，还有相当多的农民生活在贫困之中，他们的经济负担还很重，帮助农民发展经济、脱贫致富，仍然是政府义不容辞的职责，也是推进农村民主治理的深厚基础。

（5）有意识地培育积极的社会资本，改善农村的非制度性参与渠道。在农村的熟人社会中，积极的社会资本对于乡村治理具有特别重要的意义。社会资本的要素，如信任、互惠、参与等，对于村民与村民、村民与村官、村民与政府的合作至关重要。但是，正如前面已经指出的那样，社会资本对乡村治理也可以产生消极的作用。促进乡村善治，一条很重要的途径，就是大力培育积极的社会资本，或者说充分发挥社会资本促进公共利益的积极作用。培育积极的社会资本，首先应当使乡村社会中大量存在的信任、互惠和参与网络从传统的宗族、家族、裙亲关系等狭小的传统社群，扩展至更大范围的村落社群，直至全体村民；其次，当村民从社会资本中获取的个体利益与村民的公共利益发生冲突时，应当从道德上鼓励并且从制度上保证公共利益的优先性；最后，应当通过法律的强制手段，最大限度地限制消极社会资本的作用，使个人运用消极社会资本所得到的回报低于他必须付出的代价。

（6）大力推进农村民主法制建设，积极培育农民的新型政治文化，实行依法治村。传统政治文化最深厚的基础在广大农村，农民及农村干部的法制观念和民主观念还相当淡薄。应当通过学校教育和社会教育等基本途径，加强对农民的法制和民主教育；要改进农村的普法工作，提高普法宣传的效率；

要加大对村干部的培训力度，提高他们依法管理村务的水平和能力。目前，应当在全国农村大力推广一些地方通过契约管理村务的先进经验和做法，充分发挥村规民约在村务管理中的重要作用，最大限度地实现乡村治理的契约化和合同化。

从对中国农村治理的历史与现状的比较案例研究中，我们可以得出这样的基本结论：以扩大村民民主参与为核心的中国乡村治理，肇始于民国时期，而在改革开放后才真正获得了现实基础。农村的民主治理，是中国特色的民主政治在广大农村的基本体现，代表了中国农村政治发展的根本方向。20世纪80年代在中国农村广泛推行的以村民自治为核心内容的乡村治理改革，是中国基层民主政治的突破性发展，也是中国政治体制改革的重要组成部分。在社会政治经济环境发生巨大变化的21世纪，农村民主治理又再次面临突破性发展的机遇和挑战。迎接这些挑战，积极稳妥地实施进一步的农村民主治理改革，必将有力地推动中国农村社会乃至整个国家的整体进步。

参考文献

白钢、赵寿星，2001：《选举与治理：中国村民自治研究》，北京：中国社会科学出版社，第35页。

胡次威，1948：《民国县制史》，上海：大东书局，第79页。

江宁自治实验县县政府，1934：《江宁县政概况》，绪言，第1页，大陆印书馆。

景跃进，2002："村民自治的意义阐释与理论化尝试"，载华中师范大学中国农村问题研究中心编《中国农村研究》，北京：中国社会科学出版社，第87—117页。

孔雪雄，1934：《中国今日之农村运动》，中山文化教育馆，第438页。

冷隽，1935：《地方自治述要》，正中书局，第79页。

李昌平、赵岩，2003："首例村民罢免村官的故事"，《炎黄春秋》，2003，4。

李德芳，2001：《民国乡村自治问题研究》，北京：人民出版社，第17页，第146—148页。

联合国开发计划署，2002：《2002年人类发展报告：在碎裂的世界中深化民主》，北京：中国财政经济出版社。

梁漱溟，1939 年：《乡村建设理论》，乡村书店。

——1934a："村学乡学之具体作法"，《乡村建设旬刊》，1934，4。

——1934b："村学乡学之由来"，《乡村建设旬刊》，1934，3。

罗子为，1937："邹平各种合作社二十五年度概况报告"，《乡村建设半月刊》，1937，17、18 期合刊。

米迪刚、尹仲材，1992：《翟城村》，南京：江苏古籍出版社，第21—23 页。

阙名，1934："邹平实验县合作社概况述略"，《乡村建设旬刊》，1934，10、11 期合刊。

山东乡村建设研究院调查部，1935："邹平一四三四农家田产权之分配及耕地状况调查"，《乡村建设半月刊》，1935，3。

宋乐颜，1937："邹平的成年教育"，《乡村建设半月刊》，1937，15。

孙枋，1931："汤山推广改良棉作的经过和未来的设计"，《农民教育》，1931，3。

汤茂如主编，1932：《定县农民教育》，中华平民教育促进会学校式教育部，第27 页。

汪度编，1934：《江宁自治实验县实习总报告》下册（手写本），中央政治学校行政系1934 年9 月实习报告，第199 页。

王奇生，2001："党政关系：国民党党治在地方层级的运作（1927—1937）"，《中国社会科学》，2001，3。

吴顾毓，1935："邹平人口问题之分析（续）"，《乡村建设半月刊》，1935，7。

肖唐镖等，2001：《村治中的宗族——对九个村的调查与研究》，上海：上海书店出版社，第78—91 页。

行政院县政设计委员会主编，1940：《总裁地方自治言论》，正中书局。

——1941：《总理地方自治遗教》，正中书局。

徐秀丽，2002："中华平民教育促进会扫盲运动的历史考察"，《近代史研究》，2002，6。

许莹涟、李竞西、段继李编述，1935：《全国乡村建设运动概况》，山东乡村建设研究院，第532—535 页。

晏阳初，1989："定县实验区工作概略"（1935 年10 月），见《晏阳初全集》第1 卷，长沙：湖南教育出版社，第408—409 页。

俞可平，2003：《政治与政治学》，北京：社会科学文献出版社，第16—24 页。

——2001："治理与善治：一种新的政治分析框架，"《南京社会科学》，2001，9。

——2002："中国农村民间组织与治理的变迁"，见《中国公民社会的兴起与治理的变迁》，北京：社会科学文献出版社，第1—28页。

余维良，2000："'海选'故乡的选举历程"，见王振耀等编：《中国村民自治前沿》，北京：中国社会科学出版社，第315—409页。

赵颜如，1931："本馆妇女工读班的实施经过"，《农民教育》，1931，6。

郑大华，2000：《民国乡村建设运动》，北京：社会科学文献出版社，第264—268页。

中国国民党中央执行委员会宣传部编，1931：《地方自治》，第46页。

中华职业教育社，1929：《农民生计调查报告》，中华职业教育社出版社，第13页。

邹平农村金融流通处，1936："邹平农村经济概况"，《乡村建设半月刊》，1936，5。

［美］罗伯特·帕特南，2002：《使民主运转起来》，南昌：江西人民出版社。

农村治理转型与制度创新[*]
——河北省武安市"一制三化"经验的调查与思考

何增科[**]

1998年11月4日,《中华人民共和国村民委员会组织法》正式公布施行。随后全国各地普遍遵照《村民委员会组织法》关于村委会直接选举的要求举行了村民委员会换届选举。村委会直选促使农村治理开始发生从官治向官民共治和最终走向民治的转型。所谓官治是指村干部主要以国家代理人的角色管理农村事务,其工作内容主要是完成上级政府布置的各项任务,领导方式以行政命令和强制方式为主。所谓民治是指村干部发生身份或角色转换,主要以村庄当家人和村民利益保护人角色管理农村事务,兴办公益事业和公共服务成为日常工作的主要任务,领导方式以协商决策和民众同意为主,它实际上是一种村级民主治理,同时鼓励上级政府通过财政转移支付和支付村干部报酬等方式保证村级组织完成政府任务。官民共治则是村干部兼具双重身份,完成上级政府布置任务和处理村庄公共事务并重,治理方式是专断和协商、强制和同意的混合体。在农村治理的转型中,党的领导、依法治国和人民当家作主有机统一问题集中表现为村党支部委员会和村民委员会(以下简

---

[*] 本文原载于《经济社会体制比较》,2003年第6期。
[**] 何增科,中央编译局世界发展战略研究部研究员。

称两委）的关系问题。两委关系不协调成为各地农村一个带有普遍性的问题。能否通过制度创新协调处理好两委关系，直接关系到农村治理的顺利转型。许多地方在创新农村领导和管理体制方面进行了积极的探索，创造出不少好的经验和做法。河北省武安市"一制三化"工作机制就是其中一种富有特色和代表性的做法。①

一、村委会直选的冲击与回应

2000 年初，武安市严格按照新的《村民委员会组织法》规定首次以直选方式和"海选"办法对村委会进行了换届。一大批直选产生的村庄精英进入第五届村委会任职。全市新当选的 1900 多名村委会干部中，35 岁以下的近 1000 名，非党干部 480 多名，其中有非党村主任 102 名，占全市村主任的五分之一强（该市共有 502 个村）。② 村委会直选给农村工作带来了生机和活力，同时冲击着农村现行的领导和管理体制。在村委会直选之前，武安市和全国大多数县市一样，党支部在农村处于无可争议的领导核心地位，党支部书记是村里的一把手，村里大小事务由书记说了算，村委会和其他村级组织在党支部的领导下开展工作。这样一种农村基层领导体制和领导方式在村委会直选之后受到了冲击和挑战。

首先，村委会直选增强了村委会主任的权威，党支部书记的权威则有所下降，一些农村村级治理中二元权力结构得到强化，支村两委两套权力系统并驾齐驱，互不配合。在民主政治中，权威的政治合法性来自民众的同意，同意是可以计算的，计算的结果是可以比较的，选举投票就是民众同意与否的量化表达机制。村委会直选后，村委会主任是由全村上千甚至数千民众选举出来的，而村党支部书记是由数十名党员选举出来的，村委会主任的权威

---

① 2003 年 2 月 20 日到 24 日，"中国地方政府改革与创新"课题组一行 5 人，前往河北省邯郸市就该市所辖武安市（县级市）"一制三化"工作机制进行了实地调研。

② 引自中共武安市委"推行'一制三化'管理办法积极探索实施党支部领导下的村民自治运行机制"（2003 年 2 月 21 日），第 2 页。

大大增强，因此一些村委会主任敢于向支部书记叫板，争当村中的"一把手"，他们的做法得到不少村民的支持甚至鼓励，在争权过程中拥有心理优势。而部分党支部书记认为，共产党是执政党，党的领导天经地义，书记是理所当然的一把手，村中的大小事务应该书记说了算。这些村的党支部和村委会互不服气、明争暗斗，甚至公开对抗，出现争权、争钱、争公章、争房的现象。两委之间的争权和相持不下，导致一些村出现支村两委"两驾马车"，工作"两张皮"，彼此各唱各的调，谁也不买对方的账的局面。两委争权导致农村工作陷入混乱，出现了一批乱村、难村，这些村占到该市农村总数的10%以上。①

其次，村委会直选也使一批村庄精英人物走上村委会工作岗位，村委会成员的年龄结构和能力、素质结构都有了改善，从而进一步影响到支村两委的关系。民主选举既是一种民意的量化表达机制，也是一种优胜劣汰的精英选择机制。村委会直选中尽管也存在着这样或那样的问题，但总体来说，选民的选择趋于理性，选举的结果是一大批党内外精英人物走上村委会领导岗位，村委会的年龄结构和能力、素质结构都得到很大改善。相比之下，支委会成员年龄偏大，学历偏低，带领村民致富能力不高。而支村两委的实际关系既取决于已有的制度规定，同时也取决于两委班子成员特别是一把手的能力和素质状况。支村两委班子一把手素质、能力和权力欲的对比，有四种情况，即强—强、弱—弱、弱—强、强—弱。在支村两委均为强势人物领导的情况下，两委争权的结果往往是相持不下，出现"双驾马车"；在两委均为弱势人物领导的情况下，村中工作无人负责，村级组织处于瘫痪状态；在支弱村强的情况下，村委会排斥党支部的领导，重大决策不让党支部参与；在支强村弱的情况下，党支部对村委会工作包办代替，把持村务不放，村委会处于无权地位。这四种情况都不是支村两委关系的理想状态。而且，随着村委会直选的反复举行，选民会日益超越家族和宗派利益而从全村利益出发在全村精英中进行理性选择，同时这种选举是一种开放式选举，而党内选举由于

---

① 引自"中共邯郸市委组织部关于农村基层组织建设'百、千、万'调研情况的报告"。

实际选择范围有限会影响到党内精英的质量，这样支弱村强有可能成为一种发展趋势，从而对两委关系产生长远的影响。

第三，参与直选洗礼的村民参政热情高涨，同时对村干部个人专权、作风专断和村务不公开日益不满。经过村委会直选实践后，不少村民开始了解《村民委员会组织法》关于村民民主权利的规定，他们关心村务，要求参与村务管理。而一些村干部仍然习惯于"家长制"，一言堂，对涉及村民利益的事，不和群众商量，凡事个人说了算，结果决策正确，群众不领情，决策失误，群众则抵制村干部的工作。村民民主权利意识的苏醒和村干部传统的领导方式之间屡屡发生冲突，村民集体上访告状事件不断。武安市徘徊镇徘徊村支部书记为增加集体收入，未经两委班子和村民代表会议研究，便派人处理村办铁厂的闲置资产，在拆卸旧设备时发生重大事故，造成一死一伤。旧设备只卖了5万元，事故赔偿却花了10万元。一些村民认为这是支书的个人行为，不应让集体承担，并开始上访告状。① 有的村则因为村务公开不真实、不规范而导致群众集体上访。据武安市统计，该市农村来信来访中，告村干部为政不廉、办事不公问题的，占到50%以上。村民的消极抵制和集体上访，表明农村旧的领导方式越来越难以为继，治理方式的转型日益迫切。

第四，村委会直选之后，两委为争夺村务管理权而展开的"斗法"现象有增无减。村委会以直选方式完成换届选举后，新当选的村委会依据《村民委员会组织法》，要求行使法律规定该由村委会决定的各项村务管理权。而党支部则依据1998年通过的《中国共产党农村基层组织工作条例》，强调党支部对村务工作的领导权。而村务管理权和村务领导权在很大程度上是重叠的，如村务决策权、公章使用和管理权、财务审批权等。无论是《村民委员会组织法》还是《中国共产党农村基层组织工作条例》都没有就村委会和支委会的具体职责权限作出明确划分并对村务工作运行机制作出具体的、可操作的规定。这样两委"斗法"的结果是，"公说公有理，婆说婆有理"，双方都能

---

① 引自武安市徘徊镇党委："关于推行'一制三化'工作机制的情况汇报"（2003年2月21日），第2页。

找到法律或政策文件依据。这实际上是一种制度短缺现象，反映出缺乏将党的领导和村民自治有机结合的村务工作运行机制和相应的法律规范。

最后，民选村委会主任的村庄"当家人"角色意识和维护村民利益的"保护型经纪人"角色意识明显增强，这种角色意识支配下产生的行为取向对传统的乡村关系提出了挑战。徐勇教授在村民自治研究中提出村干部同时扮演着国家代理人和村庄当家人双重角色的观点。杜赞奇提出地方精英人物在国家和社区之间处于"中间人或经纪人"的位置，他们在帮助国家或保护社区的同时也实现自己的利益，他们既有可能成为"赢利型经纪人"即借助政府力量以谋利者，也有可能成为"保护型经纪人"即在与国家打交道过程中维护社区人民利益者。① 他们的观点对于分析村干部的价值取向和行为方式具有一定的启发性。应该说，在村干部身上这种双重角色同时存在并引起村干部内心的矛盾和冲突。而实行村委会直选后，村委会干部特别是村委会主任的村庄当家人角色意识和维护村民利益的保护人角色意识明显增强，而国家代理人角色意识和赢利型经纪人角色意识显著淡化。而支委会特别是支部书记则更多地扮演着上级政府"代理人"和"赢利型经纪人角色"，村干部双重角色的矛盾和冲突外化为支村两委特别是书记和主任的矛盾和冲突。此外，在与乡镇党委和政府打交道的过程中，村委会在完成上级任务和维护村民利益有矛盾时，往往站在维护村民利益一边，对上级布置的工作任务合意的就执行，不合意的就推掉，使乡镇领导甚感头痛。乡镇领导在这种情况下，更多地依靠村党支部来完成各种工作任务，同时在两委争执时有意无意地站在党支部一边。

村委会直选对传统农村领导体制和领导方式带来的冲击和挑战在全国具有一定的普遍性。为了回应这些冲击和挑战，许多地方政府都在进行创新农村基层领导和管理体制的探索，并涌现出不少好的经验和做法。河北省武安市委在支村两委换届（支委在1999年先行完成了换届）不同步的情况下，面

---

① 引自吴毅："'双重角色'、'经济模式'与'守夜人'和'撞钟者'——来自田野的学术札记"，载于中国农村村民自治信息网理论研讨栏目：http://www.chinarural.org。

对村委会直选带来的多方面的冲击，也进行了多方面的回应。首先，他们在选任党支部班子成员的过程中，引入了"两推一选"的办法，先后有490名致富能力强、带富能力强的优秀党员进入支部班子，其中有68人担任支部书记。实行"两推一选"增强了党支部的政治合法性和权威，同时也吸纳了一批党内精英进入支委班子提高整体素质和能力。其次，学习山东经验，积极推进"两委"成员交叉任职，引导支部班子成员依法参选村委会成员，把村委会成员中的党员吸收到党支部班子中来。目前，该市农村"两委"成员交叉任职共680人，占22%；支书、主任"一肩挑"的村98个，占19%。两委交叉任职对于协调两委关系可以发挥一定作用。最后也是最有特色的是实行"一制三化"规范管理办法。他们在两委选举不同步的情况下，实行支部主导、两委共治、村民参与监督的模式来化解村委会直选带来的冲击。武安市的"一制三化"规范管理办法作为一种村级治理从官治向民治转型中官民共治的过渡性制度安排，震动较小，易于为各方所接受，因而不失为一种优选方案。

二、"一制三化"的出台、实施与推广

武安市"一制三化"规范管理办法作为一种成功的制度创新，它的出台具有以下几个特点。

首先，面对制度短缺所产生的种种问题和不便，制度供应方和制度需求方在制度供给上产生利益交集。如前所述，村委会直选后，武安市有40多个村成为矛盾多发的乱村、难村，一些文明村、红旗支部出现支部工作滑坡现象，一些支部书记产生撂挑子思想，少数新当选的村委会主任感到工作难做，不少村民轮番上访告状，乡镇党委和政府在农村的工作同样遇到很大困难。农村工作中两委关系如何理顺、事怎么议、钱怎么花、公章如何管理、群众怎么参政议政等成为急需加以解决的具有共性的问题。可以说，在呼唤产生能够理顺两委关系和规范村务运行的新的工作机制方面，县乡两级政府、两委干部和村民的利益是一致的。这种利益和需求的交集成为创新农村基层领

导和管理体制的强大动力。

其次,深入调研,大胆探索,搞好试点,做好总结,是成功的制度创新必不可少的环节。邯郸市委在2000年村委会换届选举后,把武安、邯郸等县市作为试点单位,鼓励它们积极探索农村基层工作新机制。针对2000年初村委会直选后出现的新情况、新问题,2000年3月武安市委领导带队,对23个两委关系不协调的村进行了摸排调研和认真分析,认为产生问题的根本原因在于农村工作运行机制不健全,党在农村的领导方式和执政方式不适应。他们选择淑村镇白沙村、武安镇古楼街村等6个两委关系协调的村街作为示范点,总结出这些村的成功经验主要是"两委"干部定期碰头、以岗定人定责、议事决策程序化。2000年5月武安市委和组织部同志在此基础上,根据《中国共产党农村基层组织工作条例》和《村民委员会组织法》,研究制定了《农村两委"一制三化"规范管理办法(试行)》。此前的名称是"一制解三权",即以党支部领导下的村民自治工作机制解决党支部专权、村委会越权和村民失权的问题。

最后,简便易行实用是成功的制度创新的又一个重要环节。2000年5月23日出台的《农村两委"一制三化"规范管理办法(试行)》对村级组织的地位、职责以及村务工作的具体程序等作了详细的规定,计有110条之多。为了简便易行,邯郸市委组织部会同武安市委组织部,对有关内容不断加以简化,先精简为96条,到2001年12月25日正式颁布实行《武安市农村"一制三化"规范管理办法》黄皮书时,内容已经进一步精简为60条。为求实用,他们重点抓了其中四个方面的制度建设,即"两委联席会"、"财务三审"、"公章会签"、"四制监督"等。此后,"一制三化"规范管理办法的内容基本上稳定下来,没有大的变动。

所谓"一制三化"就是党支部领导下的村民自治运行机制;支部工作规范化、村民自治法制化、民主监督程序化。《武安市"一制三化"规范管理办法》内容有60条之多,主要是围绕"一制三化"而作出的具体制度安排。[①]

---

① 参见中共武安市委:《武安市农村"一制三化"规范管理办法》(2001年12月25日)。

武安市的同志将其中的精华概括为"六会议事"、"财务三审"、"公章双签"、"四制监督"。"六会议事"是指支委会、村委会、两委联席会、党员大会、村民代表会、村民会议按照职责权限划分议决村中事务。村委会和支委会之间建立重大事项请示报告和及时答复制度。两委联席会是村级最主要的决策形式，具有广泛的决策职能。需提交村民代表会或村民会议讨论的重大事项，按照"先党内后党外"的原则，先在党员大会上通过，随后由村民会议或受其委托代行职权的村民代表会议议决通过，然后交村委会实施。在这六会中最重要的是两委联席会，它首先由支部书记和村委会主任碰头确定议题，随后由书记召集两委联席会议集体研究形成决议并表决通过后由村委会加以实施。"财务三审"是指村财务开支票据、凭证经村委会主任审查、村民理财小组审核和党支部书记审批方可入账，三方会审缺少任何一方签字同意都不能入账。"公章双签"是指村委会公章要经过支部书记和村委会主任分别签批同意后方可使用。①"四制监督"是指村务公开制度、民主议政日制度、民主评议村干部制度、会计委托代理制度等。村务公开制度对村务公开的内容、公开形式、公开时间（水电费每月一次，其余每季度一次）、公开程序作了规定。民主议政日和民主评议村干部均以党员代表、村民代表、市乡人大代表和老干部为主体，他们被聘为村务监督员并接受专门培训，在一年两次的民政议政日和一年一次（一般安排在每年一次的民主议政日）的民主评议村干部活动中，对两委干部的工作进行评议、质询，民主评议的结果是对村干部使用的重要依据。会计委托代理制度是村集体在坚持集体资产所有权不变、资金使用权不变、财务管理审批权不变和自愿委托的前提下，财务管理由乡镇会计委托代理中心代管，各村只设一名助理会计履行出纳和报账职能。

一项创新性的制度安排要在实践中为参与各方所接受并推行开来，制度的设计必须能够增进参与各方的利益，产生一种共赢的博弈结局，或者通俗

---

① 需要说明的是，邯郸市委和武安市委所共同强调的公章双签制度并未出现在试行的和正式颁行的《武安市农村"一制三化规范管理办法"》中。

地说要使参与各方都能有所得从而做到各方都满意。武安市上述"一制三化"规范管理办法就是这样一种力求产生共赢或多赢博弈结局的比较精巧的制度设计。制度的设计者力图通过保证党支部的领导地位和书记的一把手权威来调动村支委特别是书记的工作积极性；通过让村委会特别是主任分享村务管理权赢得村委会的合作；通过将党员代表、村民代表、老干部等体制外精英纳入村级组织体系和村务管理活动中赢得村民们特别是村庄精英的支持；通过权力的相互制约来加强监督减少村干部腐败现象。我们具体加以说明。党支部领导下的村民自治运行机制明确规定村支书是农村的一把手，村委会要向党支部请示汇报工作，并赋予党支部书记召集两委联席会进行议事决策权、村委会公章的签批同意权和财务审批权，这些制度安排都是为了保证党支部的领导地位和书记的"一把手"权威，防止产生村支书撂挑子思想和支部滑坡现象。村委会主任和村支书共同商定两委联席会议题和两委联席会集体研究和表决通过村务工作决议使村委会能够分享议事决策权，财务开支和公章使用需经过村委会主任签批同意，使村委会主任能够分享财务管理权和公章管理权，这种权力分享的制度安排与以往的支部专权的制度安排相比更有利于调动民选的村委会配合支部工作的积极性。定期召开党员大会、村民代表会、村民会议，实行村务公开、民主议政日、民主评议村干部和聘请村务监督员，从制度上保证了村民特别是村庄体制外精英和意见领袖对村务工作的知情权、参与权、选择权和监督权，使他们能够在村级组织体系和体制内渠道表达自己的意见和建议，而不必上访告状，同时也使村民利益在决策过程中得到更多的考虑，从而有助于缓解村干部和群众的对立。上述权力分享和相互制约机制还有一个考虑就是尽量减少村干部从事腐败活动的机会和增加腐败活动被发现的机会。当然这一制度设计的首要目的是保证乡镇党委和政府对农村工作的领导权。在村委会直选的情况下，乡镇党委和政府主要依靠农村党支部来完成上级布置的工作任务，乡镇党委和农村党支部是领导和被领导关系，乡镇政府和村委会只是指导与协助关系，因此保证党支部的核心领导地位和书记的一把手权威，实际上也是保证乡镇党委和政府对村级组织的领导权，以便在新的治理机制中继续保障上级政府工作任务的完成。从总体上说,"一制三化"的制度安排是一种支部主导、两委共治、村民参与监督的制度安排,它是农村治理转型中从官治走向民治中体现官民共治特色的过渡性制度安排。

在中国地方政府改革与创新实践中,地方政府既是创新性制度安排的供给者,同时又是主要的推动者。创新性制度安排在其诞生地往往是一种自发的、内源式发展的结果,但当它在更大的范围内推行的时候,却往往主要是政府从外部加以推动的结果。地方政府作为制度创新的推动者,既有其优势,又有其不足之处,可以说是利弊互现。优势在于,地方政府可以利用自己所拥有的各种资源甚至强制手段,克服各种阻力,强力推进新制度。不足之处在于,如果其他制度参与方对制度推行的内在动力不足或缺乏参与、配合与支持,制度的推行又会流于形式。武安市在推行"一制三化"中所取得的成就和遇到的问题充分说明了这一点。

武安市委为了推行"一制三化",采取了一系列措施。据武安市委书记杨志科的介绍,该市主要采取了以下四个方面的措施:一是统一思想,提高认识。为此,他们召开了干部动员大会,并以《武安市"一制三化"规范管理办法》作为基本教材举办专题培训班,对两委班子成员进行了普遍培训。他们还利用各种宣传手段,大力宣传"一制三化"。二是抓点带面,分类指导。他们选择三个镇六个村进行"一制三化"试点单位和作为典型来培养,随后组织现场观摩和经验交流会,学习试点乡镇和村的经验,带动面上工作的开展。同时针对不同类型村的情况,加强分类指导,建立健全各种规章制度,促进工作开展。三是提高素质,配强班子。他们通过实行素质教育,规定候选人学历条件,采取"两推一选"办法选干部,选派国家干部到村任职,提高村干部队伍的素质。四是加强领导,明确责任。他们建立了落实"一制三化"的市、乡、村三级目标责任制,细化目标,明确责任,定期考核,动态监控。[①] 经过这两年多的努力,"一制三化"在 502 个村中的规范运行面已经

---

① 杨志科:"扎实推行'一制三化'切实解决农村问题",载于中共邯郸市委组织部:《"一制三化"在邯郸》(内部资料),2002 年 5 月,第 171—172 页。

达到90%以上。

全面推行"一制三化"的效果如何？是否实现了制度设计者的预期目标呢？从调研中所了解到的情况来看，"一制三化"的推行在很大程度上实现了制度设计者的预期目的。首先，它强化了党支部对村务工作的核心领导地位和支部书记的一把手权威。17个原来存有撂挑子思想的支部书记，重新开始主持工作，调动了党支部的工作积极性。其次，它理顺了两委关系，增强了两委班子的凝聚力。权力分享的制度安排，既解决了支部专权的现象，也克服了村委会越权的现象，促进了双方的合作共事。全市30多个因两委争权而引起的派性宗族矛盾得到化解。第三，它调动了村民特别是村庄精英参与村务和实行监督的主动性和积极性，密切了干群关系。党员代表、村民代表和老干部等村庄精英被聘为村务监督员和通过党员大会和村民代表会议参与村务管理后，2002年监督员议政会到会率在85%以上，他们否决低水平重复建设项目20余项，累计向两委班子提出质询、建议10000余条，促使两委班子为村民办了一大批好事实事，同时村务监督员还参与财务审计2000余人次，审计出不合理开支200余项，节约经费60多万元。第四，权力相互制约的机制在减少腐败上发挥了一定的作用。两委联席会议事决策、"财务三审"、"公章双签"和乡镇会计委托代理制度既是一种权力分享的制度安排，同时有着权力相互制约的功效。村务公开和财务监督制度的完善和落实，"给了群众一个明白，还了干部一个清白"。村民因村干部财务问题上访曾占该市信访量的40%，现在已经下降到10%以下。第五，"一制三化"的制度安排使两委班子和村民特别是村庄精英都成为赢家，从而能够同心合力致富奔小康。实行"一制三化"以来，武安市没有再出现两委内讧、干群矛盾而引起的越级上访或群体性事件，同时有800多件长期遗留问题得到解决。由于两委班子团结，干群关系和谐，该市农村经济取得很大发展，农民收入有了增加，全市农村呈现出稳定发展的良好势头。

同时也应该看到，以地方政府为主角从外部推动制度实施的做法容易使制度执行者被动应付，搞形式主义。武安市在强力推进"一制三化"过程中就遇到类似问题。例如，武安市委在检查中发现，有25个村没有按时召开村民代表会议和村民会议，有 63 个村的村民代表会和村民会议流于形式和走了过场。有些村落实"一制三化"上存在嫌麻烦而简化程序的现象，还有一些村的村干部有选择地执行"一制三化"的规定，有利的就执行，不利的就抵制。[①] 如何使制度执行者从内心认同这些制度，同时形成必要的激励和约束机制，是一个需要认真加以研究解决的课题。就"一制三化"本身来说，它的推行还需要更多的条件。"一制三化"的推行是在两委争权相持下、村民维权意识高涨的情况下采取的一种带有妥协性的权力分享的制度安排或者说是一种制度性妥协。但现实中只有部分村属于这种情况。在那些两委关系"一边倒"的村庄和村民参政议政意识不高的村庄，村干部缺乏实行"一制三化"的压力和动力，村民缺乏相应的要求，这样"一制三化"在这些村庄的实行往往流于形式。提高村干部的民主法制观念，提高村民的参政议政意识，并建立相应的激励机制和约束机制，成为贯彻落实"一制三化"的重要保障。

媒体报道——上级领导肯定——树为典型——党政发文总结推广经验——法律法规或政策性文件吸收其核心内容从而在更高的层次上加以制度化，是中国地方政府创新在更大范围内加以推广的五个阶段。武安市"一制三化"经验已经走过了前面四个阶段，现在，当地领导正在积极呼吁将他们的做法作为农村基层领导和管理体制的一种模式加以法制化。我们简单地叙述一下武安经验已经走过的四个阶段。2001 年 1 月 19 日新华社《国内动态清样》内部报道了武安市建立党支部领导下的村民自治运行机制并取得良好效果的消息。2001 年 1 月 26 日，胡锦涛同志在《国内动态清样》上作出批示：要认真总结经验，解决存在问题，完善党支部领导下的村民自治运行机制。2001 年 2 月 2 日，中央组织部副部长虞云耀批示：请组织局遵锦涛同志批示办，商河北省委组织部，总结推广经验。2001 年 5 月 13 日，《人民日报》刊登文章《变"两张皮"为"一条心"，武安市探索农村"一制三化"新机制》介绍武安经验。2001 年 6 月 30 日，中组部以组通字〔2001〕29 号文件转发

---

① 引自中共武安市委"推行'一制三化'管理办法积极探索实施党支部领导下的村民自治运行机制"（2003 年 2 月 21 日），第 8、16 页。

武安市"一制三化"经验总结材料以在全国推广武安经验。随后全国有20个省、直辖市、自治区的70余个县市前往武安参观学习"一制三化"做法或索要有关经验资料。河北省委特别是邯郸市委在进一步修改完善"一制三化"规范管理办法的基础上,通过举办现场经验交流会、专题培训班和进行目标责任考核等多种形式积极在河北省特别是邯郸市推广"一制三化"做法。[①]据介绍,目前,邯郸市已有82.6%的村推行了"一制三化",其中运行比较正常的在三分之一以上。

创造经验,树为典型,广为宣传,既可以提高经验创造者的知名度,带来各种荣誉和利益,但也有可能束缚住经验创造者,使他们难以超越自己,背上包袱,停滞不前,最终被遗忘。有太多的典型经历了这种悲剧性的结局。值得庆幸的是,邯郸市和武安市的同志对此有着清醒的认识,还在不断地修改完善着"一制三化"规范管理办法,努力做到与时俱进。

三、村级治理转型需要综合配套的制度建设

学术界对于村民自治是否代表着一种发展方向仍有争论。有的学者认为,应该建设高效率、低成本的村政即乡镇派出的村公所而不是实行村民自治,认为这代表着中国行政发展和政治发展的方向(沈延生,1998)。但目前学术界和官方的主流意见是,村民自治(简称村治)是中国基层民主的一个重要组成部分,应当进一步加以发展和完善。无论是主张村政还是村治,在实行村级民主治理上的分歧并不像想象的那么大,村政派主张赋予村民代表会议以参与村政的议事权和罢免乡镇委派的村长的权力,村治派更是强调民主选举、民主决策、民主管理和民主监督。如前所述,笔者主张实行村级民主治理(简称民治)。所谓民主治理就是指众多利害相关的行动者共同参与公共事务管理并通过协商与合作达成决策、规则与制度的过程(何增科,2002)。依笔者看来,村级民主治理的治理主体是多元的,包括民选村干部、村民及

[①] "邯郸市推行'一制三化'大事记",《"一制三化"在邯郸》,第287—290页。

其代表，治理方式以多主体共同参与、集体协商和分工合作的方式制定和执行村务决策。这种村级民主治理的目标模式可以简称为民治的模式。村级治理从官治向民治的转型中，官民共治的制度安排是一种过渡性的制度安排。

实现村级民主治理需要进行综合配套的制度建设以突破一系列体制性障碍。这是因为，正如有的学者所说，制度环境和制度基础的缺失，是影响村级民主治理的主要障碍。因此任何一项制度的单项突进都难以取得预期成效，而需要进行综合配套的制度建设。①

首先，从以党领政走向依法竞选执政，最终实现两委合一，消除村级党政二元权力结构。两委关系从某种意义上说也是一种党政关系，强调党政分开只能使二元权力结构问题突出出来，实行权力分享的制度安排只能使两委争权问题得以缓解，但并不能从根本上解决问题。最根本的解决办法是，如郭正林建议的那样，把直选机制引入党内，实行二选联动、交叉任职机制和"两推一选"机制。② 具体说来就是，首先启动"从村支书到村委会主任"的程序，进行村委会换届选举，鼓励党员参加村委会主任和委员竞选，提倡村支书通过竞选兼任村委会主任；随后启动"从村委会主任到村支书"的程序，进行党支部换届选举，规定竞选村委会主任失败的村支书应主动辞去职务，提倡竞选村委会主任成功的党员通过党内选举兼任村支部书记；如果党员竞选村委会主任失败，则启动"两推一选"程序全面改组党支部班子，同时积极发展非党村委会主任和委员入党或使他们向党组织靠拢。在农村基层鼓励党员特别是村支书通过竞选村委会主任而执政，提倡竞选村委会主任成功的党员通过党内选举兼任村支书，既能增强党支部的领导权威，彻底消除两委争权的根源，又能使党内精英脱颖而出，施展才干；如果党员竞选不成功，说明党内面临人才危机，迫切需要吸收党外精英分子充实到党的队伍中来，

---

① 引自刘娅："制度环境和制度基础的缺失——对当前村民自治问题的反思"，中国选举与治理网：http://www.chinaelections.org。

② 郭正林："中国农村权力结构的制度化调整"，原载《开封时代》2001年7月号，转引自华中师范大学中国农村研究网：http://www.ccrs.org.cn/big/zgncql jgdz.htm。

"两推一选"机制将使基层党组织重获新生。基层党组织走向竞选执政后,两委合一是必然趋势。因应这一趋势,需要强化村民代表会议的职权和功能,使之发挥"小人大"的作用,负责审议通过村委会工作报告,审查批准村财务预算,弹劾村委会主任和委员并交由村民大会罢免之等。在两委合一的同时,可以采纳沈延生的建议,政社分开,实行农村土地村社所有制,村社主要负责土地管理和土地收益的分配,同时稳定土地承包关系,采行永佃制,以保护农民的命根子——土地并限制"圈地运动"(沈延生,1998)。

其次,将直选机制引入乡镇层级,实行乡镇有限自治。① 随着工业化和城市化进程的加快,村庄作为一种小共同体处于不断衰落之中,难以实行自治,小城镇作为一种社区共同体的地位日益重要,扩乡并镇进一步突出了小城镇的地位。小城镇既是县以下的政治中心,同时也是经济文化中心,在提供乡村所需要的公共物品和社区服务方面比村庄的能力更强。实行乡镇长直选并鼓励乡镇党委书记通过竞选乡镇长而直接执政,可以大大加强对乡镇行政首长的民主监督,同时也使村级民主治理得到有力的保障。乡镇自治是一种有限的社区自治,因为乡镇和村一样仍然要承担部分上级政府交办的任务,同时又要代表社区居民利益和国家打交道。作为乡镇自治的财政保证,乡镇应当有自己独立的财政收入来源和自主财权,同时作为对完成国家任务的一种回报,乡镇应当享受必要的财政转移支付。乡镇自治是对国家权力的一种限制,属于乡镇自治范围内的事情应当由乡镇自主决定而免受上级政府干预。乡镇自治要求乡镇政权成为一级比较完备的政权组织,设在乡镇而又不受乡镇管辖的所谓"七站八所"应当划归乡镇管辖。乡镇自治代表机关可以通过选举吸收各村村民委员会成员进入自治代表机关,维护各村利益,同时就与城镇社区利益相关的重大事项作出决定并对乡镇行政首长实行监督。②

第三,改革政府间管理体制,实行政府间分权。政府间管理体制改革,

---

① 参见吴理财:"农村税费改革与'乡政'转型",《世纪中国》,转引自中国农村研究网:http://www.ccrs.org.cn。

② 有关将乡镇人大与村民委员会衔接起来的建议的讨论,请参见金太军、董磊明(2000)。

可以实行两级分权、一级派出、双层自治。所谓两级分权是指中央和省级政府之间依法合理划分事权并实行统筹兼顾中央和地方财政需要的分税制。一级派出是指县级政府作为省级政府的派出机构，完成中央特别是省级政府交办的任务，同时由中央和省级政府保证其财政支出需要。双层自治主要是指各种大中城市及其辐射范围内的小城镇分别实行地方自治和社区自治①，其中社区自治体接受地方自治体的管辖和财政资助，分别负责地方和社区的社会治安、公共服务和公益事业。地方自治体通过征收所得税、房地产税和流转税或与地方政府分享这些税收而建立稳定充裕的财政收入来源。地方自治体由民选的市长进行管理并由民选的市议会监督市政府的工作。各级政府之间以及他们与自治体之间主要通过法定的事权划分和财政转移支付，保证上级政府任务的完成，而不再依靠人事任免权（县级除外）等手段来实现自己的意图。同时为减少财政转移支付中的腐败现象，可考虑在各级人大中设专门的财经委员会，财经委员会委员由下级地方政府各自选派两名代表共同组成，由该委员会协商确定财政转移支付数额，同时由人大自身的审计机关对财政转移支付资金的使用情况进行监督。

第四，改变城乡二元财政结构，统一城乡税制，加大对乡村的财政转移支付力度。王绍光先生提出城乡二元财政结构的概念，用来描述城市居民不必为享受城市公共服务和公用设施承担全部费用，而农村居民却必须自己负担全部的费用，以及国家把兴办乡村教育等应该自己承担的责任转嫁给乡镇等不合理的财政制度（王绍光、王有强，2001）。这种城乡二元结构实际上是对农民的一种歧视性政策。沈延生先生也指出，现行农村财政税收制度坚持城乡分立、农村税费单设是极不公平的，它表现为贫富之间的不公平、地区和产业间的不公平以及最严重的是城乡之间的不公平，农民成为事实上的二等公民（沈延生，1998）。他所提出的农村税费制度改革的理想模式是，取消乡统筹和村提留，像对工商户和市民一样，对农户和农民征收增值税、所得税、消费税和资源税，并根据具体情况给予优惠或减免。王绍光先生提出，

---

① 关于双层自治的讨论，参见沈延生（1998）。

为了打破城乡财政二元结构，必须大大增加对乡村的财政转移支付力度，国家应该承担起农村义务教育、计划生育、优抚、民兵训练、修建公路桥梁等公共物品的责任，农村税费改革的财政缺口也必须由国家来填补。市镇等地方自治体和社区自治体以办理地方自治事务为主，各级政府若委托他们完成政府任务，则应提供相应的配套资金。

总之，从官治向民治的农村治理转型是一个渐进的增量改革过程。这种治理转型需要过渡性的制度安排，同时更需要进行综合配套的制度建设。制度建设的灵感源泉既来自学者们的理论探讨和科学设计，来自对国外经验的参考和借鉴，同时也来自各级地方政府进行的制度创新实践以及对这些创新实践的理论总结。而从各种方案中进行抉择并适时推动综合配套的制度建设则是中央政府和高层领导者的责任。

参考文献

郭正林，2001："中国农村权力结构的制度化调整"，《开放时代》，2001，7。

何增科，2002："人类发展与治理引论"，《马克思主义与现实》，2002，6。

金太军、董磊明，2000："村民自治背景下的乡村关系的冲突及其对策"，《中国行政管理》，2000，10。

沈延生，1998："村政的兴衰与重建"，《战略与管理》，1998，6。

王绍光、王有强，2001："公民权、所得税与预算体制——谈农村税费改革的思路"，《战略与管理》，2001，3。

吴理财："农村税费改革与'乡政'转型"，原载《世纪中国》，转引自中国农村研究网：http://www.ccrs.org.cn。

中国村民自治制度"内卷化"现象的思考[*]

贺东航[**]

一、前言

自从改革开放以来,学术界认为制度资源的优化配置和体制创新,对于解放和发展生产力,推动社会的全面进步发挥了巨大的作用(黄永炎、陈成才,2001)。制度创新的直接结果是激发人们的积极性和创造性,促进社会资源的合理配置和利用。而且,越是接近具体环境的政府直接创新,动力就越大,中国地方政府在改革过程中比较活跃的原因即在于此。在这种学术认知背景下,学界的一些同仁认为,中国村民自治制度实施后所产生的动力,将加快国家层面的代表制民主建设,增加了我们对进一步创新中国宪政制度的信心。但另一种观点认为,所谓"村民自治"的现行村政,既没有摆脱国家经济模式的束缚,也没有解除政社合一的弊端,与整个国家的现代化进程极不相称。

本文认为,对中国村民自治制度的研究,不仅要注意制度创新的条件与

---

[*] 本文原载于《经济社会体制比较》,2007年第6期。
[**] 贺东航,厦门大学马克思主义学院教授。

原因，也应注意制度创新后影响该制度继续演进的轨迹与因素。被创新出来的制度，不应被理所当然地认为会不断地自我强化并进行线性发展，应注意到"制度内卷"在中国的现象。

二、文献回顾与梳理

起始于1980年代初的村民自治制度在中国农村的实践已有近20年时间。村民自治制度被一些学者称为中国乡村的"草根民主"（徐勇，2000）。20世纪90年代以来，以村民直接选举与自治为核心的中国农村政治改革与发展成为国内外学术研究的兴奋点（郭正林，2005）。许多学者都对之进行了深入的研究和考察。他们中有很多人都认为，被创造出来的村民自治制度必然会促进中国的民主化进程。归纳起来，主要有以下几种观点：

1. "突破口"说

一些学者认为，村民自治是中国农村出现的静悄悄的民主化"革命"，他们希望村民自治的兴起和发展能够使农村率先实现政治民主化，在全国起到一个"示范效应"，能够成为现阶段中国民主建设的起点和突破口。张厚安教授曾指出，"村民自治的实行，将我国'9亿农民'纳入到民主生活的大熔炉之中。我国农民的政治素质和民主意识正在民主实践中得到提高。而且，作为一种法制化的基层民主，它很好地解决了政治参与和政治稳定的关系……村民自治的推行揭开了我国农村政治体制改革的序幕，并将成为整个国家政治体制改革的突破口"（张厚安，2001）。所谓突破口，就是村民自治是中国民主政治本身的一个环节，村民自治不仅会导致而且事实上已经带来了自下而上的民主化进程，比如，由村务公开到政务、企务、警务公开，由选举村委会到选举村支部，由村委会直选到乡镇长直选等。

2. 示范效应说

有人指出，虽然村并非一级政权，村委会也不属于正式的政权机构，实行村民自治还不能算是政治体制改革的一部分。但它对国家层面的政治民主化进程的影响却不可低估（金太军，1999）。他们认为，村委会的民主选举对作为国家权力机关的人民代表大会的选举产生了直接的示范效应。村委会和各级人大均由民主选举产生，特别是县乡两级人大更与村委会一样由选民（村民）直接选举产生。因此，已广泛运用于村委会选举的各种选举规则和方法，如"海选"、设立秘密划票间、候选人竞选演讲并现场回答选民提问等等，将有可能为人大特别是县乡两级人大选举时所采用。这必将有效提升人大自身的民主程度和合法性权威，从而有利于加强人大的权力，进一步改变其"橡皮图章"的形象（金太军，1999）。一些外国学者也提出了类似的观点。例如，裴敏欣提出，基层选举和自治可能是中国"渐进式民主化"的一个部分（Pei Minxin，1995）。

3. 民主训练说

在一些人看来，村民自治的核心价值，在于它作为大众参与的民主化实验，在民主化实践中建立起一系列民主规则和程序（徐勇，2000），并进而为中国的民主化提供示范效应。他们试图通过这种形式化的民主来训练民众，培养民主习惯并进而使民众运用形式化民主实现自身的民主权利。还有些人认为村民自治成为"中国民主化的基础与前提"（王振耀，2000），"为中国民主制度的发展提供了一个非常良好的初始形式"和"基本上可以视为中国现代化史上第一次真正的民主实践"（唐兴霖、马骏，1999）。"村民自治是有中国特色的社会主义基层民主"（吴大英、杨小苗，1999）。总之，他们认为，村民自治和村民选举对民众进行了民主训练，培养了民众的公民精神和公民意识，使得村民的民主素质有了很大提高，进而有利于中国政治民主化进程的推进和发展，有利于农村各项工作的展开和农村经济的发展。

此外，有些学者，如姚永平、梁平则指出了村民自治对社会发展的重大意义，指出通过善治达到公共利益最大化的社会管理是基层民主治理的最终取向（徐勇、徐增阳，2003；徐增阳、甘霖，2005；谢志平，2004）。

以上的分类只是出于叙述的方便，其实，以上几种观点都是相互联系、相互补充的。它们之间是有些共同之处的。它们都对中国的村民自治持高度乐观的态度,高度评价了村民自治制度对于中国民主化进程的推动作用和对政治体制改革的自下而上的路径效应,充分肯定了村民自治对于人民代表大会制度建设和党内民主建设的示范效应,同时也积极地评价了村民自治制度对于中国农民民主训练和中国民主政治文化的培养的重要意义。总的来说,这些学者的观点大都带有很强的理想主义色彩,着重从理论上分析了中国村民自治制度的意义,而没有或很少注意到村民自治制度的实践效能。没有认识到"村民自治的成效与初衷之间的差距(制度文本与实际运行之间的差距)"(胡永佳,2000)。对村民自治制度也只是持一种线性的历史观,而没有认识到中国历史发展的复线性特征(杜赞奇,2003),在实践中可能有阻碍这个被创新出来的制度继续演进的因素存在。

三、实证研究

下面我以福建南部一个村庄的治理为例,讨论村民自治"内卷化"问题。

东石镇肖下村位于福建南部晋江市西南沿海,有东石"北大门"之称,面积 4.83 平方公里,常住人口 5892 人,计 1325 户。为方便管理,全村分为 8 个片区,共 25 个村民小组。随着村庄个体私营企业的高速发展,外来人口大量涌入,现有外来人口 7000 余人,有石料、伞具、小五金等各类企业 80 余家。肖下村实施的《村民自治条例》已有 10 多年。

2002 年晋江市所属的安东开发区管委会拟在安海镇和东石镇交界处兴建一工业园区——晋江市科技工业园区,需要征用肖下村 1000 亩土地。村民代表大会及村民小组为此进行多次讨论,结果大部分村民反对土地出让协议,村两委的主要干部的态度则模棱两可,使县乡两级政府很恼火。

为了尽快实现征地,当地基层政府多年来一直采取措施影响 3 年一度的村委会选举。进入 2006 年,政府决定换上村庄企业家精英肖清某,之所以支持肖清某,是因为肖清某与政府已经就征地问题形成了某种默契和利益关联,双方在征地问题上有了合作的基础。肖清某的当选连任无疑能够减少一些不必要的阻力，更有利于政府对该村的控制。但在2006年10月份的村委会选举中，肖清某未能过半，选举无效，当地基层政府未按《村组法》关于选举的有关法律规定在法定时限内及时组织补选，而是拖延了近一个月才组织第二轮选举投票，但第二轮选举肖清某仍未过半，当地政府正式从市、镇两级分派干部到肖下村委会担任代理村主任等职，形成了所谓目前村主任"官派"格局。

从治理角度来看，村民自治制度已成为乡村治理改革的一个基本的制度背景，针对乡村的任何制度设计都无法绕开这个基本制度。但村民自治制度又生存于中国这样一个后发现代化国家宏观的压力型行政体制之下（杨雪冬，2002），因此它就必然受到政府的目标多样化和选择的制约，如果政府没有有意识地对社会自治力量进行培育，基层民主的基础将是非常脆弱的，它经不起政府过多的干涉。村民自治权利还有待保障，如果没有必要的保障和救助机制，村民自治权利就会被"悬空"。相反，在压力型体制下的政府还往往借用行政权力来试图进入村庄，如20世纪90年代以来的"社教"、"三讲"、"三个代表"、"驻村工程"等，强化了对乡村社会的控制。

此外，村民对传统政治心理、文化和价值观念也具有路径依赖性。大多数村民并未将村民自治看成是实现民主权利的基本组织。对村委会组织的活动，尽管有一些人出于尽义务而去参与，但较少有参与意识与热情。

四、"内卷化"问题的讨论

"内卷化"（involvement），是美国人类学家戈登·威泽（Colden Weiser）最早提出的，另一位人类学家吉尔茨在研究爪哇农业时再次使用了这个概念。此后这个概念为外国研究中国问题的学者以及中国本土的历史学家广泛应用，从而具备了较强的理论解释力。"内卷化"有退化和复旧等含义。吉尔茨最早是使用这个概念来研究爪哇的水稻农业的。他主要指的是这样一种经济和社会状况：在殖民地和后殖民地时代的爪哇，农业生产长期以来未曾发展，劳动生产率并未提高，只是不断地重复简单再生产（Geerlz，1963）。此后，这一概念迅速被借用到中国研究中,并取得了富有成果的应用。例如,黄宗智就借用这一概念来研究中国小农经济问题。黄宗智利用满铁资料和自己的调查,写了两部书即《华北的小农经济与社会变迁》和《长江三角洲小农家庭与乡村发展》。在前一本书中,黄宗智提出了中国小农经济的内卷化问题,指出"不要把商品经济的发展简单地等同于向资本主义过渡"(黄宗智,2000);在后一本书中,他又把"内卷化"发展为"过密型商品化",或者说"无发展的增长",描述了同西方国家完全不同的商品化概念。他认为中国的小农家庭迫于人口压力增加了劳动力投入,从而获得了较高收入,但由于农业劳动的边际报酬递减规律,劳动生产率并未得到提高,小农生产者只是长期处于糊口水平,中国人口的大部分仍被束缚于粮食生产。这种商品化不仅难以使小农经济解体,反而会延续小农经济(黄宗智,2000)。

上述学者都只是把"内卷化"的概念局限于经济领域。而从美国学者杜赞奇开始,"内卷化"也被用来描述政治过程和问题。在其1996年出版的《文化、权力与国家》一书中,杜赞奇通过对20世纪前半期中国国家政权的扩张及其现代化过程的描述,提出了"国家政权的内卷化"这一概念。按照杜赞奇的理解,"国家政权内卷化"具有双重含义:国家政权内卷化在财政方面的最充分表现是,国家财政每增加一分,都伴随着非正式机构收入的增加,而国家对这些机构缺乏控制力,换句话说,国家财政收入的增加与地方上的无政府状态是同步增长的;更广泛地说,国家政权内卷化是指国家机构不是靠提高旧有或新增(此处指人际或其他行政资源)机构的效益,而是靠复制或扩大旧有的国家或社会体系——如中国旧有的营利型经济体制——来扩大其行政职能(杜赞奇,1996)。杜赞奇认为,国家政权的扩张应建立在提高效益的基础上,否则其扩张便会成为吉尔茨所描述的那种"内卷化"。

在这里杜赞奇扩展了"内卷化"的适用范围,即用这一概念来描述政治过程而非仅限于经济现象。可以看到,从吉尔茨到黄宗智、杜赞奇,无论在哪一种意义上使用"内卷化"概念,其所描述的实际上都是一种非理想型的变革形态,也即是没有实际发展(或效益提高)的变革和增长。本文也正是在此意义上使用"内卷化"概念的。之后,"内卷化"概念得到了更广泛的应用，目前学术界已有人借用它来分析整个中国制度创新进程。中国学者孙远东在《"内卷化"的中国历史》中，进一步扩展了杜赞奇"政权内卷化"的适用范围，而用它来描述中国封建社会专制政体不断"精致化"的历史过程。吕晓波也分析了当前腐败行为，认为原因出自"组织内卷化"，干部陷于传统式人际关系，未走向现代化（Xiaobo Lu，2000）。刘雅灵、王信贤在"中国股市的内卷化"分析了中国引进的股份制改革并未达到预期的目的，何艳玲和蔡禾分析了中国城市基层组织的内卷化问题（何艳玲、蔡禾，2005）。徐斯俭通过对中国地方人大从"述职评议"到"监督法"的制度变迁的研究，提出了一个重要课题是："如何防止被创新出来的制度产生制度内卷化"的情形（徐斯俭，2007）。

纵观1978年以来中国的制度变迁过程，制度创新绩效举世公认，但是不可否认，在此过程中，不同层次的内卷化问题也总是如影随形、挥之不去。村民自治制度是在原有的基础制度框架基本未变的情况下的"单刀突进"，村委会的组织变革名义上是指向"自治"，但实际上更深刻地、更全面地复制了政府的科层特征，因此距离自治的组织性质却愈来愈远。特别在新农村建设的背景下，村庄的经费来源更趋向于正式化和程序化，政府对村庄的影响和干预非但没有锯断，反而显得更为强大。

历史制度学派曾对"路径依赖"与"制度演进"进行过理论讨论。历史制度论对制度动力的解释："正向回馈、报酬递增、路径依赖"形成了制度演进的逻辑。村民自治的出台好像的确形成了某些"正向回馈"的"路径依赖"，可以看到制度的发展朝着不断强化基层民主程度等方向深化发展。但为何在实践中，"村民自治"的实行效果有很大争议？因为有两组互相竞争的组织原则："党和政府的领导"原则和"村民自治"原则。因此，村民自治组织在实践中就可能会产生一种内在的紧张，导致自治组织的行政化。即作为村民自治组织的委员会整天不是考虑如何管理本村村务，而是忙于完成乡镇政府布置和落实的各种行政管理任务（景跃进，2004）。在农村基层组织的变革过程中，国家虽然赋予了村委会自治的地位，但这些自治要素无法形成对于既定制度格局的挑战。在案例中，伴随着征地的过程，村民在实质权力有限的情况下,其抗议行动往往流产,政府可以借"坚持党和政府的领导"这种"排他性权力"来对抗"村民自治性",结果是政府加强了对村庄的控制,陷入了内卷化处境。因此,虽然村民自治法颁布已经有20年了,但只是在表面上得到了"贯彻",事实上它被架空了,成为了一种形式上的制度。实际上,这里的村民自治与党和政府的行政干预之间的矛盾也是党的领导与人民当家作主之间内在紧张的微观反映。或许,当没有什么突发性事件发生时,两者可能会相安无事,但一旦出现危急事件,特别是像发生了征地这类涉及村民切身利益的事件时,就很可能发生冲突,导致国家行政力量加紧向农村的渗透和控制,甚至正如某些历史事件所表明的那样会导致中国民主化进程的倒退。

因此,正如徐斯俭所指出的:中国的"制度演进"过程并非线性发展,观察"制度创新"之后的制度演化,不能只看该制度的内在动力。应注意在制度演进过程中,整个政治体系内可能存在的不同制度逻辑(徐斯俭,2007)。我们在研究中国乡村政治发展时,要加强对思维的训练反思,树立一种复线性的历史观,要在很多看似一体化东西的背后,去追问具体的实践和意义的多元可能性(贺东航,2005)。复线的历史观强调历史的复杂性,是和线性历史观相对应的范畴。在"复线观"的思维中,事物并非仅仅沿着一条直线向前延伸,而是扩散于时间和空间之中(杜赞奇,2003)。此外,中国几千年来形成的官治传统和中国的官本位文化必定会对村民自治制度产生影响,使村民自治制度有走向内卷化和行政化的可能。而在现实当中,这种可能性几乎总是以必然性的面目出现。不仅中国的官治传统会对村民自治制度产生影响,现实中主要制度也会对村民自治的实践效能产生影响。具体到中国的村民自治制度的实施环境中,我们就可看出有两套的组织逻辑:村民自治制度与"坚持党和政府领导"。虽然村民自治是发生在农村范围的事情,但它折射出了中国政治体制的总体性特征(景跃进,2004)。因此,要改善村民自治的实践就必须进行更大范围的政治体制调整和相应的配套改革,在我看来,中国村民自治发展不会序列式地展开和直线上升,而可能是曲线型、波浪型和复线式地发展,将两套组织逻辑进行"有机的结合",未来仍是一个复杂多变的过程。

参考文献

郭正林，2005：《中国农村权力结构》，北京：中国社会科学出版社。

何艳玲、蔡禾，2005："中国城市基层自治组织的'内卷化'及其成因"，《中山大学学报》，2005，5。

贺东航，2005：《农村政治学研究方法诸问题——对〈岳村政治〉的学术反思》，见邓正来主编：《中国书评》（第三辑），南宁：广西师范大学出版社。

胡永佳，2000："村民自治、农村民主与中国政治发展"，《政治学研究》，2000，2。

黄永炎、陈成才，2001："地方政府制度创新的行为探析"，《探索》，2001，4。

金太军，1999："走出村民自治的认识误区"，《探索与争鸣》，1999，8。

景跃进，2004a：《政治空间的转换——制度变迁与技术操作》，北京：中国社会科学出版社。

——2004b：《当代中国农村"两委关系"的微观解析与宏观透视》，北京：中央文献出版社。

刘雅灵、王信贤，2002："组织同形与制度内卷+中国国企改革与股市发展的动态逻辑"，http：//ics.nccu.edu.tw/achievement/sm.php? id=274.

唐兴霖、马骏，1999："中国农村政治民主发展的前景及困难：制度分析的视角"，《政治学研究》，1999，1。

王振耀，2000："中国的村民自治与民主化发展道路"，《战略与管理》，2000，2。

吴大英、杨小苗，1999："村民自治：有中国特色的社会主义基层民主"，《江苏社会科学》，1999，6。

谢志平，2004："当代中国农村人口流动：村民自治制度发展的新变量"，《内蒙古社会科学》（汉文版），2004，6。

徐斯俭，2007："'制度演进'或'制度内卷'——中国地方人大从'述职评议'到'监督法'的制度变迁"，见《"公民社会发展与地方政府创新"国际学术研讨会论文集》，浙江大学公共管理学院。

徐勇，2000a："草根民主的崛起：价值与限度"，《中国社会科学季刊》，夏季号。

——2000b："中国民主之路：从形式到实体"，《开放时代》，2000，11。

徐勇、徐增阳，2003：《流动中的乡村治理——对农民流动的政治社会学分析》，北京：中国社会科学出版社。

徐增阳、甘霖，2005："'民工潮'背景下的村民自治研究综述"，《山东科技大学学报》，2005，2。

杨雪冬，2002：《市场发育、社会生长和公共权力构建——以县为微观分析单位》，郑州：河南人民出版社。

张厚安，2001："三个面向，理论务农：社会科学研究的反思性转换——华中师范大学中国农村问题研究中心20年回顾"，《华中师范大学学报》，2001，1。

［美］杜赞奇，1996：《文化、权力与国家》，王福明译，南京：江苏人民出版社。

——2003：《从民族国家拯救历史——民族主义话语与中国现代史研究》，北京：社会科学文献出版社。

［美］黄宗智，2000a：《华北的小农经济与社会变迁》，北京：中华书局。

——2000b：《长江三角洲小农家庭与乡村发展》，北京：中华书局。

Clifford Geertz, 1963. *Agricultural Involution: The Process of Ecological Change in Indonesia*. California: University of California Press.

Pei Minxin, 1995. "'Creeping Democratization' in China." *Journal of Democracy*. 6 (4): 65–79.

Xiaobo Lu（吕晓波），2000. *Cadres and Corruption: The Organizational Involution of the Chinese Communist Party*. Stanford: Stanford University Press.

乡镇政府"空壳化"问题研究：
一种内部运作的视角*

[澳大利亚] 格雷姆·史密斯 著　苏丽文　展　枫 译**

随着农村税费改革的开展，越来越多的研究者开始关注乡镇政府被"挖空"的问题（Kennedy，2007：43-59；Li，2007：90-106）。然而，对于这一现象所产生的影响尚未有较为详细的研究。本文以中国农村最基层的行政单位——乡镇政府为研究对象，从乡镇领导干部与普通干部角度出发，探讨乡镇政府如何逐渐变成"行政空壳"以及引发这种"空壳化"的具体过程，并研究这种现象对中国农村基层政府的影响。西方研究文献大多以研究县或村为主，很少研究乡镇政府的内部运作。因而，在中国农村问题研究中，对最低一级行政机构的研究出现了空白。本文以中国中部地区的某县为例，通过调查和广泛走访县领导、乡镇干部、村干部以及普通农民，研究乡镇政府如何管理本地事务。

---

* 本文原载于《经济社会体制比较》，2013年第1期。原文为"The Hollowing State: A View from Inside a Rural Township"，原载于《中国季刊》（*The China Quartly*），2010年第203期，第601—618页。

** 格雷姆·史密斯（Graeme Smith），澳大利亚国立大学研究员。苏丽文，东北财经大学国际商务外语学院副教授；展枫，安康学院助教。

此前，有学者将乡镇政府形象地称为"行政空壳"，因为它们在20世纪90年代税费改革以及2005年取消农业税时连最基本的服务都无法提供。但是，对于乡镇政府是如何变成空壳的这一问题，却一直没有详细的阐述。在文章中，作者指出乡镇政府的空壳化现象不仅是税费改革的一个产物，而且也因乡镇领导干部面临的增收任务和政治需要而不断加剧，并因最近的行政改革而显得日益严重。

文章的第一部分将详细说明县政府以上级检查的形式对乡镇单位所施加的压力、招商引资的压力以及乡镇政府机构的"软集权化"（Mertha，2005：791-810）。这些压力将乡镇政府从上抽空，部分乡镇领导和有能力的干部离开了自己的本职岗位，而乡镇政府也变为县领导的服务单位。第二部分阐述了从下抽空乡镇政府的过程。过去，乡镇政府负责指导村里的工作，但是，自2005年取消农业税和村镇合并完成之后，由于村失去了收入来源且部分村干部岗位被取消，乡镇政府不得不担负起原由村干部所承担的一部分工作任务。以前所未有的规模将大批乡镇干部下派到村里，旨在保证计划生育和维护社会稳定等重大政策的实施。文章最后部分总结了空壳化对基层政府职能的影响，以及这种影响对乡镇政府向服务型政府转变所产生的消极作用。

文章的结论建立在对安徽省一个相对富裕的县——本海县（虚构地名）——所辖16个乡镇实地调查的基础之上。以安徽省作为研究对象是因为它在20世纪90年代税费改革中属于先行者。本海县地理环境多样，因而发展了多种农作物生产。由于拥有众多成功的乡镇企业，该县2008年的人均GDP略高于安徽省的人均水平。同时，在本海县的税收中，农业税所占比例不到10%，因而取消农业税对该县财政收入的影响微乎其微。

在2004年至2008年间，作者在本海县考察了21个月，期间作为该县政府工作人员之一参与了农业、教育和林业等方面的扶贫项目。在这几年间，作者与研究小组一起调查了5个乡镇的286家农户，获取了农民在税收、土地使用、村镇合并和与本地干部打交道等方面的背景信息。

在农业部的协助下，2006年1月至3月间作者调查了本海县16个乡镇的95名乡镇干部，对乡镇政府职员和普通农民的后续访问也随后完成。访谈地点为作者位于县城的住所以及被访者居住地。此外，被访者还有来自本海县城、合肥、北京以及四川的学者、官员及商界人士。

除了对特定人群进行调查之外，作者还引用了三位研究乡镇政府日常工作的中国学者的著述，他们分别是：赵树凯，国务院发展研究中心中国发展研究基金会研究员，他走访过10个省份的20个乡镇政府，在每个乡镇都待了很长时间，之后又邀请所有乡镇政府的党委书记到北京进行深入的讨论（Zhao，2007）；谷文峰，曾由河南省政府指派到鹤壁县的一个乡镇工作，对担任乡镇书记两年间的经历作了详细记录（谷文峰，2006）；吴毅，华中科技大学乡村治理研究中心教授，曾用一年时间和华中某乡镇干部进行交流（吴毅，2007）。

一、导致空壳化的上级力量

在这一部分，作者要论证的是，导致中国中部地区乡镇政府空壳化的上级力量表现在三个方面：一是为了弥补因税费改革减少的财政收入，同时完成省、县级政府下达的任务而进行的招商引资；二是接待上级政府派来的检查组；三是乡镇政府各个部门的"软集权化"，即被置于县级政府或省级政府的管控之下。

（一）招商引资

乡镇政府的职能是什么？在普通乡镇干部眼中，地方政府的首要工作有哪些？带着这些问题，作者对乡镇干部进行了访谈：在他们看来，目前（2006年）乡镇政府的主要工作任务是什么，并与江泽民成为国家最高领导人的1999年和20世纪80年代加以对比。表1列举了10项工作任务，其中重要性居前五位的即为主要工作任务，年代栏下对应的数字则为赞成该项任务重要的人数比例。

表1 乡镇政府的首要工作任务 （%）

具体工作	2006年	1999年	20世纪80年代
1）上级政府下达的任务	51	75	75
2）党和国家的指导方针和政策	76	58	63
3）农民的政治和经济权力	46	9	3
4）农技推广、信息和公众服务	54	23	24
5）文化、教育和卫生发展	32	19	33
6）基建工程，如乡镇公路和灌溉	50	35	32
7）招商引资	74	19	5
8）维护社会稳定	38	39	53
9）计划生育	86	99	71
10）征收税费	0	95	92

从表1可以看出，2006年党的全国性政策（第2栏）对本海县乡镇政府的影响要大于1999年，而1999年的上级税收指标（第10栏）是三个时期中最高的（田毅、赵旭，2008）。但是，在2006年排序第二的招商引资项目（第7栏）却是省级和副省级党委领导人的首要工作，这一项工作经常受到党和国家领导人的批评。

所有乡镇，无论富裕还是贫穷，都投入了大量资源和人员进行招商引资。在一个偏远的镇子，政府部门有55名正式员工，其中16位是招商引资工作组的成员，在这16人中有13个来自不同部门，其余3人分别是镇党委书记、副书记和镇长。[①] 相对富裕的乡镇更是印发精美的投资指导手册，并在上面列明引资项目以及在税收、土地使用方面的具体优惠政策。典型的优惠待遇是三年免税、较低的土地使用费用（最低每平米1元，甚至一段时期内免费）。虽然大多数乡镇设立了专门的招商引资机构，但最终负责的是镇长和镇党委书记。

---

① 乡镇政府职员的具体数目无法确定。据谷文峰的估计，在编干部只有69人，但是拿工资的有124人，加上下岗和退休人员，数目少达150人（谷文峰，2006：145）。

对于省、市、县乃至村里争相抛出优惠政策以吸引投资者这种做法，中国学者也曾提出质疑（Zhao，2007：68－73；吴理财、朱红萱，2005：64）。设定招商引资指标的做法，迫使乡镇干部伪造文件，并强令本地企业注册为外地甚至境外企业。① 本该用于服务农民的资金，也被挪用于招待潜在投资者。这种状况很难改变，除非省、副省级政府制定的税收奖励、考核标准有所调整。普通乡镇干部也对这一政策的实效表示怀疑。

招商引资活动的驱动力是各种政治和经济利益，这在中国中部省份普遍存在。河南某县一位乡镇党委书记承认，他在一年中，有三分之二的时间是"追着钱跑"，往返于八个省份之间，想方设法找到投资。② 县级领导更是通过开会和对乡镇政府年度考核内容的设定，让乡镇干部明白，招商引资是他们晋升到好的县级机关和获得经济上奖励的最可靠的途径。由于工业投资可以保证未来的税收来源，所以乡镇领导有时甚至免收业权转易费（Tao Ran, et al., 2010）。③ 为了有更多的发财致富和出差旅行的机会，大权在握的职能部门，如公安局、农村信用合作社和财政局等，有很多干部相继离开，投身到招商引资工作小组中。然而，还有乡镇里那些头脑灵活、人脉资源丰富的干部，他们也纷纷离职，这也就意味着，最后留在乡镇政府的人是最缺乏才能的那一部分干部。

对招商引资的重视，导致乡镇政府有限的资金越来越多地浪费在吃喝消费上（谷文峰，2006：146—149；吴毅，2007：577—581）。虽然县级文件对公务接待规格和开支有详细和严格的规定（村级干部每桌90元以下，乡级干部120元以下），午餐时间禁酒。但是，一遇到以招商引资为目的的接待活动，这一规定就会"失效"。

---

① 将此处内容与蔡欣怡（Kellee Tsai）对中国企业虚假注册为外资企业的描述对比一下。在自己撰写的《没有民主的资本主义》（*Capitalism without Democracy*, Ithica: Cornell University Press, 2007, pp. 183－88）一书中，蔡欣怡认为，中企注册为外企是为了享受优惠待遇，提升自身地位，减少当地政府的干预；而本海县政府干部是却出于自身政绩的考虑，强令本地企业注册成外地企业，旨在夯实自己的政治前途。

② 见梁鹏，"基层干部招商引资：农民心凉"，中国选举与治理网，2005年12月13日，http://www.chinaelections.org/NewsInfo.asp? NewsID = 43318，于2009年7月2日访问。

③ 商业和住宅地产开发的情况与此不同。

（二）上级检查

对乡镇干部而言，作者建议他们要关注结果，而不要在意过程。如果有农民上访，无论出于何种原因，责任都在乡镇政府。一旦上级下发工作任务，无论是否有足够的经费，都必须完成，否则就立刻会被通报批评。上级单位的工作是组织会议、填写备忘录并下发文件，然后再检查，但做事的永远都是乡镇政府，而且在任何情况下，乡镇政府都必须完成上级布置的任务——没有任何人可以代为完成，否则就得承担责任（谷文峰，2006：101—102）。

经常性的检查也构成了乡镇财政的一项主要支出。在本海县，接待费用是政府除部工资外的首要支出项目。各乡镇的接待负担程度不同。某一毗邻县城的乡镇政府累计负债700万元，相关人员都认为主要是接待费。然而，导致接待费用如此之高的原因并不是乡镇领导铺张浪费。一位乡镇干部解释"这都是因为上面爱吃"。富裕的乡镇要迎接较多的检查团，由此累积了更多的债务。一位乡镇领导对赵树凯讲，偏远乡镇"很少有上级部门去检查，所以，接待方面的花费就少得多"（Zhao，2007：39）。根据赵树凯的数据，乡镇领导平均每年有100到150天的时间要接待上级检查（还有人花300天的时间），而花费在卡拉OK、桑拿和麻将上的钱占财政收入的5%到10%不等（Zhao，2007：21-25）。

接受采访的许多乡镇工作人员认为，乡镇政府面临的主要问题不是人员配置过多，而是领导干部反复无常的行为和乡镇政府制度上的动态变化。[①] 尤其令他们不满的是，政治计谋一直胜过政府职能。

[①] 这与李芝兰表述的观点相符（Li，2006：63-84）。李芝兰认为，政府官员的行为需要从根本上加以改变，对本海县的乡镇政府而言，这一观点是正确的。但对于本海县的县政府而言，严重臃肿的机关才是导致干部不作为的主要原因。

（三）软集权化

毛学峰（Andrew Mertha）将乡镇或县级政府机构的管辖权上移至省政府的情形称为"软集权化"。同样的情形可见于以往归乡镇政府管辖而现在已置于县政府管辖范围之内的一些机构。乡镇机构与县级对应部门的关系有"领导关系"和"业务指导关系"两种，这两种关系之间差别明显。尽管乡镇干部一般会被通称为"乡镇领导干部"，但是，这群"乡镇领导干部"在具体利益诉求方面存在着明显的差异。乡镇党委书记和乡镇长都由县级常务委员会选举产生，他们通常成"对"选出，能够团结一致，谋求增进共同的政治利益。当下乡镇党委书记一般住在县政府所在地，需要的时候才坐通勤车去任职的乡镇办公，这与20世纪80—90年代通常住在他们所任职的乡镇的做法不同。然而，年纪较大、晋升前景渺茫的乡镇副职干部与县级领导层关系相对疏远。对于省、县级政府发起的项目，这部分乡镇干部会提出反对意见，或者采取行动保护他们自己的地方企业利益网。

由于乡镇领导对本职工作屡有挫折感，将主要精力放在自己未来的仕途发展上，每年花大部分时间在外奔波，参加会议和招商引资，因而使得许多乡镇产生了"权力真空"现象。由于上报乡镇党委书记的事务都必须经过办公室主任传达，所以办公室主任的实际影响力远远超出了自身应有的职权范围。乡镇领导不在本地的时候，所有乡镇干部的工作都由办公室主任协调安排。尽管普通乡镇单位（除计生办、财政所和派出所之外）通常都是空空荡荡，但办公室主任却有多达八个下属职员，其中还包括一名司机。与其县级的对应单位即县政府办公室一样，他们的权力滋生于未明确定义的职权界限。许多新任乡镇党委书记，在走马上任之时，亲自任命自己的办公室主任，这些人通常是以前在县政府机关工作时曾经依靠过的可信任的私密朋友。

由于乡镇领导要面对来自不再有管辖权的垂直单位所施加的阻力，要忍受由于下放单位的不作为而产生的挫折感，还得承受来自于上级县领导和无休止的检查的种种压力，因而，他们也经常感到没有精力去做一些实事。"软集权化"可能已经成功地把权力中心上移到了县、省级管理层。但是，在乡镇一级的管理层中，建立一种更现代、更顺从的官僚机构的做法却是令人费解。2005年取消农业税使乡镇政府在很大程度上丧失了原有的资源汲取功能，而集权化则削弱了乡镇官僚机构的凝聚力。

二、导致空壳化的下级力量：下派干部和计划生育

（一）下派干部

在每个村，除三到五名村领导机构的核心成员（党支部书记/村长、党支部副书记/副村长、文书、妇女干部）之外，通常还有来自县里和乡镇的下派干部。乡镇政府领导新上任后，第一要务通常是将干部下派到村里，因此领导更迭后，会有大量干部频繁找领导要求把自己分到"好一些"的村里。从县级政府角度来看，下派干部到村庄去负责那里的工作不但有利于更好地控制和监督村干部①，同时还可以将大量干部调出乡镇政府。对于较为年轻的乡镇干部而言，被下派到村里工作，可以增加自己的晋升机会。然而，若是被派到"钉子户"多的村里，一旦出现任何不稳定的状况，他们的政治前途很可能严重受阻，因为他们面对的奖惩制度将使他们因派驻村所出现的动乱而受到经济和政治上的责罚。出于这一考虑，在乡镇政府领导即将发生变动时，乡镇干部之间就会出现激烈竞争。

在作者考察过的一个行政村，下派干部有六位（一位来自县工商局，五位来自乡镇政府），多于该村常任干部人数（五位）。而在大多数村庄，至少

---

① 具有类似作用的另一项举措是将村党支部书记和（原来由选举产生的）村长的职务合二为一，即所谓的"一肩挑"的作法。本海县60%的村子实行了"一肩挑"，这就意味着，在三分之二的村子，村长一职现在由乡镇政府任命。在中国其他地方，也有类似的政策，但其意想不到的后果却是使村庄内不同家族间的关系紧张化，见谷文峰：《非常自述》，第176—78页。

有三个镇政府的下派干部。在一些下派干部看来,管理村庄不过是为了完成任务,也有人对这种安排非常不满,认为是在浪费他们自己和村干部的时间。一位原乡镇干部解释说:"2005年的时候,我本来要被下派,但就在下派前,我刚好接到县政府的调令。那时候,我在乡政府已经工作了十几年,所以,根本不想去下边,当时要是去了的话,现在肯定也还呆在村子里。如果不是被调离,以我当时的年纪,一定会被下派。他们讲那是'锻炼',但是,乡镇政府的工作本来就是在农村与农民打交道,工作了么多年,村里的事情你都一清二楚了,还锻炼什么呢?毫无意义。"

许多县政府官员承认,下派干部到村庄的这种做法,不仅是为了加强对村政府的控制,同时也是由上面要求精简乡镇政府机构的压力带来的直接后果。

各地区的情况有所不同。辽宁省的一位村长告诉作者,在他所在的地区,他们不能容忍上面派下来的干部,因为村民们认为这是对本村自治权的侵犯。[①] 还有另外一种情况是,在安徽北部,除了乡镇党委书记和乡镇长以外,所有乡镇政府干部都是下派而来。安徽省的资料显示,从2000年开始,随着机构精简的深入,下派干部的数量在不断增加。[②] 在县级政府也大量聚集了来自中央、省、地区政府的下派干部(Smith,2009:35-38)。

赵树凯指出,有两种村庄需要下派干部:一种是示范村,被推选出来充当样板,经常有上级来检查(事实证明,从"社会主义新农村"工程受益的是这些已获优待的村庄);另一种是经常发生骚乱或出现即将发生危机迹象的村庄(赵树凯,2005:4)。但是,在本海县,所有行政村都有下派干部,而且由于数目在不断增加,某村的下派干部人数已逐渐接近留在县政府工作的干部人数。当被问及村里的领导是否需要经常到乡镇参加会议时,一位乡镇干部答道:"用不着。每个村子都有几个从乡镇下派

---

① 源自2006年4月作者在北京的调查。
② 源自2008年11月作者在安徽社会科学院的访谈调查。

的干部，常驻在村里。如果上级有了新指示，我们只通知这些干部就行了。"

由于从乡镇政府下派的干部数量众多，又可根据职务级别，将"下派干部"群体分为三类：高级干部、普通干部和计划生育联络员。

除了将相当大的一部分干部派遣下去以外，乡镇领导通常还干预村干部的选举，经常还搞"道德政治"（Ku，2003）。很少有村干部因未广泛公开的原因被解职。20世纪90年代，某位村支书，由于主管村办煤砖厂时被发现有贪污行为而被免职；还有一位村长，在长期陷入离婚纠葛后被免职，因为村民普遍认为，家务都处理不好的人，没资格管理村里的事情。能够接任这些"不合格"干部的人员，在乡镇政府中都有强硬的后台，通常是身居要职的亲属。

在本海县，村干部工资已不再从村办企业收益或者所收税款中抽取，而是由乡镇政府预算全额拨付。实际上，本海县的村政府已经成为乡镇政府的前哨，而他们的主要职能也变为按上级乡镇主管部门的主要任务开展工作。① 经济学家讲"谁付费，谁有权决定一切"，而在本海县决定一切的是计划生育。

（二）计划生育

从1980年开始，计划生育就成为除征税额标准（2005年后不再是重要的考核标准）之外一直采用的考核乡镇政府工作实绩的首要标准。衡量计划生育开展状况的指标越来越复杂，这在一定程度上解释了乡镇、村要在计划生育上投入大量时间和资源的原因。在某县下发的通知中，规定了各项任务在下派干部年度考核中所占的分值（见表4）。

---

① 这里需要进一步说明：如果某村是身居要位的某位上级领导的家乡，那么，乡镇政府对该村的管制较少，特别是在招商引资方面。

表 4　下派干部考核标准

考核标准	分值
计划生育	30
生态支持（农业、林业、灌溉、技术培训、建立农业综合企业）	15
社会稳定（法律和公共秩序、请愿、安全工作实践）	10
建立基层组织	5
基础设施建设	5
金融与农业经济工作	5
创建文明环境（宣传工作、公共卫生、市场）	4
干部工作作风	4
发展集体和民营经济	4
扶贫工作	4

注：2006 年乙镇关于下派村干部考核实施方法的通知。
分值为 3 分或低于 3 分的事项有：传统工作、民兵训练、招商引资、土地管理、行政、教育、文件记录和社会保障。

乡镇政府年度考核和下派干部个人考核中的"一票否决制"都跟计划生育目标挂钩。除此之外，上级领导还会定期检查计划生育实施情况，这进一步强化了"一票否决制"的作用。这种做法的直接后果之一就是，乡镇政府迫于压力，要将资源转移给计划生育工作，因而将乡镇机构从内部"挖空"。为了更好地说明这一点，作者收集了本海县 16 个乡镇农技站人员配置情况的相关信息。调查显示，大多数乡镇农技站职员所从事的工作基本与农技站的本职工作无关。

2005 年本海县全体农技站工作人员中，仅有 26% 的人在做本职工作，而在计生办公室工作的人数达到了同样的比例。由于下派干部到村庄的主要工作也是计划生育，因此至少有 37% 的农技人员大部分甚至全部工作时间是在贯彻执行计划生育政策。还有相同数目的人员被调到乡镇计划生育单位，其余的人则被安排到其他乡镇单位或者村庄开展领导部署的当前重点工作，这种"不务正业"的情形在各乡镇普遍存在。

几乎可以肯定的是，有 26% 的人在农技站工作这一数值也属高估。在从事本职工作的农技人员中,许多人还做着兼职工作,而且很难确定他们的主要工作是农技还是兼职。我们会问这些农技人员所承担的大部分工作是什么,在不可能对他们进行采访时,我们就假设他们的主要工作是农技推广,甚至正式的"专职"农技所工作人员也承认他们真正做的推广工作很少或者根本没有。一位连年获得县农委表彰的"优秀"农技站站长坦言道,从2001年(乡镇农技站下放到村)开始,他才有幸可以每年用一个多月的时间从事自己的本职工作。

村干部们并不刻意掩饰自己的专职工作多与计划生育工作有关。男干部时常开玩笑称,负责计划生育的女干部是唯一一个具有一份实实在在工作的人,而其他村干部都是她的助手。在一个较为富裕的村子,列有新任干部工作任务分配表的内部通知上八次提到了计划生育工作,出现频率远远超过其他事项,如"人事档案编制"(两次)、"维持社会治安"(一次)和"创建精神文明"(一次)。对计划生育的重视在该村的预算表上也得到证实。该村2005年的主要支出项目是两次追踪逃离本县的超生孕妇的费用。唯一列出的收入项目是25000元的乡镇拨款[①],而接待费的实际数额和职工工资均未列出。与本海县的其他村一样,迫于工作压力,这个村在2008年增招一名干部,专职负责计划生育工作。

三、总结

关于地方乡镇政府的特点,来自其内部的观点能告诉我们什么?乡镇党委书记和县里派下来的比较年轻的村支书们,一般工作都很勤奋,力争取得突出成绩,给县里的主管领导留下深刻印象,并希望因此得到提拔,从此走上待遇较好、任务不太繁重的工作岗位。由于领导干部认为自己的未来就在县

[①] 村干部还有其他方法从村民那里获取额外的收入来支付接待费用。随着社会保障覆盖面的扩大,村干部可以使用手中的自由控制权从最贫穷的农村居民那里提取收入,享受低保的村民要是拒绝将最低生活保障金(2008年定为每年860元)"返还"一部分的话,村干部就会把低保名额转给别人。

里，因而县政府对乡镇政府的首要任务享有相当大的控制权。

随着上级政府所施加的削减成本和合理精简人员的压力，还有越来越多的政府机构移置于他们正式的管辖范围之外成为垂直单位，乡镇政府的领导们采取了一系列应对措施。他们加强了对下放单位和村庄的控制，将多余的干部下派到村里，确保村干部对计划生育、社会治安等关键任务的执行效果，同时还要保证"他们的"下派干部控制着村委会的活动。与此同时，最有能力的乡镇干部要离开自己的工作岗位，花越来越多的时间到外省去招商引资，以完成年度考核制度中要求达到的政绩指标以及县、乡镇政府规定的创收任务。20世纪80—90年代，很容易在乡镇政府的综合办公大楼里找到乡镇党委书记，然而现在，"空壳化"的乡镇政府的日常管理工作被留给办公室主任和能力最差的干部。

这种"空壳化"组织很难在农村社区中发挥积极作用，而且在目前乡村治理结构中，有一些令人深恶痛绝的因素阻碍乡镇政府提供服务，并会破坏将乡镇政府转变为"服务型"机构的努力。如果不放弃行政强制的做法以及导致行政强制的"一票否决制"，地方政府将继续对农民敷衍了事，而不是将他们作为服务对象或公民，积极为其提供令人满意的服务。

参考文献

段应碧、宋洪远主编，2004：《中国农村改革重大政策问题调研报告》，北京：中国财政经济出版社。

谷文峰，2006：《非常自述：一个乡镇书记的梦与痛》，北京：新华出版社。

田毅、赵旭，2008：《他乡之税》，北京：中信出版社。

吴理财、朱红萱，2005："乡镇改革：乡镇干部的所思所想——对湖北省乡镇干部的问卷调查"，《中国农村经济》，2005，11。

吴毅，2007：《小镇喧嚣：一个乡镇政治运作的演绎与阐释》，北京：三联书店。

赵树凯，2005："乡村关系：在控制中脱节"，《华中师范大学学报》，2005，5。

Edin, Maria, 2003. "State Capacity and Local Agent Control in China: CCP Cadre Management from a Township Perspective." *The China Quarterly*. 173: 35–52.

Kennedy, John James, 2007. "From the Tax-for-fee Reform to the Abolition of Agricultural Taxes: The Impact on Township Governments in North-west China." *The China Quarterly*. 189: 43 – 59.

Ku, Hok Bun, 2003. *Moral Politics in a South China Village: Responsibility, Reciprocity, and Resistance.* Lanham: Rowman & Littlefield Publishers.

Li, Linda Chelan, 2006. "Embedded Institutionalization: Sustaining Rural Tax Reform in China." *The Pacific Review*. 19 (1): 63 – 84.

——2007. "Working for the Peasants? Strategic Interactions and Unintended Consequences in China's Rural Tax Reform." *The China Journal*. 57: 90 – 106.

Mertha, Andrew, 2005. "China's 'Soft' Centralization: Shifting Tiao/Kuai Authority Relations." *The China Quarterly*. 184: 791 – 810.

Tao, Ran, Fubing Su, Mingxing Liu and Guangzhong Cao, 2010. "Leasing and Local Public Finance in China's Regional Development: Evidence from Prefecture-level Cities." *Urban Studies*. 47: 2217 – 36.

Weber, Max, 1978. *Economy and Society*. Berkeley: University of California Press.

Zhao, Shukai, 2007. "Rural Governance in the Midst of Underfunding, Deception, and Mistrust." in Andrew Kipnis and Graeme Smith, eds., *Chinese Sociology & Anthropology*. 39 (2).

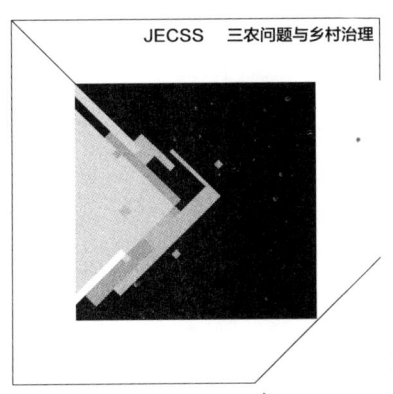

JECSS 三农问题与乡村治理

第五辑

城乡统筹

调整城乡关系：国际经验及其启示[*]

宋洪远[**]

一、调整城乡关系的实质是促进二元经济社会结构的转变

所谓二元经济社会结构，是发展经济学在研究发展问题时广泛使用的一个概念和分析工具。城乡二元经济社会结构，是指发展中国家广泛存在的城乡生产和组织的不对称性，它是发展中国家经济社会不发达的标志，也反映了城乡之间存在着明显的制度差异。从社会经济发展史看，城乡二元经济社会结构是发展中国家从传统社会走向现代化的过渡形态。调整城乡关系，促进协调发展，实质是通过工业化、城市化和市场化，促进二元经济社会结构转变的过程。

我国在特殊的历史条件下快速推进工业化，长期实行优先发展重工业的战略，建立了人民公社制度和计划经济体制，实行严格的城乡分割政策，强化了这种过渡形态，延缓了社会转型的过程。改革开放以来，随着经济体制

---

[*] 本文原载于《经济社会体制比较》，2004年第3期。基金项目：农业部软科学委员会资助项目"城乡关系调整与加快城镇化问题研究"（项目编号：0309）。

[**] 宋洪远，农业部农村经济研究中心主任、研究员。

的转型和发展战略的调整，这种状态有所改变，但由于体制和政策的惯性，这种状态还没有根本扭转，突出地表现在工农业发展不协调，城乡差距持续扩大。从城乡二元经济社会结构向现代经济社会结构转变，是今后一段时期我国社会经济发展的基本走向。改变城乡二元经济社会结构的根本途径，是推进工业化、城市化和农业现代化、市场化。简而言之，就是用先进适用技术对农业和农村经济进行根本改造，通过工业化和城市化实现农业人口向非农产业转移，通过深化改革把农村经济纳入全国统一的市场化和现代化的轨道。

二、我国已进入工业化中期阶段，正处在重要的转折时期

发展经济学家按工农关系和城乡关系的发展状况将工业化过程划分为三个阶段：第一阶段是农村、农业支援城市、工业发展的阶段，大致相当于工业化初期阶段；第二阶段是农业、农村与工业、城市平等发展的阶段，大致相当于工业化中期阶段；第三阶段是工业、城市支援农业、农村发展的阶段，大致相当于工业化后期阶段。在这三个阶段的两个转折中，工农业及城乡发展有一些公认的量化指标。第一个转折（工业化初期阶段结束，开始进入中期阶段）的结构特征是，农业劳动力份额不超过55%，城市化水平不低于35%，人均GDP不少于1000美元（1980年美元汇率，下同）；第二个转折（工业化中期阶段结束，开始进入后期阶段）的结构特征是，农业劳动力份额在30%以下，农业GDP份额低于15%，城市化水平在50%以上，人均GDP在2000美元以上（林善浪，2003）。

改革开放以来，我国的工业化进程加快。我国的人均GDP水平，如果以1980年美元计算，1995年就达到了1046美元，如果按当年汇率计算，2003年已经达到1090美元；农业劳动力比重由1994年的54.3%缓慢下降至2002年的50%；而且自2000年以来城镇化率已经超过35%（见表1）。根据国际经验判断，我国已经进入工业化中期阶段，正处在工农关系调整的转折时期。调整工农关系，就是要继续推进工业化，实行工业反哺农业，促进农业持续

发展。继续推进工业化，既包括工业本身的发展和技术水平的进一步提高，也包括实现农业的现代化，以及由于技术进步和第三产业发展所引起的产业结构和就业结构的深刻变化。

表1　近几年我国的工业化和城镇化指标　　　　　（百万美元）

指标	2000年	2001年	2002年	2003年
人均GDP	853.00	921.00	986.00	1090.00
农业产值比例（％）	16.35	15.84	15.38	14.78
工业化率（％）	43.64	43.54	44.41	45.94
城镇化率（％）	36.22	37.66	39.09	40.53
农业就业比例（％）	50.00	50.00	50.00	—
霍夫曼比率	0.66	0.65	0.64	—

注：1. 人均GDP是用当年价格GDP和当年汇率均价计算。
2. 农业产值比例＝农业GDP/GDP。
3. 工业化率＝工业GDP/GDP。
4. 城镇化率＝城镇人口/总人口。
5. 农业就业比率＝农业就业人数/总就业人数。
6. 霍夫曼比率＝轻工业总产值/重工业总产值。在此之所以用轻工业和重工业代替消费品工业和资本品工业，并用总产值代替净产值，是由于我国缺乏相应的统计分类指标。需要注意的是，计算出的霍夫曼比率可能比实际情况小一些，这有两点原因：其一，我国长期以来推行重工业化战略，工业结构偏向于重工业；其二，所用统计资料中缺乏规模以下的小工业企业产值数据，而小工业企业多为轻工业，故而没有计算在轻工业总产值中。
资料来源：2000—2002年数据是根据历年中国统计年鉴数据计算的，2003年数据是根据国家统计局《2003年国民经济和社会发展统计公报》数据计算的：“—”为缺乏数据。

三、城市化是伴随工业化发展起来的，我国已进入城市化加快发展的时期

自20世纪80年代中期以来，随着工业化进程的加快，我国的城市化进程也有所加快。与改革开放初期相比，2003年我国的城镇化水平由1978年的18％上升到40.5％。但是，与世界人均收入水平相同的国家相比，我国仍低10个百分点；与同等工业化水平的国家相比，我国大约低20个百分点；与相近产业结构水平的国家相比，我国大约低15个百分点。这是我国城镇化滞后的突出表现，也反映出我国工业化进程和城镇化

进程的不平衡性。

1975年，美国地理学家诺瑟姆通过对多个国家城市人口比重变化趋势的研究，发现城市化进程具有明显的阶段性变化规律。第一阶段为城市化初期阶段，城市人口增长缓慢，当城市人口超过10%以后，城市化进程逐渐加快；当超过30%时进入第二阶段，城市化进程出现加快趋势。当城市化率在50%前后的一段时期发展最快，这种加快趋势一直要持续到城市人口超过70%以后才会趋缓；此后为第三阶段，城市化进程停滞或略有下降（见图1）。

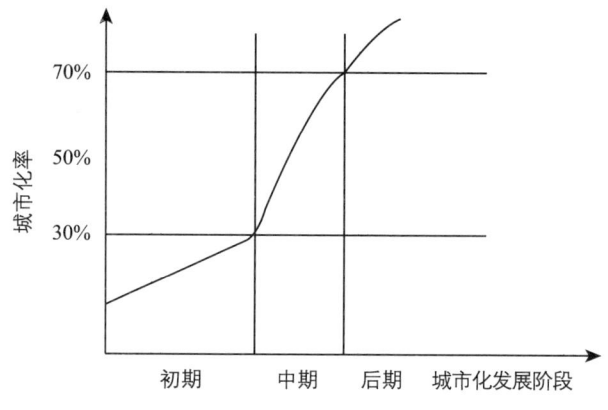

图1　城市化发展的S型曲线

目前我国已进入工业化中期阶段，城市化水平已经达到40%以上，根据国际经验判断，我国已经进入城市化加快发展的时期。近几年来已呈加快的趋势，估计今后还将进一步加快。调整城乡关系，就是要加快我国的城市化步伐，实行有利于扩大就业的政策，促进农村劳动力向非农产业转移。加快推进城镇化，要在着重发展小城镇的同时，积极发展中小城市，完善区域性中心城市功能，发挥大城市的辐射带动作用，提高各类城市的规划、建设和综合管理水平，走出一条符合我国国情、大中小城市和小城镇协调发展的城镇化道路。

四、工业化进程受农业发展的制约，推进城市化不能忽视农村的发展

在整个工业化过程中，农业都具有重要的地位和作用。在工业化初期阶段，农业为工业提供"原始积累"所需要的大量剩余，为从事工业生产的人们提供食物，为工业生产提供充足的原料和销售市场；在工业化中后期，为城乡居民提供充足的农产品供应，不断提高人们的生活水平，以及为工业和城市部门提供不断增加的劳动力供给。不少发展中国家因为农业停滞，使工业化难以推进，已经实现工业化的国家在工业化中后期仍重视发展农业，到今天仍不放松农业发展的事实，都足以证明，在工业化的任何阶段，都不能忽视农业，都必须保证农业在劳动生产率不断提高的基础上获得足够快的发展。我国已进入工业化中期阶段，农业仍是弱质产业，又面临着激烈的国际竞争，不能再为工业化提供积累，而应该成为接受补助的部门。调整工农关系，促进工农业协调发展，在政策上就要加强对农业的支持和保护，不断推进农业的现代化。

城市化是工业化的必然结果，也是实现现代化的重要标志。城市是现代经济部门活动的场所，是建立现代生产和消费的基础。现代化生产是以工业化的形式从农业的基础上发展起来的，现代生活方式则是以城市化的形式从农村中分离出来的。工业化、城市化和二元结构的转变过程，是农业劳动力向非农产业转移和农村人口向城市迁移的过程，是对农产品和土地需求扩大的过程，也是农产品商品化、农业市场化和农村现代化的过程。目前，我国农村人口将近8亿，新增人口主要来自农村，即使工业化和城市化进展顺利，2020年仍将有6亿农村人口。我国现在城乡就业人数7.5亿人，比整个发达国家就业人口多2亿以上，每年新增劳动力1000多万人，农村劳动力严重过剩。调整城乡关系，促进城乡协调发展，主要靠发展非农产业和推进城市化，加快农村的现代化步伐。要使几亿农民分享由此带来的发展机会和成果，而不能以牺牲农民利益为代价。

五、调整城乡关系要转变政府职能，发挥市场在资源配置中的基础性作用

我国是一个农业大国，农村人口占绝大多数，农业的基础条件很差，农村发展还比较落后。虽然改革开放多年，市场观念和商品意识已经在我国农村渗透与深入，农产品市场和农村要素市场已开始培育和发展，但不能否认，农业和农村在很大程度上还存在着自然经济和计划经济的痕迹。如果农业、农村不进行全面的市场化改革，在全国建立完善的市场经济体系的目标将会落空。因此，调整城乡关系，促进城乡协调发展，要面向市场，依靠科技，城乡开通，积极参与国际分工，加快农业市场化和农村市场化的进程。

市场并不是万能的，还需要政府在宏观上进行管理和调控，这是由市场机制的缺陷和农业本身的特性所决定的。农业是一个风险高、易波动和市场竞争力弱的产业，又是一个满足人类衣食需要、健康需要和安全需要的基础产业，市场机制调节具有滞后性、短期性，对农业这种公益性、外部效应很大的调节又具有局限性、不完全性。在市场经济条件下，加强政府宏观管理是保持农业持续发展的重要条件。加强宏观管理和调控，要切实转变政府职能。政府职能转变的方向，一方面是纠正"错位"现象，把不应该由政府管的事交给企业、社会和中介机构，更大程度地发挥市场在资源配置中的基础性作用；另一方面是要切实"到位"，政府该管的事一定要管好，要全面履行政府职能，在继续搞好经济调节、加强市场监管的同时，更加注重履行社会管理和公共服务的职能。

六、促进城乡协调发展是当前的一个紧迫问题，也是一个长期的过程

以城乡居民收入差距为例，几个经济发达国家 20 世纪 60 年代的情况是：以工业就业者收入为 100，法国的农业就业者收入则为 36，西德为 44，美国

为56，差距都很明显，而这些国家当时已经是现代化国家了。美国农业有着得天独厚的资源禀赋和生产条件，20世纪20年代农业就业者收入为非农人口的40%，50年代为50%，80年代为80%，靠大量优惠条件和补贴现在才基本持平。日本经济学家速水佑次郎根据库兹涅茨假说，利用1990年的人均GNP数据和19个国家20世纪70年代和80年代的基尼系数资料，绘制了收入分配的倒U型曲线，并通过计算得出倒U曲线的顶部为人均GNP 2000—3000美元，最高点为2700美元。

我国目前的人均GDP为1090美元，距离人均GNP为2700美元还有很大差距，我国农业生产条件总体不好，非农业人口占少数，经济效益又差，还不能用很大力量反哺农业，城乡差距还会在较长的时期内存在，特别是绝对差距。根据国际经验判断，我国城乡收入差距扩大的趋势可能还要持续一段时间。因此，现阶段调整城乡关系，促进城乡协调发展，可能主要是努力抑制城乡差距扩大的趋势，逐步减弱城乡差距扩大的强度，积极为逐步缩小城乡差距创造条件。从差距扩大到开始缩小的"拐点"何时到来，现在还很难作出具体的判断。可见，调整城乡关系，既是一个紧迫问题，又是一个长期过程。

我国治理城乡收入差距的对策研究评析与补充[*]

王少国[**]

目前,有关我国城乡收入差距状况、成因以及对策问题的研究很多,其中对差距状况和成因的定性与定量分析已经很深入,但对于治理对策的研究在针对性和可操作性等方面却略显不足。本文将对近年来有关研究成果所提出的治理城乡收入差距的对策进行梳理和评价,并进行政策建议的补充,以便为进一步的研究提供可资借鉴的平台。

一、治理城乡收入差距对策研究概述

(一)调整农业和农村经济结构

针对农业生产面临的自然风险和市场风险,许多学者认为要根据农业资源条件,发挥特色比较优势,面向市场需求安排产业进退,调整产品结构。如杨宜勇(2005)、刘文勇(2004)等认为,应大力发展有市场、有潜力和比

---

[*] 本文原载于《经济社会体制比较》,2011 年第 4 期。基金项目:北京市教委面上项目"收入分配差距对经济效率的影响及适度水平研究"(项目编号:SM201110038009)。

[**] 王少国,首都经贸大学经济学院教授。

较优势的农产品初加工和深加工,提高农产品附加值。推广应用优质、高产、高效技术,提高农产品品质,形成具有一定规模的优质农产品生产基地。贾小玫、周瑛(2006)认为,要采取"扶持、扶强、扶大"的政策,培育一批规模较大、实力雄厚、带动力强的支柱型龙头企业和合作组织。建立一大批种养加、产供销、农工贸一体化经营实体,将农业产前、产中、产后各个环节联系起来。

(二)给予财政和税收支持

1. 完善农产品价格政策和农业补贴措施

曾国安(2007)认为,首先要稳定或适当提高农产品价格。政府可利用行政或法律手段直接规定农产品的价格水平及波动幅度或采用经济手段调节农产品价格水平。其次,要继续提高农业补贴,改进补贴办法。根据入世协议,我国对农业的补贴可以达到农业总产值的8.5%,因此有必要加大对农业的补贴力度。马晓河等(2005)认为,目前的经济发展水平决定了现阶段农业补贴的目标主要是以保障粮食安全为主,并以安全目标带动农民收入目标。补贴力度要遵循循序渐进原则,有重点地逐步增加。

2. 继续深化农村税费改革

刘书明(2001)等认为,农民除了承担各项农业税收以外,还负担大量的"暗税",而各种"暗税"才是农民负担的主体。在以农业税为代表的各种"明税"被免除后,要严防以集体、乡镇政府名义征收的各种集资和摊派费用或以工代费的兴起,从而变相加重农民负担,抵消农村税费改革成果。

3. 加大对农业基础设施的投入

樊胜根、张林秀(2002)认为,改善乡村道路、灌溉、电力、供水和市场等基础设施,可以降低生产、运输、储藏、销售和风险决策等成本在内的农产品总成本，促进农业生产的专业化、规模化、产业化发展，孵化出越来越多的社会部门和产业部门，促进社会分工。彭代彦（2002）认为，乡村道路建设和农村医疗卫生设施在降低农业生产支出和增加农民收入方面具有显著作用。林毅夫（2003）认为，由于农村水、电等和生活有关的基础设施建设项目一般较小，施工期短，高度劳动密集，以使用农村廉价劳动力为主，能够创造出许多就业和收入机会，形成良性循环。

4. 加大农村教育的财政投入

邹薇、张芬（2006）指出农村地区间收入差别的扩大主要来自于工资性收入的扩大，而工资性收入的获得与农民的教育状况密切相关，因而要大力发展农村基础义务教育来促进农村居民收入的增长。颜平建（2008）认为，职业教育是农民脱贫致富、增加收入的重要渠道，在搞好农村九年义务教育的同时，要改善教育结构，注重职业技术培训，培养农村实用专业人才。这些都需要政府加大对农村教育的财政支持。林毅夫（2003）认为，农村中小学教师的工资完全可以由中央财政来承担，这既体现了义务教育的精神，也可以减轻农民负担。

（三）促进农村剩余劳动力向城镇转移

刘文勇（2004）认为，当前城乡劳动力市场分割以及不平等的就业政策扩大了城乡收入差距，应逐步剥离传统体制下附着在户籍制度上的就业权、居住权、教育权、社会参与权等。杨宜勇（2005）认为，要统筹推进城乡就业体制改革，逐步建立城乡统一的劳动就业制度、户籍管理制度、税收制度等，逐步形成有利于城乡相互促进、共同发展的体制和机制，实现以城带乡、以工促农、城乡互动、协调发展的新形势。刘传江、李雪（2006）认为，要引导和加快产业升级换代，改善工作环境，抛弃对农民工的歧视政策，逐步形成统一、公平的劳动竞争和报酬机制，吸引第二代农民工的转移。钱忠好（2007）认为要加强相关法律制度的建设，允许和鼓励外出经商务工和离土离乡的农民依法转让、转租、入股、抵押土地承包权，消除离开土地的农民的后顾之忧，把更多的农民从土地中解放出来。

（四）加大金融创新，提高金融的农业支持力度

温涛、冉光和、熊德平（2005）认为，中国金融的特殊"二元结构"使得金融发展不仅没有促进农民收入增长，相反还具有抑制作用，直接导致城乡收入差距的拉大。章奇等（2004）认为，政府对农村经济和金融体制的管制，导致农村正规金融市场组织不完善，无法为农村提供较好的金融服务。尹希果等（2007）进一步指出，政府对金融部门的抑制是导致中国扭曲的金融发展拉大了城乡差距的最主要原因。因此，他们认为应该减少政府对金融部门的干预，培育新生金融市场主体，大力发展针对广大农户和中小企业的中小金融机构，从而释放被扭曲的金融发展所抑制的农村经济发展的潜力，这是统筹城乡发展的重要措施。

（五）其他治理对策

陈宗胜、周云波（2001）认为各种非法非正常收入是导致城乡收入差距"非正常扩大"的基本因素，而市场化改革过程中不可避免出现的"制度缺陷"是体制转轨时期我国非法非正常收入滋生蔓延的根本原因。由于制度性缺陷使城镇居民中某些群体获取非法非正常收入的机会和途径远多于农村居民，从而扩大了城乡收入差距。对各种非法非正常收入进行治理和规范，可以缩小城乡收入差距。蔡昉（2003）认为，通过加强民主制度建设，提高农民组织程度，强化农民话语权，可改变城乡之间游说机制和谈判地位的不平衡，从而减少在就业政策、保障体制和社会服务供给方面对农民的歧视，有助于缩小城乡差距。

二、对治理城乡收入差距对策的评析

上述建议有助于解决我国的城乡收入差距，促进城乡统筹发展。但限于所研究问题的角度，这些对策建议也存在一些不足之处。这主要体现在以下方面：

（一）针对城乡收入差距地区类型的治理对策研究不足

国内关于城乡收入差距问题的研究，更多地侧重于对城乡收入差距影响因素及其对经济增长影响的计量分析，提出的对策建议更多的是一些宏观性的一般原则，因地制宜的政策措施缺乏，政策的优先次序未能阐明，因而对于解决我国多种多样的城乡收入差距的针对性较差，使治理效果受到影响。其原因主要是现有研究主要从全国或者某一地区的总体城乡收入差距角度展开研究，而未能从全国角度就我国城乡收入差距的地区类型结构进行研究。

首先，从我国改革开放以来各地区的城乡收入差距变化来看，有的地区城乡扭曲程度加剧，有的地区缓解，有的地区时而扭曲加剧、时而扭曲缓解。就各地区城乡收入差距的现状而言，有的地区如北京、上海等差距较小，城乡发展比较协调，有的地区如云南、贵州、陕西等差距过大，城乡发展高度扭曲，其他地区则介于二者之间。其次，从城乡居民收入的工资性收入、转移性收入、经营性收入和财产性收入这四分项收入构成来源的影响来看，尽管在各地区均表现出以下特征，即工资性收入是导致城乡差距过大的最主要因素，转移性收入也起着"差距促增"的作用，而经营性收入则发挥了主要的"差距促减"作用，财产性收入的影响很小。但各分项收入对于不同地区的单位"促增"或"促减"的影响程度存在较大差异。再次，从主辅收入角度看[1]，主要收入在所有各类地区的差距贡献率都最高，而且在大多数地区，主要收入发挥了"差距促增"功能，辅助收入发挥了"差距促减"功能，但在吉林、内蒙古这两个地区则相反，在甘肃和云南也存在前后相反的变化。

最后，各地区所处发展阶段不同，城乡收入差距的变化也应处于不同的阶段，进而影响各地区城乡收入差距是否合理的判断。如果某地区处于工业化的初中期阶段，存在着资源剩余，那么必然是依靠增加要素投入来实现经济的快速增长，即选择粗放式的经济增长方式。同时，为了加快工业化、城市化进程而选择优先发展城镇的政策。这样，在一定时期，经济改革在提高经济效率、促进经济增长的同时，也会拉大城乡收入差距，但这种城乡收入差距的扩大往往是建立在城乡居民绝对收入均较快提高的基础上，具有一定的合理性，那么城乡收入差距的治理就不需要加大政策力度。而有的地区经济发展到工业化的中后期，粗放式的经济增长一方面会产生较大的负外部性（包括城乡收入差距的扩大超过临界限度），另一方面又受到资源瓶颈的约束。此时，转变经济增长方式就成为必然选择。如果继续以城镇改革为重点，使城乡收入差距继续扩大，将会造成城乡间要素配置效率的降低，制约经济的持续增长，城乡收入差距继续扩大就变得不合理，这时就需要政府加大治理的政策力度。因此，将我国各地区的城乡收入差距划分为不同的地区类型，并由此按不同类型地区进行影响因素主次程度、收入来源分项构成影响程度研究，在此基础上结合地区所处发展阶段，进行治理对策的研究，这样所提出的城乡收入差距治理对策会更具有实施有效性。

（二）从农村劳动力转移与城市规模适度角度治理城乡收入差距的对策研究缺乏

现有缩小城乡收入差距对策的研究，对农村劳动力城乡间的合理有序流动可以起到缩小城乡收入差距的调节作用基本形成了共识，但对城市化规模的适度问题研究偏弱，与此相对应的适应城市化发展水平的农村劳动力转移问题，即对农村剩余劳动力向城市转移多少或达到什么程度才可称为适度转移还没有相关论述。另外，针对农村劳动力向城镇的适度转移问题的研究同样需要关注地区的结构差异。就我国总体城乡居民收入差距来说，近年来一直保持在 3.2 左右，如果考虑城镇居民的各项补贴和隐性收入，这一差距会更大。如此高的城乡居民收入差距，必然会导致农村劳动力向城市部门的过度迁移和整体经济效率的下降。但就地区农村劳动力城乡迁移来看，又存在有的城市如北京、上海等一线城市，流入的农村劳动力过度，大大超过了现有技术条件下的城市承载力的现象，而有的二线城市如石家庄、长沙等以及三线城市，流入的农村劳动力不足，不利于城市功能的优化和聚集经济效应的发挥。城乡劳动力迁移的过度和不足都会对城乡收入差距的治理产生制约。因此，应针对不同的乡城劳动力迁移地区结构制定相应的城乡收入差距治理对策。

（三）对如何解决初次分配领域的城乡分配差距问题缺乏关注

现有研究成果提出的治理对策大多集中于再分配政策，如增加政府对农村居民的转移支付、减少税负、增加公共物品供给等等，对于缩小初次分配领域的城乡收入差距的具体对策缺乏，而初次分配的城乡差异是城乡收入差距的主要来源。初次分配的城乡收入差距主要来自于城乡居民对生产要素占有数量和质量的差异，而这种生产要素占有上的差异又取决于财富起点差异、个人禀赋差异和城乡居民扩张生产要素占有的机会差异，而在这三个方面由于政府政策和相关法规的不完善，以及权力的不当参与，使得城乡居民初次收入分配出现较大的不公平成分。因此，缩小城乡收入差距，需要重视初次分配的城乡公平，就要通过完善政策和法规来调整城乡居民生产要素占有上的不合理差距。

三、对治理城乡收入差距对策的补充

针对当前有关治理城乡收入差距对策研究方面存在的主要不足，提出一些补充对策：

（一）依据影响城乡收入差距各因素的重要程度，确定治理对策的优先级次序

王少国（2009）的研究表明，从全国来看，按照影响城乡收入差距各因素的重要程度由高到低的顺序为：第一是人均资本；第二是城乡二元经济结构、国有职工占全部职工比例；第三是非农业人口比重、农村抚养系数偏离；第四是固定资产投资；第五是农村家庭人均耕地面积；第六是外商直接投资。另外，从地区之间城乡收入差距差异的角度来看，促增因素主要是各地区抚养系数，其次是国有职工占全部职工比例；促减因素主要是二元对比系数、平均受教育年限、人均资本、非农业人口比重，其次是外商直接投资，再次是农村人均耕地面积。由此可以看出，我国城乡收入差距的扩大有其经济发展阶段所决定的内在原因。当前中央政府治理城乡收入差距的政策重点显然在于推进落后地区即城乡收入差距高于全国平均水平的地区的经济发展，而推进落后地区发展的政策重点在于落后地区的农村。从促增因素角度看，要更好地落实计划生育政策，严格控制落后地区的人口增长，以降低抚养系数；其次要出台更优惠的政策，鼓励落后地区民营经济的发展。从促减因素角度看，重点在于提高农村的劳动生产率，这一方面要靠农村剩余劳动力的转移，另一方面要靠提高现有农村劳动力的生产率。对于具有旅游资源的落后地区农村，应积极开发这些资源，以提高农村居民的劳动生产率。其次，应加大对落后地区的教育投入，重点应放在乡土教育上，使农民掌握更多的乡土生产技能。再次，推进落后地区的对外、对内开放，促进国外和国内发达地区资源向落后地区的转移，带动落后地区的经济发展。最后，在发展落后地区农村非农产业的同时，应注意保护好耕地，防止耕地被滥用，造成稀缺耕地资源的浪费。在重点促进落后地区农村发展的同时，还应兼顾非落后地区城乡收入差距的治理。另外，同样需对这些地区农村做好计划生育工作以降低抚养系数，并保护好耕地。

（二）初次分配政策角度的治理

从初次分配政策角度治理城乡收入差距，主要在于在初次分配领域要兼顾城乡公平。要继续深化当前各项惠农政策，推动农业产业结构调整，发展优质高效农业，提高农业比较效益。应通过提高农民的农产品价格，对农业生产资料给予价格补贴，逐步建立农工业产品价格"剪刀差"，想办法通过金融创新帮助农民增加财产性收入，创造更多的非农产业就业机会以吸纳农村剩余劳动力等措施，推进初次分配的城乡均等化。另外，应以公平普惠原则促进制度创新，赋予农民公平参与市场竞争的机会和平等的国民待遇，促进城乡居民在就业信息、教育、医疗卫生等公共服务领域受益的均等化。只有消除当前各种城市倾向性的产业政策、金融投资政策、就业政策等存在的城乡壁垒，引导城乡间各种生产要素的有序流动，逐步实现城乡之间在产品市场、资本市场、劳动力市场的一体化，才能真正促进城乡一体化发展，更好地实现城乡初次分配收入的均等化。

（三）城乡居民收入构成来源角度的治理

按照工资性收入、转移性收入、财产性收入和经营性收入对城乡收入差距影响程度的高低，政府应首先致力于缩小工资性收入的城乡差距。一方面应加快农村剩余劳动力向城镇的转移，尤其是向中小型城镇的转移，另一方面应给予农村非农产业发展更多的鼓励，尤其是农牧产品加工业，鼓励其创造更多的非农就业机会，增加农村居民的工资性收入。其次是治理转移性收入的城乡差距。第三是治理财产性收入的城乡差距。虽然目前该分项收入的差距贡献率很低，但由于城镇居民的财产规模大大高于农村居民，房地产市场和证券市场发展所带来的财产性收入主要由城镇居民获得，使得城乡居民的财产性收入差距呈现扩大趋势。因此，政府应借助于现有金融系统，进行金融创新，吸纳农村居民的金融资产，使其获得更多的财产性收入。第四是治理经营性收入的城乡差距。虽然经营性收入一直发挥着促减功能，但其促减能力在下降。对此，政府可通过改善农业经营结构，依靠生物技术进步，发展特色农业等来增加农民的农业经营收入。

对于不同城乡收入差距类型的地区，四分项收入差距贡献率的影响主次顺序是一致的，因此，各地区治理城乡收入差距的优先次序与全国并无不同。但由于各分项收入的促增或促减能力的高低及其变化在不同类型地区之间存在差异，这要求各类地区治理城乡差距要有不同的政策力度。

此外，从主辅收入构成角度来看，当前城乡居民的主要收入分别是工资性收入和经营性收入，二者的差距是城乡收入差距的主要来源，因此，政策治理城乡收入差距的重点在于缩小主要收入的差距，即要促进农村居民经营性收入的提高。从不同类型地区来看，对于城乡协调程度下降和恶化的吉林、内蒙古地区以及城乡高度扭曲持续的云南，更应关注辅助收入城乡差距扩大的治理。另外，从政策力度来看，主要收入城乡差距的治理，应随着城乡收入差距协调程度的降低或扭曲程度的提高来加大治理力度。

（四）城乡相机权衡的基础投资

基础设施投资的城乡分配可以对城市最适度人口规模[①]和农村剩余劳动力向城市迁移的规模和速度产生影响。由于在一定的城市基础设施投资规模下，城市存在最适度人口规模，所以城市的基础投资强度必须与农村剩余劳动力的迁移规模相适应。当农村剩余劳动力的迁移使得城市人口越接近于城市最适度人口规模时，政府对于城市部门基础设施投资的强度应该越大，否则就会抑制农村劳动力的转移，并会降低经济效率，不利于城乡收入差距的长期治理。另外，随着城市基础投资的增加，城市规模扩大，需要越来越多的资

---

① 城市最适度人口规模是指与城市现有基础设施相适应的人口规模。低于这一规模则意味着基础设施利用不足，存在闲置浪费；高于这一规模则意味着基础设施缺乏，会出现交通拥堵、住房紧张等问题。这些都会降低城市的经济效率。

本投入用于居住设施和其他基础设施的建设，城市化费用日益高昂，也会制约城乡劳动力迁移，不利于城乡收入差距的治理。

基于上述情况，治理我国的城乡收入差距，必须考虑不同地区的城乡差距状况和城市化费用，进而确定基础投资在城乡间的合理分配。对于城市部门的基础投资，城市部门所包括的众多城市应该根据自己的现有城市人口规模（指常住人口）与最适度人口规模的差异来确定政府投资在基础设施建设和其他领域的分配。这样，对于上海、北京、天津、广州等一线城市，由于人口已经达到甚至超过最适度人口规模，再进行城市化的费用高昂，其基础投资应该倾向其农村地区，在农村建立新城镇，走分散城市化道路。对于地区省会如太原、石家庄、长沙等二线城市，由于其人口规模接近于最适度人口规模，且其城市化费用相对较低，所以应该一方面加大城市基础投资的力度，以避免经济效率的下降，另一方面应逐步提高劳动力进入门槛，使劳动力向三线城市转移。对于三线城市，各级政府应提供优惠政策，鼓励产业向这些城镇集聚，加快农村剩余劳动力向三线城市的转移，促进其生产率的提高。通过以上措施，将有助于农村剩余劳动力的合理有序流动，缩小城乡收入差距。

（五）构建城乡统筹发展的大小经济循环体系

1. 大小经济循环体系的构建

缩小城乡收入差距，必须统筹城乡发展，要在城乡之间形成合理的要素流动机制，既包括要素流动方向的合理化，也包括要素流动强度的合理化。如图1所示，城乡之间的要素流动主要是资本①和劳动。缩小城乡收入差距，实现城乡发展的统筹协调，要素的净流动方向应该是农村劳动力净流入城镇，

---

① 这里的资本要素包括了技术，因为按照英国剑桥学派的理论，技术进步最终可以还原为物质资本投资。

城镇的资本净流入农村，以此促进城乡两种要素的合理结合，缩小城乡的劳动生产率差异，使城乡形成良性要素流动循环和相互促进的良性发展循环。另外，城乡之间在通过要素的良性循环推进城乡协调发展方面，还需要在城乡之间形成"阶梯型"区域发展循环模式，城乡之间应存在"农村增长点※小城镇※中型城市※大型城市"的区域结构和梯次上升发展模式，即农村增长点要逐渐发展成为小城镇，小城镇要逐渐发展成为中型城市，中型城市要逐渐发展成为大型城市。由此可以看出，在城乡之间存在着多个经济循环体系，既存在城乡之间的大循环，也存在农村增长点与小城镇之间、小城镇与中型城市、中型城市与大型城市之间的小循环，还存在某一区域与其他多个区域之间的循环等。只有这多个经济循环要素顺畅流动，发展相互促进，才能实现城乡经济发展的协调，进而缩小城乡收入差距。如果要素（包括资本和劳动力）的净流动方向表现为由农村流向城镇，必然导致城乡收入差距的扩大，这正如刘易斯模型所描述的转折点之前的状况。

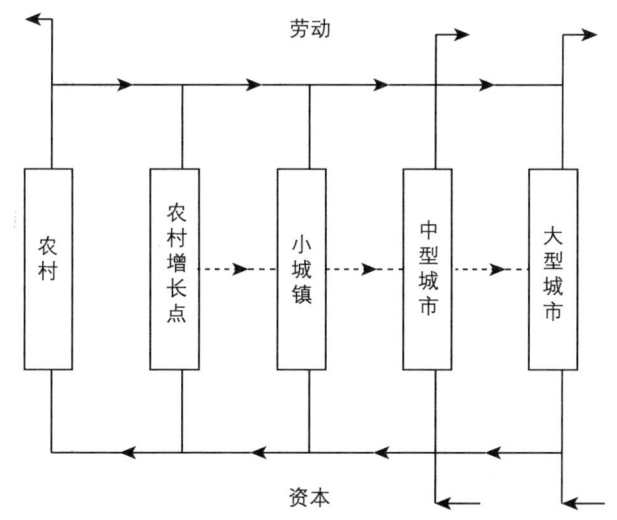

图1 城乡协调发展要素循环示意图

我国目前许多地区的城乡收入差距过大，各地区可以从本地区的区域经济循环角度，检验本地区大小经济循环系统的循环状况，采取措施解决各层次循环中的"梗阻"，使循环能够顺畅起来，这将有助于我国城乡收入差距的缩小和合理化。具体来看，对于城乡高度协调的京、津、沪地区，其城乡经济循环体系运行良好，政策的重点是注重与区域外地区构建更大的经济循环体；城乡中度协调的东北地区城市化水平较高，但城市发展的进一步提升能力差，致使城乡协调程度下降，城乡收入差距扩大，因此，应注重资本的引入，激活原有良好的城乡经济循环体系，使其恢复活力；对于城乡低度协调和城乡低度扭曲的内蒙古、江苏等地区，应该注重中型城市和小城镇的建设，发挥其承上启下的功能，促进城乡之间要素流动的协调；对于城乡中高度扭曲的陕西、甘肃、青海、云南等地区，由于城乡之间的经济循环运转问题很大，构建困难，应该着重于培育农村的经济增长点和小城镇建设，首先促进农村区域的小循环的构建，由小循环的良性发展，推进大循环的建设，最终使城乡经济相对协调，缩小城乡收入差距。

2. 区域联合治理对策

从图1还可以看出，城乡之间梯次结构的两端即大中城市和农村，往往与外部区域之间存在较为密切的要素流动关系，与区域外要素流动的规模可能要大于与区域内。这样的情况往往不利于本区域城乡经济的协调发展和城乡收入差距的治理。对此，相关区域（不同行政区划）之间要素流动密切的地区在行政机构设置上应该成立区域经济联合发展机构，统筹规划不同区域之间的要素流动规模和流向，密切经济联系，促进共同发展，最终起到促进城乡经济协调，缩小城乡收入差距的作用。

3. 构建平稳的人口迁移体制

受城市化规律和经济周期的影响，城市部门的发展具有一定的阶段性和波动性特征，因而导致对农村剩余劳动力吸纳能力的波动，从而使农村剩余劳动力的迁移规模和速度在不同时期存在差异。在我国，由于农民仍然保留自己的土地，失业"农民工"一般会选择回到土地，这样形成了一个城乡劳动力市场的自动调整机制。在短期内，这种机制显然有利于城乡社会的稳定。但在长期，农村剩余劳动力必然要向城镇转移，农业生产方式也必然告别传统的劳动密集型生产模式，因而必须使"农民工"脱离农民身份，真正成为产业工人。所以，政府应考虑逐步把"农民工"纳入城镇社会保障体系，逐步消除其与所在城市居民的身份差别。另外，在这一过程中，应该继续贯彻差别化城市进入政策，即随着城市规模的扩大，进入障碍应该越大，以引导农村剩余劳动力向大、中、小型城市的合理流动。①

参考文献

蔡昉，2003："城乡收入差距与制度变革的临界点"，《中国社会科学》，2003，5。

陈宗胜、周云波，2001："非法非正常收入对居民收入差距的影响及其经济学解释"，《经济研究》，2001，4。

樊胜根、张林秀，2002：《经济增长、地区差距与贫困：中国农村公共投资研究》，北京：中国农业出版社。

贾小玫、周瑛，2006："对缩小城乡收入分配差距的思考"，《财经科学》，2006，4。

林毅夫、刘明兴，2003："中国的经济增长收敛与收入分配"，《世界经济》，2003，8。

刘传江、李雪，2006："农民工流转与缩小城乡差距"，《中国统计》，2006，5。

刘书明，2001："统一城乡税制与调整分配政策：减轻农民负担新论"，《经济研究》，2001，2。

刘文勇，2004："我国城乡收入差距扩大的程度、原因与政策调整"，《农业经济问题》，2004，3。

马晓河等，2005："工业反哺农业的国际经验及我国的政策调整思路"，《管理世界》，2005，7。

彭代彦，2002："农村基础设施投资与农业解困"，《经济学家》，2002，5。

钱忠好，2007："我国城乡非农建设用地市场：垄断、分割与整合"，《管理世界》，2007，6。

温涛、冉光和、熊德平，2005："中国金融发展与农民收入增长"，《经济研究》，

---

① 这种城市进入障碍来自两个方面：一是由城市自身生活费用等而存在的进入障碍，即自然障碍；一是由现行户籍政策及由此衍生的生活、教育等费用，即人为障碍。政府可以通过政策来调整城市的人为进入障碍，以此调节农村劳动力的转移规模。

2005，9。

颜平建，2008："关于拓展农村高等职业教育培育新农民开发人力资源的思考"，《农业经济》，2008，10。

杨宜勇，2005：《收入分配体制改革攻坚》，北京：中国水利水电出版社。

尹希果、陈刚、程世骑，2007："中国金融发展与城乡收入差距关系的再检验——基于面板单位根和VAR模型的估计"，《当代经济科学》，2007，1。

曾国安，2007："论工业化过程中导致城乡收入差距扩大的自然因素与制度因素"，《经济评论》，2007，3。

章奇、刘明兴、陶然，2004："中国金融中介增长与城乡收入差距"，《中国金融学》，2004，1。

邹薇、张芬，2006："农村地区收入差异与人力资本积累"，《中国社会科学》，2006，2。

城乡收入差距、城乡教育不平等与政府教育投入

吕 炜 杨 沫 王 岩**

一、引言

城乡收入差距已经成为了影响中国收入差距扩大进而影响中国经济社会可持续发展的最主要因素（Wu & Perloff，2004；Benjamin et al.，2004；Sicular et al.，2007；林毅夫等，1998）。李实（2003）使用中国社科院组织的住户调查数据研究发现，全国收入差距的40%来源于城乡收入差距。改革开放以来，中国的城乡收入比由1985年的2.10上升至2013年的3.03，上升了近50%，如果将实物性收入和补贴都视为个人收入的一部分，那么中国可能是世界上城乡收入差距最大的一个国家。中国农村经济发展滞后，教育资源匮乏，剩余劳动力流动受限等（王海光，2003；万川，1999）都促使农村经济发展成为了整个国民经济发展的短板，也是拉开城乡收入差距的一个重要原因。

---

* 本文原载于《经济社会体制比较》，2015年第3期。
** 吕炜，东北财经大学副校长、教授；杨沫，东北财经大学财政税务学院博士研究生；王岩，东北财经大学统计学院博士研究生。

对于中国城乡收入差距的成因，一部分学者从中国二元经济结构入手，着重探讨了由于户籍制度所产生的户口歧视和地域歧视对城乡收入差距的影响（章元、王昊，2001；王美艳，2005；万海远、李实，2013）；也有一部分学者从政府政策的角度探究城乡收入差距。他们认为政府制定的关于城市倾向的政策将拉大城乡收入差距，反之，农村倾向的政策有利于缩小城乡收入差距（陆铭、陈钊，2004；陈安平、杜金沛，2010）。

上述研究都是从宏观层面切入进而研究城乡收入差距成因的。值得注意的是，近期一些学者基于微观调查数据的研究为我们认识城乡收入差距提供了新的视角。陈斌开等（2010）通过对 2002 年 CHIPS 数据进行 Oaxaca-Blinder 分解，研究得出城乡教育水平差异是影响中国城乡收入差距最重要的因素，其贡献程度达到 34.69%。史泰丽等（Sicular et al.，2007）基于 1995 年和 2002 年的 CASS 调查数据研究了中国居民收入不平等，研究结果表明，在众多的家庭自身特征中，教育因素对收入的影响相对较为显著。

通过对文献的系统梳理，可以发现，目前探讨教育水平差异与收入水平差距的文献多是从区域角度展开论述的，且主要关注的重点是教育水平差异与收入水平差距之间的单向影响机制。一些学者基于人力资本模型研究了教育水平差异对收入差距的作用机制与影响程度。贝克尔和西斯（Becker & Chiswick，1966）构建的关于收入分配的人力资本模型认为，人口总体的平均教育程度和教育分布状况会影响收入分配状况。他们基于美国各地区的截面数据进行了研究，结果表明，教育不平等与收入不平等显著正相关，教育不平等程度的减小，有益于收入不平等的改善。白雪梅（2006）利用中国 1982—2000 年的数据对贝克尔和西斯（Becker & Chiswick，1966）提出的人力资本模型进行了实证研究，得出了教育和收入不平等之间存在稳定而密切的关系，教育不平等会加剧收入不平等。也有一些学者的研究表明收入差距将会通过影响人力资本投资进而造成教育水平差异。盖勒和斯利亚（Galor & Zeria，1993）研究了初始收入分配对教育分布的影响，认为由于借贷市场不完全，收入均等将有利于那些不能通过借贷方式筹措教育费用的穷人获得教育机会。继盖勒和斯利亚（Galor & Zeria，1993）就收入差距对教育不平等的开创性研究后,陆铭、陈钊(2005)采用分布滞后模型考察了教育与收入分配的关系,他们的研究表明,收入差距对教育的影响具有时变特征。此外,还有一些学者从公共政策层面探讨了政府教育经费投入对缩小收入差距的作用机制。但是,如果一些个体无力承担教育成本而放弃接受教育,那么,增加公共教育投入不但无助于缩小收入差距,反而有可能进一步扩大收入差距(Sylwester,2000)。

从已经梳理的文献来看,基于微观数据的经验研究已表明,中国城乡教育不平等是城乡收入差距扩大的主要动因,但目前还鲜有研究从中国城乡二元结构视角来探讨城乡教育不平等与城乡收入差距相互作用的内在机制,相关的政府公共政策讨论更是缺乏。本文通过在盖勒和斯利亚(Galor & Zeria,1993)所提出的跨期模型中引入城乡二元结构和政府行为,从理论层面揭示城乡教育不平等、城乡收入差距和政府教育投入这三者间的内在关系。

本文的结构安排如下:第二部分为理论分析;第三部分对数据、模型和估计方法进行探讨;第四部分是实证研究结论;第五部分是稳健性分析;最后为本文的结论及政策含义。

二、理论分析

盖勒和斯利亚(Galor & Zeria,1993)基于一定的理论假设,通过建立一个跨期模型,阐述了资本市场不完善时收入分配与人力资本投资之间的关系。在此基础之上,本文通过引入城乡二元结构和政府行为进一步扩展跨期模型,重点阐释政府可以实施农村偏向的教育投入政策从而提高农村部门教育水平,进而缩小城乡收入差距的内在机制。

(一)基本模型

基本假设:(1)假设劳动力可以分类,高学历群体可认为是熟练工人,而低学历群体可认为是非熟练工人。根据目前中国城乡二元结构的现实情况可知,高学历群体都集中在城镇地区,而低学历群体则集中在农村地区。(2)假设一个开放经济中仅存在一种商品,这种商品可以用来消费或投资。该商品可以由熟练工人或者非熟练工人来生产,$\omega_s>0$ 代表熟练工人的工资收入,$\omega_n>0$ 代表非熟练工人的工资收入。(3)个体在经济中存在两期,他们可以选择当期不进行人力资本投资,当期和第二期都作为非熟练工人工作;也可以选择当期进行人力资本投资,在第二期作为熟练工人工作,人力资本的投资额为 h。(4)每一个个体都只有一个父母和一个小孩,也就是说人口的规模保持在 L 不变。(5)为了简便起见,个体的效用来自第二期的消费(假设个体消费集中在第二期)和给后代留下的遗产。效用函数的形式为:

$$u = \alpha \log c + (1-\alpha) \log b \tag{1}$$

其中 c 代表第二期的消费,b 代表第二期的遗产,$0<\alpha<1$。(6)个体的天赋和偏好一致,那么对个人而言,唯一不同的是遗产。(7)资本可以自由流动,市场利率为 r。

若个体从第一期继承了数量为 x 的遗产,他面临两种选择:一是第一期和第二期都作为非熟练工人工作;二是在第一期进行人力资本投资,在第二期作为熟练工人工作。他是否进行人力资本投资完全取决于各种情况下所带来的效用比较。根据盖勒和斯利亚的结论可知:当 $x \geq h$ 时,个体倾向于先进行人力资本投资,后作为熟练工人从事生产;$x<h$ 时,个体倾向于作为非熟练工人从事生产。

进一步地,盖勒和斯利亚引入了资本借贷市场,当个体继承的遗产 $x<h$ 时,还可以考虑通过借款来进行人力资本投资。由于借款者有可能违约,所以导致了这种资本市场不完全,从而个人借款的利息 $i>r$。根据效用最大化的原理可知:当 $x \geq h$ 时,个体直接进行人力资本投资;当 $f \leq x < h$,$f = [\omega_n(2+r) + h(1+i) - \omega_s]/(i-r)$ 时,个体通过借款进行人力资本投资;当 $x<f$ 时,个体不进行人力资本投资,直接作为非熟练工人工作。可见,财富初始分布不仅决定了这一期个体的选择,而且也决定了下一期遗产的分布:

$$x_{t+1} = \begin{cases} (1-\alpha)\left[(x_t+\omega_n)(1+r)+\omega_n\right], & x_t < f \\ (1-\alpha)\left[\omega_s+(x_t-h)(1+i)\right], & f \leq x_t < h \\ (1-\alpha)\left[\omega_s+(x_t-h)(1+r)\right], & h \leq x_t \end{cases} \quad (2)$$

当个体继承的遗产 $x<f$ 时，个体将不进行人力资本投资，他的后代也不进行人力本投资，长此以往，这一类个体的遗产值将趋向于：

$$\bar{x}_n = (1-\alpha)/(1-(1-\alpha)(1+r))\omega_n(2+r) \quad (3)$$

当个体继承的遗产 $f<x<h$ 时，他们会进行人力资本投资，此时，他们的遗产值趋于：

$$g = (1-\alpha)[h(1+i)-\omega_s]/[(1+i)(1-\alpha)-1] \quad (4)$$

当个体继承的遗产 $x<g$ 时，他们的后代在 t 时期也许进行人力资本投资，但是经历几代以后，就不会再进行投资，他们的遗产将收敛于 xn；相反，当个体继承的遗产大于 g 时，他们的后代也会进行人力资本投资，最终，遗产值将趋于：

$$\bar{x}_s = (1-\alpha)[\omega_s-h(1+r)]/[1-(1-\alpha)(1+r)] \quad (5)$$

（二）引入政府行为下收入差距、劳动力质量的动态变化

接下来引入政府行为。假设政府向熟练工人征收一定的税收，税率为 t_0，并向继承遗产数额 $x<h$ 且选择贷款接受教育的个体发放一定的补贴。[①] 为了对该模型进行简化，我们统一在第二期对熟练工人征税，并对贷款者予以补贴。假设第二期的熟练工人的人数为 N_1，第一期选择贷款接受教育的人数为 N_2，由于第一期选择贷款接受教育的个体到第二期也将成为熟练工作者，所以 $N_1 = N_2 + N_0$，其中 N_0 表示 $x \geq h$ 的人数。

在加入政府的税收和补贴后，我们重新对个体是否选择进行人力资本投资进行分析。该模型中，个体是否进行人力资本投资的决策取决于各种情况

---

① 向高收入的群体征税，而向低收入群体发放教育补贴。高收入群体主要集中在城镇地区，而低收入群体主要集中在农村地区。政府实施这一政策相当于采取农村偏向的教育投入政策。

下所带来的效用大小的比较。若个体选择不进行人力资本投资，直接作为非熟练劳动力进行工作，其效用函数为：

$$U_n(x) = \log[(x+\omega_n)(1+r)+\omega_n] + \alpha\log\alpha + (1-\alpha)\log(1-\alpha) \quad (6)$$

若个体第一期继承遗产数额 $x \geq h$，其选择进行人力资本投资，效用函数为：

$$U_s(x) = \log[(x-h)(1+r)+(1-t_0)\omega_s] + \alpha\log\alpha + (1-\alpha)\log(1-\alpha) \quad (7)$$

为了确保理性个体在继承遗产数额 $x \geq h$ 时，进行人力资本投资所带来的效用大于直接作为非熟练工人从事生产所带来的效用，即 $U_s(x) > U_n(x)$，政府对熟练工人征税的税率需要满足：$0 < t_0 < 1 - [h(1+r)+\omega_n(2+r)]/\omega_s$。如果继承遗产数额 $x < h$ 的个体选择借款进行人力资本投资，那么他的效用函数为：

$$U_s^d(x) = \log[(x-h)(1+i)+N_1 t_0 \omega_s/N_2+(1-t_0)\omega_s] + \varepsilon \quad (8)$$

其中 $N_2 t_0 \omega_s/N_2$ 为政府给予的补贴。只有当个体借款进行人力资本投资所得到的总效用大于作为非熟练工人所获得的总效用时，即 $U_s^d(x) > U_n(x)$ 时，个体才会选择进行人力资本投资。所以，当个体的初始财富 $x > f^*$，$f^* = [\omega_n(2+r)+h(1+i)-(1-t_0)\omega_s - N_1 t_0 \omega_s/N_2]/(i-r)$ 时，个体将选择借款进行人力资本投资，反之，他将选择作为非熟练工人工作。由 $N_1 = N_2 + N_0 > N_2$，可知 $f^* < f$，所以，加入政府的税收和补贴政策后，降低了初始财富较低的个体选择贷款进行教育投资的门槛。而且随着熟练工人的增加，税收的总额增加，人均收到的补贴也逐渐增加。这样一来，越来越多的遗产低于 f 的个体选择进行借款投资。而原本就选择借款投资的个体，由于收到的补贴越来越多，到某一期，其初始财富也将达到 h。这样，在长期，所有个体所继承的遗产数额 $x \geq h$。这样，政府就不再需要对熟练工人进行征税，也不用给通过贷款进行人力资本投资的个体发放补贴。最终所有个体的财富将会收敛于：

$$\bar{x}_n = (1-\alpha)/[1-(1-\alpha)(1+r)]\omega_n(2+r) \quad (9)$$

长期以来，我国的城乡二元结构使得经济发展具有很强的异质性。相比城市而言，农村具有较低的初始财富水平。城市部门的劳动力更倾向于进行人力资本投资进而作为熟练工人从事二三产业的生产活动，而农村部门的劳动力更倾向于不进行人力资本投资而继续作为非熟练劳动力从事农业生产。所以，在没有政府干预的情况下，城乡收入差距和教育水平将持续拉大，直到达到某一个均衡。当前，由于农村居民教育水平普遍较低，即使他们选择进城就业也只能进入低端劳动力市场，受到户籍和地域的双重歧视（王美艳，2005；谢嗣胜、姚先国，2006；章元、王昊，2013）。目前，越来越多的农村居民开始重视对人力资本进行投资，一旦政府采取偏向农村的教育投入，扶持农村的教育事业发展，就能有效突破农村地区因为初始财富水平太低而无法进行人力资本投资的瓶颈，从而有效改善城乡教育不平等，进而缩小城乡收入差距。

三、数据、模型与方法

（一）数据分析

与之前的研究一致（陈斌开等，2010；钞小静、沈坤荣，2014），本文采用城市居民的可支配收入和农村居民的纯收入之比来衡量城乡收入差距；使用城镇和农村6岁以上居民受教育程度之比来衡量城乡教育不平等。图1显示了我国各地区具有代表性的省份从2001到2011年城乡收入差距和城乡教育不平等的变化趋势。其中，东、中和西部地区的代表省份依次为江苏省、吉林省和重庆市。对比这三组图来看，我国各地区城乡收入差距和城乡教育不平等之间具有相似的内在影响机制。

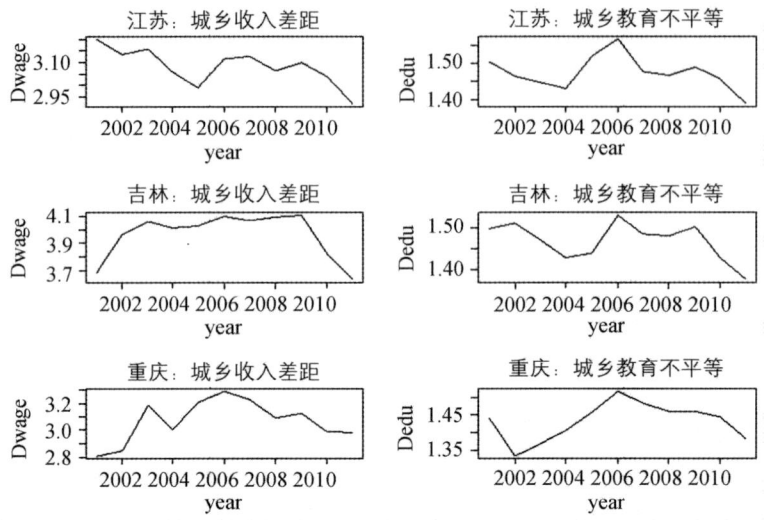

图1 各地区代表省份城乡收入差距和城乡教育不平等水平变化趋势（2001—2011年）

数据来源：根据2001—2011年《中国统计年鉴》和《中国人口与就业统计年鉴》的相关数据计算绘制。[①]

（二）模型的建立

为了实证检验城乡收入差距与城乡教育不平等之间的相互影响以及政府的城乡教育经费投入对城乡教育不平等的影响，本文基于理论部分的研究框架，将城乡教育不平等和城乡收入差距作为相互影响的内生变量，将城乡教育经费投入比作为城乡教育不平等的主要影响因素，纳入以下联立方程组模型中：

$$Dedu_{it} = \alpha_0^{(1)} + \sum_{j=0}^{m_1} \beta_j^{(1)} Dwage_{\_jit} + \sum_{k=1}^{n_1} \gamma_k^{(1)} B_{kit} + u_{it} \qquad (10)$$

$$Dwage_{it} = \alpha_0^{(2)} + \sum_{j=0}^{m_2} \beta_j^{(2)} Dedu_{\_jit} + \sum_{k=1}^{n_2} \gamma_k^{(2)} D_{kit} + v_{it} \qquad (11)$$

其中方程（10）代表城乡教育不平等的决定方程，方程（11）代表城乡收入差距的决定方程。下标 i 和 t（$t=2001,2002\cdots 2011$）分别代表了第 i 个

[①] 2003年城乡教育水平统计出现了一定的偏误，本文采用前后两年的城乡教育水平之比的平均值来纠偏。

省份和第 t 年，本文所使用的样本包括除北京、天津、上海、西藏以外的 27 个省份、直辖市和自治区；u_{it}、v_{it} 为模型的误差项。① 同时，考虑到城乡教育不平等和城乡收入差距之间相互影响的滞后效应，本文采用面板数据滞后模型进行研究。

城乡教育不平等方程（10）主要研究城乡收入差距、城乡教育经费投入差异以及经济增长等因素对城乡教育不平等的影响。本文使用城乡教育水平之比②来度量城乡教育不平等（使用 $Dedu$ 表示）；农村居民纯收入与城镇居民可支配收入之比来衡量城乡收入差距③（使用 $Dwage$ 表示）。B 为其他控制变量的集合，其中包括 $Fedu_i$，$i=1$，2，3，分别为城乡小学、初中和高中教育生均经费收入之比④，用来衡量政府对城乡教育投入的差异；$Culture$ 为地方政府的科教文卫支出占总财政支出的比例⑤，用来度量地方政府对科教的支持力度；人均 GDP 的对数（$Lgdp$）及其平方项（$Lgdp^2$）⑥；平均受教育年限⑦，使用 Age 表示；东部、中部地区虚拟变量 $East$，$Central$ 等。

城乡收入差距方程（11）主要研究城乡教育不平等、经济增长等因素对城乡收入差距的影响。D 为主要控制变量，其中 $Lgdp$、Tax，分别表示经济增长和宏观税负水平⑧；$Agri$ 为地方政府的农业支出占财政支出的比重⑨，用来衡量政府对农业的支持力度；年末贷款余额占 GDP 的比重⑩（用 $Bank$ 来表

---

① 直辖市北京、天津、上海的城市居民占总人口的 90% 以上，其城乡差距较其他省份呈现一定的异质性；西藏的数据质量非常低，故排除这四个省市的数据。
② 各地区城镇和农村 6 岁以上人口受教育程度的统计来源于《中国人口与就业统计年鉴》。
③ 各地区城镇人均可支配收入和农村人均纯收入数据来源于《中国经济年鉴》。
④ 各地区农村和整体生均小学、初中、高中预算内教育支出数据来源于《中国教育经费统计年鉴》。
⑤ 各地区历年科教文卫支出数据来源于《中国统计年鉴》。
⑥ 历年 GDP 数据均来源于《中国统计年鉴》。
⑦ 各地区受教育水平的人口统计数据来源于《中国人口与就业统计年鉴》。
⑧ 各地区预算内财政收入数据来源于《中国卫生统计年鉴》。
⑨ 各地区历年农业支出数据来源于《中国统计年鉴》。
⑩ 各地区年末各金融机构贷款余额数据来源于各省份统计年鉴。

示），衡量一个地区的金融市场发展程度；非国有化①（用 *Private* 表示）、城镇化②（用 *Urban* 表示）和经济开放③（用 *Open* 表示）三个结构性变量以及东部和中部两个地区虚拟变量 *East*，*Central*（陆铭、陈钊，2005；杨俊等，2008；陈安平、杜沛金，2010；钞小静、沈坤荣，2014）。

（三）估计方法

本文采用陆铭、陈钊（2005）所采用的方法对模型中的滞后项进行定阶，采用三阶段最小二乘法（3SLS）④ 对（10）和（11）式所组成的联立方程模型进行估计。主要考虑是，在大样本下三阶段最小二乘法估计的结果比最小二乘法和极大似然估计（MLE）方法更有效。在估计模型之前，我们首先考虑联立模型的识别问题，模型的可识别性是联立方程组可估计的充分条件。在该联立方程模型中，*Dwage*、*Dedu* 以及与 *Dwage*、*Dedu* 相关的滞后项均为内生变量，其余变量均为外生变量。就单个方程而言，外生变量个数均超过了内生变量个数，根据模型识别的秩条件和阶条件，该联立方程组模型可以被识别。

四、实证结果与分析

本文对方程（10）和（11）采用三阶段最小二乘法（3SLS）进行估计。参考陆铭、陈钊（2005）所使用的定阶方法，我们将方程（10）和（11）滞后项组合中的 n 定为4。估计结果如表1和表2所示：

---

① 各地区职工总人数、国有单位职工人数数据来源于《中国经济快报》。
② 各地区年末非农业人口数据来源于《新中国60年统计年鉴》。
③ 各地区进出口总额数据来源于中经网统计数据库。
④ 3SLS 可以概括为 3SLS = 2SLS + FGLS，即首先采取两阶段最小二乘法对联立方程组中的每个方程进行估计，再对它们进行可行的广义最小二乘估计。

表1 城乡教育不平等方程估计结果

解释变量	被解释变量 $Dedu$					
	(1)	(2)	(3)	(4)	(5)	(6)
$Duage$ ($n=2$)	1.5573***	1.5699***	1.5427***	1.6145***	1.5187***	1.5255***
	(0.5442)	(0.5862)	(0.5560)	(0.5414)	(0.5470)	(0.5497)
$Duage$ ($n=3$)	-5.8191***	-5.8186**	-5.7268***	-5.838***	-5.7209***	-5.7020***
	(2.1279)	(2.3084)	(2.1714)	(2.1456)	(2.1314)	(2.1437)
$Duage$ ($n=4$)	4.2548***	4.2543**	4.1995***	4.1989***	4.1663***	
	(1.6059)	(1.7446)	(1.6287)	(1.6069)	(1.6168)	
Age	-0.0523***	-0.0495***	-0.0531***	-0.0512***	-0.0538***	-0.0518***
	(0.01463)	(0.0145)	(0.0144)	(0.0141)	(0.0144)	(0.0145)
$Culture$	-0.5714***	-0.6794***	-0.5646***	-0.5745***	-0.5727***	-0.5756***
	(0.1882)	(0.1898)	(0.1876)	(0.1824)	(0.1876)	(0.1875)
$Fedu1$	0.0168	0.3355				
	(0.0394)	(0.2960)				
$Fedu1^2$		-0.1449				
		(0.1331)				
$Fedu2$			0.0122	0.0562**		
			(0.0349)	(0.2933)		
$Fedu2^2$				-0.2806**		
				(0.1280)		
$Fedu3$					-0.0141	0.1149
					(0.0205)	(0.1088)
$Fedu3^2$						-0.0445
						(0.0368)
$Lgdp$	-4.1884**	-4.5329***	-3.7056**	-4.3195**	-4.2504**	
	(1.6980)	(1.6836)	(1.6532)	(1.7117)	(1.7138)	
$Lgdp^2$	0.5065**	0.5562***	0.4914**	0.4503**	0.5215**	-4.2504**
	(0.2086)	(0.2071)	(0.2119)	(0.2025)	(0.2102)	(1.7138)

续表

解释变量	被解释变量 Dedu					
	(1)	(2)	(3)	(4)	(5)	(6)
East	-0.0534 (0.0315)	-0.0492 (0.0303)	-0.0527 (0.0316)	-0.0435 (0.0308)	-0.0515 (0.0311)	-0.0511 (0.0311)
Central	-0.0503** (0.0238)	-0.0376 (0.0244)	-0.0495** (0.0238)	-0.0431* (0.0231)	-0.0505** (0.0238)	-0.0541** (0.0240)
常数项	10.6043*** (3.4651)	10.9540*** (3.4257)	10.3380*** (3.5297)	9.1621*** (3.4058)	10.7212*** (3.5063)	
R^2	0.5593	0.5786	0.5595	0.5723	0.5586	0.5551

注：(1) 由于去掉了前6年的数据，所以实际用于估计的样本个数为135个。(2) ***表示在1%水平上显著，**表示在5%水平上显著，*表示在10%水平上显著。

（一）城乡收入差距和城乡教育不平等的相互影响

利用表1的回归（4）和表2的回归（2）中城乡教育不平等与城乡收入差距滞后项的系数，计算滞后第 i 期的即期影响①，然后将这些滞后期的影响按年份逐次累加得到滞后前 i 期的累积影响。

表2 城乡收入差距方程估计结果

解释变量	被解释变量 Duage			
	(1)	(2)	(3)	(4)
Dedu (n=2)	11.1557** (4.4981)	10.3946** (4.6507)	11.3023** (4.5612)	10.6104** (4.6788)
Dedu (n=3)	-36.7291** (15.4961)	-34.8451** (16.0133)	-37.1779** (15.7863)	-35.4731** (16.1717)
Dedu (n=4)	25.6399** (11.1199)	24.5517** (11.4842)	25.9252** (11.3492)	24.9421 (11.6161)

① 具体计算方法可以参照陆铭、陈钊（2005）文中所采用的方法。

续表

解释变量	被解释变量 *Duage*			
	（1）	（2）	（3）	（4）
$Lgdp$	-1.2355***	-1.3443***	-1.3113***	-1.3911***
	(0.2858)	(0.2946)	(0.2867)	(0.2931)
$Agri$		-0.0153*		-0.0143
		(0.0089)		(0.0091)
$Bank$			0.0343	0.0189
			(0.0926)	(0.0946)
$Urban$	-0.7631*	-0.8835**	-0.7489*	-0.8535*
	(0.4349)	(0.4455)	(0.4353)	(0.4434)
Tax	2.4110*	2.6547**	2.9504**	2.9910**
	(1.2797)	(1.3131)	(1.3873)	(1.4019)
$private$	-0.2097**	-0.2302**	-0.2046**	-0.2263**
	(0.0943)	(0.0982)	(0.0974)	(0.1003)
$Open$	0.0241**	0.0358***	0.0262**	0.0360***
	(0.0111)	(0.0129)	(0.0115)	(0.0130)
$East$	-0.4753***	-0.4344***	-0.4616***	-0.4270***
	(0.1386)	(0.1409)	(0.1393)	(0.1409)
$Central$	-0.4727***	-0.4448***	-0.4558***	-0.4362***
	(0.1100)	(0.1110)	(0.1132)	(0.1135)
常数项	7.5154***	8.2455***	7.7398***	8.3636***
	(1.2574)	(1.3294)	(1.2530)	(1.3196)
R^2	0.7321	07319	0.7355	0.7333

注：（1）由于去掉了前6年的数据，所以实际用于估计的样本个数为135个。（2）***表示1%水平上显著，**表示在5%水平上显著，*表示在10%水平上显著。

图2描绘了城乡教育不平等与城乡收入差距之间相互的即期和累积影响。从图2（a）中的即期影响可以看出，在前两期中，城乡收入差距在当期对城乡教育不平等有负向影响。本文对此的解释是，短期内城乡收入差距对城乡教育不平等的影响受到诸如政策、人们的心理预期等因素的影响而呈现一定波动。从目前中国的现实情况来看，在城乡收入差距持续拉大的背景下，整个社会开始逐渐认识到实现城乡教育均等化对缩小城乡收入差距的作用。

1999 年，我国出台了高等教育扩招政策，高校扩招使得城镇地区大学生增加的同时，农村接受高中教育水平的人数也在上升（邢春冰，2013）。这就导致短期内我国城乡收入差距虽然在扩大，但城乡教育不平等程度非但没有加剧，反而有所缓解。继续对图 2（a）中的即期影响效应进行分析可以发现，这种负向的即期效应从滞后第三期就开始转为正向，并于第四期达到最大值，此后逐渐变小并趋于零。这说明，在短期内，城乡收入差距对城乡教育不平等的影响并不稳定且具有明显的时变特征；从长期来看，随着城乡收入差距的扩大，城乡教育不平等的程度在加剧，这种正向的影响逐渐减弱。从图 2（a）中的累积影响来看，城乡收入差距对城乡教育不平等的影响方向同样经过短期的波动后，最后稳定为正。但不同的是，累积影响随着时间的增加而缓慢增加。如图 2（a），城乡收入之比每增加 0.1，30 年后城乡教育水平比将累积扩大约 0.014。因此从长期累积效用来看，城乡收入差距将造成城镇和农村居民对人力资本投资的不均等，从而加剧城乡教育不平等。

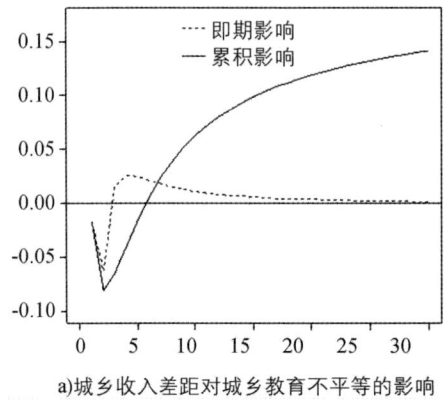 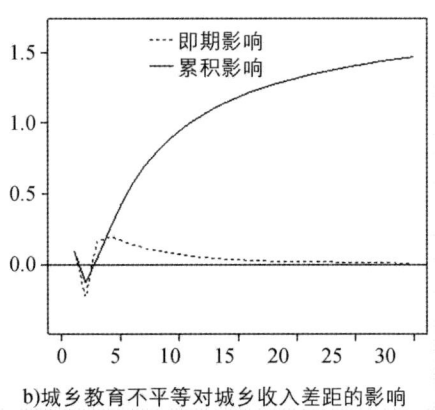

a) 城乡收入差距对城乡教育不平等的影响　　b) 城乡教育不平等对城乡收入差距的影响

图 2　城乡教育不平等与城乡收入差距之间相互的即期和累积影响

（a）城乡收入差距对城乡教育不平等的影响　（b）城乡教育不平等对城乡收入差距的影响

同样，城乡教育不平等对城乡收入差距的影响也存在明显的时变特征。从图 2（b）的即期影响可以看出，滞后一期的城乡教育不平等对城乡收入差距具有微弱的正向影响，随后在滞后二期时，这种影响转为负向，但从滞后三期开始变为正向并逐渐趋于零。从图 2（b）的累积影响来看，在滞后前两期城乡教育不平等对城乡收入差距的累积影响也不稳定，从滞后第三期开始，累积影响稳定为正并且持续上升。如图2（b）所示，城乡教育水平之比每增加0.1，30年后城乡收入之比将累积扩大约0.14。这说明，从即期影响和累积影响来说，城乡教育不平等都将拉大城乡收入差距。教育对收入的影响具有滞后性，所以，教育不平等对收入差距的长期影响特别是长期累积影响是我们所关注的重点所在。

（二）城乡教育经费支出对城乡教育不平等的影响

从回归的结果来看，城乡小学和高中生均教育经费投入之比和它们的二次项对城乡教育不平等的影响均不显著。而城乡初中生均教育经费投入之比 $Fedu2$ 及其平方项 $Fedu2^2$ 的系数在5%的置信水平下显著［表1回归（4）的结果］。其中，$Fedu2$ 的系数为正，$Fedu2^2$ 的系数为负，说明城乡初中生均教育经费之比与城乡教育水平不平等之间呈现出显著的"倒U关系"。$Fedu2$ 和 $Fedu2^2$ 的系数分别为0.6562和-0.2806，据此计算出"倒U型关系"的拐点值为1.1693。当 $Fedu2_{it} < 1.1693$ 时，随着城乡初中生均教育经费支出比减小，城乡教育不平等程度减弱；当 $Fedu2_{it} \geq 1.1693$ 时，随着城乡初中生均教育经费支出比增大，城乡教育不平等程度增加。之所以城乡初中生均教育经费对城乡教育不平等程度有显著影响，可能是因为：（1）农村地区学生在初中阶段的辍学率较高，一旦辍学，就失去了后续教育的机会，这将对人力资本积累产生十分负面的影响。增加对农村初中教育的投入，将会对减少辍学率大有裨益，进而会提升农村地区学生的整体受教育水平。（2）对于农村地区学生而言，中考升学压力更为巨大，而农村初中办学水平与高中升学率有直接的关系。可见，增加对农村初中教育经费的投入将有助于提高农村高中的升学率，进而提高农村的教育水平，改善城乡教育不平等。

（三）其他因素对城乡教育不平等和城乡收入差距的影响

从表1的估计结果来看，经济发展水平对城乡教育不平等的影响呈现出显著的"U型"关系，其拐点为 4.117。目前我国大多数省份的人均 GDP 对数值都位于靠近拐点的左侧，所以，目前经济增长整体上有助于改善城乡教育不平等。*Age* 对城乡教育不平等有显著的负向影响，说明我国整体教育水平提高的同时，也促进了城乡教育水平的均等化。另外，政府在科教文卫上的支出占 GDP 的比重 *Culture*，能显著改善城乡教育不平等。

从表 2 的估计结果来看，经济发展水平与城乡收入差距显著负相关，这说明，在控制其他的因素后，我国的经济增长有助于缩小城乡收入差距。所有制结构（*Private*）对城乡收入差距有显著的负向影响，这是因为乡镇企业的发展是非国有经济的重要方面，这会对缩小城乡收入差距有正向的作用。同时，企业所有制的改革有助于提高经济的活力，促进经济发展，从而缩小城乡收入差距。城镇化率（*Urban*）对城乡收入差距有显著的负向影响，这表明我国农村人口向城市流动对于城乡收入差距的缩小具有积极的作用，这与以往研究（陆铭、陈钊，2004；吕炜、高飞，2013）得出的结论一致。对外开放程度（*Open*）对城乡收入差距的影响显著为正。这是因为中国实行对外开放以来，贸易结构不断优化升级，外商的直接投资量增加。然而，外商的投资主要流入城镇地区，促进了城镇的经济发展。因此，外商直接投资将拉大城乡收入差距。表 2 中回归（2）的结果显示，政府农业投入占比（*Agri*）对城乡收入差距有显著的负向影响，也就是说政府加大对农业的投入将缩小城乡收入差距。金融市场的发达程度（*Bank*）对城乡收入差距的影响不显著。

虚拟变量 *East* 和 *Central* 对城乡收入差距和城乡教育不平等的影响都显著为负，说明我国城乡教育不平等和城乡收入差距都呈现出"西高东低"的状况，即在控制其他因素后，西部较东部和中部而言，其城乡教育不平等以及城乡收入差距状况更为堪忧。加之西部地区整体的教育水平和经济发展水平较东中部地区也有一定的差距，所以，政府应该更加重视西部地区的教育以及经济的协调发展（杨俊等，2008；陆铭、陈钊，2005）。

五、稳健性检验

在上述研究中，本文所用的是城乡人均受教育年限之比来衡量城乡教育不平等，如果按照本文的研究框架，认为城乡收入差距很大程度取决于城乡人力资本差异，那么，城乡相对较高学历的群体的数量差异也能很好地衡量城乡教育的不平等。所以，本文采用农村和城市6岁以上初中学历人口数量占总人口数量之比的比值来衡量城乡教育不平等的程度（$Dedu$），并用其来重新估计联立方程组，以验证实证结果的稳健性。①

根据稳健性分析的结果，城乡收入差距和城乡教育不平等之间相互的即期和累积影响如图3所示，与图2的结果相似。说明城乡收入差距和城乡教育不平等之间的关系具有较强的稳健性。方程（10）和方程（11）中各个解释变量（除了$Fedu3$）对被解释变量的影响无论是在大小还是方向上都没有发生较大改变。

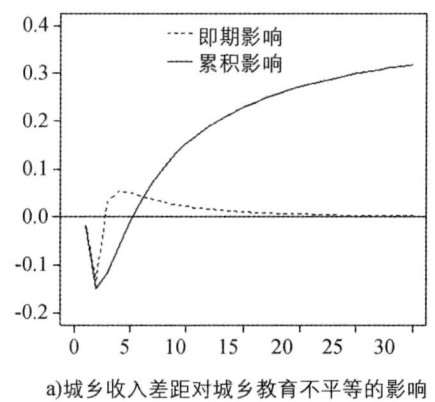
a) 城乡收入差距对城乡教育不平等的影响

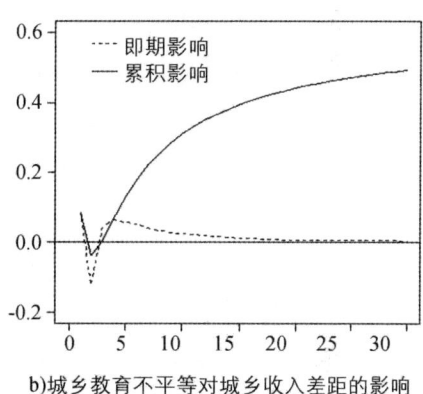
b) 城乡教育不平等对城乡收入差距的影响

图3　稳健情况下城乡教育不平等和城乡收入差距之间相互的即期和累积影响

（a）城乡收入差距对城乡教育不平等的影响　（b）城乡教育不平等对城乡收入差距的影响

六、结论与启示

本文通过在盖勒和斯利亚（Galor & Zeria，1993）所提出的跨期模型中引

---

① 限于篇幅，本文未列出稳健分析的回归结果，需要的读者请与编辑部联系。

入城乡二元结构和政府行为，从理论层面揭示了城乡教育不平等、城乡收入差距和政府教育投入这三者间的内在关系。在未引入政府行为前，理论推导表明：城乡初始资本的差距导致了人力资本投资的差异从而使得城乡教育不平等程度加剧。反过来，城乡教育不平等又将通过人力资本投资的回报拉大城乡收入差距。在基本的跨期模型基础上，通过引入政府行为，进一步发现：城乡教育不平等和城乡收入差距可以通过政府实施农村偏向的教育投入政策予以改善。

基于上述理论分析框架，本文利用中国2001—2011年的省级面板数据，构建联立方程组模型进行了经验研究。考虑到城乡教育水平和收入差距的滞后影响，本文把城乡教育不平等和城乡收入差距及其滞后项作为相互影响的内生变量纳入了该联立方程组模型，将城乡的生均教育经费比作为一个重要的考察变量，研究其对城乡教育不平等和城乡收入差距的影响。本文发现：城乡收入差距与城乡教育不平等之间的相互影响关系存在明显的时滞性特征，从长期来看，城乡教育不平等将会加剧城乡收入差距，城乡收入差距也会促使城乡教育不平等的程度进一步加大。不同教育阶段（小学、初中和高中）的城乡经费投入对城乡教育不平等的影响存在显著差异。缩小城乡初中教育经费的差距可以有效地降低城乡教育不平等，并可以进一步缩小城乡收入差距。而缩小城乡小学或高中教育经费的差距对降低城乡教育不平等和缩小城乡收入差距并无显著作用。

本文的政策意义是，政府应该在加大教育投入的基础上，更加关注教育资源的结构配置问题。教育经费应着重向农村义务教育，尤其是农村初中义务教育倾斜。实施农村偏向的教育投入政策，增加对农村初中教育的支持力度为打破城乡教育不平等和城乡收入差距"恶性循环"的怪圈提供了一个可行的思路。

参考文献

白雪梅，2004："教育与收入不平等：中国的经验研究"，《管理世界》，2004，6。

钞小静、沈坤荣,2014:"城乡收入差距、劳动力质量与中国经济增长",《经济研究》,2014,6。

陈安平、杜金沛,2010:"中国的财政支出与城乡收入差距",《统计研究》,2010,11。

陈斌开、张鹏飞、杨汝岱,2010:"政府教育投入、人力资本投资与中国城乡收入差距",《管理世界》,2010,1。

李明芳,2007:"教育不均与城乡收入差距的思考",《教育评论》,2007,4。

李实,2003:"中国个人收入分配研究回顾与展望",《经济学(季刊)》,2003,2。

林毅夫、蔡昉、李周,1998:"中国经济转型时期的地区差距分析",《经济研究》,1998,6。

陆铭、陈钊,2004:"城市化、城市倾向的经济政策与城乡收入差距",《经济研究》,2004,6。

——2005:"因患寡,而患不均——中国的收入差距、投资、教育和增长的相互影响",《经济研究》,2005,12。

吕炜、高飞,2013:"城镇化、市民化与城乡收入差距——双重二元结构下市民化措施的比较与选择",《财贸经济》,2013,12。

万川,1999:"当代中国户籍制度改革的回顾与思考",《中国人口科学》,1999,1。

万海远、李实,2013:"户籍歧视对城乡收入差距的影响",《经济研究》,2013,9。

王海光,2003:"当代中国户籍制度的形成与沿革的宏观分析",《中共党史研究》,2003,4。

王美艳,2005:"城市劳动力市场上的就业机会与工资差异",《中国社会科学》,2005,5。

谢嗣胜、姚先国,2006:"农民工工资歧视的计量分析",《中国农村经济》,2006,4。

邢春冰,2013:"教育扩展、迁移与城乡教育差距——以大学扩招为例",《经济学(季刊)》,2013,1。

杨俊、黄潇、李晓羽,2008:"教育不平等与收入分配差距:中国的实证分析",《管理世界》,2008,1。

章元、王昊,2011:"城市劳动力市场上的户籍歧视与地域歧视",《管理世界》,2011,7。

张海峰,2006:"城乡教育不平等与收入差距扩大",《山西财经大学学报》,2006,2。

Becker, G. S. and B. R. Chiswick, 1966. "Education and the Distribution of Earning." *American Economic Review*. 56: 358 – 69.

Benjianmin, Dwayne, Loren Brandt and John Giles, 2004. "The Dynamics of Inequality and Growth in Rural China: Does Higher Inequality Impede Growth?" Working Paper, University of Toronto.

Galor, O. and J. Zeira, 1993. "Income Distribution and Macroeconomics." *Review of Economic Studies*. 60: 35 – 52.

Knight, J. B. and R. H. Sabot, 1983. "Educational Expansion and the Kuznets Effect." *American Economic Review*. 45: 1 – 28.

Sicular, Terry, Yue Ximing, Björn Gustafsson and Shi Li, 2007. "The Urban-Rural Income Gap and Inequality in China." *Review of Income and Wealth*. 53 (1): 93 – 124.

Sylwester, K., 2000. "A Model of Public Education and Income Inequality." Working Paper. Carbondale: Sourthern Illinois University.

Wan, Guanghua, Ming Lu and Zhao Chen, 2006. "The Inequality-Growth Nexus in the Short and Long Runs: Empirical Evidence from China." *Journal of Comparative Economics*. 34: 654 – 67.

统筹城乡发展中的省管县体制改革[*]

吴金群^{**}

　　作为两类客观实体的城市和乡村，原本只有地域和功能上的差别。然而，伴随着人类社会政治性的不断滋长，基于权责配置、利益调整以及体制变迁的城乡关系越来越成为区域公共管理的重要命题。在发达国家，城乡治理的实践大体上经历了螺旋式上升的三个阶段，即农业社会以乡治城的"乡城合治"、工业社会前期区别对待的"城乡分治"、工业社会后期以来以城为主的一体化"城乡合治"。在"三个世界同在，三种社会并存"的中国^①，各区域城乡关系发展阶段的分布则呈现出"纺锤形"结构的特点（郑国等，2009）。正是因为我国长期存在的城乡二元结构以及由此导致的日益扩大的城乡差距，使得这一源于体制诱导的问题最终还得借助于体制改革的手段来加以解决。本文的主要任务是通过评述市管县体制下的城乡关系，阐释省管县体制对统筹城乡发展的积极意义，并在统筹城乡发展背景下提出我国省管县体制改革的总体思路。

---

　* 本文原载于《经济社会体制比较》，2010 年第 5 期。
　** 吴金群，浙江大学公共管理学院副教授。

一、市管县体制下的城乡关系

新中国成立60多年来，我国的省、市、县府际关系始终处于动态调整之中。市管县体制在经历了起源与形成（1949—1960年）、消滞与复苏（1961—1982年）后，自1983年开始迅速地发展与膨胀。据统计，我国管县（市）的市数和市管的县（市）数都在2004年达到了历史上的最高点，分别为273个和1577个。对市管县体制的评价，需要带有历史的眼光。我国实行市管县体制的初衷无疑是正确的，也是与当时的政治经济体制基本相适应的。市管县体制在很大程度上解决了社会转型初期行政区和经济区的磨合问题，促进了区域市场的统一和规模经济的形成，精简了政府机构并提高了行政效率，避免了省县之间长期虚实不定和缺乏法律主体地位的尴尬，加快了中国城市化的发展进程（孙学玉等，2004）。然而，市管县体制并没有真正建立起一套行之有效的城乡合治制度安排。无论是经济社会绩效，还是公共管理绩效在今天看来都不太显著。尤其是随着社会主义市场经济体制的建立和完善，构建在计划经济思维基础之上的市管县体制已招致越来越多的批评。区域发展的基本规律表明，经济活动大致可分为离散、极化、扩散和成熟四个阶段。我国在集聚为主、扩散为辅、溢出为负的工业化初中期，试图以行政手段推行市管县体制来实现城乡合治，正好背离了区域发展的基本规律，导致城乡差距进一步加大（何显明，2009：73）。市管县体制的本意是市领导县并以市带县，即通过大中城市的经济辐射能力带动和促进县域经济社会的发展，统筹城乡关系。然而，现实却存在着较为普遍的"市卡县"、"市刮县"、"市吃县"等问题。市通过其行政优势截留甚至剥夺县的资源，延滞县的正常发展。地级市成了县（市）财政的抽水机，并形成了权力和效率的"漏斗效应"。市的发展也由此形成了行政性的路径依赖，过多地依靠"行政拉动"，进而导致中心城市自身核心竞争力的迷失和经济辐射力的弱化。同时，市县关系因话语权的不同来源而不断产生龃龉：前者为政治话语权，来源于行政级别的给定性输入；后者为经济话语权，来源于市场秩序的内生性扩展（吴帅等，2008）。有一项针对全国29个省区89位县（市、区、团）长的调查表明，95.85%的人主张进行省管县体制改革（张占斌，2009：149）。市管县体制下的城乡关系，实际上是一种"板块式的行政合治"。城乡之间不仅没有实现经济社会发展的有机融合，而且形成了政治经济体制上的二元结构，出现了户籍、土地、就业、财税和社保等多种"逆向"制度安排。经比较后发现，中国板块式的行政合治与发达国家一体化的城乡合治有着根本性不同（见表1）。发达国家的城乡合治，主要是指城市和乡村在经济社会发展方面的差异逐渐缩小，并最终形成城乡经济社会的一体化，它并不意味着在行政管理体制上实现城市对乡村的领导。恰恰相反，经济社会一体化的城乡合治是建立在城市和乡村具有平等法律地位、不存在行政隶属关系基础之上的。也就是说，在发达国家，经济社会发展方面的城乡合治与行政管理体制上的城乡分立是并行不悖的。这种体制模式之所以能够取得成功，主要应归功于发达的经济社会发展程度、完善的政府间契约体系、成熟的市场经济以及与之相适应的政府职能。在西方世界，城乡关系的理论演变经历了合—分—合的过程，早期的经典理论强调城乡之间的紧密联系，二元结构与城市偏向等理论则存在城乡分割的倾向[①]，自20世纪70年代中期以来的研究又开始回归到强调城乡关联发展（叶超等，2008）。然而长期以来，我国政府和理论界在面对百废待兴的国家以及国际竞争的巨大压力时，具有加快推进工业化和实施赶超型战略的强烈渴望，因而比较青睐城乡二元结构和城市偏向理论。已有实证研究表明，城市偏向政策是导致我国城乡差距不断扩大的重要原因（程开明，2008）。

[①] 所谓城市偏向，是指政府在经济社会发展过程中实施偏袒城市的制度和政策，结果有利于城市居民而不利于农村居民。这一概念首先由 Lipton 于 1977 年提出，Stuart 和 Jones（2005）则对城市偏向问题的持续争论进行了系统回顾。具体可参阅：Lipton, M., 1977. *Why Poor People Stay Poor: Urban Basis in World Development.* MA: Harvard University Press; Stuart, Corbridge and Gareth A. Jones, 2005. "The Continuin Debate about Urban Bias: The Thesis, Its Critics, Its Influence, and Implications for Poverty Reduction." Report to Department for International Development.

表1 板块式行政合治与一体化城乡合治的比较

	城乡关系	合治领域	管理体制	理论基础
板块式的行政合治	板块式组合	行政管理	城领导乡	二元结构；城市偏向
一体画的城乡合治	有机化融合	经济社会	城乡分立	城乡关联；城市为主

Friedmann（2006）认为，中国的城市化是在古老的城市文明传统和开放时代的二元背景下展开的，全球化虽然影响了城市化，但是中国的城市化应该是包含在现代化进程中的内生过程。然而，我国的工业化和城市化进程带有太大的强制性制度变迁痕迹，它在给城市带来普遍繁荣的同时，却使乡村地区出现相对衰落，并由此形成中国城乡关系的奇异场景："城市像欧洲，农村像非洲"。据统计，1952—1978年，国家通过"剪刀差"从农业部门隐蔽性地抽走了5823.74亿元的巨额资金，加上农业为国家缴纳的税收1044.38亿元，两项合计为6868.12亿元，约占农业创造价值的18.5%（刘荣增，2008）。改革开放以来，我国农民的收入有了快速增长，2009年的人均纯收入突破了5000元。然而，从下图1可以看出，我国城乡之间的收入差距①虽在20世纪80年代初期有所缩小，但是这以后又再次扩大。考虑到城乡之间的生活成本不同，一些研究对此进行了调整（Brandt et al.，2006）。但是，即使作出调整以后，城乡差距依然很大（Sicular et al.，2007）。如果加上附着于城市居民身上的社会保障、公有住房、公共服务等隐性补贴，我国城乡之间的实际差距更大（李实等，2007）。另外值得注意的是，根据国务院的批复（国函〔2008〕60号），我国的地域在统计时被划分为城镇和乡村，城镇包括城区和镇区，乡村则指城镇以外的区域。然而，中国许多镇区的发展水平远远不如城区，甚至比较接近乡村。所以，把城区和镇区放在一起进行统计，事实上已经部分抹平了真正的"城"与乡之间的差距。亨廷顿（1989：67）曾经指出，处在现代化之中的社会，政治的一个基本问题就是找到填补这一差异的方式，通过政治手段重新创造被现代化摧毁了的那种社会统一性。无疑，省管县体制改革就是这

---

① 城乡居民收入差距比是指城镇居民人均可支配收入与农村居民人均纯收入之间的比值；名义差距与实际差距的不同，主要在于后者剔除了物价变动因素的影响。

样一种"政治手段",它试图实现在市县行政分立的基础上统筹城乡经济社会发展。

二、省管县体制对统筹城乡发展的意义

对于发展中国家的农业农村发展来说,不仅要关注如何选择更适合本土的政策工具,更要关注如何构建一个能理性选择政策工具并对其有效贯彻执行的政府体系(郁建兴等,2009)。实际上,嵌入于其中同时又能为统筹城乡发展提供坚实基础和有效保障的政府体系就是省管县体制。从党的十六大以来,在中央政策文本中,统筹城乡发展和发展县域经济,推进省管县体制改革的相关提法总是如影随形。到2010年,中央一号文件《关于加大统筹城乡发展力度进一步夯实农业农村发展基础的若干意见》再一次强调,要继续推进省直管县财政管理体制改革和扩权强县改革试点。

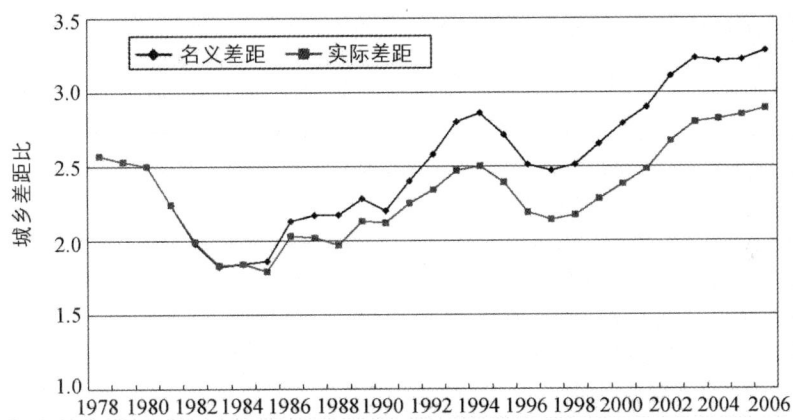

图1 改革开放以来中国的城乡收入差距比

数据来源:刘剑峰,2009:"我国城乡居民收入差距变动趋势及对策分析",《经济研究参考》,2009,45:21—24。

受省管县体制改革"海南方向"与"浙江经验"的启发,安徽、福建、广东、河北、河南、黑龙江、吉林、辽宁、湖北、湖南、江苏、山东、山西、陕西、江西、四川、云南、青海、甘肃、贵州等20个省区陆续开展了财政省管县、强县扩权或扩权强县改革。再加上自1958年成立自治区以来就一直实

行财政区直管县的宁夏，全国已经有 23 个省区正在进行省管县体制改革。从试点情况来看，这一改革强化了县级政权，促进了县域经济社会发展；推动了城乡统筹，加快了社会主义新农村建设；减少了中间环节，提高了行政效能；完善了权责配置，改进了省市县府际关系。但是，省管县体制改革的阻力依然存在；省、市、县政府的职责分工有待进一步明确；财权、事权与人权的改革还不配套；省级政府的管理难度有所加大；地级市对县（市）的支持力度明显减少；省管县体制的法律保障仍然薄弱。就统筹城乡发展而言，省管县体制的积极意义主要表现在以下几个方面：

1. 上移公共服务统筹权，实现城乡基本公共服务的均等化

基本公共服务均等化是缩小城乡差距中能实现也是首先需要实现的目标，它不可能是市场秩序自发演进的结果，作为制度供给者的政府应担负起主导作用（赵怡虹等，2009）。在省管县体制下，城乡统筹可以分为两个层面进行：一是由省级政府承担的城乡统筹，主要协调的是大中城市与县域经济社会发展的关系；二是由县级政府承担的城乡统筹，主要协调的是中小城镇与乡村经济社会发展的关系。前者可称之为"大统筹"，意味着"公共服务统筹权的上移"；而后者可称之为"小统筹"，意味着"公共资源配置权的下放"。在市场经济体制下，让作为一级利益主体的地级市来统筹市本级与周边县域的发展，往往会导致优质资源向市本级过度集中，而沉重负担却向县域不断转移。省管县体制通过上移公共服务统筹权，可以避免出现"市刮县"的弊端，并由省级政府统筹城乡发展，实现医疗卫生、文化教育、社会保障、基础设施、公共安全等基本公共服务的均等化。只有实现基本公共服务均等化后，城乡各生产要素（尤其是人力资本）的流动才可能顺畅，城乡一体的经济社会发展才有可能。

2. 下放公共资源配置权，增强县域经济社会发展的活力

当前，我国县域面积为 897.8 万平方公里，占全国总面积的 93.5%；县域人口有 9.49 亿，占全国总人口的 71.8%。① 然而长期以来，我国县（市）政府普遍存在着"没钱"、"没权"、"没人"和"没地"的困境（于建嵘等，2008）。通过财政省管县改革，县（市）政府拥有了更为自主的财政权，极大地调动了县（市）发展的积极性；通过强县扩权或扩权强县，县（市）政府和民间社会长期被压抑的发展潜能得以持续爆发。浙江省在改革开放之初还是相对落后的小省，如今已发展成为经济总量排名全国第四的富裕强省，2009年，浙江农村居民人均纯收入达 10007 元，成为中国首个农村人均年收入超万元的省区。在国家统计局主办的最后三届"百强县"评比活动中，浙江连续 3 年（2003—2005 年）以 30 席的优异成绩名列榜首。领跑全国的县域经济，富足康乐的农民生活，不断缩小的城乡差距以及城乡一体的和谐社会，构成了人们津津乐道的"浙江现象"。浙江的县域发展之所以这么快，财政省管县、县（市）党政一把手的省直管以及 1992 年以来 5 轮扩权改革的作用功不可没（陈国权等，2009）。

3. 完善省市县权责配置，促进地方政府之间的良性互动

制约农业和农村发展的一些深层次矛盾不在农业农村本身，而在于整个公共管理体制。其中，省市县的权责配置，以及与之紧密相关的地方政府间竞争与合作是至关重要的。长期以来，我国各级地方政府之间的职责分工模糊不清，即所谓的"职责同构"（朱光磊等，2008）。省管县体制改革的题中之意，就是要科学划分省与市县两级政府的财权、事权和责任，重塑省市县府际关系。比如在浙江，通过长期以来的财政省管县，增强了省级财政直接调控和统筹地区发展的能力，并提高了财政管理的效率；通过县（市）党政正职由省直管和 5 轮扩权改革，提高了县（市）政府的独立自主权，并改善了县域社会管理和公共服务。又如在海南，为了进一步理顺省与市、县之间的关系，2008年 7 月，海南省通过了《中共海南省委关于进一步完善省直管市县管理体制的

---

① 根据《中国统计年鉴（2008）》的相关数据折算，http://www.stats.gov.cn/tjsj/ndsj/2008/indexch.htm。

意见》，对省与市县两级政府的职责进行"对号入座"的规定，一方面强化省级政府的宏观管理职责；另一方面强化市县政府推动经济社会发展的职责，从而促进了政府职能转变，并逐渐形成省、市、县之间的良性互动。

4. 解决县乡财政困难，推动农业农村健康发展

在工业化的初中期，大中城市发展的回波效应（back-wash effect）要远大于扩散效应（spread effect），再加上市管县体制下地方政府自上而下地向所辖区域中的组织和个人索取资源的"逆向软预算约束"行为（周雪光，2005），导致县乡政府普遍面临财政紧张的困境，这已成为我国整个财政体制的突出问题（罗丹等，2009）。中国的现代化建设并不是先让农村凋敝，继而消失，而是要在传承中国传统的富有魅力的乡村生活方式的基础上，逐步把农村建设成为"生产发展、生活宽裕、乡风文明、村容整洁、管理民主"的社会主义新农村。因此，统筹城乡发展，农村要进行第二次改革。我国现在的情况是把农民捕鱼的工具收了，每天给几条鱼，给当然比不给好，但不能真正解决问题，应该把打鱼的工具还给农民（陆学艺，2008）。从行政意义上说，省管县体制就是给农业、农村、农民授之以"渔"的地方政府体制。它可以通过转移支付缩小县乡财政之间的差距，通过管理扁平化减少地级市的截留，通过扩权改革激发县域经济社会的活力，从而缓解县乡财政困难，推动农业农村健康发展。

需要提醒的是，尽管省管县体制可以对统筹城乡发展起到积极作用，但绝不能简单地认为，只要进行了省管县体制改革，城乡统筹发展就可以完全实现。这主要是因为：（1）省管县体制改革本身有一个不断试错和逐渐完善的过程，而且这个过程不会太短；（2）省管县体制需要相应的配套改革（如行政区划），配套改革的成败会在很大程度上影响省管县体制的功效；（3）即使是成熟的省管县体制及其配套改革，也必然存在一定的功能限度；（4）不同地区的行政生态差异很大，实际上并不是所有地方都适合一刀切地搞省管县体制；（5）统筹城乡发展是一项综合工程，省管县体制改革需要与其他改革一道共同促进目标的达成。

三、省管县体制改革的总体思路

统筹城乡发展中的省管县体制改革,既是经济学中的政治问题,也是政治学中的经济问题。它既是一次规模宏大的政府改革,又是一个牵一发而动全身的系统工程。改革中所要进行的机构改革、人员调整、职能转变和权力下放,将主要考验省级政府的调控与监管能力、地级政府的承载与接受能力、县级政府的管理与服务能力。个别地方政府在推进省管县体制中也面临着动力不足、权限不足甚至是合法性不足的多重困境(马斌,2009:202)。事实上,任何改革都不能一刀切,但又必须切一刀。同时,改革不怕慢,就怕站,更怕瞎折腾。我们不能两眼紧盯着省管县体制改革目标,而随意地阔步前行,简单地把上次改革的成果又当成这次改革的对象。所以,省管县体制改革必须经过周密细致的设计,然后循序渐进地展开(改革的总体思路见图2)。

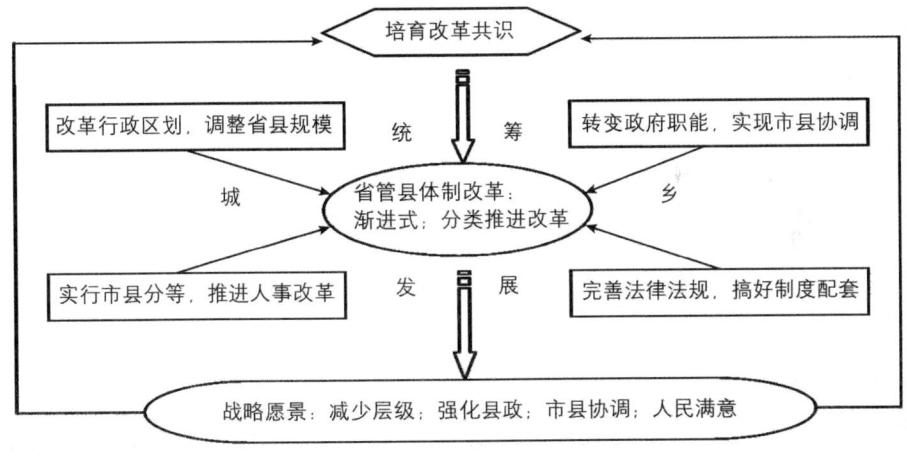

图2 我国省管县体制改革的总体思路

第一,明确改革愿景,大力培育改革共识。改革愿景是各级党政机关公务人员共同的发自内心的意愿,这种意愿不是一种抽象的东西,而是能够激发公务人员为党和政府作出奉献的具体任务或使命。为统筹城乡发展,省管县体制改革的总体愿景可以设定为:减少层级,强化县政,市县协调,人民满意。减少层级是指地方行政层级从省—市—县—乡镇四级转变为省—市、县—乡镇三级；强化县政是指加强县级政权建设，并提升县域经济社会发展的活力；市县协调是指大中城市和县域经济社会的发展要兼顾效率和公平，实现互利互补与合作共赢；人民满意是指改革过程和最终结果都要实现好、维护好和发展好最广大人民（尤其是农民）的根本利益。在这个意义上，省管县体制改革只是手段，改革的进程不能偏离愿景目标的指引。目前，城乡统筹和省管县改革已成为我国重要的发展战略与改革方向，但这两者之间的协调并进，仍需各级政府与社会公众在意识和行动上的共同努力。

第二，采用渐进的方法，推进分类改革。中国改革的一条基本经验，就是渐进式增量改革，把长远谋划与阶段安排紧密结合，分类实施，逐步推进。我们已根据省管县体制改革的相关条件，通过区域面积、县市数量、人均GDP、市场化指数、电子政务水平、高速公路密度、扩权县（市）比例、已扩权县数等8个量化指标，利用SPSS统计软件对除港澳台、直辖市以及海南省以外的26个省区进行了聚类研究，最终结果是把26个省区分成条件各异的6类（吴金群等，2009）。具体来说，省管县体制改革可以沿着以下步骤有序展开：第一，财政省管县、强县扩权或扩权强县改革试点。第二，将财政省管县、扩权县推广到大部分县（市）。第三，选择一部分经济发达的县（市）由省全面直管。第四，选择条件成熟的省区对省管县全面试点。第五，在全国推进省管县及其相应的配套改革。对于大部分省区而言，省管县体制改革的前两个步骤可以在"十一五"期间基本完成。在"十一五"末和"十二五"期间，可以首先鼓励有条件的地方选择一部分经济发达的县（市）由省全面直管，然后选择条件成熟的省区对省管县全面试点。"十三五"期间，可逐步在全国推进省管县，并完善相应的配套改革。正好到2020年基本完成省管县改革，建立起与市场经济体制相适应的具有中国特色的行政管理体制。当然，省管县体制在弱市强县、弱市弱县地区的实施效果相对较好，但在强市弱县、强市强县地区的实施效果不一定好。同时，我国宪法赋予了"较大的市"管县的权力。所以，统筹城乡发展中的省管县改革，并不意味着要把所有的县（市）都划给省级政府管理，也不应人为阻断大都市圈的自然形成及其在城乡统筹中的作用发挥。

第三，改革行政区划，合理调整省县规模。截止到2007年底，除港澳台外的全国31个省、市、自治区中，有283个地级市、30个自治州、368个县级市、1635个县（自治县、旗、特区、林区）、68个直辖市下辖区。也就是说，如果完全实行省管县的体制，31个省级政府将直管2384个下级政府，平均管理幅度为76.9个。就目前的政府职能与技术保障而言，这一管理幅度超出了我国省级政府的调控与监管能力。因此，改革行政区划，调整省县规模势在必行。这项工作可以从以下几个方面渐进展开：（1）适度增加直辖市数量。可以考虑升格为直辖市的主要有：南京、青岛、沈阳、广州、武汉、西安等。（2）逐步划小面积过大省区，并对版图分布过于狭长的省区进行调整，逐步增加省级政府数量到50个左右。（3）积极探索新的设市模式。除有条件地重启切块设市和整县改市外，积极探索县辖市体制，培育和发展中小城市。（4）渐进整合县级政区。一部分发达县（市）可以遵照相关条件升格为地级市，并划入周边个别县（市）作为市辖区；通过定量计算适当合并规模过小的县（市），扩大县域管理规模；为给大中城市的发展留下足够的空间，部分与市联系紧密的郊县可调整为市辖区或依然保留为"较大的市"下属的县。

第四，转变政府职能，实现市县协调发展。如果政府职能转变不到位，在市管县体制下形成的市与市之间的行政壁垒，很可能会演变成省管县体制下县与县之间的行政壁垒，其后果将更为严重。而且，省级政府一方面可能面临管不过来的困境，另一方面又有可能产生"省刮县"的冲动。因此，转变政府职能是省管县体制改革成功的关键。目前，应着力做好以下三个方面的工作：一是政府职能有"越位"的需"退位"；二是政府职能有"缺位"的要"到位"；三是政府职能有"错位"的应"正位"。另外，在推进县域经济社会发展的同时，需要从制度上保证中心城市的正常发展，做到"强市活县"。为实现市县协调，并进而统筹城乡发展，可借助于以下几个机制：一是由省级政府充当统筹协调的主体，加强对县市政府的监督，加大省域内财政转移力度；二是强化县政与都市化战略协调并举，构建以都市为中心、县域为依托的协同发展网络，实现从大都市"行政区"向大都市"经济区"的转变；三是加强地方政府之间的合作或联合，建立区域政府间的协调机构来促进相互间的良性竞争和合作；四是建立市县行政契约体系，并依靠法律手段把市县间的责、权、利统一起来；五是地方政府间通过协商成立某些跨区域公共问题（如生态保护、流域管理）的特区或管理局。

第五，实行市县分等，推进干部人事制度改革。无论是在区域面积、人口数量，还是在经济总量、人均收入等方面，我国的市与县、市与市、县与县之间都存在着很大的差异。如果把它们都作为同一等级由省来进行直接管理，在机构设置、人员编制、干部级别、行政权限等方面都给予相同的待遇，显然是不合理的。所以，有必要对市县进行分等管理。对市而言，将来可以有三类：直辖市、省辖市、县辖市。其中，省辖市可分为三等，从而形成"三类五等"的序列。对县而言，则可大致分为一类县、二类县、三类县。市县分等不能绝对化、静态化，应该根据一定的周期（如五年一轮）进行动态调整，有升有降。实现省管县体制下的市县分等，党政干部就可以更灵活地在省域内进行竞争交流，同时也减少了过去由于各地级市所辖政区数量不同而给县级政区干部带来提拔机会不公平的现象。省管县干部人事制度改革的目标，是要推进县（市）党政干部管理体制的根本性变革，打造能够对地方经济社会发展真正负责、对人民群众公共需求有效回应的党政班子。改革的重点在于推进省直管县委常委制度，同时建立健全县委常委会领导下的干部公开竞争机制，并改革干部异地交流制度。在建立健全市县分等制度和稳步推进干部人事制度改革时，需要更加重视对市县政府及其领导干部在统筹城乡发展方面的业绩考评。

第六，完善法律法规，搞好制度配套。我国宪法第30条规定，全国分为省、自治区、直辖市；省、自治区分为自治州、县、自治县、市；县、自治县分为乡、民族乡、镇。直辖市和较大的市分为区、县。根据这一规定，我国地方行政层次主要是省（自治区、直辖市）、县（自治县、市）、乡（民族乡、镇）三级；除直辖市和较大的市外，其他地方的市和县是两个平行的行政主体，两者间在法律上不存在任何隶属和管辖关系，省级政府可以直接管理县（市）政府。然而，目前部分法律、法规和规章依然被固化在市管县体制中，这明显地体现在计划、财政、组织人事、城市规划、文化教育、社会保障等方面的规定之中。从长远来看，要顺利开展省管县体制改革，实现城乡统筹发展，就必须通过修改相关的法律法规来回归宪法精神，并破除经济社会发展中的城乡二元结构。从法治的角度讲，行政体制改革必须是一个法律配套式的改革。政府通过法定程序实现改革措施的法制化，为改革确立坚实的合法性基础，这是省管县体制改革的必由之路。从更广义的角度讲，省管县的合法化路径可以遵循两个基本导向：制度导向与民主导向。前者是指行政改革必须遵守现有的法律法规；后者是指行政改革必须具有民主的正当性，能获得人民群众的普遍赞成与支持。因此，省管县体制改革的合法化，就可以借助于两种方式来实现：一是对于需要法律法规支持的改革内容，建立一个完善的法律制度体系；二是可以借助民主的正当性来实现合法化的改革内容，构建一个健全的民主政治体系。

参考文献

陈国权、李院林，2009："地方政府创新与强县发展：基于'浙江现象'的研究"，《浙江大学学报（人文社会科学版）》，2009，6：25—33。

程开明，2008："从城市偏向到城乡统筹发展——城市偏向政策影响城乡差距的 Panel Data 证据"，《经济学家》，2008，3：28—36。

何显明，2009：《省管县改革——绩效预期与路径选择》，上海：学林出版社。

李实、罗楚亮，2007："中国城乡居民收入差距的重新估计"，《北京大学学报（哲学社会科学版）》，2007，2：111—120。

刘荣增，2008："城乡统筹理论的演进与展望"，《郑州大学学报（哲学社会科学版）》，2008，4：63—67。

陆学艺，2008："统筹城乡发展，农村要进行第二次改革"，《经济学家》，2008，2：5—10。

罗丹、陈洁，2009："县乡财政的困境与出路——关于9县（市）20余个乡镇的实证分析"，《管理世界》，2009，3：72—83。

马斌，2009：《政府间关系：权力配置与地方治理——基于省、市、县政府间关系的研究》，杭州：浙江大学出版社。

孙学玉、伍开昌，2004："构建省直接管理县市的公共行政体制——一项关于市管县体制改革的实证研究"，《政治学研究》，2004，1：35—43．

吴金群等，2009：《省直接管理县（市）行政体制改革研究》，国家发展和改革委员会研究报告，2009.10。

吴帅、陈国权，2008："中国地方府际关系的演变与发展趋势——基于'市管县'体制的研究"，《江海学刊》，2008，1：100—105。

叶超、陈明星，2008："国外城乡关系理论演变及其启示"，《中国人口资源与环境》，2008，1：34—39。

于建嵘、蔡永飞，2008："县政改革是中国改革新的突破口"，《东南学术》，2008，1：45—50。

郁建兴、高翔，2009："农业农村发展中的政府与市场、社会：一个分析框架"，《中国社会科学》，2009，6：89—103。

张占斌，2009：《省直管县体制改革的实践创新》，北京：国家行政学院出版社。

赵怡虹、李峰，2009："基本公共服务地区间均等化：基于政府主导的多元政策协调"，《经济学家》，2009，5：29—33。

郑国、叶裕民，2009："中国城乡关系的阶段性与统筹发展模式研究"，《中国人民大学学报》，2009，6：87—92。

周雪光，2005："'逆向软预算约束'：一个政府行为的组织分析"，《中国社会科学》，2005，2：132—143。

朱光磊、于丹，2008："建设服务型政府是转变政府职能的新阶段"，《政治学研究》，2008，6：67—72。

［美］塞缪尔·亨廷顿，1989：《变化社会中的政治秩序》，王冠华等译，上海：三联书店。

Brandt, Lorenand Carsten A. Holz, 2006. " Spatial Price Differences in China：Estimates and Implications."*Economic Development and Cultural Change.* 55（1）：43 - 86.

Friedmann, John, 2006. "Four Theses in the Study of China's Urbanization."*International Journal of Urban and Regional Research.* 2（30）：440 - 51.

Sicular, Terry, Yue Ximing, Björn Gustafsson and Li Shi, 2007. " The Urban-Rural Income Gap and Inequality in China."*Review of Income and Wealth.* 53（1）：93 - 126.

图书在版编目（CIP）数据

三农问题与乡村治理／王燕燕主编．—北京：中央编译出版社，2015.11
ISBN 978-7-5117-2828-9

Ⅰ．①三…
Ⅱ．①王…
Ⅲ．①农业经济-研究-中国 ②农村经济-研究-中国 ③农民问题-研究-中国 ④农村-群众自治-研究-中国
Ⅳ．①F32 ②D422.64 ③D638

中国版本图书馆 CIP 数据核字（2015）第 259669 号

三农问题与乡村治理

出 版 人	刘明清
出版统筹	贾宇琰
责任编辑	贾宇琰
责任印制	尹　珺
出版发行	中央编译出版社
地　　址	北京西城区车公庄大街乙 5 号鸿儒大厦 B 座（100044）
电　　话	（010）52612345（总编室）　（010）52612375（编辑室）
	（010）52612316（发行部）　（010）52612317（网络销售）
	（010）52612346（馆配部）　（010）55626985（读者服务部）
传　　真	（010）66515838
经　　销	全国新华书店
印　　刷	北京金瀑印刷有限责任公司
开　　本	787 毫米×1092 毫米　1/16
字　　数	354 千字
印　　张	24.5
版　　次	2015 年 11 月第 1 版第 1 次印刷
定　　价	78.00 元
网　　址	www.cctphome.com　邮　箱：cctp@cctphome.com
新浪微博	@中央编译出版社　微　信：中央编译出版社（ID: cctphome）
淘宝店铺	中央编译出版社直销店（http://shop108367160.taobao.com）　（010）52612349

本社常年法律顾问：北京嘉润律师事务所律师　李敬伟　问小牛
凡有印装质量问题，本社负责调换，电话：（010）55626985